Gymnasium Baden-Württemberg

Deutschzeit

3

Lese- und Sprachbuch

Herausgegeben von
Anja Fandel und Ulla Oppenländer

Erarbeitet von
Marian Berbesch, Julia Bobsin, Dennis Breitenwischer, Benedikt Engels, Anja Fandel, Ute Glathe, Wendel Hennen, Manuela Kistner, Maike Michelis, Toka-Lena Rusnok, Maren Scharnberg, Marco Ursin und Jan Wohlgemuth

Unter Beratung von
Markus Bente, Yvonne Brünjes, Ana Cuntz, Renate Gross, Karoline Heublein, Franziska Jaap, Anne Neudeck

Cornelsen

Deutschzeit

Lese- und Sprachbuch: 3

Redaktion: Mareike Zastrow

Illustrationen: Kathrin Frank, Regensburg: S. 12–163; Bianca Schaalburg, Berlin: S. 164–256 und 263–299;
Vera Brüggeman: S. 260
Umschlaggestaltung: WERNERWERKE GbR, Berlin, unter Verwendung von Fotos von
Corbis/Petter Kelly/ableimages/Corbis (Tautropfen im Gras) und Shutterstock/Antonov Roman (Kranich)
Layoutkonzept: WERNERWERKE GbR, Berlin
Layout und technische Umsetzung: Klein & Halm Grafikdesign, Berlin

Dieses Lehrwerk ist auch als E-Book auf
www.cornelsen.de/e-books verfügbar.

www.cornelsen.de

Dieses Werk berücksichtigt die Regeln der reformierten Rechtschreibung und Zeichensetzung.
Bei den mit R gekennzeichneten Texten haben die Rechteinhaber einer Anpassung widersprochen.

1. Auflage, 1. Druck 2017

Alle Drucke dieser Auflage sind inhaltlich unverändert und können im Unterricht nebeneinander verwendet werden.

Druck: Mohn Media Mohndruck, Gütersloh

ISBN 978-3-06-063179-7

PEFC/04-31-1033

PEFC zertifiziert
Dieses Produkt stammt aus nachhaltig bewirtschafteten Wäldern und kontrollierten Quellen.

www.pefc.de

Deutschzeit auf einen Blick:

Das Buch ist in vier Kompetenzbereiche aufgeteilt:

- Sprechen – Zuhören – Schreiben
- Lesen – Umgang mit Texten und Medien
- Grammatik
- Rechtschreibung

Jedes Kapitel hat zwei Teile:

1. Kernkapitel
Hier erarbeitest du das jeweilige Thema Schritt für Schritt, z. B. „Erzählen“, „Fabeln untersuchen und schreiben“ oder „Sachtexte erschließen“.

2. Leseteil
Dieser Teil des Kapitels bietet dir eine Auswahl spannender und interessanter Texte zum **Schmökern, Schauen, Weiterdenken**.

Merkwissen findest du hier:

Merkwissen im Überblick	am **Ende jedes** thematischen **Kapitels**
Merke	in den Kapiteln **Grammatik** und **Rechtschreibung**

Auf den gelben Seiten am Ende des Buches kannst du das **Orientierungswissen** noch einmal nachschlagen.

Ausdruckstraining	Diese Seiten helfen dir, gezielt deinen Ausdruck zu verbessern.
Gewusst wie	Hier lernst du Arbeitstechniken und Methoden, die du immer wieder benötigst, z. B. „Diagramme und Tabellen erschließen“ oder „Recherchieren“.

Fordern und Fördern:

②	Wahl- oder Zusatzaufgabe
Tipps & Hilfen	Hier gibt es zusätzliche Hilfestellungen hinten im Buch.

Inhaltsverzeichnis

Kompetenzschwerpunkte

Medienbildung; sach- und adressatenspezifisch formulierte Texte verfassen und dabei deren Wirkungsabsicht berücksichtigen; sprachliche Mittel gezielt einsetzen; Emotionen und eigene Befindlichkeiten ausdrücken und dabei angemessene sprachliche Mittel nutzen

Kompetenzschwerpunkte

Texte konzipieren, dabei Schreibanlass, Aufgabenstellung, Textfunktionen, Situations- und Adressatenbezüge berücksichtigen; Informationen bewerten und auswählen; Stoffsammlungen und Gliederungen erarbeiten; Thesen und Argumente mit plausibler Begründung formulieren und durch Belege/Beispiele stützen; Argumente ordnen, gewichten und in eine Gesamtargumentation einbeziehen

Kompetenzschwerpunkte
Bilder beschreiben; sach- und adressatenspezifisch formulierte Texte verfassen und dabei deren Wirkungsabsicht berücksichtigen; einen differenzierten Wortschatz und einen angemessenen, variablen Stil verwenden; Texte inhaltlich und sprachlich überarbeiten

Kompetenzschwerpunkte
von Ereignissen berichten; anschaulich erzählen; Emotionen und eigene Befindlichkeiten ausdrücken; nach literarischen Vorlagen Texte neu, um- oder weiterschreiben; Merkmale verschiedener Textsorten und die Orientierung an prototypischen Texten für die Textgestaltung nutzen; Texte inhaltlich und sprachlich überarbeiten

Kompetenzschwerpunkte

Inhalte von Texten herausarbeiten und zusammenfassen; grundlegende literarische Gattungen definieren und deren Merkmale für das Textverstehen nutzen; die Mehrdeutigkeit von literarischen Texten erkennen und in Grundzügen erläutern; exemplarisch historische Kontexte in das Verständnis von Texten einbeziehen; informierend schreiben (Inhaltsangabe); Texte inhaltlich und sprachlich überarbeiten und dazu geeignete Methoden nutzen

6 Dem Leben trotzen

Kompetenzschwerpunkte

Inhalte von Texten herausarbeiten und zusammenfassen; grundlegende literarische Gattungen definieren und deren Merkmale für das Textverstehen nutzen; die Mehrdeutigkeit von literarischen Texten erkennen und in Grundzügen erläutern; exemplarisch historische Kontexte in ihr Verständnis einbeziehen; informierend schreiben (Inhaltsangabe); Texte überarbeiten

7 Alles Theater?

Kompetenzschwerpunkte

wesentliche Elemente eines Textes bestimmen, analysieren und in ihrer Funktion beschreiben; Fachbegriffe zur formalen Beschreibung von Texten verwenden; grundlegende literarische Gattungen definieren und deren Merkmale für das Textverstehen nutzen (Drama); mit handlungs- und produktionsorientierten Verfahren ein plausibles Textverständnis herausarbeiten; die Bedeutsamkeit eines Textes für die eigene Person reflektieren

Kompetenzschwerpunkte

Texte sinngebend und gestaltend vorlesen; Fachbegriffe zur formalen Beschreibung von Texten verwenden; grundlegende literarische Gattungen definieren und deren Merkmale für das Textverstehen nutzen (Ballade); das eigene Textverständnis erläutern, begründen; mit handlungs- und produktionsorientierten Verfahren ein plausibles Textverständnis herausarbeiten; analysierend und interpretierend schreiben

Kompetenzschwerpunkte

unterschiedliche Lesetechniken und Methoden der Texterschließung anwenden; das Thema eines Textes bestimmen und benennen; Textinhalte und Textstrukturen visualisieren; Vorwissen für das Textverstehen nutzen; Informationen aus komplexen linearen und nichtlinearen Texten wiedergeben; informierend schreiben (materialgestützt informieren)

Kompetenzschwerpunkte

Wortarten unterscheiden und bestimmen; Formen der Konjugation bestimmen und sicher verwenden; Aktiv und Passiv bilden und syntaktisch und in ihrer Aussagefunktion beschreiben; Modi unterscheiden, bilden und ihre wesentlichen Funktionen erläutern

die Struktur von Sätzen und Satzgefügen im Feldermodell analysieren; Nebensätze als Satzglieder oder Satzgliedteile bestimmen, erläutern und verwenden; Gleich- und Unterordnung unterscheiden

Herkunft und Bedeutungswandel von Wörtern klären, dazu auch etymologische Lexika heranziehen; Erb-, Lehn- und Fremdwörter unterscheiden; die Bedeutung und Herkunft von Fremd- und Lehnwörtern klären

Rechtschreibung und Zeichensetzung

Kompetenzschwerpunkte

Regeln der Schärfung und Dehnung sowie der Schreibung der s-Laute nennen und korrekt anwenden; Groß- und Kleinschreibung sicher unterscheiden; Großschreibung in allen Fällen nominaler Verwendung sowie in festen Fügungen sicher normgerecht verwenden und dabei grammatikalisches Wissen nutzen; Getrennt- und Zusammenschreibung in geläufigen Fällen normgerecht verwenden; Besonderheiten der Schreibung von Fremdwörtern nennen und korrekt anwenden die Zeichensetzung korrekt verwenden und syntaktisch begründen; individuelle Fehlerschwerpunkte benennen und korrigierend bearbeiten; Wortbedeutungen klären, auch mittels Nachschlagewerken

Tipps und Hilfen

Orientierungswissen

1 Ich und mein Selfie

Wer bin ich? – Sich in Texten und Bildern vorstellen

Ich *Hans Manz*

Ich: Träumerisch, träge,
schlafmützig, faul.
Und *ich*: Ruhelos, neugierig,
hellwach, betriebsam.
Und *ich*: Kleingläubig, feige,
zweiflerisch, hasenherzig.
Und *ich*: Unverblümt, frech,
tapfer, gar mutig.
Und *ich*: Mitfühlend, zärtlich,
hilfsbereit, beschützend.
Und *ich*: Launisch, gleichgültig,
einsilbig, eigenbrötlerisch. –
Erst wir alle zusammen sind *ich*.

1. Welche Funktionen haben Selfies für euch? Tauscht euch darüber aus.
2. Würde sich eines der Gedichte auf dieser Doppelseite als „Selfie" in Textform für dich eignen? Begründe.
3. Wie sollte dein Selfie in Textform sein? Wie soll es nicht sein? Nenne Beispiele.

Einzigartig *Ernst Ferstl*

Unter den mehr als
6 Milliarden Menschen
auf der ganzen Welt
gibt es nur
einen einzigen,
zu dem
ich
ich
sagen kann.

In diesem Kapitel …

- denkst du über dich und deine Persönlichkeit nach.
- untersuchst du verschiedene Möglichkeiten der Selbstdarstellungen im Hinblick auf ihre Wirkung auf andere.
- denkst du über die Wirkung von Selbstdarstellungen nach und erprobst verschiedene Möglichkeiten, dich selbst darzustellen.
- verfasst du Texte, mit denen du dich selbst darstellen kannst.

„Das bin ich“, sage ich. – „Das bist du“, sagen die anderen.

Klara hat über sich nachgedacht und sich dazu eines Hilfsmittels bedient. Sie hat eine ABC-Liste erstellt und ausgefüllt. Im Anschluss haben zwei ihrer Mitschüler/-innen die Tabelle ergänzt, indem sie aufgeschrieben haben, wie sie Klara sehen.

	So sehe ich mich.	So sehen mich andere.
A	*ausgeglichen, ausdauernd*	*aufgeregt, albern (manchmal)*
B		
C		
D		
E	*erfinderisch*	
F	*freundlich, feige (manchmal)*	
G	*gutmütig*	
H		
I		*ideenreich, interessant*
J		
K		*kreativ*
L	*langsam, lustig, Leseratte*	*lustig, lebensfroh, launisch (manchmal)*
M		*mutig (oft)*
N	*neugierig*	
O		
P		*Plaudertasche*
Q		
R		
S		*schnell*
T		
U	*unordentlich*	
V	*verlässlich*	*verlässlich, vergesslich (manchmal)*
W		*wissbegierig*
X		
Y		
Z	*zuverlässig*	

1 Suche Unterschiede in der Beschreibung von Klara heraus.

2 a) Diskutiert, warum es manchmal Unterschiede in der Beschreibung ein und derselben Person gibt.
b) Versuche anhand deiner Erkenntnisse aus Aufgabe a), die Begriffe „Selbstbild“ und „Fremdbild“ zu definieren.

3 a) Übernimm die Tabelle von Seite 14 ohne Einträge in dein Heft und schreibe spontan auf, was dir über dich einfällt.
Tipp: Du musst nicht zu jedem Buchstaben ein Wort finden und kannst auch mehrere Wörter hinter einem Buchstaben notieren.
b) Bitte ein bis zwei Mitschüler/-innen, die andere Spalte der ABC-Liste auszufüllen.

4 Stell dir vor, du kennst Klara. Erzähle eine kurze Geschichte, in der ihre Eigenschaften eine Rolle spielen.

5 Sammle Bilder aus Zeitungen oder Zeitschriften und erstelle eine Collage, in der dein Selbstbild und das Bild, das andere von dir haben, zum Ausdruck kommt.

6 Klara hat die ABC-Liste als Materialfundus für ein Gedicht über s**ICH** genutzt. Schreibe ein Gedicht über d**ICH**. Versuche dabei, sowohl dein Selbstbild als auch das Fremdbild zu berücksichtigen.

Spieglein, Spieglein an der Wand, sag: Wer bin ich?

Meistens verlässlich,
Aber manchmal vergesslich,
Neugierig, kreativ und erfinderisch,
Teilweise aber auch etwas launisch.
Meistens mutig, doch ab und zu feige,
Ach, Spieglein, ich mag euch beide.

Ein Brief an mich selbst

Tschick *Wolfgang Herrndorf*

Ich hatte nie einen Spitznamen. Ich meine, an der Schule. Aber auch sonst nicht. Mein Name ist Maik Klingenberg. Maik. Nicht Maiki, nicht Klinge und der ganze andere Quatsch auch nicht, immer nur Maik. Außer in der Sechsten, da hieß ich mal kurz Psycho. Das ist auch nicht der ganz große Bringer, wenn man Psycho heißt. Aber das dauerte auch nicht lang, und dann hieß ich wieder Maik.

Wenn man keinen Spitznamen hat, kann das zwei Gründe haben. Entweder man ist wahnsinnig langweilig und kriegt deshalb keinen, oder man hat keine Freunde. Wenn ich mich für eins von beiden entscheiden müsste, wär's mir, ehrlich gesagt, lieber, keine Freunde zu haben, als wahnsinnig langweilig zu sein. Weil, wenn man langweilig ist, hat man automatisch keine Freunde, oder nur Freunde, die noch langweiliger sind als man selbst.

Es gibt aber auch noch eine dritte Möglichkeit. Es kann sein, dass man langweilig ist *und* keine Freunde hat. Und ich fürchte, das ist mein Problem.

1. Lest den Ausschnitt aus dem Roman „Tschick“ von Wolfgang Herrndorf. Tauscht euch anschließend über euren ersten Eindruck von Maik aus.
2. Lies den Romanauszug ein zweites Mal. Was erfährst du zwischen den Zeilen über Maik? Orientiere dich dabei an folgenden Fragen:
   - Glaubst du, dass es für Maik wichtig ist, einen Spitznamen zu haben?
   - Was denkt Maik über sich?
   - Wie spricht er? Schau dir dazu den Satzbau an.
   - Wie wirkt Maik insgesamt auf dich?

3 a) Wenn man über sich nachdenkt, führt man oft eine Art Gedankengespräch mit sich selbst. Mit diesen Gedanken kann man auch einen Brief an sich selbst schreiben. Dieser Brief könnte zum Beispiel Antworten auf folgende Fragen geben:
- Wann und wo hast du immer wieder Erfolgserlebnisse?
- Wofür würdest du dir applaudieren?
- Wofür bekommst du Beifall von anderen?
- Über welche Probleme stolperst du immer wieder?

Notiere die Antworten in Stichpunkten.

b) Schreibe mithilfe deiner Arbeitsergebnisse aus Aufgabe a) einen Brief an dich selbst. Gehe auch darauf ein, wie du dich in Zukunft siehst.

c) Diskutiert, welches Ziel man mit einem Brief an sich selbst erreichen kann.

4 In der Regel schreibt man Briefe nicht an sich selbst, sondern an andere. Untersuche, wie sich die Hauptfigur aus dem Roman „Quasselstrippe“ – Rowena Batts – ihrer neuen Klasse in einem Brief vorstellt.

Quasselstrippe *Morris Gleitzman*

„Hallo“, fing der Brief an, „ich heiße Rowena Batts und, wie ihr wahrscheinlich inzwischen gemerkt habt, ich kann nicht sprechen. Macht euch deshalb keine Sorgen, wir können trotzdem Freunde werden, denn ich kann schreiben, zeichnen, zeigen, nicken, den Kopf schütteln, meine Nase rümpfen und mit den Händen Zeichensprache reden. Früher bin ich auf eine Sonderschule für Behinderte gegangen, aber die wurde von der Behörde geschlossen. Ich kann nicht sprechen, weil ich ohne ein paar Sachen geboren wurde, die man dafür in der Kehle braucht. (Keine Angst, ich tropfe nicht.) Ansonsten bin ich ganz normal, und meine Hobbys sind Lesen, Fernsehen und Traktorfahren. Ich hoffe, wir werden uns gut verstehen.

Mit freundlichen Grüßen

Rowena Batts

5 Beschreibe, wodurch sich die Selbstbeschreibung Rowenas von der von Maik unterscheidet: Welches Bild der Person entsteht jeweils?

6 Stell dir vor, du wärst die Hauptperson in einem Jugendroman. Im Klappentext soll die Hauptfigur vorgestellt werden. Schreibe diesen Text.

7 Schreibe das erste Kapitel eines Jugendromans, in dem du dich als Hauptfigur vorstellst. Schreibe in der Ich-Perspektive.

Mein Selfie für euch

imagebook

Jan Siemers

Chronik | Info | Freunde | Fotos | Mehr

Info

Arbeit/Ausbildung: 7. Klasse Sophie-Scholl-Gymnasium
Orte, an denen du gelebt hast: Reutlingen, Leipzig
Kontaktinfos: Mobiltelefon, Adresse, Webseite, E-Mail-Adresse, Geburtstag:
0177 12345, Lindenstraße 8, 01234 Leipzig, jan.siemers@Email.de, Geburtstag am 14. Februar
Familie und Beziehung: Beziehungsstatus Single
Familienmitglieder: Papa Philip, Mama Lisa, Schwester Sarah, Hund Pepe
Details über dich: guter Kumpel
Lieblingszitate: „Hoch die Hände, Wochenende!", „Aber wir haben doch schon ein Buch." (Homer Simpson)

Mehr

Videos: Youtube, Youtube, Youtube
Sport: Skateboard-Fahren, Basketball, Chillen
Bücher: Guinnessbuch der Rekorde, Die Chroniken von Araluen, Percy Jackson
Musik: alles in den Top Ten
Filme: Captain America, James Bond, Fantasy-Filme, Action-Filme
Fernsehsendungen: DSDS, The Big Bang Theory, Die Simpsons

1 a) Welchen Eindruck erhältst du hier von Jan? Begründe.
b) Diskutiert: Welche Einträge sollte Jan besser aus seinem Profil löschen?

2 a) Fülle die oben gezeigten Kategorien für dich in deinem Heft aus.
b) Markiere in deinen Aufzeichnungen die Informationen, die du veröffentlichen möchtest. Begründe, warum du einige Informationen über dich lieber nicht preisgeben willst.
c) Erstelle ein Profil von dir, das du in einem sozialen Netzwerk veröffentlichen würdest.

3 Tauscht eure „Profile" ohne Namen aus. Beschreibt, welchen Eindruck ihr von der jeweils dargestellten Person habt. Wie kommt dieser Eindruck zustande?

Die Wirklichkeit des anderen *Khalil Gibran*

Die Wirklichkeit des anderen liegt nicht in dem,
was er dir offenbart, sondern in dem, was er dir
nicht offenbaren kann. Willst du ihn also verstehen,
so höre nicht auf das, was er sagt,
sondern eher auf das, was er nicht sagt.

4 a) Fasse die Aussage dieses Gedichts in eigenen Worten zusammen.
b) Diskutiert, inwiefern die Aussage des Gedichts auf die Darstellung in sozialen Netzwerken zutrifft. Nennt Beispiele für eure Ansicht.

5 Welche der folgenden Zitate sagen etwas Ähnliches aus? Ordne sie in deinem Heft in Gruppen.

A Es gibt nichts so Lächerliches und Dummes, als immer über das zu reden, was man hat und was man kann.
Johannes Baptist Maria Viann

B Ich mal mir ein Bild und mach mich ihm passend.
Manfred Hinrich

C Eigenlob stinkt.

D Eigenlob stimmt.

E Es ist gefährlich, anderen etwas vorzumachen, denn es endet damit, dass man sich selbst etwas vormacht.
Eleonora Duse

F Klappern gehört zum Handwerk.

6 Suche zu jeder Aussage ein Beispiel, das die Aussage näher erläutert.

7 Formuliere selbst ein bis zwei Sätze, die du in einen Ratgeber zum Thema „Wie präsentiere ich mich selbst?“ aufnehmen würdest.

Ein Bild sagt mehr als tausend Worte!?

Mein Handy, mein Ego und ich *Marc Rybicki*

Prominente Vorbilder

[…] Ein ideales „Ich" zu erschaffen, das von vielen bewundert wird, ist ein wesentliches Ziel der Selfies, genährt von dem Wunsch nach gesellschaftlicher Anerkennung. Eine Studie über Facebook-Nutzer ergab, dass häufig diejenigen schmeichelhafte Bilder veröffentlichen, die im Alltag über schwache soziale Unterstützung verfügen. „Es gibt wenige Menschen, die ein unerschütterliches Selbstvertrauen haben. Wer unsicher ist, sucht die Bestätigung durch Freunde, die sagen, wie gut man aussieht und wie toll das ist, was man macht", sagt der britische Kulturwissenschaftler Jon Stratton. Das Selfie sorge dafür, dass man so wahrgenommen wird, wie man gerne gesehen werden möchte. Möglichst attraktiv, lebenslustig und lässig. Hinter der inszenierten Fassade kann ein Schrei nach Aufmerksamkeit stecken oder der Drang, zu einer Gruppe zu gehören, die als glücklicher empfunden wird, als man es selbst ist. Der Wiener Philosoph Konrad Paul Liessmann sieht die Gefahr, „dass hinter der Selbstoptimierung nicht die […] Idee steckt, dass jeder so sein soll, wie er will, sondern die Idee, dass es eine Norm gibt des schönen, leistungsfähigen, belastbaren Menschen, an der sich alle zu orientieren haben." […]

Mittel zur Unsterblichkeit

Die Welt ist eine Bühne, scheinen die Selfies zu sagen, also lasst uns darauf spielen. Unbeschwert und im Augenblick verweilend. „Wir sehen ein lebendiges und dynamisches Spiegelbild", erklärt Pamela Rutledge den Wohlfühlfaktor der Selfies. Aus dem passiven Beobachter wird ein selbstbewusster Erzähler, der nicht am Rand der Landschaft steht, sondern sich per Knopfdruck zu einem Teil des Geschehens macht. Jeder flüchtige Gesichtsausdruck, jeder noch so schwer fassbare Moment des Glücks und der Ausgelassenheit soll dabei eingefroren werden in der Zeit. Für eine Gesellschaft, die den Tod weitestgehend verdrängt, ist das Selfie ein Mittel zur Unsterblichkeit. Am Ende seiner Tage teilt man das Facebook-Album mit den virtuellen Freunden und macht sie zu Zeugen einer Lebensgeschichte, eigenhändig erzählt in unscharfen Bildern.

1. a) Gib die Aussage des Textes in eigenen Worten wieder.
   b) Erläutere die Aussage von Paul Liessmann (Z. 14–18).

2 Welchen Aussagen des Textes stimmst du zu und welchen nicht? Übertrage die Tabelle in dein Heft und ergänze sie in Stichpunkten.
Notiere zu jeder Aussage die entsprechende Zeilenangabe.

Diesen Aussagen stimme ich zu.	Begründung	Diesen Aussagen stimme ich nicht zu.	Begründung
...	...	...	...

3 In einigen sozialen Netzwerken erfolgt die Selbstdarstellung ausschließlich mithilfe von Bildern. Diese Bilder sollen Geschichten über die Fotografin / den Fotografen erzählen. Überlege, welche Geschichte mit den folgenden Bildern erzählt wird. Begründe deine Einschätzung.

4 Erzähle mit acht bis zehn Bildern eine Geschichte über dich. Gehe dabei so vor:
- Bestimme die Zielgruppe, die du mit deinen Bildern erreichen willst, z. B. Freunde oder Verwandte.
- Verfasse ein kleines „Drehbuch", in dem du notierst, welche Art von Fotos du machen möchtest und welche Motive du wählen willst.
- Fotografiere und stelle acht bis zehn geeignete Fotos zusammen.

5 Tauscht eure Ergebnisse aus und überprüft gegenseitig, ob ihr mit euren Bildern und der Zusammenstellung der Bilder die beabsichtigte Wirkung erzielt.

6 Suche in sozialen Netzwerken nach Bildern von Prominenten, z. B. Fußballstars, Models oder Musikerinnen/Musikern. Untersuche, welches Bild sie von sich vermitteln wollen, und stelle deine Ergebnisse der Klasse vor.

Ein Tagebuch fast ohne Schloss – mein Blog

Mehr Nächster Blog Blog erstellen Anmelden

Auf der Suche nach den schönen Dingen im Leben

Lieblingsmenschen, Lieblingsdinge, Lieblingsbeschäftigungen.
Hier ist Platz für Klatsch und Tratsch, Favoriten und vieles mehr.

Sonntag, 9. August 2015

Meine verrückten Träume – realistisch oder unrealistisch?

Hallo,
heute geht es um meine teilweise realistischen, teilweise aber auch unrealistischen Träume und Wünsche. Hat nicht jeder solche Bilder im Kopf, die einem Lebenssituationen zeigen, von denen man seit Jahren träumt und bei denen man das Gefühl hat, dass sie einen vollkommen machen und zu einem glücklichen Leben nötig sind? Ich habe diese Bilder im Kopf und heute möchte ich euch von diesen erzählen.

1. DIE ZWEITE JOANNE K. ROWLING WERDEN

Einer meiner größten Träume? Bestsellerautorin werden und Menschen mit meinen Schriften verzaubern. Seit ich circa 10 Jahre alt bin, träume ich davon, eigene Bücher zu schreiben, groß rauszukommen, mein Geld damit zu verdienen und Menschen mit meinen Worten zu beeindrucken. Ich habe schon gefühlte 100-mal versucht, ein Buch zu schreiben, aber generell habe ich Probleme damit, etwas zu Ende zu bringen. Ich fange also an und mittendrin höre ich auf, weil ich nicht weiß, wie es weitergehen soll, oder weil mir die Story einfach nicht mehr gefällt.
Wie realistisch ist dieser Traum? Selbst schätze ich das so um 60 % ein, ich will das unbedingt, ich habe, denke ich, auch das Potenzial dazu, ich muss dann nur mal richtig über meinen Schatten springen. Dass ich die zweite Joanne K. Rowling werde, ist natürlich total unrealistisch, mir würde es schon genügen, ein Buch zu schreiben und dieses vermarkten zu können.

1 Pauli ist seit 2012 aktive Bloggerin. Ihr Blog heißt „allerliebstelieblinge". Pauli schreibt auf ihrem Blog über ihren Alltag, ihre Wünsche, aber z. B. auch über Bücher und Reiseerfahrungen.
Lest Paulis Blogbeitrag vom 9. August 2015. Was erfahrt ihr über sie? Wie versucht sie, euer Interesse zu gewinnen?

2 a) Erläutere mithilfe des folgenden Eintrags aus „Wikipedia“ in eigenen Worten, was ein Blog ist.

b) Blogs werden in der Regel als „Internet-Tagebuch“ bezeichnet. Diskutiert, worin Ähnlichkeiten und Unterschiede zu einem herkömmlichen Tagebuch bestehen.

Blog

Das oder auch der **Blog** /blɔg/ oder auch **Weblog** /ˈwɛb.lɔg/ (Wortkreuzung aus engl. Web und Log für Logbuch) ist ein auf einer Website geführtes und damit meist öffentlich einsehbares Tagebuch oder Journal, in dem mindestens eine Person, der Blogger, international auch Weblogger genannt, Aufzeichnungen führt, Sachverhalte protokolliert („postet“) oder Gedanken niederschreibt. [...] Der Blogger ist Hauptverfasser des Inhalts, und häufig sind die Beiträge aus der Ich-Perspektive geschrieben. Das Blog bildet ein Medium zur Darstellung von Aspekten des eigenen Lebens und von Meinungen zu spezifischen Themen, je nach Professionalität bis in die Nähe einer Internet-Zeitung mit besonderem Gewicht auf Kommentaren.

3 Zu welchen Themen lest ihr Blogs oder würdet ihr Blogs lesen? Tauscht euch darüber aus.

4 a) Überlege, über welches Thema du gern bloggen würdest, und notiere deine Ideen in einem Cluster.

b) Entscheide dich, wer die Zielgruppe deines Blogs sein soll.

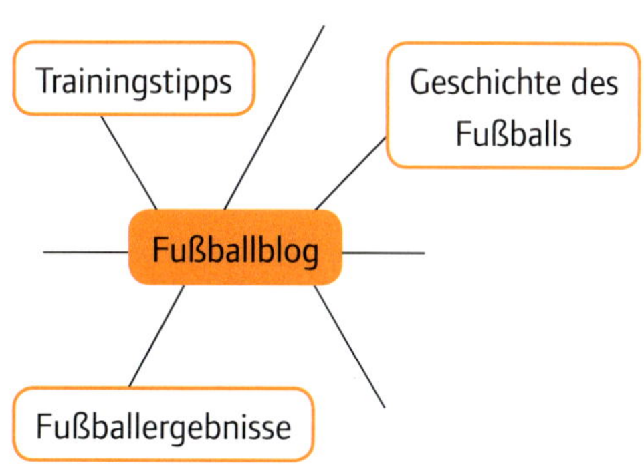

5 Schreibe zwei kleine Beiträge für deinen Blog. Berücksichtige dabei folgende Fragen:
- Wer ist die Zielgruppe deines Blogs?
- Was möchtest du in den Texten über dich persönlich preisgeben und was nicht?

2 Fast Fashion

Materialgestützt argumentieren

„Fast Fashion“

Grundsätzlich gibt es für den Begriff „Fast Fashion“ keine wirklich einheitliche Definition, denn einerseits bezeichnet „Fast Fashion“ das schnelle Kopieren von Modetrends, die beispielsweise durch Models auf Fashion Shows vorgestellt und dann kopiert werden. Andererseits ist damit aber auch die sehr hohe Anzahl von Kollektionen gemeint, das heißt das Produzieren von Massenware. Diese Produktion geschieht meist in asiatischen Ländern. Das Adjektiv „fast“ steht hierbei für Beschleunigung: Meist vergehen vom Entwurf der Kollektion bis zur Auslieferung der Ware in den Märkten lediglich zwei Wochen. Abgesehen von der schnellen Produktion steht „fast“ auch für den schnellen Gebrauch […] – und den Verschleiß der Kleidung, da die Qualität der Ware nicht sehr hochwertig ist. Aufgrund der geringeren Produktionskosten im Ausland ist „Fast Fashion“ vergleichsweise günstig zu erstehen.

1. Notiert in eurer Tischgruppe alle Begriffe, die euch zu den Bildern und zum Thema „Shopping“ einfallen.
2. Erläutere mithilfe von Beispielen, welche Gefühle du mit „Shopping“ verbindest.
3. Definiere mithilfe des Textes auf Seite 24 den Begriff „Fast Fashion“.

In diesem Kapitel …

- erfährst du, was sich hinter dem Begriff „Fast Fashion“ verbirgt.
- wiederholst du, wie Argumente aufgebaut sind.
- lernst du, wie man auf der Grundlage von Informationen aus verschiedenen Materialien überzeugende Argumente entwickelt.
- setzt du dich mit verschiedenen Argument-Typen auseinander.
- verfasst du einen argumentativen Artikel.
- entwirfst du einen Flyer, um für dein Anliegen zu werben.
- lernst du, wie man ein Statement verfasst.

Eine Stoffsammlung anlegen

Stell dir folgende Situation vor:
Die Schülervertretung deiner Schule hat gefordert, dass für eure Schulkleidung ab sofort nur noch T-Shirts und Pullover verwendet werden, die nachhaltig produziert und fair gehandelt („Fair Trade") sind. Als Sprecher/-in der Mittelstufe ist es nun deine Aufgabe, deine Mitschüler/-innen von diesem Vorhaben zu überzeugen.

Die folgenden fünf Materialien helfen dir, gute Argumente für deine Argumentation zu finden.

Material 1 Wegwerfen und Neukaufen als Prinzip

Susanne Schäfer

Beutestück Nummer zwei ist roséfarben und glänzt. Die junge Frau hält das Kleid in die Kamera, dreht und wendet es, Metallic-Optik sei das und habe 5,99 Euro gekostet. Ein Hammerpreis, sagt Funnypilgrim, wie sie sich auf Youtube nennt. Die weiteren Eroberungen der Shoppingtour: noch ein Kleid, ein Pulli, fünf Hosen, ein Oberteil, eine Strickjacke und ein Gürtel. Willkommen im Polyesterparadies. „Haul Video" nennt sich das, was derzeit Mode-Mädchen von den USA bis Deutschland ins Netz stellen – Dokumente ihrer Shoppingbeutezüge. [...] Dabei sitzen sie in ihren Jungmädchenzimmern, pinkfarbene Wände und Schminktischchen gehören oft zur Kulisse. Vielen von ihnen sehen um die 100 000 Menschen zu.

Die Konsumenten, die Polyesterkleidchen für 5,99 Euro und ebenso billige Baumwoll-T-Shirts kaufen, sind Teil des Systems „Fast Fashion". Viele tragen ihre Kleider nur ein paar Mal, dann muss etwas Neues her – weil die Mode sich geändert hat oder die Teile schlicht kaputt sind. Modeketten produzieren Kleidung in immer kürzerer Zeit und bringen ständig neue Stücke in die Läden. Die Billigproduktion und der schnelle Modezyklus gehen zulasten von Arbeitern, Umwelt, Klima und der Gesundheit derjenigen, die die Kleider am Ende tragen.

Das könnte sich bald jedoch ändern: Baumwolle wird in den kommenden Jahren voraussichtlich knapper, und auch Erdöl – die Basis von Polyester – ist bekanntlich nicht unbegrenzt verfügbar. Deshalb setzen viele Anbieter auf Fasern aus nachwachsenden Rohstoffen, Viskose etwa wird auf der Basis von Holz hergestellt. Experten sehen voraus, dass Mode bald nicht mehr ganz so billig sein wird. [...]

Die Produktionsstrecke vom Entwurf bis zum ausgelieferten Kleidungsstück dauert heute nur noch wenige Wochen. Neue Kollektionen kommen nicht mehr wie früher zweimal pro Jahr in die Läden, es treffen kontinuierlich neue Kleider ein. So signalisieren die Anbieter den Kunden, dass sie ständig ihre Garderobe erneuern sollten – und machen dies möglich, indem ein T-Shirt oft kaum mehr kostet als ein Kaffee. Wer bei Billiganbietern wie H&M, Zara oder der gerade expandierenden irischen Kette Primark kauft, kann bei allen Trends mitmachen, ohne viel Geld auszugeben. Die Kunden spielen da gerne mit. Wegwerfen und Neukaufen wird zum Prinzip.

1 a) Welchen Standpunkt vertritt die Autorin zum Thema „Fast Fashion"? Nenne Textstellen als Beleg.
Tipps & Hilfen (→ S. 300)

b) Welche Meinung hast du zu dem beschriebenen Verhalten? Begründe.

2 Um deine Mitschüler/-innen von eurem Anliegen zu überzeugen, musst du zunächst Informationen zu deinem Thema sammeln.
Lege dafür in deinem Heft eine Stoffsammlung nach folgendem Muster an. Notiere dann in Stichpunkten Informationen aus dem Text, die gegen „Fast Fashion" sprechen.
Tipps & Hilfen (→ S. 300)

Stoffsammlung: Gründe, die gegen „Fast Fashion" sprechen

Material	Gesundheitliche Gründe	Soziale Gründe	Wirtschaftliche Gründe	Umweltgründe
Material 1	– *Gesundheitsgefahr für ... (Z. 17 f.)* – ...	– ...	– *Baumwolle wird knapp (Z. 19 f.)* – ...	– ...
Material 2	– ...	– ...	– ...	– ...

Material 2 **Wenn Mode krank macht** *Rachel Gessat*

Ein Einkaufsbummel durch die Innenstadt gehört für viele Deutsche zu den Lieblingsbeschäftigungen in der Freizeit. Große Modeketten haben sich darauf eingestellt, schnell wechselnde Kollektionen auf den Markt zu werfen. [...] Vor einigen Tagen enterten in Hamburg Aktivisten der Umweltschutzorganisation Greenpeace die Fassade einer Zara-Filiale und entrollten ein riesiges Protestplakat mit der Aufschrift „Kennen Sie Zaras schmutziges Geheimnis?“ Mit ähnlichen Aktionen in vielen anderen Städten weisen die Umweltschützer auf die Ergebnisse ihrer aktuellen Studie hin. 141 Kleidungsstücke großer Modemarken wie Zara, Benetton, Tommy Hilfinger, Gap, C&A, und H&M wurden auf gesundheitsschädliche Chemikalien hin untersucht.

Christiane Huxdorff, Chemie-Expertin bei Greenpeace, erläutert im Gespräch mit der Deutschen Welle, welche Stoffe gefunden wurden: „Wir haben Rückstände von Waschmitteln gefunden, sogenannte NPEs[1], die hormonelle Wirkungen auf den Menschen haben, Rückstände von Weichmachern, die im Verdacht stehen, unfruchtbar zu machen, und sogar Rückstände von krebserregenden Stoffen, die von Azofarben[2] herrühren.“ [...] „Es ist ja nicht nur so, dass die Hersteller in Asien produzieren, weil es dort günstiger ist, sondern auch, weil in Europa wesentlich strengere Umweltanforderungen an die Unternehmen gestellt werden.“ [...] Die wesentlich größeren gesundheitlichen Risiken trügen die Produzenten in Asien, die tagtäglich mit den giftigen Chemikalien umgehen müssten. Zudem ließen viele Textilfabriken in Indien oder China ihre Abwässer völlig ungefiltert in die Flüsse ab. [...]

1 NPEs: Abkürzung für eine Gruppe giftiger Chemikalien
2 die Azofarbe: Farbstoff, der sehr intensiv färbt und im Verdacht steht, krebserregend zu sein

1. Welche Informationen aus diesem Artikel sind für dich neu? Nenne Beispiele.
2. Untersuche, welche Ansicht Rachel Gessat zum Thema „Fast Fashion“ vertritt.
3. Ergänze deine Stoffsammlung von Seite 27 mit Informationen aus diesem Text.
   Tipps & Hilfen (→ S. 300)
4. Zur Untermauerung ihrer Haltung zitiert Frau Gessat eine Chemie-Expertin. Informiere dich im Infokasten auf Seite 32 darüber, wie man diese Form des Arguments nennt.

Material 3 Mode macht Wirtschaft

Vor gerade mal zwei Jahren stürzte in Bangladesch eine Textilfabrik ein und begrub viele Hundert Menschen unter Trümmern. 1127 sterben, 2438 wurden zum Teil schwer verletzt. Erst Katastrophen wie diese richten den Blick auf menschenunwürdige Arbeitsbedingungen, unter denen ein großer Teil unserer Mode entsteht. Denn: Neun von zehn Kleidungsstücken in Deutschland kommen aus Ländern mit niedrigen Lohn- und Produktionskosten. Laut Statistischem Bundesamt führt China die Rangliste an: Bekleidung im Wert von 7,87 Milliarden Euro wurde 2013 nach Deutschland verschifft. Es folgten Bangladesch mit 3,24 Milliarden Euro und die Türkei mit 3,1 Milliarden. Am Beispiel einer Jeans lässt sich verdeutlichen, warum die Produktion in Schwellenländern[1] für westliche Unternehmen so attraktiv ist: Hergestellt wird die Jeans in Bangladesch für ungefähr einen Euro. 80 Cent davon decken die Fabrikkosten (Löhne und Sicherheitsmaßnahmen), 20 Cent machen den Gewinn der Fabriken vor Ort aus. Bis die Jeans im Laden hängt, kommen noch Kosten für Material (ca. 18 %), Transport (20 %), Vertrieb und Ladenmiete (47 %) hinzu. Die Gewinnmargen[2] für die Labels sind enorm, der Lohn für die meist jungen Arbeiterinnen gering. Frauen zwischen 18 und 25 Jahren arbeiten täglich bis zu 16 Stunden, teilweise auch mehr. Sie erhalten, wie die Clean Cloth Campaign berichtet, um die 35 Euro pro Monat. [...]

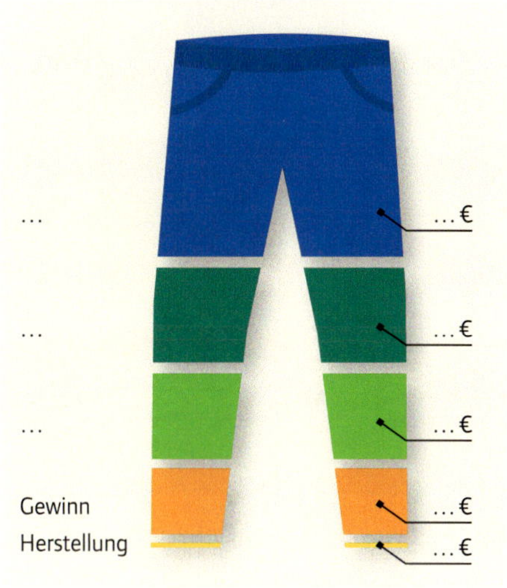

1 das Schwellenland: sogenanntes „Entwicklungsland", das sich im Übergang zum „Industrieland" befindet
2 die Gewinnmarge: die Gewinnspanne

1 a) Rechne die im Text angegebenen Prozentwerte in Euro um, indem du von einem Preis von 100 Euro pro Jeans ausgehst. Wie viel verdienen die Labels am Schluss mit jeder 100-Euro-Jeans?
b) Übertrage die Grafik mit der Jeans in dein Heft und ergänze sie – wie im Beispiel – mit den Kosten in Euro.

2 Notiere die Informationen, die dein Anliegen stützen, in deiner Stoffsammlung.

3 Welcher Argument-Typ wurde in diesem Artikel verwendet? Begründe mithilfe der Informationen im Info-Kasten auf Seite 32.

Informationen aus Diagrammen nutzen

Material 4 Die Preiszusammensetzung eines T-Shirts

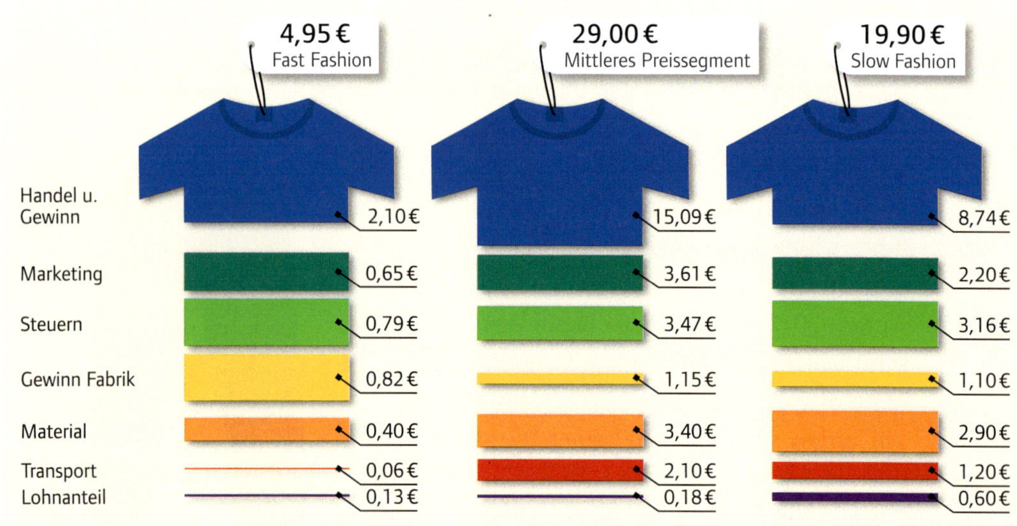

©: Nils Reincke-Dieker, Larissa Starke, Friederike Wolf

1. Beschreibe das abgebildete Diagramm.
   Tipps & Hilfen (→ S. 300)
2. Ergänze deine Stoffsammlung mit Informationen aus dem Diagramm.

Info: Ein Diagramm auswerten

Gehe beim Auswerten eines Diagramms so vor:

1. Schritt: Verschaffe dir einen Überblick:
- Lies die Überschrift.
- Benenne das Thema in eigenen Worten.

2. Schritt: Beschreibe die einzelnen Angaben und werte sie aus:
- Was ist zu sehen?
- Welches ist der höchste und welches der niedrigste Wert?
- Was ist besonders auffällig? Was überrascht dich?

3. Schritt: Fasse die Ergebnisse in eigenen Worten zusammen und stelle weitere Überlegungen an:
- Kannst du Ursachen für die Ergebnisse angeben?
- Welche Schlussfolgerungen lassen sich aus den Ergebnissen ableiten?

Argument-Typen unterscheiden

Material 5 Darf man Billigmode aus Asien kaufen?

JA, sagt *Gisela Burckhardt:*
Ich finde es nicht gut, dass die Näherinnen in Asien so wenig verdienen. Von den 50 Euro, die sie im Monat bekommen, können sie ihre Familie kaum ernähren. Sie müssen viele Überstunden machen. Trotzdem ist diese Arbeit für viele auch ein Segen – denn sie ist oft die einzige Einnahmequelle. Würde niemand mehr Kleidung aus Bangladesch, China oder Vietnam kaufen, würden die Näherinnen diese Arbeit verlieren. Und das wäre für sie eine Katastrophe. Besser ist es, dafür zu kämpfen, dass sich die Arbeitsbedingungen verbessern: Die Näherinnen sollten mehr verdienen, und ihr Arbeitsplatz sollte sicherer werden. Man kann zum Beispiel Protestmails an Händler schicken und sie auffordern, die Arbeitsrechte einzuhalten: Die Näherinnen sollten mehr verdienen, einer Gewerkschaft beitreten dürfen und nicht ständig von den Aufsehern beschimpft werden. Eine Reihe von Firmen sind Mitglied in der „Fair Wear Foundation" und haben versprochen, mehr Gehalt zu zahlen. Im Internet kann man nachschauen, welche das sind. Außerdem: Viele teure Markenklamotten stammen ebenfalls aus Asien – oft sogar aus denselben Fabriken wie die Billigmode. Die Näherinnen der teuren Sachen werden nicht besser bezahlt. Stattdessen streichen die Firmen mehr Geld für sich ein. Kleidung, die unter guten Bedingungen und ohne schädliche Chemikalien hergestellt wird, ist oft auch nicht teurer als Markenklamotten.

NEIN, sagt *Kirsten Brodde:*
Eine Hose für sieben Euro, ein T-Shirt für drei: Wenn Kleidungsstücke zu billig sind, kaufen wir mehr, als wir brauchen. Das macht Spaß – geht aber auf Kosten der Umwelt und der Menschen, die diese Kleidung für uns herstellen. Ein großer Teil dieser Billigware kommt aus riesigen Fabriken in Ostasien. Um die Kleidung zu färben, benutzen Textilfirmen oft giftige Chemikalien. Für die Arbeiter ist das schädlich – und auch für alle anderen Menschen, die in der Umgebung wohnen. Denn das Abwasser der Fabriken landet mitsamt den Chemikalienresten in den Flüssen – und damit im Grundwasser. Menschen können davon sehr krank werden. Auch die Bezahlung der Arbeiter ist nicht in Ordnung: Die Näherinnen bekommen viel zu wenig Geld – dabei schuften sie knochenhart, haben kaum frei und stehen unter großem Druck. Man sollte mit

seinem Kauf besser Firmen unterstützen, die ihre Sachen ökologisch herstellen und die Arbeiter besser behandeln.

Und wenn diese Kleidung ein paar Euro teurer ist, kann man sie mit günstigen Teilen aus Secondhandläden kombinieren. Auch auf dem Flohmarkt oder in Internet-Tauschbörsen gibt es schöne Sachen. Am besten ist, so wenig zu kaufen wie möglich – und das, was im Schrank hängt, zu pflegen und lange zu tragen.

1 a) Welche Antworten geben Frau Burckhardt und Frau Brodde auf die Frage, ob man Billigmode aus Südostasien kaufen darf? Nenne Textstellen als Beleg.
b) Findest du die Argumente von Frau Burckhardt und Frau Brodde überzeugend? Begründe.

2 Untersuche die Argumentation von Frau Burckhardt und Frau Brodde genauer. Übertrage dazu die Thesen der beiden in dein Heft und ergänze die entsprechenden Begründungen.
Tipps & Hilfen (→ S. 301)

Gisela Burckhardt: *Ja, man darf Billigmode aus Asien kaufen.*
Kirsten Brodde: *Nein, man darf keine Billigmode aus Asien kaufen.*

These (Meinung / Behauptung)	Argument (Begründung)
Man darf Billigmode aus Asien kaufen,	*denn…*

3 Ordne den Argument-Typen aus dem Info-Kasten passende Beispiele aus dem Text zu.

4 Vervollständige deine Stoffsammlung mit Informationen aus Material 5.

Info: Argument-Typen

Argumente, die überzeugen sollen, müssen stichhaltig sein. Diese Anforderung erfüllen z. B. folgende **Argument-Typen:**

1. **normatives Argument:** Dieses Argument bezieht sich auf allgemein akzeptierte Normen und Werte einer Gesellschaft, z. B. darauf, dass alle Menschen ein Recht auf faire Behandlung oder einen Anspruch auf einen gerechten Lohn für ihre Arbeit haben.
2. **Faktenargument:** Dieses Argument ist belegbar und überprüfbar, z. B. anhand von Zahlen und Statistiken.
3. **Autoritätsargument:** Dieses Argument nimmt Bezug auf Aussagen von Fachleuten oder Personen, die sich auf einem Gebiet besonders gut auskennen.

5 Ordne die folgenden Argumente den einzelnen Argument-Typen zu. Begründe deine Entscheidung.

A „Fast Fashion" geht zulasten der Gesundheit, da die so hergestellte Kleidung laut Chemie-Expertin Christiane Huxdorff krebserregende Stoffe wie Azofarben enthält.

B Den eigentlichen Preis für „Fast Fashion" zahlen die Arbeiterinnen in Asien, weil sie die Kleidung oft unter menschenunwürdigen Bedingungen produzieren.

C Die Arbeiterinnen, die „Fast Fashion" produzieren, werden ausgebeutet. Das zeigt die Tatsache, dass der Lohnanteil für ein T-Shirt für 4,95 Euro nur ungefähr 13 Cent beträgt.

6 Belege mithilfe der Informationen aus deiner Stoffsammlung die folgenden Thesen mit einem Argument des angegebenen Argument-Typs.

A Die Arbeiterinnen in den Billiglohnländern werden ausgebeutet, da sie ...

These (Meinung / Behauptung)	gefordertes **Argument** (Begründung)
A Die Arbeiterinnen in den Billiglohnländern werden ausgebeutet.	→ Faktenargument
B Auf Dauer wird das Prinzip „Fast Fashion" nicht aufrechtzuerhalten sein.	→ Autoritätsargument
C Wer „Fast Fashion" kauft, belastet die Umwelt.	→ normatives Argument

7 Du willst deine Mitschülerinnen und Mitschüler davon überzeugen, weniger billig produzierte „Fast Fashion" zu kaufen.
Welche Informationen, die du in deiner Stoffsammlung (→ S. 27–32) notiert hast, eignen sich am besten, um sie zu überzeugen? Markiere sie.

8 Entwirf anhand der Vorschläge von Frau Burckhardt und Frau Brodde einen Leitfaden für faires Shopping.

Von der Stoffsammlung zur Argumentation

1 Die Informationen in der folgenden Stoffsammlung sind geeignet, gegen den Kauf von „Fast Fashion" zu argumentieren.
Entscheide, mit welchen Informationen du den Standpunkt „Man sollte keine Fast-Fashion-Kleidung kaufen" begründen kannst und welche Informationen sich eher für Beispiele/ Erläuterungen eignen.

Stoffsammlung: Gründe, die gegen „Fast Fashion" sprechen

Material	Gesundheitliche Gründe	Soziale Gründe	Wirtschaftliche Gründe	Umweltgründe
Material 1	– *Gesundheitsgefahr für diejenigen, die die Kleidung tragen*	– *Billigproduktion geht zulasten der Arbeiterinnen*	– *Baumwolle wird knapp* – ...	– *Billigproduktion geht zulasten des Klimas* – *Wegwerfen und Neukaufen als Prinzip*
Material 2	– *Rückstände von Waschmitteln (NPEs), die hormonelle Wirkung haben*	– ...	– ...	– ...
Material 3	– ...	– ...	– ...	– ...

2 Formuliere ein Argument zum Standpunkt „Man sollte keine Fast-Fashion-Kleidung kaufen" und veranschauliche es mit einem Beispiel. Schreibe in dein Heft.

These	Argument	Beispiel / Erläuterung
(Meinung / Behauptung) *Man sollte keine Fast-Fashion-Kleidung kaufen, ...*	(Begründung) *denn...*	*so... zum Beispiel ...* *Außerdem...*

3 Formuliere zu dieser These nun je ein Argument mit einem Beispiel / einer Erläuterung
- aus sozialer Sicht,
- aus wirtschaftlicher Sicht und
- aus Sicht des Umweltschutzes.

Nutze deine Stoffsammlung (→ S. 27–32).
Tipps & Hilfen (→ S. 301)

4 a) Diskutiert: Welches der folgenden Argumente ist am besten geeignet, um eure Mitschüler/-innen zu überzeugen?
b) Ordnet die Argumente sinnvoll an. Begründet eure Anordnung.

These: Man darf keine Billigmode aus Asien kaufen, ...

A *... weil der Großteil dieser Kleidung in Billiglohnländern produziert wird. So ist laut Statistischem Bundesamt China Spitzenreiter bei der Produktion, gefolgt von Bangladesch und der Türkei.*

B *... da laut Aussage einer Chemie-Expertin von Greenpeace durch die Produktion die Umwelt verschmutzt wird, indem z.B. die Abwässer aus den Fabriken ungefiltert in die Flüsse geleitet werden.*

C *... denn die niedrigen Preise sind unter anderem der Tatsache zu verdanken, dass die Arbeiterinnen sehr niedrige Löhne erhalten. So erhält eine Arbeiterin nach Informationen der „Clean Cloth Campaign" nur rund 35 Euro im Monat.*

D *... weil „Fast Fashion" die Gesundheit derjenigen gefährdet, die die Kleidung am Ende tragen. Zum Beispiel wurden Rückstände von hormonverändernden Chemikalien in Kleidungsstücken gefunden.*

5 Verknüpfe die vier Argumente aus Aufgabe 4 in einem kleinen Text zu einer Argumentationskette. Nutze bei Bedarf die Formulierungshilfen im Info-Kasten.

6 Ordne deine Argumente aus den Aufgaben 2 und 3 (→ S. 34) nach ihrer Überzeugungskraft und formuliere eine weitere Argumentationskette.

7 Diskutiert, um welchen Argument-Typ es sich bei den einzelnen Argumenten aus Aufgabe 4 handelt.
Achtung: Nicht immer gibt es eine eindeutige Lösung.

Info: Formulierungshilfen zum schriftlichen Argumentieren

- **Begründung:** *weil, denn, da, daher ...*
- **Folge:** *sodass, folglich, demzufolge, also, darum ...*
- **Aufzählung von Argumenten:** *hinzu kommt ..., außerdem ..., darüber hinaus ..., des Weiteren ..., zudem ..., ein weiterer Grund dafür/dagegen ist ..., ...*
- **Hervorhebung besonders wichtiger Argumente:** *besonders wichtig ist ..., entscheidend ist ..., zentral ist ..., noch wichtiger ist ..., ...*
- **Beispiel/Erläuterung:** *Das zeigt sich zum Beispiel ..., Beispiele dafür sind ..., so ...*

Einen Artikel für die Schülerzeitung verfassen

Um deine Mitschüler/-innen von eurem Vorhaben zu überzeugen, für eure Schulkleidung nur noch T-Shirts und Pullover aus fairem Handel und nachhaltiger Produktion zu verwenden, sollst du nun einen Artikel für die Schülerzeitung verfassen.

1 a) Welche der folgenden Einleitungen hältst du für besonders geeignet? Begründe.
b) Formuliere selbst eine Einleitung, die die Leser/-innen neugierig macht und in der deine Meinung zum Thema deutlich wird.

A *Warum kostet ein fair gehandeltes T-Shirt 25 Euro und die Billigkopie kaum mehr als ein großes Glas Cola? Die Antwort ist kompliziert, aber wir versuchen, sie euch trotzdem zu geben.*

B *Warum soll ich für mein Schul-T-Shirt 20 Euro bezahlen, wenn ich genauso gut eins für 12 Euro bekommen kann? Wir möchten euch gute Gründe nennen, warum es sich lohnt, für Kleidung etwas mehr Geld auszugeben, und warum wir es für wichtig halten, dass für unsere Schul-T-Shirts in Zukunft nur noch Kleidung aus fairem Handel verwendet wird.*

C *Jede Saison etwas Neues und dann auch noch zu Schnäppchenpreisen: Wir leben nicht nur im Zeitalter des „Fast Foods", auch „Fast Fashion" hat uns fest im Griff. Wir möchten einen ersten Schritt in die andere Richtung gehen und dazu aufrufen, in Zukunft nur noch Schulkleidung aus nachhaltiger Produktion zu verkaufen.*

2 Führe nun deine Zwischenergebnisse von Seite 34 ff. zu einem zusammenhängenden Text für die Schülerzeitung zusammen.
Tipps & Hilfen (→ S. 301)

3 Begründe, warum der folgende Schluss für einen solchen Artikel gut gelungen ist.

Deshalb unser Appell an euch: Unterstützt unser Anliegen, nur noch nachhaltig produzierte Kleidung für unsere Schul-T-Shirts zu verwenden, denn dadurch können wir zwar nicht die Welt verändern, aber wir tun einen Schritt in die richtige Richtung.

Eine Argumentation überarbeiten

„Fast Fashion" auch an unserer Schule?

Fast Fashion schadet der Umwelt und den Menschen. Bereits beim Anbau der Baumwolle werden Pestizide eingesetzt. Dadurch sind die Arbeiter/-innen auf den Baumwollplantagen häufig ohne notwendige Schutzausrüstung den giftigen Mitteln ausgesetzt. In der Vergangenheit hat es bereits mehrere Unfälle gegeben, die teilweise sogar zum Tod führten.
Für den Baumwollanbau wird auch viel Wasser benötigt. Deshalb trocknen Seen aus. Ein bekanntes Beispiel ist der Aralsee in Usbekistan, der früher 66 900 km² groß war. Durch den Baumwollanbau in dieser Gegend und den damit verbundenen hohen Wasserbedarf hat der See mittlerweile mehr als 80 Prozent seines Volumens verloren.
Nicht nur beim Anbau der Baumwolle werden Chemikalien eingesetzt, auch bei der sogenannten Veredelung der Stoffe ist jede Menge Chemie im Spiel. Jeanshosen werden für den beliebten „Used"-Look gesandstrahlt, was übrigens auch die Arbeiter schädigt, die den Sand einatmen und ihre Lunge damit schädigen.
Insgesamt werden vom Anbau der Baumwolle, bis das Teil im Laden hängt, bis zu 7 000 verschiedene Chemikalien verwendet. Das zeigen Untersuchungen. Untersuchungen von Greenpeace zeigen auch: Auch wenn Käufer ihre Kleidung zu Hause in der Waschmaschine waschen, können Reste von Schadstoffen auch bei uns ins Grundwasser gelangen.

1. Was ist an diesem Artikel gut gelungen? Was würdest du verbessern? Nenne Beispiele.
2. Überarbeite den Artikel in deinem Heft. Orientiere dich dabei an folgender Checkliste.

Checkliste	**Einen argumentativen Artikel überprüfen**
Überschrift	✓ Ist die Überschrift aussagekräftig?
Einleitung	✓ Weckt sie die Neugier der Leser/-innen? ✓ Wird die Meinung der Verfasserin / des Verfassers deutlich?
Hauptteil	✓ Sind die Argumente vollständig (**These, Argument, Beispiel/ Erläuterung**) und stichhaltig? ✓ Sind die Argumente sinnvoll angeordnet? ✓ Sind die Argumente sinnvoll und sprachlich abwechslungsreich miteinander verknüpft?
Schluss	✓ Enthält der Schluss eine kurze Zusammenfassung, einen Wunsch, eine Empfehlung oder einen Appell (Aufruf)?

Einen Flyer gestalten

Als „Werbung" für euer Anliegen, nur noch fair gehandelte Schulkleidung an eurer Schule zu verkaufen, hast du den Auftrag, einen Flyer zu gestalten.

1. Welche der folgenden beiden Abbildungen würdest du für einen solchen Flyer verwenden? Begründe deine Wahl.

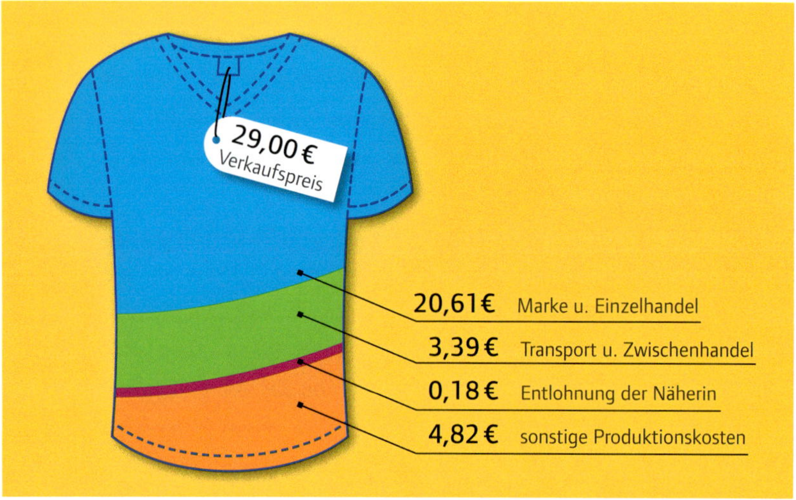

2 Entwirf selbst ein Bild oder eine Grafik, das/die sich für einen Flyer zu diesem Zweck eignet. Du kannst dafür
- selbst ein Bild malen oder zeichnen,
- eine Collage aus Zeitschriftenbildern erstellen,
- im Internet nach geeigneten Bildern oder Grafiken suchen,
- Bilder am Computer bearbeiten, z. B. indem du Farben veränderst, Text oder Zahlen ergänzt oder bestimmte Informationen optisch hervorhebst.

3 a) Welcher der folgenden Slogans eignet sich deiner Ansicht nach am besten für einen Flyer, um zum Kauf von fair gehandelter Kleidung aufzurufen? Begründe deine Wahl.
b) Entwirf selbst einen aussagekräftigen Slogan für deinen Flyer.

Info: Einen Flyer gestalten

Bei der Gestaltung eines Flyers helfen dir folgende Tipps:

Tipp 1: Übersichtliche Gestaltung
Die Aufmerksamkeitsspanne der Betrachter/-innen ist meist sehr kurz. Deshalb muss auf den ersten Blick erkennbar sein, worum es geht.

Tipp 2: Gestaltung, die Aufmerksamkeit erregt
Da Bilder und Grafiken schneller wahrgenommen werden als ein langer Text, sind sie besonders wichtig für einen Flyer.
Um das Interesse der Betrachter/-innen zu wecken, ist eine auffällige Gestaltung hilfreich.

Tipp 3: Kurze, knackige Texte
Der Text auf einem Flyer muss kurz und aussagekräftig formuliert sein, damit die Betrachter/-innen ihn schnell erfassen können. Hier eignen sich z. B. Slogans.

Ein Statement verfassen

1 Welche der folgenden Äußerungen der Teilnehmer/-innen einer Talkshow findest du besonders überzeugend und welche überzeugen dich überhaupt nicht? Begründe deine Einschätzung.

Moderatorin:

Unser Thema lautet heute:
„Sollte man überhaupt keine Produkte mehr kaufen, die tierische Bestandteile enthalten?"
Ich bitte um Ihre Statements.

Ich bin der Ansicht, dass man unbedingt auf Produkte verzichten sollte, die tierische Bestandteile enthalten, denn insbesondere bei billig produzierter Kleidung wird der Tierschutz massiv vernachlässigt. So werden z.B. Gänse lebend gerupft, nur um damit billig schicke Daunenjacken zu produzieren. Mein Appell an alle lautet daher: Setzt ein Zeichen und boykottiert alle Produkte mit tierischen Bestandteilen!

Ja, ich bin der Meinung, dass man keine solchen Produkte mehr kaufen sollte. Auch Tiere sind Lebewesen und haben Rechte.

Ein Hamburger Modelabel hat kürzlich mitgeteilt, dass es bei seinen Kollektionen künftig auf Angorawolle, Daunen und Pelz verzichten will. Das ist doch schon mal ein Anfang! Mehr solche Nachrichten bitte!

Aus meiner Sicht gibt es keine eindeutige Antwort auf diese Frage. Man muss aber genau hinschauen, wie die Produkte produziert worden sind. So kann man z.B. durchaus Lederschuhe kaufen, wenn das Leder von Tieren aus artgerechter Haltung stammt. Allerdings haben diese Produkte auch ihren Preis, denn Tierschutz kostet. Mein Appell lautet daher: Schaut nicht nur auf den Preis, sondern fragt nach, wie ein Artikel produziert worden ist.

2 a) Überprüfe mithilfe des Info-Kastens unten, welche Aussagen der Talkshow-Teilnehmer/-innen die Anforderungen an ein Statement erfüllen und welche nicht.
b) Überarbeite weniger gelungene Statements in deinem Heft.

3 Formuliere selbst ein Statement zu diesem Thema und trage es der Klasse vor.

4 Übertrage den folgenden Cluster in dein Heft und sammle weitere Fragestellungen zum Thema „Nachhaltiger und fairer Konsum“.

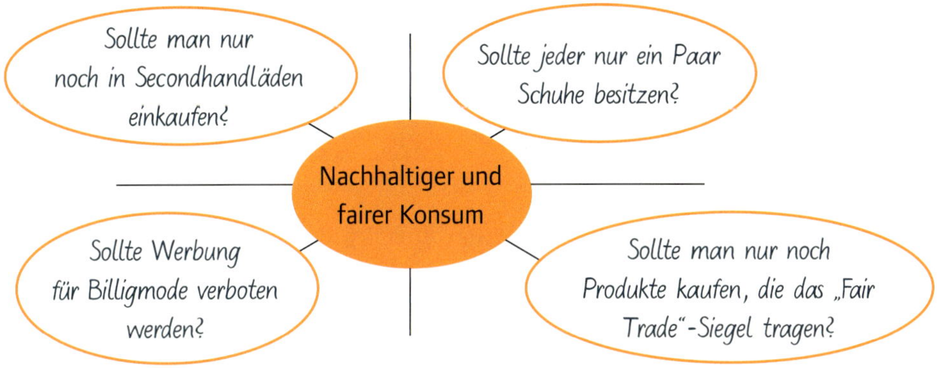

5 a) Wähle eine Fragestellung aus und entscheide, welche Position du zu dieser Frage einnimmst.
b) Verfasse mithilfe des Info-Kastens ein Statement zu dieser Fragestellung.
c) Übe den freien Vortrag deines Statements und trage es in der Klasse vor.

Info: Ein mündliches Statement verfassen

Ein mündliches **Statement** ist eine kurze Stellungnahme vor Publikum. Es sollte kurz und knapp sein (nicht länger als 30 bis 60 Sekunden dauern) und deine Haltung zu einem vorgegebenen Thema oder einer Fragestellung deutlich machen.
Ein Statement besteht aus
- einer **These**,
- **ein bis zwei aussagekräftigen Argumenten** zur Begründung dieser These,
- kurz**en Beispielen/Erläuterungen** zur Untermauerung deiner Argumente und
- einer kurzen **Schlussfolgerung** oder einem Appell.

Zum Schmökern, Schauen, Weiterdenken

Deutschlands fairste Maus *Heike Holdinghausen*

Wissen Sie, welche Farbe Ihre Maus hat? Fast jeder hat ein solches Gerät auf seinem Schreibtisch, kaum einer schaut genau hin. Nicht so Susanne Jordan. Die 35-Jährige aus Bichl südlich von München hat drei Jahre ausführlich über Computermäuse nachgedacht. Es hat sie empört, dass es weder Handys noch PCs noch iPads zu kaufen gibt, die nachhaltig hergestellt wurden. Und sie hat nicht nur gedacht, sondern auch gemacht. Nun gibt es ihre fairen Mäuse zu kaufen, für 26,90 Euro das Stück.

Eine Computermaus besteht aus rund 20 Bauteilen wie dem Gehäuse, dem Chip, Schaltern, Kondensatoren und Kabeln. Es sei schwierig, die gesamte Lieferkette zu überblicken, sagt die Geografin, die nebenbei in der Kinderbetreuung und in einem Café arbeitet, um die Entwicklung ihrer Maus zu finanzieren. Die Firma, die die Leiterplatten[1] bestückt, benötigt vorgefertigte Bauteile von Zulieferern, die ihrerseits vorverarbeitete Produkte verwenden. Bei einigen Teilen ist es Jordan geglückt, die Kette fair zu gestalten, bei anderen nicht. „Die Maus ist jetzt zu etwa zwei Dritteln fair", sagt sie. „Aber ich arbeite weiter daran."

1 die Leiterplatte: Platte, auf der elektronische Bauteile befestigt werden

Fair sind bislang die Leiterplatte, Widerstände, Kondensatoren[2] und Schalter sowie das Zellulosegehäuse[3], das die Landshuter Werkstätten herstellen. Die Leiterplatten werden von der retex – Regensburger Initiative zur Schaffung von Arbeitsplätzen für psychisch kranke und behinderte Menschen – bestückt, die die Mäuse auch montiert.

Probleme machen Jordan die Rohstoffe, die in den Bauteilen verbaut sind: Zwar könne man bei einem Recyclingunternehmen in Belgien alle nötigen Metalle kaufen, aber die Komponenten[4] seien ein Problem: „Es gibt recyceltes Kupfer, aber keine USB-Kabel aus recyceltem Kupfer."

Offenbar fehlt die Nachfrage. In den Niederlanden bemüht sich die gemeinnützige Waag Society um ein faires Smartphone, doch ansonsten steht Jordan ziemlich allein da. In der Elektronikbranche sind Arbeitsbedingungen und Umweltstandards trotz zahlreicher Skandale vom Bergbau in Südafrika bis zu den Fabriken von Foxconn bislang kaum ein Thema. Beim Branchenverband Bitkom heißt es, genauere Daten von Herstellern von Computermäusen und ihren Lieferbeziehungen seien ebenso wenig bekannt wie Projekte, die der fairen Maus ähnelten.

Es gebe ja zahlreiche Vorschriften über Schadstoffe und Recycelbarkeit von Elektronikgeräten, sagt Roland Stehle, Sprecher der Gesellschaft für Unterhaltungs- und Kommunikationselektronik. Hersteller müssten selbst wissen, ob sie Lieferbeziehungen zu Unternehmen pflegen, in denen Kinder arbeiteten oder hohe Selbstmordraten unter Arbeitern herrschten. Darauf hätten Dritte keinen Einfluss.

Die berühmten Dritten, das sind die Konsumenten[5]. „Solange die Kunden keine faire Ware nachfragen, sehen sich die Anbieter nicht in der Pflicht", sagt Johanna Kusch von der Entwicklungsorganisation German Watch. Deshalb sei der Gesetzgeber gefragt.

Auf den will Jordan nicht warten. Sie bietet erst einmal 3000 Mäuse übers Internet an – in der Hoffnung, andere zu inspirieren. Faire Elektronik herzustellen, hat sie gelernt, ist schwierig. Aber es geht.

2 Leiterplatte, Widerstände, Kondensatoren: elektrische Bauteile
3 das Zellulosegehäuse: Gehäuse aus Zellulose, einem Naturmaterial, das aus Pflanzenfasern gewonnen wird
4 die Komponente: das Einzelteil
5 der Konsument: der Käufer

1. Beschreibe, welche Probleme sich bei der Herstellung der „fairen Maus" ergeben.
2. Recherchiere, wie der aktuelle Stand der Entwicklung einer „fairen Maus" und des im Text genannten fairen Smartphones (Z. 27) ist.
3. Verfasse einen Brief an die Schulleitung deiner Schule, in dem du dazu aufforderst, in Zukunft nur noch fair produzierte Computermäuse in der Schule zu verwenden.

Upcycling *Cornelia Tiller*

Aus Alt mach Wow: Do-it-yourself liegt im Trend. Upcycling ist die Königsdisziplin mit nachhaltigem Anspruch. Die gerade beginnende Flohmarktsaison bietet beste Voraussetzungen zum Stöbern nach Rohmaterial. Oder man entrümpelt mal wieder den Keller ...

Der Tisch im Wohnzimmer, das Kleid der Tochter, Mamas Handtasche – alles sieht edel und nach coolem Designer-Label aus. Von wegen. Alles Müll. Aussortierte Kisten und Stoffe, weggeworfen, wieder eingesammelt und für einen neuen Zweck verarbeitet.

Für viele ist das moderne Basteln nur eine Modeerscheinung. Dabei steckt dahinter eine Philosophie: Upcycling macht nicht nur Spaß, sondern auch Sinn. Es ist eine kreative Art der Abfallvermeidung. Aus Rohstoffen und Objekten, die andere als wertlos erachten, entstehen nützliche neue Produkte. Upcycling widmet die Dinge um und wertet sie dadurch noch auf. Es ist sogar umweltbewusster als Recycling – denn dabei ist ein größerer Energieaufwand nötig, um den Rohstoff neu verwenden zu können. Seit Mitte der 90er-Jahre ist das Thema Weiterverwertung in den USA präsent, danach kam es nach Deutschland.

„Man braucht Platz, Zeit und Kreativität“, so Katja Doubek, eine Pionierin[1] des Prinzips in Deutschland. Eine bemalte Toilettenrolle ist für sie noch kein Upcycling-Produkt. Im besten Fall soll man nach der Bearbeitung nicht mehr sehen, was ursprünglich im Produkt steckt, das Objekt

1 die Pionierin: die Vorkämpferin, die als Erste eine Entwicklung vorantreibt

muss cool sein, einen „Will ich haben"-Reflex auslösen. Auch den Begriff „Müll" mag die Autorin nicht besonders, lieber spricht sie von „Alltagsresten". Und aus diesen erstellt sie mit ihrem „Wunderwerke"-Team seit Jahren Produkte mit Sinn und Nutzwert. Keine Staubfänger, sondern eher die dringend benötigte Lampe, die man aus einer Radspeiche baut, statt sie beim schwedischen Möbelhaus zu kaufen. Doubek ist überzeugt: „Vor allem Kinder und Jugendliche, die lernen, was man aus Alltagsresten herstellen kann, gehen als Erwachsene mit anderen Augen durch die Welt. Und Spaß macht es auch noch!"

Ob Mode oder Philosophie – Upcycling leistet durch seinen nachhaltigen Ansatz einen Beitrag zur Ressourcenschonung[2]. Es muss ja nicht gleich ein neues Bett für die Tochter sein. Wer Spaß und Experimentierfreude mitbringt, kann tolle Spielsachen designen oder Geschenke kreativ verpacken. [...]

2 die Ressource: der Rohstoff

1. Erläutere anhand der Abbildung auf Seite 44 und mithilfe der Informationen im Artikel den Begriff Upcycling.
2. Welche Upcycling-Produkte könnte man aus den abgebildeten Gegenständen machen? Wähle zwei Gegenstände aus und entwirf eine Grafik nach dem Muster der Abbildung auf Seite 44.
3. Überlege, welche Gegenstände oder Kleidungsstücke du schon lange nicht mehr benutzt hast. Mache einen Plan, wie du diese „recyceln" oder „upcyceln" könntest, und stelle deine Idee der Klasse vor.

Umfragen zu „Fair Trade“

Kaufen Sie „Fair-Trade“-Produkte, auch wenn diese mehr kosten?

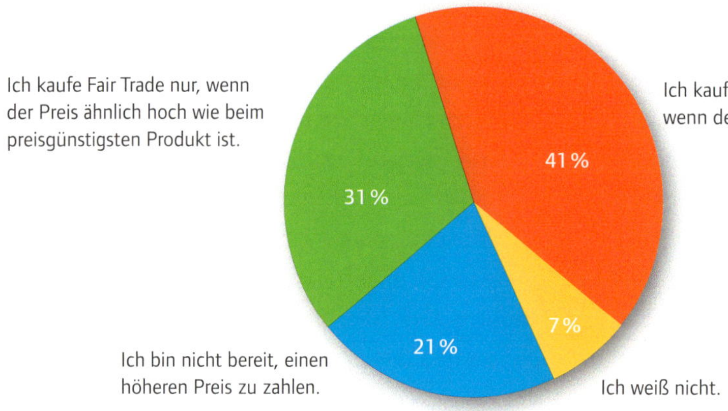

Quelle: Statista 2016

Haben Sie schon einmal „Fair-Trade“-Kleidung gekauft?

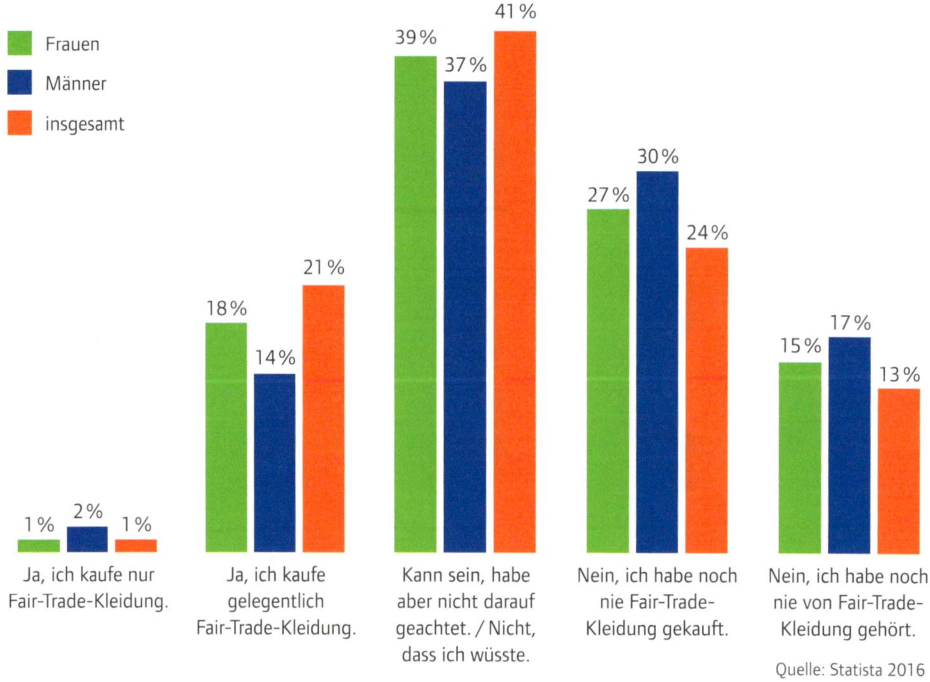

Quelle: Statista 2016

1. Werte die beiden Diagramme aus. Orientiere dich dabei am Info-Kasten auf Seite 30 oder am Orientierungswissen (→ S. 327).
2. Entscheidet euch für eine der beiden Fragestellungen und führt eine Umfrage in eurer Klasse oder Schule durch. Erstellt mit den Ergebnissen ein Säulendiagramm (→ S. 327).

Materialgestützt argumentieren

Beim **materialgestützten Argumentieren** geht es darum, mithilfe von Informationen aus verschiedenen Texten und Materialien überzeugende Argumente zu entwickeln. Gehe so vor:

Eine Argumentation verfassen	Beispiele und Formulierungshilfen
Kläre die Schreibaufgabe: - Wie lautet das Thema? - Welches Ziel verfolgst du mit deiner Argumentation? - Wer sind die Adressatinnen / Adressaten deiner Argumentation?	***Thema:*** *Aus Alt mach Neu – ist Upcycling sinnvoll?* ***Ziel:*** *Mitschüler/-innen in einem Schülerzeitungsartikel vom Upcycling zu überzeugen* ***Adressatinnen/Adressaten:*** *Mitschüler/-innen*
Formuliere deine Meinung als These in einem Satz.	***These (Meinung):*** *Ich finde Upcycling sinnvoll.*
Sammle Informationen zum Thema: - Informiere dich in Texten und Materialien (z. B. Diagrammen) zum Thema. - Erstelle eine Stoffsammlung mit Informationen, die deine These stützen.	***Stoffsammlung:*** *Material 1:* - *Müll wird reduziert.* - *Man erhält für wenig Geld etwas „Neues".*
Formuliere Argumente (Begründungen): Wähle geeignete Informationen aus und formuliere deine Argumente. Besonders überzeugend/stichhaltig sind Argumente, - die sich auf allgemein akzeptierte Werte beziehen **(normatives Argument),** - die mit überprüfbaren Fakten (oft Zahlen oder Statistiken) untermauert werden können **(Faktenargument),** - die die Meinung einer anerkannten Expertin / eines anerkannten Experten wiedergeben **(Autoritätsargument).**	- *… weil man durch Upcycling dazu beiträgt, das Müllaufkommen zu reduzieren. (Faktenargument)* - *… weil man so individuelle Gegenstände entwickelt, die niemand sonst besitzt. (Faktenargument)* - *… weil Upcycling die Kreativität und das handwerkliche Geschick fördert. (normatives Argument)* - *… weil man, laut der Umweltorganisation …, durch Upcycling Ressourcen schont. (Autoritätsargument)*
Veranschauliche deine Argumente mit Beispielen/Erläuterungen.	*Zum Beispiel kann man aus alten Plastiktüten schicke Taschen herstellen.*
Ordne deine Argumente nach Wichtigkeit und **formuliere einen zusammenhängenden Text.**	*Aus meiner Sicht ist Upcycling gut für die Umwelt, weil man dadurch weniger Abfälle produziert. So kann man beispielsweise aus …* *Hinzu kommt, dass …* *Am wichtigsten ist aber, dass …*

3 Die Macht der Bilder

Werbeanzeigen untersuchen und beschreiben

1. Wähle eines der Bilder aus und beschreibe es. Begründe auch, warum du dich für dieses Bild entschieden hast.
2. Wo begegnen euch im Alltag Bilder? Welche unterschiedlichen Funktionen haben sie dort? Sammelt Beispiele.
3. Überlegt gemeinsam, für welche Produkte man mit diesen Bildern werben könnte. Begründet eure Vorschläge.

In diesem Kapitel …

- lernst du, wie man Werbeanzeigen beschreibt.
- beschreibst du, welche Wirkung man mit dem Einsatz von Bildern in der Werbung erzielen kann.
- untersuchst du, wie Sprache in der Werbung eingesetzt wird.
- analysierst du Werbeanzeigen im Hinblick auf die verwendeten Werbestrategien.
- beurteilst du die Wirksamkeit von Werbeanzeigen.

Bilder in der Werbung beschreiben

1. Beschreibe die Abbildung. Notiere Wichtiges in Stichpunkten.
2. Worauf soll diese Anzeige der Organisation „Greenpeace" aufmerksam machen? Begründe deine Einschätzung.

Bildbeschreibung einer Greenpeace-Anzeige

Bei der abgebildeten Anzeige handelt es sich um ein elektronisch bearbeitetes Foto im Hochformat, mit dem die Organisation „Greenpeace" auf die negativen Folgen des Klimawandels aufmerksam machen will.

Der erste Blick der Betrachterin / des Betrachters fällt auf einen tot im Meer treibenden Eisbären, der sich genau in der Mitte des Bildes befindet. Sein Körper ist zum Teil oberhalb und zum Teil unterhalb der Wasserlinie zu sehen. Diese teilt das Bild ziemlich genau in der Mitte in eine obere und eine untere Hälfte. In der unteren Hälfte befindet sich das tiefblaue Meer und oberhalb der Linie der hellblaue Himmel, der mit weißen Wolken durchzogen ist. Der Rücken des Eisbären oberhalb der Wasserlinie erinnert durch seine dreieckige Form und das strahlende Weiß an einen Eisberg. Seine Gliedmaßen hängen leblos nach unten und auch der Kopf ist unter Wasser. Seine Augen sind geschlossen.

Rechts oben auf der Anzeige sind das Logo und der Schriftzug der Organisation „Greenpeace" zu sehen. Links neben dem toten Eisbären steht in weißer Schrift der Satz „In spätestens 30 Jahren ist die Arktis eisfrei." und ganz unten auf der Anzeige wird die Betrachterin / der Betrachter in kleinerer Schrift darauf aufmerksam gemacht, welche Folgen der Klimawandel hat.

Ich finde die Anzeige sehr gelungen. Durch ihre Gestaltung erregt sie Aufmerksamkeit und wirkt deprimierend und erschreckend. Durch das Blau als vorherrschende Farbe entsteht außerdem der Eindruck von Kühle. Der Eisbär, dessen Lebensraum die Arktis ist, wurde wahrscheinlich für dieses Thema ausgewählt, da er ein bei den Menschen sehr beliebtes Tier ist und sein Tod betroffen machen soll.

3 Untersuche die Beschreibung der Anzeige:
Was ist hier besonders gut gelungen? Nenne Beispiele.

4 Was wird in den einzelnen Teilen der Bildbeschreibung dargestellt?
Übertrage die Tabelle in dein Heft und ergänze in Stichpunkten, was jeweils beschrieben wird.
Tipps & Hilfen (→ S. 302)

Teil der Bildbeschreibung	Inhalt
Einleitung (Z. 1 – Z. 3)	*Art der Anzeige, ...*
Hauptteil (Z. 4 – Z. 17)	...
Schluss (Z. 18 – Z. 22)	

Bilder beschreiben

1 a) Wie wirkt diese Anzeige auf dich? Formuliere deinen ersten Eindruck.
b) Auf welches Problem versucht der BUND (Bund für Umwelt und Naturschutz Deutschland) mit dieser Anzeige aufmerksam zu machen? Begründe deine Einschätzung.
c) Mit welchen Mitteln wird hier Aufmerksamkeit erregt? Benenne die entsprechenden Elemente der Anzeige.
Tipps & Hilfen (→ S. 302)

2 Bei folgendem Text handelt es sich um die Einleitung zu einer Bildbeschreibung der Anzeige. Überprüfe mithilfe des Info-Kastens auf Seite 53, ob sie den Anforderungen an eine Einleitung entspricht, und bearbeite sie in deinem Heft.
Tipps & Hilfen (→ S. 302)

Bildbeschreibung einer Werbeanzeige

Die Anzeige zeigt eine Banane im Querformat als Schiff, und das Thema der Anzeige sind tropische Früchte. Ich finde das Bild komisch, weil die Banane so riesig ist.

3 Überarbeite in deinem Heft die folgenden Auszüge aus dem Hauptteil einer Bildbeschreibung. Nutze die Randanmerkungen.
Tipps & Hilfen (→ S. 302)

Wh. *genauer*	*Als Erstes fällt die Banane ins Auge. Die Banane kommt auf den Betrachter zugefahren. Die Banane ist eigentlich ein Schiff, das schräg von vorne zu sehen ist.*	*Wo im Bild befindet sich die Banane?* *Größenverhältnisse?*
	Außerdem sind auf dem Bild noch Himmel, Meer und Wolken zu sehen. Das Meer schäumt, weil der Bananenfrachter vermutlich sehr schnell fährt. Außerdem befindet sich auf der Anzeige noch der Text „Reisende Früchte gefährden das Klima" und das Logo des BUND.	*Wo genau? (Fachbegriffe!)* *Was fällt auf?* *Ausdruck!* *Wo genau?*

4 a) Wie beurteilst du den folgenden Schluss der Bildbeschreibung? Begründe.
b) Formuliere in deinem Heft einen eigenen Vorschlag für einen Schluss. Orientiere dich am Beispiel auf Seite 51.

Die Anzeige kommt frisch rüber, so wie das Obst im Supermarkt auch sein soll. Ich finde die Anzeige gut, weil alle gerne Bananen essen.

5 Verfasse nun eine vollständige Bildbeschreibung. Nutze deine Arbeitsergebnisse aus den Aufgaben 2 bis 4.
Tipp: Orientiere dich an der Bildbeschreibung auf Seite 51 und am Info-Kasten unten.

Info: Bilder beschreiben

- **Einleitung:** Nenne die **Art des Bildes** (z. B: *Foto, Comic*), das **Format**, die **Person/Firma/Organisation**, von der das Bild stammt, sowie das **Thema** der Abbildung.
- **Hauptteil:** Beschreibe den **Aufbau des Bildes.** Gehe dabei vom auffälligsten Bildelement aus und beschreibe dann die anderen Teile der Abbildung.
  Verwende bei der Beschreibung die korrekten **Fachbegriffe**, z. B.:
  - *im Vordergrund / im Hintergrund,*
  - *in der Bildmitte / im Zentrum des Bildes,*
  - *am oberen/unteren/rechten/linken Bildrand,*
  - *in der oberen/unteren/linken/rechten Bildhälfte.*
- **Schluss:** Fasse deine **Ergebnisse kurz zusammen** und gehe noch mal auf die **Gesamtwirkung** ein. Du kannst auch eine **persönliche Bewertung** formulieren.

Die Sprache der Werbung untersuchen

1 a) Welche Anzeige spricht dich mehr an? Begründe.
b) An wen richtet sich die Werbung und was will sie beim Betrachter bewirken? Begründe deine Einschätzung.

2 a) Welche Art von Texten enthält die Anzeige? Benenne sie mithilfe folgender Begriffe.

Slogan · Logo · Fließtext · Zusatzhinweise

b) Erkläre die Sprachspiele, die in den Anzeigen verwendet werden. Welche Wirkung haben sie auf die Betrachter/-innen?
Tipps & Hilfen (→ S. 303)

3 Diskutiert: Was ist jeweils wichtiger für die Aussage der Anzeige, Text oder Bild?
Tipps & Hilfen (→ S. 303)

4 Informiere dich über die Organisation „Brot für die Welt". Welche Ziele verfolgt sie und wie versucht sie, diese zu erreichen?

5 Die Organisation „Brot für die Welt" hat im Rahmen ihrer Kampagnen noch weitere Anzeigen entwickelt. Die Slogans lauten hier z. B.:
- „Gib dem Hunger einen Korb."
- „Wir haben Stollen, andere nicht einmal Brot."

Erläutere diese Slogans und überlege, mit welchen Bildern man die jeweilige Aussage unterstützten könnte.

GEIZ IST GEIL
SATURN

Aus dieser Quelle trinkt die Welt.
Appolinaris

FOREVER SPORT
adidas

Wohnst du noch oder lebst du schon? (Ikea)

Wasabi da nur bestellt? (Lieferando)

ESSEN GUT. ALLES GUT. (KNORR)

BIGGER. BETTER. BURGER KING.

Grillen, Chillen, Chipsfrisch

3...2...1...meins!
ebay

6 a) Untersuche diese Werbeslogans. Welche sind besonders einprägsam? Versuche zu erklären, warum das so ist.
b) Sammle weitere bekannte Werbeslogans und erkläre, warum sie deiner Einschätzung nach besonders gelungen oder weniger gut sind.

7 a) In Werbeslogans wird mit Sprache gespielt. Informiere dich im Info-Kasten, welche sprachlichen Mittel häufig in der Werbung eingesetzt werden, und ordne die Werbeslogans oben den einzelnen Mitteln zu.
b) Suche weitere Beispiele, in denen die genannten sprachlichen Mittel verwendet werden.

8 Entwickelt selbst eine Kampagne für einen guten Zweck. Geht dabei so vor:
- Entscheidet euch, für welchen guten Zweck ihr werben wollt, z. B. für ehrenamtliche Mithilfe im Altenheim, in einer Einrichtung für Kinder oder in einem Flüchtlingsheim.
- Überlegt, welche Zielgruppe ihr mit eurer Anzeige vor allem ansprechen wollt, z. B. Jugendliche oder Senioren.
- Entwickelt Werbeslogans und überlegt, mit welchem Bild / welchen Bildern man diese Slogans unterstützen könnte.

Info: Sprachliche Mittel in Werbetexten

Um einen Werbetext einprägsam zu machen, werden häufig bestimmte sprachliche Mittel verwendet. Dazu gehören:
- **Alliteration**, z. B.: *__W__issen, __w__as __w__ichtig __w__ird.* (Financial Times Deutschland)
- **direkte Anrede**, z. B.: *Crunch mit!* (Crunchips)
- **Dreierfigur**, z. B.: *Sehen. Staunen. Verstehen.* (Galileo)
- **Reim**, z. B.: *Exquisa, keiner schmeckt mir so wie dieser*. (Exquisa)
- **Übertreibung** (Hyperbel), z. B.: *Bester Kaffee, besser für mich.* (Idee Kaffee)
- **Wortneubildungen**, z. B.: *Die hohe Kunst der Duplomatie.* (duplo)
- **Wortspiele**, z. B.: *In Technik-Fragen, Tech-Nick fragen.* (Saturn)
- **Zweierfigur**, z. B.: *Erst anmelden, dann einschalten.* (GEZ)

Häufig werden auch mehrere sprachliche Mittel miteinander kombiniert.

Werbestrategien kennen lernen

1. Notiere deinen spontanen Eindruck von dieser Werbeanzeige.
2. a) Woher kennst du den Ausspruch „voll behindert"? Was wird mit ihm zum Ausdruck gebracht?
   b) Erkläre, wie dieser Ausspruch durch die Anzeige umgedeutet wird.
3. Beschreibe die Anzeige in einem kurzen Text.
   Gehe auch auf die Reihenfolge ein, in der die einzelnen Bild- und Textelemente wahrgenommen werden. Beginne z. B. so:
   Tipps & Hilfen (→ S. 303)

   Auf der Anzeige sieht man …
   Der erste Blick des Betrachters fällt auf den Ausdruck „voll behindert". Das liegt vor allem daran, dass …

4. Das Motto von „Aktion Mensch" lautet „Voll im Leben".
   Entwirf eine weitere Werbeanzeige nach diesem Muster.
5. Der ursprüngliche Name der Organisation „Aktion Mensch" war „Aktion Sorgenkind".
   Diskutiert, welche Gründe zur Änderung dieses Namens geführt haben könnten.

6 Für die Entwicklung von Werbeanzeigen werden bestimmte Strategien genutzt. Eine häufig verwendete Werbestrategie ist das sogenannte „AIDA-Prinzip“.
Informiere dich im Info-Kasten unten, was man unter dem AIDA-Prinzip versteht, und erkläre es in eigenen Worten.

7 Prüfe, ob sich das AIDA-Prinzip auf die Anzeige der „Aktion Mensch“ (→ S. 56) anwenden lässt.

8 Übertrage die folgende Tabelle in dein Heft und ergänze in Stichpunkten, wie das AIDA-Prinzip in den Anzeigen des „BUND“ (→ S. 52) und von „Brot für die Welt“ (→ S. 54) umgesetzt wird.

	Greenpeace-Anzeige: „toter Eisbär“	BUND-Anzeige: „Reisende Früchte“	Brot für die Welt: „Weniger ist leer“
Attention	*toter Eisbär*	...	...
Interest	*drastische, abschreckende Darstellung*	...	...
Desire	*Wunsch, bedrohten Eisbären zu helfen, wird geweckt*	...	...
Action	*Aufforderung, Greenpeace zu unterstützen*	...	...

9 a) Suche in Zeitungen oder Zeitschriften nach Werbeanzeigen und untersuche, ob du dort das AIDA-Prinzip erkennen kannst.
b) Stelle deine Untersuchungsergebnisse der Klasse in einer kurzen Präsentation vor.

Info: Das AIDA-Prinzip

Das **AIDA-Prinzip** ist eine häufig verwendete Werbestrategie, die z. B. für die Gestaltung von Werbeanzeigen eingesetzt wird. Die einzelnen Buchstaben **A – I – D – A** bedeuten:

A = Attention (Aufmerksamkeit): Durch auffällige, ungewöhnliche oder verstörende Bilder oder Texte wird die Aufmerksamkeit der Betrachterin / des Betrachters erregt.

I = Interest (Interesse): Durch die besondere Darstellung wird Interesse an dem Produkt bzw. an dem Thema der Anzeige geweckt.

D = Desire (Wunsch): Bei der Betrachterin / dem Betrachter entsteht der Wunsch, das Produkt zu besitzen oder im Sinn der Anzeige zu handeln, z. B. etwas „Gutes“ zu tun.

A = Action (Handlung/Kauf): Die Werbung enthält eine direkte Aufforderung zum Handeln, z. B. das Produkt zu kaufen oder Geld zu spenden.

Zum Schmökern, Schauen, Weiterdenken

Auf dem Meer

1. Beschreibe das Bild. Verwende dabei die korrekten Fachbegriffe (→ S. 53).
2. Sammelt Ideen, worauf man mit diesem Bild aufmerksam machen bzw. wofür man mit ihm werben könnte.
3. Entwirf einen passenden Werbetext für das Bild. Beachte dabei auch die AIDA-Formel (→ S. 57).

1. Beschreibe das Plakat. Gehe dabei sowohl auf die Bildgestaltung als auch auf den Text und auf das Zusammenspiel von Bild und Text ein.
2. Entwirf nach dem Muster dieser Anzeige ein Plakat, mit dem du dich für die Schulbildung aller Kinder auf der Welt einsetzt.
3. Überlege, auf welchen Missstand du gerne aufmerksam machen würdest. Entwickle einen passenden Slogan, der mit „Alle reden von Fußball …“ beginnt. Skizziere dann ein Bild, das deine Aussage unterstützt.

„In der Werbung wird geschwindelt" – Interview

Karen Heumann ist die mächtigste Frau in der Werbebranche. Mit Nelya, 12, und Cyrus, 14, sprach die Mitinhaberin einer Werbeagentur über Werbelügen und Arbeiten um Mitternacht.

Dein SPIEGEL: Welche Werbung geht Ihnen richtig auf die Nerven?

Karen Heumann (KH): Jede, die aufdringlich ist. Es gab mal einen Spot für Handy-Klingeltöne, der kaum zu ertragen war. Er wurde dann abgeschafft, weil sich sogar Leute bei den TV-Sendern beschwert haben. Welche nervt euch denn?

Cyrus: Die Bandenwerbung bei Fußballspielen. Und TV-Werbung, die automatisch lauter ist als die Sendung.

Nelya: Mich nervt, wenn die Leute in Sendungen wie „Fashion Hero" oder „Germany's Next Topmodel" ständig Markennamen sagen oder Sachen in die Kamera halten.

KH: Das kann ich verstehen. Werbung darf nicht nerven, sonst funktioniert sie nicht.

Wie funktioniert gute Werbung?

KH: Weil wir im Alltag ständig mit Werbebotschaften bombardiert werden, muss gute Werbung herausstechen. Sie muss ein gutes Gefühl hinterlassen und eine Geschichte erzählen, die glaubwürdig ist. Wenn man hinterher noch über die Werbung nachdenkt, hat die Marke schon fast gewonnen. Dann erinnert man sich später an das Produkt und kauft es vielleicht.

Kinder haben nicht viel Geld, trotzdem richtet sich Werbung oft an uns. Lohnt sich das?

KH: Ihr habt im Jahr zusammen 1,9 Milliarden Euro Taschengeld zum Ausgeben. Aber noch viel wichtiger: Ihr seid die Käufer der Zukunft. Firmen glauben, dass sie steuern können, was ihr später mögt. Ich weiß aus eigener Erfahrung, dass einem als Erwachsenem das schmeckt, was man als Kind schon lecker fand. Deswegen wollen sie euren Geschmack beeinflussen.

Das klingt unheimlich.

KH: In den USA haben Firmen wie Coca-Cola oder Pepsi sogar Verträge mit Schulen. Dort gibt es dann nur deren Brause zu trinken.

Damit man als Erwachsener später nur noch Cola mag?

KH: Genau. Aber in Deutschland ist das zum Glück verboten. Hier gibt es strengere Regeln für Werbung.

In der Werbung sehen Produkte viel besser aus als in Echt. Fertigessen sieht auf Fotos toll und in Wirklichkeit wie Matsch aus. Das ist doch Mogelei.

KH: Stimmt, in der Werbung wird schon geschwindelt: Models werden schöner geschminkt, als sie sind, und Essen wird künstlich aufgehübscht.

Also darf Werbung lügen?

KH: Nein, richtig lügen darf sie nicht. Kunden haben ein gutes Gefühl dafür, ob sie veralbert werden. Wenn das passiert, schadet es der Marke und die Kunden kaufen nichts mehr. Manche denken, Werbung sei böse und könne uns heimlich verführen. Aber wir wissen doch eigentlich, dass nicht alles wahr ist, was die Werbung verspricht. Frauen wissen, dass Anti-Falten-Creme Falten nicht wirklich völlig verschwinden lässt.

Fallen Sie selbst trotzdem noch auf Werbetricks rein und kaufen?

KH: Ständig, gerade bei Kosmetik – obwohl ich es eigentlich besser weiß. Aber so funktioniert gute Werbung.

Mussten Sie schon einmal Werbung für etwas machen, das Sie richtig doof fanden?

KH: Wir sind früher mal gefragt worden, ob wir einen Prospekt für eine Waffenfirma machen würden. Wir haben abgelehnt. Für Waffen will ich nicht werben. Einige Werbestrategien finde ich auch übel: Manche fälschen Bewertungen im Internet oder bezahlen Familien, damit diese ihren Freunden Produkte empfehlen. Das ist unehrlich.

Sind Ihnen manche Ihrer Kampagnen von früher heute peinlich?

KH: Ich habe in einer Agentur gearbeitet, die den Slogan „Geiz ist geil" erfunden hat. Alle waren begeistert, ich auch. Das hat damals eine richtige Schnäppchenjagd ausgelöst. Die Werbung hat also funktioniert. Aber eigentlich finde ich heute Geiz überhaupt nicht mehr geil, sondern grässlich.

Wie kommt man auf Ideen für Werbesprüche?

KH: Das ist harte Arbeit für die Kreativen – so heißen die Leute, die sich die Sprüche ausdenken. Für gute Ideen braucht man Zeit. Aber oft muss vieles rasend schnell gehen. Wenn eine Firma einen Werbeauftrag vergibt, treten die Agenturen gegeneinander an und präsentieren ihre Ideen. Davor wird oft bis in die Nacht gearbeitet. [...]

1. Wie funktioniert gute Werbung? Gib die Aussagen von Karin Heumann in eigenen Worten wieder.
2. Inwiefern schwindelt Werbung? Nenne Beispiele aus dem Interview.
3. Sammle Beispiele aus der aktuellen Werbung, wo deiner Ansicht nach geschwindelt wird. Begründe deine Einschätzung.

„Werbung ist ehrlich" – Interview von Nadja Kirsten mit Thomas Strerath

Wie man Marken macht, erzählt Thomas Strerath, Chef einer Werbeagentur, im Interview und auch, ob Werber dabei Menschen manipulieren.

ZEIT CAMPUS: Herr Strerath, wie macht man aus einem Produkt eine Marke?

Thomas Strerath: Indem man die Unterschiede herausarbeitet. Sie müssen das Produkt von anderen Produkten so unterscheidbar machen, dass die Kunden es bevorzugen.

ZEIT CAMPUS: Wäscht weißer, fährt schneller, hält länger?

Strerath: Genau so geht es nicht.

ZEIT CAMPUS: Warum nicht?

Strerath: Weil das rationale[1] Argumente sind. Die sind aber nicht entscheidend. Jede Kaufentscheidung wird emotional[2] getroffen.

ZEIT CAMPUS: Eine gewisse Rolle spielen sachliche Argumente doch schon.

Strerath: So? Jedes Mal, wenn Apple wieder ein neues Produkt herausbringt, betonen Tester und Experten, dass andere Produkte in diesem oder jenem Punkt mehr können. Apple ist trotzdem ungeheuer erfolgreich.

ZEIT CAMPUS: Aber viele Menschen vergleichen vor einem Kauf sehr gewissenhaft.

Strerath: Wir wollen nicht akzeptieren, dass wir emotionale Wesen sind. Also suchen wir scheinbar vernünftige Gründe für das, was wir tun. Von rationalen Begründungen dürfen Sie sich aber im Marketing nicht blenden lassen. Sie müssen Zugang finden zu den Emotionen[3], die durch ein Produkt geweckt werden.

ZEIT CAMPUS: Und wie schafft man das? [...]

Strerath: Ich gebe Ihnen ein Beispiel. Einer unserer Auftraggeber war Schöffel. Das ist ein Hersteller von Outdoorbekleidung, ein Familienunter-

1 rational: vernünftig, vernunftbetont
2 emotional: gefühlsmäßig, gefühlsbetont
3 die Emotion: das Gefühl

nehmen mit Tradition. Schöffel steht in Konkurrenz zu mehreren, zum Teil deutlich größeren Anbietern wie The North Face oder Jack Wolfskin. Wir haben also überlegt: Worin unterscheidet sich eine Schöffel-Jacke von den Jacken anderer Anbieter? Es musste ein Unterschied sein, der für Käufer wichtig ist.

ZEIT CAMPUS: Vielleicht bessere Qualität?

Strerath: Gore-Tex und hohe Dichtigkeitswerte haben die alle, mehr, als man braucht.

ZEIT CAMPUS: Was dann?

Strerath: Uns ist die gute Passform der Jacken aufgefallen. Man vergisst sie fast beim Tragen.

ZEIT CAMPUS: „Besonders bequem", das klingt nicht gerade nach einer Wahnsinnsidee.

Strerath: Wir haben ja nicht gesagt: Schöffel ist bequem.

ZEIT CAMPUS: Sondern?

Strerath: Wir haben uns erst einmal mit dem Outdoortrend beschäftigt. Zu unserer großen Überraschung sind wir auf Leistungsdenken gestoßen. Die Leute posten Fotos von sich in aller Frühe auf dem Gipfel, sie buchen vollgepackte Touren, sie statten sich mit GPS und interaktiven Karten fürs Wandern aus. Sie entspannen sich nicht, sie performen[4]. Andererseits steigt die Auflage, sobald eine Zeitschrift mal wieder das Thema Burn-out auf ihren Titel setzt.

ZEIT CAMPUS: Was hat das alles mit Jacken zu tun?

Strerath: Unsere Beobachtung war: Die Menschen zieht es nach draußen, weil sie einen Ausweg aus ihrem gehetzten Leben suchen. Dann aber laufen sie in die Falle und machen selbst draußen weiter wie bisher.

ZEIT CAMPUS: Und was folgt daraus fürs Marketing?

Strerath: Wir haben Schöffel gesagt: Wenn ihr eine Haltung entwickelt, die eine tiefe Emotion trifft, nämlich, dass es einen Ausweg gibt, dass man sich auch mal nur hinsetzen kann im Wald und es ist okay, dann könnt ihr eine Marke sein, die sich abhebt. Die damit assoziiert[5] wird, im Einklang mit sich und der Natur zu sein. Der Leitspruch der Kampagne lautet jetzt: „Schöffel – ich bin raus". Das passt auch zum Produkt, zur guten Passform, die Ungezwungenheit erlaubt. [...]

ZEIT CAMPUS: Weniger schön ist, dass man als Experte fürs Marketing Menschen manipuliert.

Strerath: Wenn Sie mit „manipulieren" meinen, jemanden gegen seinen Willen dazu zu bringen, etwas zu tun, trifft das nicht zu. Es ist ja nicht so,

4 von engl. to perform = etwas präsentieren, etwas vorführen
5 assoziieren: etwas gedanklich in Verbindung bringen

dass die Menschen kein Bier trinken, nicht Auto fahren und kein Geld anlegen wollen. Mit Marketing bringen wir sie nur dazu, Milka-Schokolade zu essen, Radeberger Bier zu trinken, sich in einen Ford zu setzen. [...]

ZEIT CAMPUS: Die Werbung nutzt die Gefühle der Menschen, um damit Umsatz zu machen. Finden Sie das nicht verlogen?

Strerath: Ich finde, Werbung hat sogar besonders viel mit Ehrlichkeit zu tun.

ZEIT CAMPUS: Wie das?

Strerath: Sie nimmt die Menschen, wie sie sind. Und nicht, wie sie sein sollten.

ZEIT CAMPUS: Die Grenzen des Wachstums sind erreicht. Im Marketing heizt man aber die Konsummaschinerie an.

Strerath: Was ich als Werber mache, kann ich nicht verwerflicher finden als das, was ein Ingenieur tut, eine Unternehmensjuristin, ein Verkäufer, ja sogar ein Arzt, der dafür sorgt, dass der Manager statt um 20 Uhr erst um 22 Uhr zusammenklappt. [...] Ich bin persönlich zwar skeptisch, was die Zukunft unserer Konsumgesellschaft betrifft. Aber wir alle halten sie gemeinsam am Laufen – nicht nur die Werber.

ZEIT CAMPUS: Sie sorgen aber dafür, dass wir ständig Dinge kaufen, die wir, wenn wir ehrlich sind, gar nicht brauchen.

Strerath: Das würde aber nicht funktionieren, wenn die anderen nicht mitmachen würden. Klar muss man nicht mit dem Flugzeug fliegen, um Urlaub zu machen, und natürlich kann man ohne Süßigkeiten und Erdbeeren im Winter leben. Aber das ist eben der Widerspruch in uns: dass wir alle eine bessere Welt wollen – aber auch ganz viel Schokolade.

1. „Werbung ist ehrlich". Wie begründet Thomas Strerath diese Aussage? Gib seine Ansicht in eigenen Worten wieder.
2. Thomas Strerath stellt in diesem Interview dar, wie man von einem Produkt zu einem Werbeslogan kommt.
   Ergänze die folgende Grafik in deinem Heft mit den im Interview genannten Zwischenschritten. Schreibe Stichpunkte.

   Produkt ——————→ Werbeslogan

3. Stelle die Positionen von Thomas Strerath (S. 62–64) und Karen Heumann (→ S. 60 f.) in einer Tabelle einander gegenüber. In welchen Punkten ähneln sich die Ansichten der beiden und wo unterscheiden sie sich? Nenne Textstellen als Beleg.
4. Spielt eine Podiumsdiskussion zum Thema „Ist Werbung ehrlich?"
   Entscheidet euch, wer welche Position in dieser Diskussion vertreten soll.

Eine Werbeanzeige beschreiben

Bei der Untersuchung einer Werbeanzeige geht es darum herauszufinden, wofür die Anzeige wirbt und wie die Aufmerksamkeit der Betrachterin / des Betrachters gelenkt wird.
Da eine Anzeige meistens aus Bildern und Texten besteht, ist es wichtig, beides genau zu untersuchen und anschließend zu erklären, welche Aussage die Werbeanzeige trifft und wie sie die Betrachterin / den Betrachter beeinflusst.

Baue deine Beschreibung einer Werbeanzeige so auf:

Aufbau	Beispiele
Einleitung - Formuliere in der **Einleitung** deinen ersten Eindruck von der Werbeanzeige. - Nenne die Art des Bildes. - Formuliere das Bildthema. - Nenne die Organisation oder Firma, von der die Anzeige stammt.	*Bei der abgebildeten Anzeige handelt es sich um ein elektronisch bearbeitetes Foto im Querformat, mit dem die Organisation BUND darauf aufmerksam machen will, welche Folgen es für das Klima hat, wenn man Obst kauft, das aus weit entfernten Ländern stammt.*
Hauptteil Beschreibe im **Hauptteil** den Aufbau der Anzeige. Nenne dabei immer auch die Wirkung der einzelnen Gestaltungselemente: - Was ist auf dem **Bild** dargestellt und wie ist es dargestellt? - Wie lautet der T**ext** und wo auf der Anzeige befindet er sich? Um was für einen Text handelt es sich? - Welche **sprachlichen Mittel** werden eingesetzt? - Ist eine **Werbestrategie** erkennbar? Wenn ja, wie wird sie hier eingesetzt?	*Der erste Blick fällt auf eine riesige Banane, die in Form eines Frachters direkt auf die Betrachterin / den Betrachter zuzufahren scheint. Der Bananenfrachter befindet sich in der Mitte des unteren Bilddrittels und ragt auf der rechten Seite in die Bildmitte hinein.* *Im unteren Drittels des Bildes … Im Hintergrund … In den beiden oberen Dritteln …* *In der linken Hälfte des oberen Drittels steht: „ …". Die Schrift ist … Rechts unten ist das Logo des BUND abgedruckt. Links daneben steht die Aufforderung: „ …".* *Die Gestaltung der Anzeige folgt dem AIDA-Prinzip. Durch … wird Aufmerksamkeit (Attention) erregt, Interesse (Interest) entsteht durch …*
Schluss Fasse im **Schluss** deiner Beschreibung die Ergebnisse zusammen und formuliere eine persönliche Bewertung.	*Zusammenfassend lässt sich sagen, dass …* *Meiner Ansicht nach gelingt es durch die Gestaltung der Anzeige …*

4 „Wenn einer eine Reise tut …“

Berichten und schildern

Auf Reisen kann man allerlei erleben. Man lernt neue Orte und interessante Menschen kennen und erlebt oft besonders schöne Momente, die man lange in Erinnerung behält. Manchmal gerät man auch in Situationen, in denen es drunter und drüber geht …

1. Welche besonderen oder überraschenden Dinge habt ihr auf euren Reisen erlebt? Berichtet davon.
2. Beschreibe die Bilder auf dieser Doppelseite.
3. Versetze dich in die dargestellten Situationen:
   - Wie fühlst du dich?
   - Was siehst, hörst, riechst und spürst/tastest du?
   - Welche Gedanken gehen dir durch den Kopf?

In diesem Kapitel …

- wiederholst du die Merkmale eines Berichts.
- lernst du, sachliche Berichte und anschauliche Schilderungen zu unterscheiden.
- übst du, berichtende und schildernde Elemente in Texten zu erkennen.
- lernst du, berichtende Texte mit schildernden Elementen zu erweitern.
- schreibst du selbst Berichte und Schilderungen.

Berichte und Schilderungen unterscheiden

Text 1 Klimaanlage in mehreren ICEs ausgefallen

5. Juli 2010 Am gestrigen Sonntag fielen bei hochsommerlichen Temperaturen in zahlreichen ICE-Zügen der Baureihe ICE 2 die Klimaanlagen aus, was zu Extremtemperaturen im Inneren der Waggons und zu zahlreichen dehydrierten[1] und kollabierten Passagieren führte.

So waren durch den Ausfall der Klimaanlage und die daraus folgende Überhitzung im ICE von Berlin nach Köln mehrere Schüler/-innen aus Remscheid und Willich auf dem Rückweg von ihrer Klassenfahrt zusammengebrochen. Laut Augenzeugen sollen die Temperaturen im Inneren der Züge zum Teil 50 bis 70 Grad Celsius betragen haben.

Am Bahnhof Bielefeld mussten alle Passagiere die Züge verlassen und die kollabierten Schüler/-innen wurden medizinisch versorgt. Der Großteil der Jugendlichen wurde anschließend mit bereitgestellten Bussen nach Hause gebracht.

Text 2 Dramatische Szenen im ICE

[...] Je weiter wir fuhren, desto höher stieg das Thermometer. Die Hitze im Inneren des Waggons wurde immer drückender und unerträglicher. Wir fühlten uns wie in der Sauna. Unsere T-Shirts und Hosen klebten am Körper und der Schweiß rann uns in Strömen von der Stirn. Um uns herum spielten sich dramatische Szenen ab: Dehydrierte Mitschülerinnen und Mitschüler lagen geschwächt und schweißnass in den Gängen. Unsere Lehrerin und einige Mitreisende versuchten verzweifelt, ihnen mit Zeitschriften und Tüchern Luft zuzufächeln, und flößten ihnen die letzten Getränkereserven des Bordbistros ein. Nebenan versuchte eine schwangere Frau, eine Scheibe einzuschlagen, um an frische Luft zu kommen. [...]

1 dehydrieren: austrocknen

1. Vergleiche die beiden Texte zu demselben Ereignis:
   - Wie wirken sie auf dich?
   - Welchen Zweck haben sie jeweils?

   Begründe deine Einschätzung.
   Tipps & Hilfen (→ S. 304)
2. Überprüfe mithilfe des Info-Kastens unten, bei welchem der beiden Texte es sich um einen Bericht handelt.
   Tipps & Hilfen (→ S. 304)
3. Für welche der folgenden Situationen eignet sich deiner Einschätzung nach eher ein sachlicher Bericht und für welche eine anschauliche Schilderung? Begründe.
   - Du bist Zeuge eines Unfalls auf der Autobahn geworden und sollst nun deine Beobachtungen wiedergeben.
   - Du willst deinen Eltern mitteilen, wie gut eure Stimmung im Bus auf der Klassenfahrt war.
   - Du willst deiner Freundin / deinem Freund mitteilen, wie du einen Sonnenaufgang am Meer erlebt hast.
   - Du hast beobachtet, wie beim Einsteigen in einen Zug einem Mitschüler das Portemonnaie aus der Tasche gestohlen wurde, und informierst deine Lehrerin darüber.
4. a) Verfasse einen Bericht über ein Ereignis, das du selbst auf einer Reise erlebt hast. Orientiere dich dabei an den Angaben im Info-Kasten.

   b) Tauscht eure Texte aus und überprüft, ob sie die Anforderungen an einen Bericht erfüllen.
5. Schildere nach dem Vorbild von Text 2 (→ S. 68) eine kleine Situation, die du selbst auf einer Reise erlebt hast, z. B.:
   - im Stau auf der Autobahn,
   - beim Ansturm auf das Büfett im Hotel,
   - in der Warteschlange beim Einsteigen ins Flugzeug,
   - in einem dreckigen Hotelzimmer,
   - auf einer Fahrradtour in glühender Hitze.

Info: Bericht

Ziel eines Berichts ist es, die Leser/-innen zu informieren.
- In der **Einleitung** wird knapp dargestellt, worum es geht. Dabei werden die W-Fragen *Was? Wann? Wo?* und *Wer?* beantwortet.
- Im **Hauptteil** wird das Ereignis genauer dargestellt. Dabei werden Antworten auf die Fragen *Wie?* und *Warum?* gegeben. Genannt wird nur das, was für den Zweck und die Adressaten des Berichts wichtig ist, in der Regel ohne persönliche Bewertungen, Meinungen oder Vermutungen.
- Im **Schlussteil** wird über die Folgen des Ereignisses informiert.

Eine Situation schildern

1. Beschreibe das Bild.
2. Stell dir vor, du sitzt in diesem Zelt am Strand und beobachtest den Sonnenuntergang. Was siehst, hörst, riechst/schmeckst und spürst/tastest du?
   Übertrage die Mindmap in dein Heft und ergänze sie.

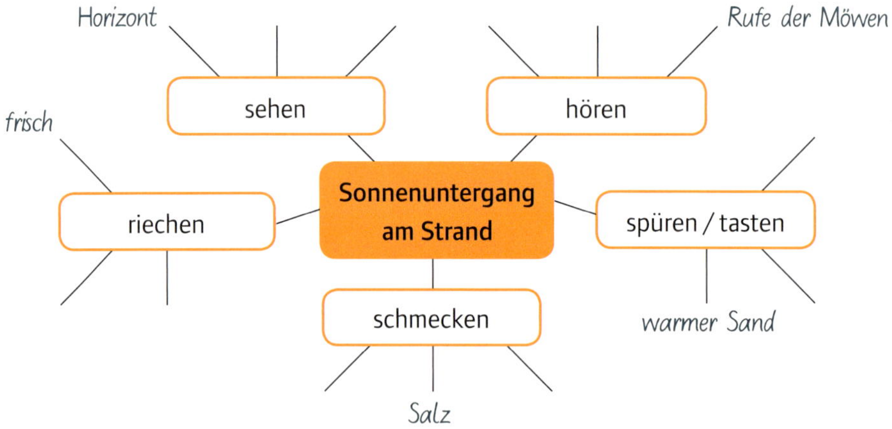

3. Verfasse zu jedem Sinneseindruck einen Satz. Verwende die Ich-Form und die Zeitform Präsens.
   Ich spüre warmen Sand zwischen meinen Zehen.
   Ich sehe ...

4 Vergleiche folgende Formulierungen. Welche würdest du jeweils auswählen? Begründe.

A
- *Ich sitze im Zelt und sehe, wie die Sonne untergeht.*
- *Ich schaue durch die Zeltöffnung hinaus und beobachte fasziniert, wie sich die Sonne unaufhaltsam dem Horizont nähert und Stück für Stück im Meer verschwindet.*

B
- *Über dem Horizont zeigt sich ein beeindruckendes Farbenspiel: von Dunkelblau über Glutrot bis zu einem goldenen Gelb.*
- *Über dem Horizont ist der Himmel ganz rot und gelb.*

5 Sprachliche Bilder lassen auch Bilder im Kopf entstehen. Benenne die unterstrichenen Sprachbilder mithilfe der Informationen im Info-Kasten.

A *Inmitten eines Farbenmeers liegt die Sonne wie ein goldgelber Ball.*
B *Die Sonnenscheibe sinkt tiefer und tiefer.*
C *Langsam verschwindet der Tag.*
D *Der Sand ist fein wie Puderzucker.*

6 Formuliere folgende Sätze so um, dass deine Leser/-innen die Situation bildlich vor Augen haben. Nutze deine Mindmap aus Aufgabe 2 und verwende geeignete sprachliche Bilder.
Tipps & Hilfen (→ S. 304)

- *Der Sand ist noch warm.*
- *Es wird langsam kalt.*
- *Man hört die Wellen.*
- *Die Luft ist salzig.*

7 Verfasse nun eine anschauliche Schilderung zum Thema „Sonnenuntergang am Meer“. Orientiere dich auch am Merkwissen auf Seite 85.
Tipps & Hilfen (→ S. 304)

Info: Sprachliche Bilder

Die **Personifikation:** Vermenschlichung oder Verlebendigung, z. B.: *Der Wind flüstert leise.*
Der **Vergleich:** Verknüpfung verschiedener Bedeutungsbereiche mit den Vergleichswörtern *wie* oder *als ob*, z. B.: *Der Wind hörte sich an, als ob jemand um unser Zelt schlich.*
Die **Metapher:** Verwendung eines Wortes im übertragenen Sinn. Im Unterschied zum Vergleich fehlt bei der Metapher das Vergleichswort *wie*.

Metapher: (Wasser-)Spiegel | **Eigenschaften:** glatt, glänzend, spiegelnd → **übertragene Bedeutung:** glatte Wasseroberfläche

Anschaulich formulieren

Mit den Pfadfindern in Frankreich

In den Sommerferien war ich mit den Pfadfindern auf einer Fahrradtour in Frankreich.

Vieles in diesem Urlaub war für mich sehr ungewohnt. Oft haben wir unter freiem Himmel gezeltet und hatten weder Toiletten noch Duschen zur Verfügung. Auch unsere Klamotten konnten wir nur waschen, wenn wir einmal auf einem Zeltplatz waren. Allerdings war es dafür auch oft möglich, abends ein großes Lagerfeuer zu machen. Die Verpflegung war sehr eintönig, meistens gab es Nudeln mit Tomatensoße und natürlich viel Baguette! Morgens sind wir immer zu zweit mit dem Fahrrad zur Bäckerei gefahren und haben so viele Brote gekauft, wie in unsere Taschen passten. Das Wetter war sehr gut. Wir hatten fast immer Sonnenschein, nur einmal sind wir in einen Platzregen geraten und wurden vollkommen nass. Abends sind wir immer sehr lange wach geblieben und haben den Sternenhimmel angeschaut. Einmal haben wir einen ganzen Abend lang Sternschnuppen gesehen. Natürlich haben wir uns alle etwas gewünscht.

Und mein Wunsch ist sogar in Erfüllung gegangen: Als ich wieder zu Hause bei meinen Eltern war, konnte ich endlich einmal lange duschen, richtig saubere Kleidung anziehen und abends gab es mein Lieblingsessen: Pizza!

1. Was gefällt dir an diesem Ferienbericht, was würdest du verändern? Nenne Beispiele.
2. a) Stell dir vor, du würdest einen kleinen Film über diese Ferienerlebnisse drehen: Welche Situationen würdest du in der sogenannten Totale (→ S. 101) filmen, die die Personen in ihrer Umgebung zeigt, und welche würdest du als Nahaufnahme darstellen? Begründe.
   b) Beschreibe möglichst genau, was du in deinen „Nahaufnahmen" siehst.

   c) Wähle eine deiner „Nahaufnahmen" aus und versetze dich in diese Situationen: Was siehst, hörst, riechst, schmeckst und spürst/tastest du hier? Formuliere zu jedem Sinneseindruck einen Satz, z. B.:

Ich blicke verträumt den Funken nach, die aus dem Feuer nach oben steigen.

3 Versetze dich in die folgenden im Bericht (→ S. 72) genannten Situationen.
Welche Gefühle lösen sie bei dir aus? Begründe.

unter dem Sternenhimmel | am Lagerfeuer | Platzregen auf der Fahrradtour

Gefühle: Begeisterung · Ekel · Abscheu · Wut · Verzweiflung · Bewunderung · Geborgenheit · Freude · Selbstmitleid · Ohnmacht · Ehrfurcht · Entspannung

4 a) Welche Begriffe im Wortspeicher eignen sich, um die in Aufgabe 3 genannten Situationen anschaulicher zu schildern? Ordne sie in deinem Heft passend zu.
b) Suche weitere Verben und Adjektive/Partizipien zur Schilderung der Situationen.

Verben: treten · strampeln · hocken · staunen · sehen · knistern · beobachten · regnen · gießen · prasseln · aneinanderkuscheln · brennen · sitzen
Adjektive/Partizipien: ehrfürchtig · warm · nasskalt · silberhell · verträumt · feucht · unangenehm · nachtschwarz · interessant · durchnässt · ergriffen · glutrot

5 a) Welche der folgenden Aussagen zur Situation „Unter dem Sternenhimmel" lässt vor deinem inneren Auge die intensivsten Bilder entstehen? Begründe.
b) Formuliere zu jeder der Situationen aus Aufgabe 3 mindestens einen anschaulichen Satz.

A *Es war toll, weil ich noch nie im Leben so viele Sterne gesehen hatte.*
B *Die Abermillionen Sterne der Milchstraße gehörten zum Schönsten, was ich in meinem ganzen Leben gesehen hatte.*
C *Der Himmel war voller Sterne und ich war total begeistert von diesem Anblick.*

6 Auch die Darstellung typischer und auffälliger Details einer Situation trägt zur Anschaulichkeit einer Schilderung bei.
Formuliere zu allen drei Situationen ein typisches und ein auffälliges Detail wie im Beispiel.

Beispiel:

Allgemeine Situation: *Abends machten wir oft ein großes Lagerfeuer.*

Typisches Detail: *Rund um das Feuer breitete sich jedes Mal eine wohlige Wärme aus.*

Auffälliges Detail: *An diesem Abend war das Holz feucht und das Feuer zischte und knackte laut.*

7 Wähle eine der drei Situationen aus Aufgabe 3 aus und verfasse eine Schilderung, die du in den Bericht von Seite 72 einbauen und ihm damit mehr Anschaulichkeit verleihen könntest.

Schilderungen in literarischen Texten entdecken

Champignonwald unter der Erde *Jules Verne (1828–1905)*

In Jules Vernes fantastischem Roman „Reise zum Mittelpunkt der Erde" begeben sich der eigenwillige Professor Lidenbrock und sein Neffe Axel auf eine waghalsige Expedition in das Erdinnere. Nach ihrem Einstieg in den Vulkan Snäfellsjökull auf Island und einem gefährlichen Abstieg immer tiefer unter die Erde gelangen sie schließlich an einen überaus merkwürdigen Ort.

Anfangs konnte ich nichts sehen. Meine des Lichtes entwöhnten Augen schlossen sich sofort. Als ich sie wieder zu öffnen vermochte, war ich mehr bestürzt als erstaunt.

„Das Meer!", rief ich aus.

„Ja", erwiderte mein Onkel, „das Lidenbrocksche Meer, und ich glaube, kein Seefahrer wird mir die Ehre der Entdeckung streitig machen und das Recht, ihm meinen Namen zu geben!"

Eine große Wasserfläche, der Anfang eines Sees oder Meeres, breitete sich vor unseren Blicken aus bis über die Grenzen des Gesichtskreises. Am buchtenreichen Ufer bot sich den letzten Wellenschlägen ein feiner Sand voll kleiner Muscheln dar, die den ersten Wesen der Schöpfung zur Behausung gedient hatten. Die Wellen brachen sich daran mit dem lauten Gemurmel, das umschlossenen Räumen eigentümlich ist. Beim Wehen eines mäßigen Windes flog ein leichter Schaum auf, dessen Flocken mein Gesicht benetzten. [...]

Wir waren in einer riesigen Höhle, in Wirklichkeit aber doch in einem Gefängnis. Ihre Breite konnte man nicht beurteilen, weil das Gestade[1] sich unabsehbar erweiterte, und auch ihre Länge nicht, weil der Blick bald durch eine etwas unbestimmte Linie des Horizontes aufgehalten war. [...]

Der Ausdruck „Höhle" passte offenbar nicht, um diesen unermesslichen Raum zu bezeichnen. Aber wer sich in die Abgründe des Erdballs hinabwagt, für den reichen die Worte der menschlichen Sprache nicht mehr aus! [...]

Alle diese Wunder betrachtete ich still, ohne zu sprechen. Es fehlte mir der Ausdruck für meine Empfindungen, denn für neue Lebenserscheinungen hatte ich keine Bezeichnungen. Ich schaute, dachte nach, bewunderte mit Bestürzung, zu der sich noch Schrecken gesellte. [...]

1 das Gestade: das Ufer

Es ist leicht begreiflich, dass nach einer sechswöchigen Einkerkerung in schmalen Gängen ein unermesslicher Genuss darin lag, diesen Seewind voll salzhaltiger Feuchtigkeit einzuatmen.

„Fühlst du dich stark genug zu einem kleinen Spaziergang?", fragte mich mein Onkel.

„Ja, gewiss", erwiderte ich, „es wird mir höchst angenehm sein." [...]

Etwa hundert Schritte entfernt, an der Ecke eines hohen Vorgebirges, lag vor unseren Augen ein hoher, dichter Wald. Er bestand aus Bäumen mittlerer Höhe, von einem Wuchs gleich regelmäßigen Sonnenschirmen mit deutlich abgezirkelten Umrissen. Die Luftströmung schien ihrem Laub nicht beizukommen[2], denn trotz Wind blieben sie unbeweglich wie ein Gebüsch versteinerter Zedern. [...]

Als wir näher kamen, war meine Überraschung groß.

In der Tat hatten wir Erzeugnisse der Erde vor uns, aber in riesenhaftem Ausmaß. Mein Onkel sagte sofort: „Nur ein Wald von Champignons!"

Und er täuschte sich nicht. Es waren weiße Riesenchampignons, neun bis zwölf Meter hoch, mit einer Kappe von entsprechendem Durchmesser. Sie standen da zu Tausenden. Kein Lichtstrahl drang durch ihre dichten Schatten und es herrschte völlige Dunkelheit unter dieser Ansammlung, die sich wie runde Dächer einer afrikanischen Stadt nebeneinanderreihten.

Ich wollte hier weiter vordringen. Todeskälte wehte aus diesen fleischigen Gewölben. Eine halbe Stunde lang schweiften wir in diesem feuchten Dunkel umher, sodass wir uns dann mit wahrem Wohlbehagen wieder am Meeresufer einfanden.

2 beikommen: *hier* schaden

1. Untersuche den Text: Welche Mittel nutzt der Autor hier, um die Situationen anschaulich zu schildern? Notiere Beispiele mit entsprechenden Zeilennummern in dein Heft.
Tipps & Hilfen (→ S. 305)
2. Mit welchen Vergleichen könntest du die Höhle (Z. 8–23) noch anschaulicher darstellen? Formuliere Beispiele.
3. Suche Adjektive, mit denen du den Wald aus Riesenchampignons (Z. 34–47) anschaulich schildern könntest.

Aus der Sicht einer literarischen Figur schildern

Gullivers erste Begegnung mit den Liliputanern

Jonathan Swift (1667–1745)

Jonathan Swift veröffentlichte 1726 den erfundenen Reisebericht des Schiffsarztes Gulliver unter dem Titel „Gullivers Reisen". Swift lässt seinen Helden allerlei fremde Länder und Völker treffen, darunter Zwerge und Riesen. Sein erstes Abenteuer führt ihn nach einem Schiffbruch in das Land Liliput.

Als ich erwachte, war heller Tag. Ich versuchte aufzustehen, aber ich konnte mich nicht bewegen. Ich lag auf dem Rücken, und meine Arme und Beine waren auf jeder Seite an den Erdboden gefesselt. Auch meine langen, dichten Haare waren in gleicher Weise angebunden. Ich fühlte, dass mehrere dünne Stricke quer über meinen Körper gespannt waren. Ich konnte nur aufwärtsblicken und sah, wie die Sonne immer höher stieg.

Nach einer Weile spürte ich etwas Lebendiges auf meinem Fuß herumkrabbeln; es kam leise über meine Brust bis dicht an mein Kinn. Ich senkte meinen Blick und sah eine menschliche Gestalt von etwa fünfzehn Zentimetern Größe, die mit Pfeil und Bogen bewaffnet war und einen Köcher auf dem Rücken trug. Gleichzeitig bemerkte ich noch an die vierzig gleicher Geschöpfe, die, wie ich vermutete, dem ersten nachfolgten. […] Erstaunt hob er die Hände und rief mit lauter, deutlicher Stimme: „*Hekinah degul!*" Die anderen wiederholten diese Worte mehrere Male. Damals wusste ich aber noch nicht, was sie damit meinten.

Währenddessen befand ich mich in einer sehr unangenehmen Lage. Ich versuchte, mich zu befreien, und es gelang mir, die Fesseln zu sprengen und die Pfähle auszureißen, an denen mein linker Arm am Erdboden festgehalten war. Ich hob ihn in die Höhe und sah nun, wie ich gefesselt war. Gleichzeitig löste ich mit einem heftigen und sehr schmerzhaften Ruck die Stricke, mit denen meine Haare auf der linken Seite angebunden waren.

Nun konnte ich meinen Kopf etwa sechs Zentimeter seitwärtsdrehen.

Aber die kleinen Geschöpfe rannten weg, ehe ich eines von ihnen ergreifen konnte. Alsbald erscholl ein lautes, schrilles Geschrei, und als es verstummte, hörte ich einen von ihnen laut rufen: „*Tolgo phonac!*“ [...]

Ich fand, dass es das Klügste war, still zu liegen, und beschloss, so die Nacht abzuwarten; dann würde ich mich mit meiner linken Hand leicht losmachen können. [...] Aus dem Lärm, der immer mehr wuchs, schloss ich, dass sich die Zahl der kleinen Leute vermehrte. Ungefähr vier Meter von mir entfernt vernahm ich ein Klopfen und Hämmern wie von Handwerkern an der Arbeit. Ich drehte meinen Kopf, soweit ich konnte, in diese Richtung und sah, dass dort mit fieberhaftem Eifer eine ungefähr einen halben Meter hohe Tribüne errichtet wurde, die vier von diesen Dreikäsehochs Platz bot und die sie mithilfe von Leitern erreichen konnten.

Einer von ihnen kletterte auch schon hinauf und hielt von dort eine lange Ansprache an mich, von der ich keine Silbe verstand. Es war dies ein Mann von mittlerem Alter, anscheinend eine hochgestellte Persönlichkeit, der größer war als seine Mitbürger. Ich konnte aus seiner Ansprache genau erkennen, ob er mir drohte oder etwas versprach und ob das, was er sagte, mitleidig oder freundlich gemeint war. Ich antwortete mit wenigen, aber untertänigen Worten und hob meine linke Hand und meine Augen zur Sonne, als ob ich sie zu Zeugen anrufen wollte. Da ich beinahe vor Hunger verschmachtete – ich hatte den letzten Bissen mehrere Stunden, bevor ich das Schiff verließ, zu mir genommen –, konnte ich mich nicht enthalten, vielleicht gegen die Regeln des Anstands, mehrmals meine Finger in den Mund zu stecken, um dadurch mein Verlangen nach Nahrung auszudrücken.

Der *Hurgo* – so nennt man dort eine hochgestellte Persönlichkeit, wie ich später erfuhr – verstand mich.

1 Wirkt dieser Text auf dich eher wie ein sachlicher Bericht oder wie eine fantastische Erzählung? Begründe mit Textbeispielen.

2 a) Welche Situationen im Text würdest du in einem Film als Nahaufnahme gestalten? Begründe.

b) Versetze dich in Gulliver hinein und schildere diese Situationen lebendig. Verwende
- anschauliche Adjektive/Partizipien, z. B.: *ängstlich, überrascht, verzweifelt,*
- ausdrucksstarke Verben, z. B.: *kriechen, zerren, robben,*
- sprachliche Bilder, z. B. Vergleiche: *wie eine Schar Ameisen.*

Schreibe in der Ich-Perspektive und orientiere dich an der Zeitform des Textes.
Tipps & Hilfen (→ S. 305)

3 Verfasse einen kurzen und sachlichen Ereignisbericht über Gullivers Erlebnisse.

Zum Schmökern, Schauen, Weiterdenken

Gulliver im Land der Riesen *Jonathan Swift (1667–1745)*

Auf seiner zweiten Reise wird Gulliver bei einem Landgang von seinen Gefährten getrennt und findet sich plötzlich in einer riesenhaften Landschaft wieder.

Dann geriet ich, wie es mir schien, auf eine breite Landstraße; in Wirklichkeit diente sie den Eingeborenen nur als Fußpfad durch ein Gerstenfeld. Ich folgte dem Weg, konnte aber nach beiden Seiten nicht viel sehen, denn es war gerade Erntezeit und das Getreide stand fast zwölf Meter hoch. Ich ging etwa eine Stunde lang bis ans Ende des Feldes, das mit einer mindestens fünfunddreißig Meter hohen Hecke eingezäunt war. Die Bäume waren von unvorstellbarer Höhe. Von diesem Feld führte eine Treppe zum nächsten. Die Treppe hatte vier Stufen und oben lag ein Stein, den man übersteigen musste. Es war mir unmöglich, die Stufen zu erklimmen. Ich suchte deshalb nach einem Loch in der Hecke, als ich auf dem nächsten Feld einen Eingeborenen bemerkte. Er kam auf die Treppe zu [...]. Er schien mir so hoch wie ein mittelgroßer Kirchturm. Erschrocken lief ich in das Getreide, um mich zu verbergen. Ich konnte die Angst meiner Reisegefährten verstehen, die auf der Flucht nicht mehr an mich gedacht haben. Dann sah ich den Riesen oben auf der Treppe stehen, von wo er zum nächsten Feld hinüberblickte. Ich hörte ihn mit einer Stimme rufen, die wie Donner dröhnte. Daraufhin kamen sechs andere Ungeheuer mit Sicheln herbei, deren jede sechsmal so groß wie eine Sense war.

Diese Männer waren weniger gut gekleidet als der erste und schienen seine Arbeiter zu sein, denn nach einigen Worten seinerseits machten sie sich daran, das Feld, in dem ich mich befand, abzumähen. Ich hielt mich in möglichst großer Entfernung von ihnen, kam aber nur unter den größten Schwierigkeiten weiter, denn das Getreide war so dicht gesät, dass ich meinen Körper nur mit Mühe zwischen den Halmen durchzwängen konnte. Plötzlich geriet ich in einen Teil des Feldes, wo Wind und Regen das Getreide zu Boden gedrückt hatten. Hier vermochte ich keinen Schritt weiterzugehen, denn die Halme waren so dicht verflochten, dass es mir nicht möglich war, durchzukriechen. Vollkommen erschöpft von den Anstrengungen und überwältigt von Angst und Verzweiflung, warf ich mich in einer Furche nieder und wünschte mir von Herzen den Tod herbei. [...]

Nun näherte sich auch schon einer der Schnitter[1] der Furche, in der ich lag. Ich fürchtete, beim nächsten Schritt, den er machte, von seinem Fuß zerquetscht oder von seiner Sichel zerschnitten zu werden, und schrie mit aller Kraft auf, die mir die Angst eingab. Der Riese stutzte und blickte eine Zeit lang suchend auf dem Boden umher, bis er mich auf der Erde liegen sah. Er betrachtete mich eine Weile vorsichtig, wie wir ein kleines Tier betrachten, das uns kratzen oder beißen könnte.

1 der Schnitter: jemand, der ein Feld mit Sichel und Sense abmäht

1 a) Du erhältst als Reporter/-in einer Tageszeitung im Land der Riesen den Auftrag, über das Auftauchen des Winzlings Gulliver zu schreiben.
Notiere dafür aus Gullivers Erzählung alle Informationen, die du zur Beantwortung der W-Fragen: *Was? Wer? Wann? Wo? Wie? Warum? Mit welchen Folgen?* benötigst.
b) Schreibe einen sachlichen und knappen Bericht über das Ereignis. Orientiere dich dabei auch am Merkwissen auf Seite 85.

2 Wie erlebt Gulliver die Situation, als ihn der Riese im Gerstenfeld entdeckt? Setze den Text schildernd fort.

3 Fertige Skizzen für ein Filmskript zu diesem Textausschnitt an. Stelle dar, welche Einstellungsgröße du jeweils wählen würdest, z. B. Panoramaeinstellung, Totale, Halbtotale, Nahaufnahme oder Detailaufnahme (→ S. 101).

Gulliver als Attraktion *Jonathan Swift (1667–1745)*

Der Bauer, dessen Arbeiter Gulliver auf dem Feld eingefangen haben, macht aus ihm eine Attraktion, die er für Geld vorzeigt. Während er dabei recht rücksichtslos mit Gulliver umgeht, hat seine Tochter Glumdalclitch den Winzling schnell ins Herz geschlossen und hat Mitleid mit ihm.

Mein Herr kehrte in einer Schenke[1] ein. Nachdem er sich mit dem Wirt besprochen und die nötigen Vorkehrungen getroffen hatte, mietete er einen *Gruldrud* oder Ausrufer, der in der ganzen Gegend bekannt machte, im „Green Eagle" sei ein einzigartiges Wundertier zu sehen.

Nun wurde ich in dem größten Zimmer der Schenke auf einen Tisch gestellt. Meine kleine Hüterin stand auf einem niedrigen Stuhl neben dem Tisch, um auf mich zu achten und mir zu sagen, was ich tun sollte. Wegen des ungeheuren Zudranges[2] ließ mein Herr immer nur dreißig Zuschauer zu gleicher Zeit herein. Ich ging um den Tisch herum, wie mich das Mädchen geheißen hatte; dann stellte sie mir Fragen und ich antwortete, soweit meine Sprachkenntnisse reichten. Ich machte Verbeugungen, hieß das hochverehrte Publikum willkommen und tischte noch einige andere Redensarten auf, die man mich gelehrt hatte. Ich ergriff einen Fingerhut, den mir Glumdalclitch als Weinglas reichte, und trank auf die Gesundheit der Gesellschaft, dann zog ich meinen Hirschfänger[3] und focht damit in der Luft herum wie ein Fechtmeister. Meine kleine Hüterin reichte mir

1 die Schenke: das Wirtshaus
2 der Zudrang: der Andrang
3 der Hirschfänger: kurzer Jagdsäbel von 40–70 cm Länge

einen Strohhalm, mit dem ich wie mit einer Lanze exerzierte[4], eine Kunst, die ich in meiner Jugend gelernt hatte. Es wurden an diesem Tag zwölf Vorstellungen gegeben, und jedes Mal musste ich sämtliche Kunststücke wiederholen, bis ich vor Müdigkeit und Ärger halb tot war. Die mich gesehen hatten, erzählten draußen Wunderdinge von mir und machten die Übrigen so neugierig, dass sie die Türen einzubrechen drohten. Mein Herr ließ öffentlich bekannt machen, dass ich am nächsten Markttag wieder zu sehen sein werde. Inzwischen versuchte er, für mich ein bequemeres Fuhrwerk instand zu setzen, denn meine erste Reise und die achtstündigen Vorstellungen, die darauf folgten, hatten mich so angegriffen, dass ich kaum noch auf den Beinen stehen oder ein Wort sprechen konnte. Es vergingen wenigstens drei Tage, ehe ich mich wieder vollständig erholte. Damit ich auch zu Hause keine Ruhe hatte, kamen sämtliche Leute aus der Nachbarschaft, um mich zu begaffen. Mein Herr verdiente gut dabei, denn er ließ sich für jede Vorstellung im Haus, auch wenn nur eine einzige Familie zugegen war, so viel bezahlen wie von dem Publikum im Wirtshaus.

4 exerzieren: Bewegungsabläufe trainieren, insbesondere beim Militär

1. Wie fühlt sich Gulliver in dieser Situation? Belege deine Einschätzung mit dem Text.
2. Glumdalclitch, die Tochter des Bauern, ist unglücklich darüber, wie Gulliver von ihrem Vater behandelt wird, und schildert ihrer Freundin in einem Brief die Situation in der Gastwirtschaft (Z. 5–22).
   Verfasse diese Schilderung aus der Sicht von Glumdalclitch. Schreibe im Präteritum.

Die Brautprinzessin *William Goldman (* 1931)*

In seinem märchenhaften Roman „Die Brautprinzessin" beschreibt der Autor William Goldman die abenteuerliche Reise des Liebespaares Westley und Butterblume. Eines Tages geraten die beiden auf der Flucht vor Verfolgern in die überaus gefährlichen und merkwürdigen Feuersümpfe, die zwischen den beiden Ländern Florin und Guldern liegen.

Westley tat so, als ob er die Umgebung musterte. Dann setzte er sein strahlendstes Lächeln auf. „Wenn wir auch nur ein bisschen Glück haben", sagte er, „müssten wir bald sicher und wohlbehalten im Feuersumpf sein."

Butterblume hörte natürlich, was er sagte. Aber sie nahm es alles andere als gefasst auf ...

Ein paar Worte nun über zwei miteinander verwandte Themen: 1) über Feuersümpfe im Allgemeinen und 2) über den Florin/Guldern-Feuersumpf im Besonderen.

1) Die Bezeichnung „Feuersümpfe" ist natürlich völlig irreführend. Wie es zu dieser Bezeichnung gekommen ist, weiß niemand, obgleich vermutlich die Farbigkeit der beiden zusammengefügten Wörter schon zur Erklärung ausreicht. Es sind einfach Sümpfe, die einen hohen Prozentsatz an schwefligen und anderen Gasen enthalten, die ständig in Blasen aufsteigen und sich entzünden. Sie sind mit dicht belaubten Riesenbäumen bedeckt, welche den Boden in Schatten hüllen, sodass die Ausbrüche der Flammen besonders dramatisch aussehen. Weil sie dunkel sind, sind sie fast immer auch ziemlich feucht, und deshalb ziehen sie die üblichen Kulturen von Insekten und Alligatoren an, die ein feuchtes Klima lieben. Mit anderen Worten: Ein Feuersumpf ist einfach ein Sumpf, Punktum; der Rest ist Ausschmückung.

2) Der florinesisch-gulderanische Feuersumpf hatte und hat in der Tat manche besonders merkwürdigen Eigenschaften: das Vorkommen von a) Schneesand und b) NiuFs[1], auf die wir etwas später zu sprechen kommen. Schneesand wird oft, wiederum irrtümlich, mit Glühsand gleichgesetzt. Nichts ist weniger zutreffend. Glühsand ist feucht und führt grundsätzlich zum Tod durch Ertrinken. Schneesand ist feinpuderig wie Talkum[2] und tötet durch Ersticken.

Insbesondere aber diente der florinesisch-gulderanische Feuersumpf

1 NiuF = Nagetier in ungewöhnlichem Format. Es handelt sich um vom Autor Goldman erfundene Raubtiere, die im florinesisch-gulderanischen Feuersumpf leben.

2 das Talkum: feiner Puder

zum Erschrecken von Kindern. In beiden Ländern gab es auch nicht ein Kind, dem nicht bei der einen oder anderen Gelegenheit, wenn es sich sehr schlecht benommen hatte, die Aussetzung im Feuersumpf angedroht worden wäre. „Mach das noch einmal, und du kommst in den Feuersumpf", war ebenso gebräuchlich wie: „Iss deinen Teller leer, in Indien müssen die Kinder hungern". Und wenn die Kinder größer wurden, wuchsen mit ihrer Fantasie auch die Gefahren des Feuersumpfes. […]

Butterblume starrte auf den Feuersumpf. Als Kind hatte sie einmal ein ganzes Jahr voller Albträume in dem Glauben gelebt, dass sie dort sterben müsse. Nun konnte sie keinen Schritt weiter. Die riesigen Bäume schwärzten den Boden vor ihr. Von überallher züngelten plötzlich Flammen. „Das kannst du nicht von mir verlangen", sagte sie. […]

Westley nahm sie in die Arme. „Kind, liebstes Kind! Ich habe ein Messer, ich habe meinen Degen. Ich bin nicht durch die ganze Welt hierhergekommen, um dich jetzt zu verlieren."

Butterblume suchte nach einem bisschen Mut. Offenbar fand sie ihn in seinen Augen.

Jedenfalls traten sie Hand in Hand in die Schatten des Feuersumpfes hinein.

1. Worin besteht das Besondere dieses Textes? Erkläre es mit Textbeispielen.
2. Setze den Text fort, indem du dich in Westley oder Butterblume hineinversetzt und schilderst, was die beiden in dem Moment erleben, als sie den Feuersumpf betreten.
3. a) Wie stellst du dir ein NiuF (Nagetier in ungewöhnlichem Format) vor? Zeichne oder male es.
   b) Verfasse nach dem Muster der Beschreibung der Feuersümpfe eine Beschreibung eines NiuFs.

20 000 Meilen unter dem Meer *Jules Verne (1828–1905)*

Im Roman „20 000 Meilen unter dem Meer" berichtet der Meeresbiologe Professor Aronnax von seiner Reise an Bord des Unterseebootes „Nautilus", das von dem geheimnisvollen Kapitän Nemo geführt wird. Eines Tages lädt Nemo den Professor zu einem Ausflug unter Wasser ein.

Wir sanken leicht auf den Meeresboden hinab. [...] Es ging sich ohne alle Mühe, weder die schweren Schuhe noch der enge Helm, in dem mein Kopf wie ein Mandelkern in seiner Schale saß, behinderten mich. [...]
Das Wasser war völlig klar, und wenn ich den Kopf zurückbog, konnte ich erkennen, dass das Meer an seiner Oberfläche glatt war. Wir schritten über ungewellten Sand, der wie ein starker Reflektor das einfallende Sonnenlicht zurückstrahlte und diese unterseeische Landschaft taghell erleuchtete.

Der Gang über den Boden aus Muschelstaub zog sich lange hin, immer kleiner wurde die zurückbleibende *Nautilus*, und langsam begann sich die Ebene mit Felsen und Wasserpflanzen zu mischen. [...]

Wir waren vier Stunden gelaufen, als der Kapitän Nemo das Zeichen zur Rast gab. Seltsamerweise spürte ich keinen Hunger, aber ich war sehr müde geworden. Den anderen schien es ebenso zu gehen, denn wir legten uns in dem klaren Wasser auf dem Meeresboden zum Schlafen nieder. Die Ruhe war so wohltuend, dass ich sofort einnickte.

Als ich erwachte und aufblickte, erschrak ich maßlos. Einige Schritte von mir entfernt erhob sich eine riesenhafte Meerspinne, mindestens ein Meter hoch, zum Überfall auf mich bereit, lüstern schielend. Mir fiel zwar sofort ein, dass mein Taucheranzug mich vor den Bissen dieses Tieres schützen würde, dennoch konnte ich mich des Grauens nicht erwehren. Der Kapitän war auch schon wieder auf, er stand seitwärts vor mir und sah sich die Spinne an. Jetzt erwachte unser vierter Mann, der Matrose von der *Nautilus*. Nemo zeigte nur auf die Spinne und der Mann schlug zu. Minutenlang noch sah ich, wie sich die Beine des fürchterlichen Tieres in schrecklichen Zuckungen krümmten.

1. Sachlicher Bericht oder anschauliche Schilderung? Begründe deine Einschätzung mit Beispielen aus dem Text.
2. Schildere die Begegnung mit der Spinne aus der Sicht des Professors genauer.
3. Bist du selbst schon einmal in einer außergewöhnlichen Situation gewesen? Verfasse eine Schilderung, in der du das Besondere dieser Situation anschaulich darstellst.

Berichten und schildern

1. Schritt: Den Text planen

Entscheide, **welches Ziel** du mit deinem Text verfolgst. Wähle abhängig von diesem Ziel entweder die Form eines **sachlichen Berichts** oder die einer **anschaulichen Schilderung**.

Berichten (sachlich informieren)	**Schildern** (anschaulich darstellen)
Notiere Stichpunkte zu den W-Fragen: - *Was?* - *Wann?* - *Wo?* - *Wer?* - *Wie?* - *Warum?* - *Mit welchen Folgen/Ergebnissen?*	Versetze dich in die entsprechende Situation und notiere Stichpunkte zu: - **Sinneseindrücken:** *Sehen, Hören, Riechen, Schmecken, Spüren/Tasten.* - **typischen und auffälligen Details** der Situation, z. B.: *Dicht stehende Schirme überlappten sich.* - **persönlichen Bewertungen** des Geschehens, z. B.: *Ekel, Ohnmacht.*

2. Schritt: Den Text schreiben

Denke beim Verfassen des Textes immer daran, ob du deine Leser/-innen über ein **Ereignis sachlich informieren** willst oder ihnen eine **Situation anschaulich schildern** möchtest.

Berichten (sachlich, informativ)	**Schildern** (anschaulich)
- Stelle in der **Einleitung** knapp dar, worum es geht. Beantworte dabei die W-Fragen *Was? Wann? Wo?* und *Wer?* - Stelle im **Hauptteil** das Ereignis sachlich und Schritt für Schritt in der richtigen Reihenfolge dar. Beantworte dabei die Fragen *Wie?* und *Warum?* - Nenne im **Schlussteil** die Folgen des Ereignisses oder gib eine Empfehlung. - Schreibe im **Präteritum**.	- Schildere zu **Beginn** einen allgemeinen Eindruck der Situation. - Stelle im **Mittelteil** die Situation so dar, dass vor den Augen der Leser/-innen ein genaues Bild der Situation entsteht. Dazu tragen z. B. die Wiedergabe von Sinneseindrücken, die Beschreibung von Details und die Verwendung sprachlicher Bilder bei. - Füge gegen **Ende** der Schilderung auch persönliche Gedanken, Gefühle und Bewertungen der Situation hinzu. - Schreibe in der ***Ich***- oder ***Wir***-**Form.** - Verwende das **Präsens** oder das **Präteritum**.

3. Schritt: Den Text überarbeiten

Überprüfe deinen Text noch einmal mithilfe der Informationen unter dem 2. Schritt und überarbeite ihn.

5 Seltsame Begebenheiten

Kurze Erzählungen erschließen und Inhaltsangaben schreiben

Der Geizige *Johann Peter Hebel (1812)*

Ein geiziger Mann hatte ein einträgliches[1] Geschäft in einem Städtlein. Weil aber dort alles ein wenig teurer war, so wohnte er eine halbe Stunde davon in einem Dorf und ging alle Morgen hinein und alle Abende wieder hinaus. Wenn ihn nun ein Nachbar um einen Gefallen ansprach: „Seid so gut und richtet mir in der Stadt dies oder jenes aus, sonst muss ich den Gang selber tun", so sagte er: „Ist's nicht genug, wenn ich die Schuhsohlen in meinen eigenen Geschäften ablaufe? Soll ich die eurigen auch noch versehen?" Wenn nun der Nachbar sagte: „Ihr müsst ja den Gang doch tun, ob Ihr mir daneben einen kleinen Dienst erweist oder nicht", so erwiderte er: „Und wenn ich Euch den Dienst nicht erweise, so müsst Ihr doch auf Euern eigenen Sohlen in die Stadt gehen, ob ich daneben den nämlichen Gang[2] auch mache oder nicht." Sagte nun der Nachbar: „Wisst ihr was? Ich will Euch meine Schuhe leihen", so tat er ihm den Gefallen. Lieh er aber ihm die Schuhe nicht, so tat er ihm auch den Gefallen nicht.

1 einträglich: lohnend
2 den nämlichen Gang machen: denselben Weg gehen

Inhaltsangabe: „Der Geizige"

Die kurze Erzählung „Der Geizige" von Johann Peter Hebel aus dem Jahr 1812 handelt von einem Mann, der nur an seinen eigenen Vorteil denkt.
Ein Mann wohnt, um Geld zu sparen, auf dem Dorf und läuft zum Arbeiten zu Fuß in die nahe gelegene Stadt. Der Bitte eines Nachbarn, für ihn auf diesem Weg kleine Besorgungen zu machen, kommt er nur nach, wenn dieser ihm seine Schuhe leiht, sodass er aus dem Gefallen für einen anderen noch selbst einen Nutzen ziehen kann.

1. In welchen Situationen werdet ihr aufgefordert, Inhalte von Filmen, Büchern oder Texten wiederzugeben? Sammelt Beispiele.
2. Betrachtet die Inhaltsangabe zu der Erzählung „Der Geizige". Welchen Zweck erfüllt sie eurer Ansicht nach? Begründet.

In diesem Kapitel …

- untersuchst du kurze Erzählungen.
- bringst du das Wesentliche einer Erzählung auf den Punkt.
- lernst du Kalendergeschichten kennen.
- lernst du, Inhaltsangaben zu schreiben.

Den Inhalt einer Erzählung erschließen

Das Testament *Jeremias Gotthelf (1797–1854)*

Schon manchen haben einige bei dem Tode eines Menschen wohl angewandte Minuten wohlhabend gemacht. Die Erben sind oft nicht gleich bei der Hand, und wer sich nicht fürchtet, aus dem noch nicht erkalteten Hosensack[1] die Schlüssel zu nehmen, kann bis zu ihrer Ankunft viel auf die Seite schaffen. Fatal ist's, wenn der Verstorbene so plötzlich von hinnen gerufen wird, dass er für die, welche zunächst um ihn sind, nicht testamentlich sorgen konnte, und das geschieht oft; denn solche Leute testieren[2] nicht gerne, sie hoffen noch der Tage viel.

Aber auch da wussten sich einmal schlaue Leute wohl zu helfen; sie schleppten den Gestorbenen in eine alte Rumpelkammer, und in das noch nicht erkaltete Bett legten sie einen vertrauten Knecht, setzten ihm die Nachtkappe des Gestorbenen auf und liefen nach Schreiber und Zeugen.

Schreiber und Zeugen setzten sich an den Tisch am Fenster, rüsteten das Schreibzeug und probierten, ob guter Wein in den weißen Kannen sei. Unterdessen ächzet und stöhnet es im dunklen Hintergrunde hinter dem dicken Vorhang, und eine schwache Stimme fragt, ob der Schreiber nicht bald fertig sei – es gehe nicht mehr lange mit ihm. Der Schreiber nimmt hastig das Glas vom Munde und dagegen die Feder und lässt diese flüchtig übers Papier gleiten, aber immer halblinks schauend, wo das Glas steht.

1 der Hosensack: die Hosentasche
2 testieren: unterschreiben

Da diktiert leise und hustend die Stimme hinter dem Umhange das Testament, und der Schreiber schreibt, und freudig hören die Anwesenden, wie sie Erben würden von vielem Gut und Geld. Aber blasser Schrecken fährt über ihre Gesichter, und faustdicke Flüche quellen ihnen im Halse, als die Stimme spricht: „Meinem getreuen Knecht aber, der mir so viele Jahre treu gedient hat, vermache ich 8000 Pfund." Der Schalk im Bette hatte sich selbst nicht vergessen und bestimmte sich selbst seinen Lohn für die gutgespielte Rolle.

Er war aber noch bescheiden, er hätte sich gut zum Haupterben machen können, und was hätten die andern sagen wollen?

1. Suche eine andere Überschrift für die Erzählung „Das Testament".
   Begründe, warum sie auch gut passen könnte.
   Tipps & Hilfen (→ S. 306)
2. Sprache und Inhalt machen deutlich, dass es hier um einen älteren Text handelt. Belege dies anhand von Textbeispielen.
   Tipps & Hilfen (→ S. 306)
3. Du möchtest jemandem, der die Erzählung „Das Testament" nicht kennt, kurz und knapp über den Inhalt informieren. Vergegenwärtige dir dazu noch einmal die wichtigsten Handlungsschritte:
   - Übertrage die folgenden Handlungsbausteine in dein Heft. Ergänze Stichpunkte zu jedem Handlungsbaustein.
   - Gib den Inhalt von „Das Testament" mithilfe deiner Notizen zu den Handlungsbausteinen mündlich wieder.

   Tipps & Hilfen (→ S. 306)

Ausgangssituation der Hauptfigur(en)	Problem der Hauptfigur(en)	Lösungsversuche der Hauptfigur(en)	Ende
Mann stirbt, ohne sein Testament gemacht zu haben. (Z. 1 – Z. ...	...	...	...

Eine Inhaltsangabe schreiben

Seltsamer Spazierritt *Johann Peter Hebel (1808)*

Ein Mann reitet auf seinem Esel nach Haus und lässt seinen Buben zu Fuß nebenherlaufen. Kommt ein Wanderer und sagt: „Das ist nicht recht, Vater, dass Ihr reitet und lasst Euern Sohn laufen; Ihr habt stärkere Glieder." Da stieg der Vater vom Esel herab und ließ den Sohn reiten. Kommt wieder ein Wandersmann und sagt: „Das ist nicht recht, Bursche, dass du reitest und lässest deinen Vater zu Fuß gehen. Du hast jüngere Beine." Da saßen beide auf und ritten eine Strecke. Kommt ein dritter Wandersmann und sagt: „Was ist das für ein Unverstand, zwei Kerle auf *einem* schwachen Tiere? Sollte man sich einen Stock nehmen und euch beide hinabjagen?" Da stiegen beide ab und gingen selbdritt[1] zu Fuß, rechts und links der Vater und Sohn und in der Mitte der Esel. Kommt ein vierter Wandersmann und sagt: „Ihr seid drei kuriose[2] Gesellen. Ist's nicht genug, wenn zwei zu Fuß gehen? Geht's nicht leichter, wenn einer von euch reitet?" Da band der Vater dem Esel die vorderen Beine zusammen und der Sohn band ihm die hinteren Beine zusammen, sie zogen einen starken Baumpfahl durch, der an der Straße stand, und trugen den Esel auf der Achsel heim. [...]

So weit kann's kommen, wenn man es allen Leuten will recht machen.

1 selbdritt: zu dritt
2 kurios: merkwürdig, seltsam

1 a) Diese „Kalendergeschichte" endet mit einer Lehre. Erkläre, warum diese gut zum Text passt.

b) Formuliere eine andere passende Lehre. Begründe deine Entscheidung.
Tipps & Hilfen (→ S. 306)

2 Überprüfe mithilfe der Handlungsbausteine (→ S. 89), an welchen Stellen die Erzählung „Seltsamer Spazierritt" vom „typischen" Aufbau einer Erzählung abweicht.

3 Vergleiche die folgende Inhaltsangabe mit dem Original: Wie hat die Verfasserin / der Verfasser den Inhalt zusammengefasst? Nenne Beispiele.
Tipps & Hilfen (→ S. 306)

Inhaltsangabe: Seltsamer Spazierritt

Die Kalendergeschichte „Seltsamer Spazierritt" von Johann Peter Hebel aus dem Jahr 1808 handelt von einem Vater und seinem Sohn, die versuchen, es allen recht zu machen.

Auf ihrem Heimweg reitet der Vater auf einem Esel und lässt seinen Sohn nebenherlaufen. Nach und nach kommen ihnen vier Wanderer entgegen, die ihre jeweilige Art zu reisen kritisieren: Dem ersten ist es nicht recht, dass der stärkere Vater reitet. Als der Sohn anstelle des Vaters aufsitzt, kritisiert der zweite, dass es nicht recht sei, seinen älteren Vater laufen zu lassen. Daraufhin setzen sich beide auf den Esel, bis ein dritter das Tier bedauert und Vater und Sohn nun zu Fuß weitergehen. Als sich ein vierter Wanderer auch darüber wundert, binden die beiden dem Esel die Beine zusammen, stecken einen langen Pfahl hindurch und tragen ihn an diesem gemeinsam nach Hause.

4 Formuliere anhand dieser Inhaltsangabe einen kurzen Merke-Text, welche Angaben die Einleitung einer Inhaltsangabe enthalten muss.
Tipps & Hilfen (→ S. 307)

5 Die Erzählung „Seltsamer Spazierritt" wird auch als „Kalendergeschichte" bezeichnet. Erläutere mithilfe des Infokastens, was man unter einer Kalendergeschichte versteht und warum dieser Text ein gutes Beispiel dafür ist.

Info: Die Kalendergeschichte

Kalendergeschichten wurden ursprünglich für Kalender geschrieben, die im 17. und 18. Jahrhundert in vielen Haushalten das einzige Druckerzeugnis neben dem Gesangbuch und der Bibel waren. Kalendergeschichten sind meist **kurze Erzählungen**, die **unterhalten** und **belehren** sollen, weshalb sie manchmal mit einer **Moral (Lehre)** enden. Meist handeln sie von seltsamen, lustigen oder auch nachdenklich stimmenden Begebenheiten. Viele Kalendergeschichten enthalten eine **Pointe** (überraschende Wendung).
Der bekannteste Kalendergeschichten-Autor ist **Johann Peter Hebel** (1760–1826). Seine interessantesten Kalendergeschichten veröffentlichte Hebel erstmals im Jahr 1811 in einem Buch mit dem Titel „Schatzkästlein des rheinischen Hausfreundes".

Der kluge Richter *Johann Peter Hebel (1805)*

Dass nicht alles so uneben[1] sei, was im Morgenlande geschieht, das haben wir schon einmal gehört. Auch folgende Begebenheit soll sich daselbst[2] zugetragen haben. Ein reicher Mann hatte eine beträchtliche Geldsumme, welche in ein Tuch eingenäht war, aus Unvorsichtigkeit verloren. Er machte daher seinen Verlust bekannt und bot, wie man zu tun pflegt, dem ehrlichen Finder eine Belohnung, und zwar von hundert Talern, an. Da kam bald ein guter und ehrlicher Mann dahergegangen. „Dein Geld habe ich gefunden. Dies wird's wohl sein! So nimm dein Eigentum zurück!" So sprach er mit dem heitern Blick eines ehrlichen Mannes und eines guten Gewissens, und das war schön. Der andere machte auch ein fröhliches Gesicht, aber nur, weil er sein verloren geschätztes Geld wiederhatte. Denn wie es um seine Ehrlichkeit aussah, das wird sich bald zeigen. Er zählte das Geld und dachte unterdessen geschwinde nach, wie er den treuen Finder um seine versprochene Belohnung bringen könnte. „Guter Freund", sprach er hierauf, „es waren eigentlich 800 Taler in dem Tuch eingenähet. Ich finde aber nur noch 700 Taler. Ihr werdet also wohl eine Naht aufgetrennt und Eure 100 Taler Belohnung schon herausgenommen haben. Da habt Ihr wohl daran getan. Ich danke Euch." Das war nicht schön. Aber wir sind auch noch nicht am Ende. Ehrlich währt am längsten, und Unrecht schlägt seinen eigenen Herrn. Der ehrliche Finder, dem es weniger um die 100 Taler als um seine unbescholtene Rechtschaffenheit[3] zu tun war, versicherte, dass er das Päcklein so gefunden habe, wie er es bringe, und es so bringe, wie er's gefunden habe. Am Ende kamen sie vor den Richter. Beide bestunden[4] auch hier noch auf ihrer Behauptung, der eine, dass 800 Taler seien eingenäht gewesen, der andere, dass er von dem Gefundenen nichts genommen und das Päcklein nicht versehrt[5] habe. Da war guter Rat teuer. Aber der kluge Richter, der die Ehrlichkeit des einen

1 uneben: *hier* nicht schlecht, nicht übel
2 daselbst: dort
3 die unbescholtene Rechtschaffenheit: der gute Ruf
4 bestunden: bestanden
5 versehren: verletzen, *hier* öffnen

und die schlechte Gesinnung des andern zum Voraus zu kennen schien, griff die Sache so an: Er ließ sich von beiden über das, was sie aussagten, eine feste und feierliche Versicherung geben und tat hierauf folgenden Ausspruch: „Demnach, und wenn der eine von euch 800 Taler verloren, der andere aber nur ein Päcklein mit 700 Talern gefunden hat, so kann auch das Geld des Letztern nicht das nämliche[6] sein, auf welches der Erste ein Recht hat. Du, ehrlicher Freund, nimmst also das Geld, welches du gefunden hast, wieder zurück und behältst es in guter Verwahrung, bis der kommt, welcher nur 700 Taler verloren hat. Und dir da weiß ich keinen andern Rat, als du geduldest dich, bis derjenige sich meldet, der deine 800 Taler findet." So sprach der Richter, und dabei blieb es.

6 das nämliche: dasselbe

1 a) Erkläre, warum die Überschrift „Der kluge Richter" besser zum Text passt als „Der dumme Geizhals" oder „Der gutgläubige Finder".

b) Untersuche, welche Rolle der Erzähler in dieser „Kalendergeschichte" übernimmt.
Tipps & Hilfen (→ S. 307)

c) Erläutere, worin die Pointe der Geschichte besteht.

2 Du sollst mithilfe einer Inhaltsangabe zeigen, dass du die Erzählung wirklich verstanden hast. Gehe so vor:

a) Notiere anhand der vier Handlungsbausteine (→ S. 89) die wichtigsten Handlungsschritte in Stichpunkten, z. B.:
- *Ausgangssituation: Ein reicher Mann verliert ...*
- *Problem: Der Finder ...*
- *Lösungsversuche: ...*
- *Ende: ...*

Tipps & Hilfen (→ S. 307)

b) Formuliere nach dem Muster des Schülertextes auf Seite 91 eine Einleitung für deine Inhaltsangabe.

c) Fasse mithilfe deiner Notizen aus Aufgabe a) den Inhalt der Geschichte zusammen. Achte darauf, dass du im Präsens schreibst und keine wörtliche Rede verwendest.
Tipps & Hilfen (→ S. 307)

Info: Mit Satzverknüpfungen Zusammenhänge verdeutlichen

Mithilfe bestimmter Satzanfänge kannst du die Zusammenhänge einer Handlung verdeutlichen, z. B.:
zeitliche Abfolge: *zunächst, als, daraufhin, später, anschließend, während,*
Ursache und Wirkung: *denn, damit, weil, daher, deshalb, sodass, um ... zu.*

Das Wesentliche benennen

1 Vergleiche die folgenden Beispiele für eine Einleitung zu einer Inhaltsangabe für die Kalendergeschichte „Der kluge Richter" von Johann Peter Hebel (→ S. 92 f.): Welche Einleitung bringt deiner Ansicht nach das Wichtigste des Textes „auf den Punkt"? Begründe deine Entscheidung.

A *In der Kalendergeschichte „Der kluge Richter" von Johann Peter Hebel aus dem Jahr 1805 geht es um einen Mann, der sich auf Kosten eines anderen einen Vorteil verschaffen will.*

B *Die Kalendergeschichte „Der kluge Richter" von Johann Peter Hebel aus dem Jahr 1805 handelt von einem schlauen Richter.*

C *In der Kalendergeschichte „Der kluge Richter" von Johann Peter Hebel aus dem Jahr 1805 wird ein Mann, der sich auf Kosten eines anderen einen Vorteil verschaffen will, durch eine kluge richterliche Entscheidung entlarvt.*

2 Der folgende Auszug aus dem Hauptteil einer Inhaltsangabe der gleichen Kalendergeschichte muss überarbeitet werden.

a) Benenne zunächst, was gelungen ist.

b) Prüfe, welche Informationen verzichtbar sind und welche zusammengefasst werden können. Schreibe eine überarbeitete Fassung in dein Heft.

Ein reicher Mann verliert aus Unachtsamkeit eine große Geldsumme. Wie es zu seiner Zeit üblich ist, erzählt er überall, dass er das Geld verloren habe, und bietet dem ehrlichen Finder eine Belohnung von hundert Talern. Bald darauf meldet sich ein Mann bei ihm und sagt, dass er das verlorene Geld gefunden habe. Der reiche Mann freut sich sehr und macht ein fröhliches Gesicht. Insgeheim aber hat er den Plan, den Finder um seine Belohnung zu bringen. Er zählt das Geld und sagt, dass sich in dem Beutel nur noch 700 Taler befänden. Tatsächlich habe er aber Geld in der Höhe von 800 Talern verloren, was nicht der Wahrheit entspricht. ...

3 Überprüfe deine eigene Inhaltsangabe der Geschichte „Der kluge Richter" (→ S. 93, Aufgabe 2) anhand der folgenden Fragen:

- Ist die Einleitung vollständig und bringt das Wichtigste des Textes auf den Punkt?
- Wird die Handlung verständlich und in eigenen Worten zusammengefasst?
- Enthält die Inhaltsangabe keine überflüssigen Informationen?

Die wörtliche Rede wiedergeben

1 a) Erkläre, wie die wörtliche Rede hier jeweils wiedergegeben wird.
b) Welche Art der Redewiedergabe – A oder B – eignet sich deiner Ansicht nach besser für eine Inhaltsangabe? Begründe.

Wörtliche Rede	Wiedergabe der wörtlichen Rede
Der reiche Mann sagte: „Guter Freund, es waren eigentlich 800 Taler in das Tuch eingenähet. Ich finde aber nur noch 700 Taler. Ihr werdet also wohl eine Naht aufgetrennt und Eure 100 Taler Belohnung schon herausgenommen haben."	A *Der reiche Mann beschuldigt den Finder, sich bereits selbst den Finderlohn genommen zu haben.* B *Der reiche Mann behauptet, dass 800 Taler in dem Tuch eingenäht gewesen seien. Da sich nun aber nur noch 700 Taler dort befänden, habe sich der Finder die fehlenden 100 Taler bereits selbst als Belohnung genommen.*

2 Gib folgende direkte Rede des Richters (→ S. 93, Z. 31–38) für eine Inhaltsangabe wieder.

Der Richter entscheidet schließlich, dass ...

„Demnach, und wenn der eine von euch 800 Taler verloren, der andere aber nur ein Päcklein mit 700 Talern gefunden hat, so kann auch das Geld des Letztern nicht das nämliche sein, auf welches der Erste ein Recht hat. Du, ehrlicher Freund, nimmst also das Geld, welches du gefunden hast, wieder zurück und behältst es in guter Verwahrung, bis der kommt, welcher nur 700 Taler verloren hat. Und dir da weiß ich keinen andern Rat, als du geduldest dich, bis derjenige sich meldet, der deine 800 Taler findet."

3 Besonders wichtige Aussagen in einem Text können in einer Inhaltsangabe in der indirekten Rede wiedergegeben werden.
Überarbeite den folgenden Auszug aus einer Inhaltsangabe der Erzählung „Das Testament" so, dass du dir wörtliche Rede in die indirekte Rede umformst.

Nachdem er alle Anwesenden mit Geld aus dem Vermögen des Verstorbenen bedacht hat, schließt der Knecht mit den Worten: „Meinem getreuen Knecht aber, der mir so viele Jahre treu gedient hat, vermache ich 8000 Pfund."

Einen Kurzfilm untersuchen

Den Inhalt untersuchen

Schwarzfahrer *Pepe Danquart*

1 a) Beschreibt das Filmbild oben. Was könnte den abgebildeten Figuren durch den Kopf gehen?

b) Der Titel des Kurzfilms, aus dem dieses Filmbild stammt, lautet „Schwarzfahrer“. Welche Geschichte könnte sich hinter diesem Filmtitel verbergen? Sammelt Ideen.

c) Welche Doppeldeutigkeit legt der Titel „Schwarzfahrer“ nahe? Beziehe die Abbildung oben in deine Überlegungen mit ein.

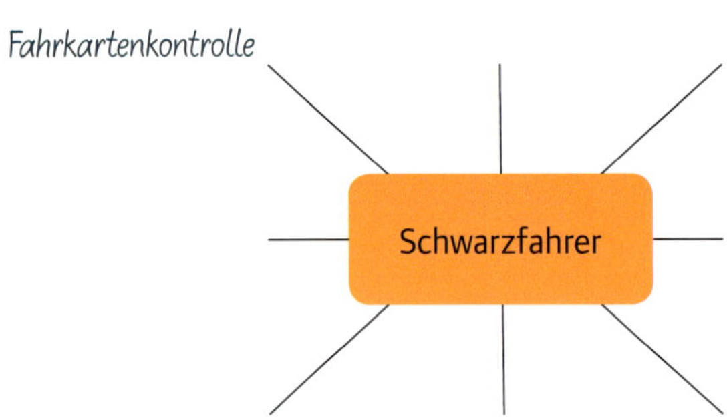

❷ Was könnte hier passieren? Schreibe eine kurze Geschichte zu den Filmbildern und füge ein passendes Ende hinzu.

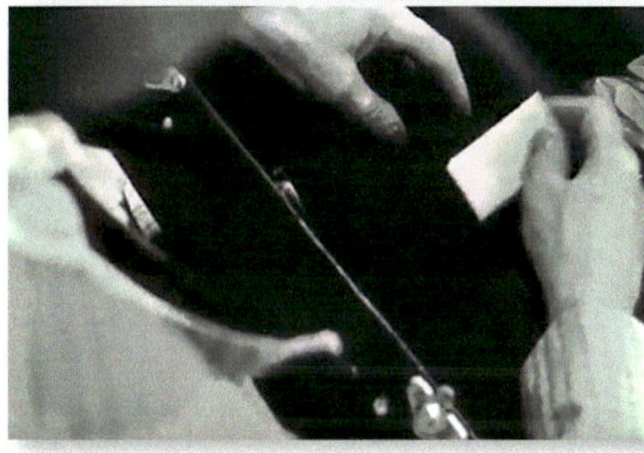

❸ a) Sieh dir den Film „Schwarzfahrer" von Pepe Danquart im Internet an und vergleiche deine Version der Geschichte mit der tatsächlichen Handlung des Films.

b) Verfasse eine kurze Inhaltsangabe des Films „Schwarzfahrer".

❹ Diskutiert: Welches Ziel verfolgt der Regisseur mit seinem Film? Begründet eure Einschätzung.

⑤ Nimm Stellung zu folgender Aussage (These). Beziehe den Info-Kasten zur Kalendergeschichte (→ S. 91) in deine Begründung mit ein.

Aussage (These): Den Film „Schwarzfahrer" könnte man auch als Kalendergeschichte bezeichnen.

Die Sprache im Film untersuchen

1. Untersuche, welche Rolle die Sprache und die Geräusche in diesem Film spielen. Setze dich dazu mit dem Rücken zum Bildschirm und konzentriere dich nur auf das, was du hörst.
2. Untersuche folgenden Monolog: Welche drei Aussagen stören dich am meisten? Begründe.

Der Monolog der älteren Frau *Pepe Danquart*

Sie Flegel! Warum setzen Sie sich nicht woanders hin? Es gibt doch genug Plätze hier. Jetzt kann man schon nicht mehr Straßenbahn fahren, ohne belästigt zu werden. Wer von unsern Steuern profitiert, könnte sich wenigstens anständig benehmen.

Als ob man sich nicht unseren Sitten anpassen könnte.

Warum kommt ihr überhaupt alle hierher? Hat euch denn jemand eingeladen?

Wir haben es alleine geschafft. Wir brauchen keine Hottentotten, die uns nur auf der Tasche herumliegen.

Jetzt wo wir selber so viele Arbeitslose haben. Und dann arbeiten die alle noch schwarz. Als ob das jemand kontrollieren könnte, wo von denen einer aussieht wie der andere.

Man müsste wenigstens verlangen können, dass sie ihre Namen ändern, bevor sie zu uns kommen. Sonst hat man ja gar keinen Anhaltspunkt.

Im Übrigen riechen sie penetrant – aber das kann man ja schließlich nicht verbieten.

Als ob nicht die Italiener und Türken schon genug wären. Jetzt kommt auch noch ein Afrikaner. Das wäre früher nicht passiert, dass alle reindürfen zu uns. Mein Hans sagte immer: „Lassen wir einen rein, dann kommen sie alle – die ganze Sippschaft." Die vermehren sich wie die Karnickel da unten – alle quer durcheinander.

Kein Wunder, dass die da alle Aids haben. Die kriegen wir nie wieder los! Wenn das jetzt so weitergeht bei uns, gibt's bald nur noch Polen, Türken und Neger hier. Man weiß ja schon bald nicht mehr, in welchem Land man lebt.

Ich trau mich ja schon nicht mehr auf die Straße, wenn's dunkel wird. Man liest ja so viel in der Zeitung. Na ja, wir haben uns jedenfalls einen Hund angeschafft, als man dem Türken die Wohnung unter uns gegeben hat. Man kann ja nie wissen. Sozialfall! Von wegen! Die wollen alle nicht arbeiten.

3 a) Wie reagieren die Mitfahrer/-innen auf das Verhalten der Frau?
Wähle eine der abgebildeten Figuren aus. Sieh dir den Film ein weiteres Mal an und beobachte, wie sich diese Person im Verlauf der Handlung verhält.
b) Die Mitfahrer/-innen reden nicht oder kaum, sondern kommunizieren hauptsächlich mit Mimik und Gestik. Schreibe auf, was der von dir ausgewählten Figur während der Fahrt durch den Kopf gehen könnte.
c) Besprecht eure Ergebnisse aus Aufgabe b). Welche Gedanken der einzelnen Figuren sind für euch nachvollziehbar und welche nicht?
d) Beurteilt das Verhalten der Mitfahrer/-innen.

Info: Die Filmsprache

Verbale (sprachliche) Kommunikation:
Ebenso wie beim Theater unterscheidet man auch beim Film **Monologe** (Selbstgespräche der Figuren) und **Dialoge** (Gespräche zwischen den Figuren).

Nonverbale (nichtsprachliche) Kommunikation)
Neben der **verbalen Kommunikation** spielt aber auch die **nonverbale Kommunikation** mit **Mimik** (Gesichtsausdruck) und **Gestik** (Körpersprache) der Figuren eine wichtige Rolle. Anders als im Theater kann die Filmregisseurin / der Filmregisseur die Mimik und Gestik der Figuren noch betonen, indem sie/er z. B. die Gesichter in **Nahaufnahme** zeigt.

Die Kameraführung untersuchen

1 a) Erläutere anhand der folgenden Scribbles, wie sich die Aussage des Filmbildes durch die verschiedenen Einstellungsgrößen der Kamera verändert.
b) Benenne die Einstellungsgrößen mithilfe des Info-Kastens auf der rechten Seite.
c) Betrachte noch einmal die Filmbilder von Seite 97. Welche Einstellungsgrößen kannst du hier erkennen? Begründe deine Zuordnung.

2 Auch die Kameraperspektive spielt für die Aussage eines Filmbildes eine Rolle. Untersuche die folgenden Filmbilder:
- Wo befindet sich die Kamera jeweils?
- Welche Wirkung wird durch die jeweilige Perspektive erzielt?
- Wie heißen die beiden Kameraperspektiven?

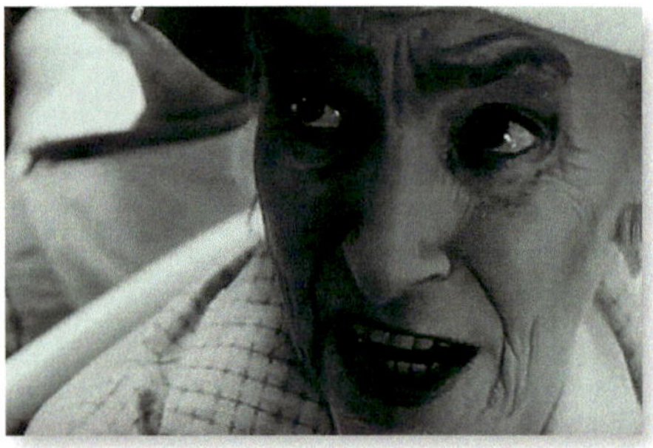

3 a) Sieh dir den Film ein weiteres Mal an und achte auf die Einstellungsgrößen und Kameraperspektiven.
b) Suche für jede Einstellungsgröße und jede Kameraperspektive ein Beispiel. Kopiere diese Filmbilder in ein Word-Dokument und erläutere deinen Mitschülerinnen und Mitschülern, welche Wirkung hier durch die Kameraführung erzielt wird.

Info: Einstellungsgrößen und Kameraperspektiven

Die Einstellungsgrößen einer Kamera

Eine Kamera zeigt immer nur einen Ausschnitt aus einer Szene. Je nachdem, welche Wirkung erzielt werden soll, wählt die Regisseurin / der Regisseur die Größe eines Bildausschnitts. Man unterscheidet folgende Einstellungsgrößen:

Die Panoramaeinstellung:
- Bei der Panoramaeinstellung sollen die Zuschauer/-innen einen Überblick über das Geschehen erhalten. Häufig werden Landschaften in dieser Einstellung gezeigt.

Die Totale:
- Bei der Totalen wird eine Person oder Gruppe in einer Umgebung gezeigt. Die Zuschauer/-innen erhalten so einen Überblick über den Schauplatz.

Die Halbtotale:
- Hier stehen eine oder mehrere Figuren im Mittelpunkt, die das Bild (fast) vollständig ausfüllen. Die Umgebung ist eher unwichtig.

Die Nahaufnahme:
- Es werden nur das Gesicht oder das Gesicht und der Oberkörper einer Figur gezeigt.

Die Detailaufnahme:
- Von einer Detailaufnahme spricht man, wenn ein Teil eines Gegenstands oder einer Figur vergrößert dargestellt wird.

Die Kameraperspektiven

Neben der Größe des Bildausschnitts ist auch die Position der Kamera zu den aufgenommenen Figuren und Gegenständen wichtig. Dadurch ergibt sich jeweils ein besonderer Blickwinkel auf das Geschehen.

Die Froschperspektive (Untersicht):
Die Kamera befindet sich unterhalb des gefilmten Objekts und zeigt schräg nach oben. Diese Perspektive führt den Blick von unten nach oben und lässt Gegenstände und Figuren häufig groß, mächtig oder bedrohlich wirken.

Die Vogelperspektive (Aufsicht):
Die Kamera befindet sich oberhalb des gefilmten Objekts und zeigt nach unten. Diese Perspektive zeigt das Geschehen von oben. Gegenstände oder Figuren erscheinen dadurch häufig klein oder unterlegen.

Die Normalsicht:
Die Kamera befindet sich auf Augenhöhe der handelnden Figuren.

Zum Schmökern, Schauen, Weiterdenken

Der Sprung *Leo Tolstoi (1828–1910)*

Ein Schiff kehrte von der Weltumseglung zurück. Es herrschte stilles Wetter und alles war an Deck. Bei den Mannschaften trieb sich ein großer Affe herum, an dem alle ihren Spaß hatten. Er machte drollige Faxen und Sprünge, schnitt komische Grimassen und äffte die Menschen nach. Man sah ihm an, dass er wusste, welchen Spaß er den Menschen bereitete, und wurde deshalb noch ausgelassener. Plötzlich sprang er auf einen zwölfjährigen Knaben zu, den Sohn des Kapitäns. Er riss ihm die Mütze herunter, setzte sie sich auf den Kopf und kletterte flink den Mast hinauf. Alle lachten, nur der Junge wusste nicht, ob er weinen oder lachen sollte. Der Affe setzte sich auf den ersten Querbalken des Mastes, nahm die Mütze ab und machte sich daran, sie mit den Pfoten und Zähnen zu zerreißen. Es war, als necke er den Knaben. Er zeigte mit den Fingern auf ihn und schnitt dabei drollige Fratzen. Der Knabe drohte ihm mit der Faust, doch der Affe zerrte noch wütender an der Mütze. Die Matrosen lachten noch lauter; der Knabe wurde rot, warf seine Jacke ab und stürzte dem Affen auf den Mast nach.

In wenigen Sekunden hatte er die erste Rahe[1] erklommen. In dem Augenblick aber, als er schon glaubte, die Mütze fassen zu können, war der

1 die Rahe: Querstange am Mast eines Segelschiffs

Affe flinker und kletterte noch höher hinauf. „Du entgehst mir doch nicht!", rief der Knabe und kletterte noch höher. Den Knaben hatte der Zorn gepackt und er blieb ihm auf den Fersen. So erreichten die beiden in kürzester Zeit die Spitze des Mastes. Ganz oben streckte sich der Affe in seiner ganzen Länge aus, hielt sich mit den Hinterpfoten an einem Tau fest und hängte die Mütze ans Ende der letzten Rahe. Er selbst erklomm die Mastspitze, schnitt dort Grimassen, fletschte die Zähne und freute sich. Die Entfernung vom Mast bis zum Ende der Rahe, an der die Mütze hing, betrug etwa ein dreiviertel Meter, sodass man die Mütze nicht erreichen konnte, ohne den Mast und das Tau loszulassen.

Die Menschen an Deck hatten bisher zugeschaut und über den Affen und den Sohn des Kapitäns gelacht. Als sie aber sahen, dass der Knabe auch das Tau losließ und mit ausgebreiteten Armen auf die Rahe trat, erstarrten sie vor Schreck. Er brauchte nur einen Fehltritt zu tun, um abzustürzen und an Deck zerschmettert liegen zu bleiben. Aber selbst, wenn es ihm gelingen würde, bis zum Ende der Rahe zu kommen und die Mütze zu ergreifen, so würde es ihm schwerfallen, umzukehren und zum Mast zurückzugelangen.

Alle starrten stumm hinauf und warteten. Plötzlich stieß jemand einen Schreckensschrei aus. Der Knabe kam durch diesen Schrei zu sich, blickte hinunter und wankte. In diesem Augenblick trat der Kapitän aus der Kajüte. Er hatte ein Gewehr in der Hand, um Möwen zu schießen. Er sah seinen Sohn auf dem Mast, hob das Gewehr, zielte auf den Knaben und rief: „Ins Wasser! Spring sofort ins Wasser! Sonst erschieße ich dich!" Der Knabe wankte, verstand ihn aber nicht.

„Spring oder ich schieße! Eins ... zwei ..." Als der Vater „drei" gerufen hatte, sprang der Knabe von der Rahe kopfüber ins Wasser.

Die Wellen waren noch nicht über ihm zusammengeschlagen, als auch schon zwanzig Matrosen ins Meer gesprungen waren. Etwa vierzig Sekunden später – sie erschienen ihm unendlich lang – kam der Knabe zum Vorschein. Er wurde an Bord gezogen. Wenige Minuten später floss ihm das Wasser aus Mund und Nase und er begann zu atmen. Als der Kapitän das sah, schrie er plötzlich auf, als wenn ihn etwas würgte, und stürzte in seine Kajüte, damit niemand sehen sollte, dass er weinte.

1. Nenne eine Textstelle, die dich besonders berührt hat, und begründe deine Wahl.
2. Erkläre, was an dieser Erzählung erstaunlich oder merkwürdig ist.
3. Verfasse eine Inhaltsangabe dieser Erzählung. Notiere dafür zunächst die wichtigsten Handlungsschritte mithilfe der Handlungsbausteine (→ S. 89).

Das Kind auf dem Kasten *Jürg Schubiger (2011)*

Was ich hier erzähle, hat sich in den Dreißigerjahren in Piacenza, in Oberitalien, zugetragen. Beim Versteckspielen in der Wohnung kletterte ein Kind, das Töchterchen eines Rechtsanwalts, auf einen Kasten. Als es dann entdeckt wurde und die Reihe an ihm war, die anderen zu suchen, sagte es: Spielt ohne mich weiter. Ich bleibe hier auf dem Kasten. Und es blieb dort, wo es war, während die anderen weiterspielten.

Am Abend bei Tisch fehlte das Kind. Es sagte: Esst ohne mich. Ich bleibe hier.

Maria, das Kindermädchen, war wütend. Doch da war nichts zu machen. Nicht einmal zum Schlafen kam das Kind vom Kasten herunter. Maria reichte ihm spät in der Nacht noch ein Kissen hinauf, ein Glas Sirup und ein Butterbrot.

Fortan lebte das Kind auf dem Kasten. Es hatte hier Raum genug, der sogar zum Stehen ausreichte, denn das Zimmer war hoch. Von seinem Platz aus sah es alles, was in der Familie passierte. Die Eltern, Maria und die Geschwister kamen und gingen und das Kind schaute ihnen dabei zu. Manchmal las es auch in einem Buch oder lag auf dem Rücken, summte und blickte zur Decke.

Die Mutter, der Vater, Maria und die Geschwister taten alles, was ihnen einfiel, um das Kind vom Kasten herunterzulocken. Sie zeigten ihm von Weitem Süßigkeiten und teures Spielzeug oder sie sprachen laut miteinander über einen Besuch im Zirkus oder über das Fischen im Teich. Das Kind hörte aufmerksam zu und lachte manchmal, weiter aber ließ es sich nicht darauf ein.

Auch der Pfarrer, der schon am zweiten Tag gerufen wurde, konnte nicht helfen. Er machte später noch manchen Besuch. Ein Psychologe aus Mailand kam einige Male vorbei, um mit dem Kinde zu sprechen. Das

Kind gab Antwort, wenn er es etwas fragte, und wenn er nichts fragte, schwieg es auch.

Mehr als einmal holte man es mit Gewalt vom Kasten herunter. Man setzte es auf seinen Stuhl am Tisch und legte es in sein Bett. Aber das Kind aß dann nichts und trank nichts und nachts behielt es die Augen offen. Es wurde dabei so mager und trübsinnig, dass man fürchtete, es würde sterben. Darum ließ man es schon nach wenigen Tagen wieder tun, was es wollte, und sein Stuhl am Tisch blieb weiterhin leer.

Seit mehreren Jahren lebte das Kind nun schon auf dem Kasten. Maria hatte sich daran gewöhnt. Sie reichte ihm den vollen Teller und trug den leeren wieder weg und mit dem Nachttopf machte sie es umgekehrt. Die Mutter, der Vater und die Geschwister waren ruhiger geworden. Sie gaben den Journalisten Auskunft über das Leben des Kindes und sammelten Zeitungsberichte, die jetzt seltener und kürzer waren. Gegen Ende des fünften oder bei Beginn des sechsten Jahres geschah dann etwas Unerwartetes. Ein Mann war ins Haus bestellt worden, um das Klavier zu stimmen. Er machte seine Arbeit, und das Kind schaute und hörte ihm zu, ohne dass er es bemerkte. Erst als das Kind vor Vergnügen lachte, blickte er auf und sah es.

Was machst du denn da?, fragte er. Komm doch herunter.

Da kam das Kind vom Kasten herunter, nahm einen Stuhl und setzte sich neben ihn. Es blieb sitzen, bis der Mann seine Arbeit beendet hatte. Dann ging es in die Küche und holte sich ein Stück Kuchen.

Seit diesem Tag lebte das Kind wieder wie andere Kinder. Es ist auch später nie mehr auf den Kasten zurückgekehrt. [...]

1. „Was machst du denn da?“, fragt der Klavierstimmer das Kind auf dem Kasten (vgl. Z 47). Was könnte dem Kind in dem Moment durch den Kopf gehen? Was könnte es auf die Frage antworten? Schreibe einen passenden Text in der Ich-Form.
2. Verfasse eine Inhaltsangabe dieser Erzählung. Orientiere dich dabei am „Merkwissen im Überblick“ (→ S. 111).
3. Schreibe einen Zeitungsbericht aus der Sicht einer Journalistin / eines Journalisten.

Der schlaue Husar *Johann Peter Hebel (1807)*

Ein Husar[1] im letzten Kriege wusste wohl, dass der Bauer, dem er jetzt auf der Straße entgegenging, 100 Gulden für geliefertes Heu eingenommen hatte und heimtragen wollte. Deswegen bat er ihn um ein kleines Geschenk zu Tabak und Branntwein. Wer weiß, ob er mit ein paar Batzen nicht zufrieden gewesen wäre. Aber der Landmann versicherte und beteuerte bei Himmel und Hölle, dass er den eigenen letzten Kreuzer im nächsten Dorfe ausgegeben und nichts mehr übrig habe. „Wenn's nur nicht so weit von meinem Quartier wäre", sagte hierauf der Husar, „so wäre uns beiden zu helfen; aber wenn du hast nichts, ich hab nichts, so müssen wir den Gang zum heiligen Alfonsus doch machen. Was er uns heute beschert[2], wollen wir brüderlich teilen." Dieser Alfonsus stand in Stein gehauen in einer alten, wenig besuchten Kapelle am Feldweg. Der Landmann hatte anfangs keine große Lust zu dieser Wallfahrt[3]. Aber der Husar nahm keine Vorstellung an und versicherte unterwegs seinem Begleiter so nachdrücklich, der heilige Alfonsus habe ihn noch in keiner Not stecken lassen, dass dieser selbst anfing, Hoffnung zu gewinnen. Vermutlich war in der abgelegenen Kapelle ein Kamerad und Helfershelfer des Husaren verborgen? Nichts weniger! Es war wirklich das steinerne Bild des Alfonsus, vor welchem sie jetzt niederknieten, während der Husar gar andächtig zu beten schien. „Jetzt", sagte er seinem Begleiter ins Ohr, „jetzt hat mir der Heilige gewunken." Er stand auf, ging zu ihm hin, hielt die Ohren an die

1 der Husar: Angehöriger einer Reiterstaffel beim Militär
2 bescheren: schenken
3 die Wallfahrt: Reise zu einer religiösen Stätte

steinernen Lippen und kam gar freudig wieder zu seinem Begleiter zurück. „Einen Gulden hat er mir geschenkt: In meiner Tasche müsse er schon stecken." Er zog auch wirklich zum Erstaunen des andern einen Gulden heraus, den er aber schon vorher bei sich hatte, und teilte ihn versprochenermaßen brüderlich zur Hälfte. Das leuchtete dem Landmann ein, und es war ihm gar recht, dass der Husar die Probe noch einmal machte. Alles ging das zweite Mal wie das erste. Nur kam der Kriegsmann diesmal viel freudiger von dem Heiligen zurück. „Hundert Gulden hat uns jetzt der gute Alfonsus auf einmal geschenkt. In deiner Tasche müssen sie stecken." Der arme Bauer wurde todesblass, als er dies hörte, und wiederholte seine Versicherung, dass er gewiss keinen Kreuzer habe. Allein der Husar redete ihm zu, er solle doch nur Vertrauen zu dem heiligen Alfonsus haben und nachsehen. Alfonsus habe ihn noch nie angeführt[4]. Wollte er wohl oder übel, so musste er seine Taschen umkehren und leer machen. Die hundert Gulden kamen richtig zum Vorschein, und hatte er vorher dem schlauen Husaren die Hälfte von seinem Gulden abgenommen, so musste er jetzt auch seine hundert Gulden mit ihm teilen, da half kein Bitten und kein Flehen.

Das war fein und listig, aber doch nicht recht, zumal in einer Kapelle.

4 anführen: hier hereinlegen

1. Erkläre, warum der „schlaue Husar" seinem Namen alle Ehre macht.
2. Untersuche die Geschichte genauer: Welche Rolle spielt hier der Erzähler? Nenne Textstellen als Beleg.
3. Bei der Erzählung „Der schlaue Husar" handelt es sich um eine Kalendergeschichte. Begründe diese Einordnung mithilfe des Info-Kastens auf Seite 91.

Eine Meldung und ihre Geschichte: Schulfrei

Kristina Allgöwer (2006)

In der Rubrik „Eine Meldung und ihre Geschichte" in der Zeitschrift „Der Spiegel" wird recherchiert und dargestellt, welche Geschichte sich hinter einer kurzen Zeitungsmeldung verbirgt.

Fotografen drängen sich vor der Festhalle, sie rufen „Josephine" und winken, Josephines Knie zittern, als sie aus dem Auto steigt, weil es um drei Uhr nachmittags heiß ist in San Francisco und sie noch nichts gegessen hat an diesem Tag, vor Aufregung. Sie trägt einen weißen Talar und ein Barett, so wie alle Schülerinnen der Galileo High School, die heute ihr Abschlussdiplom bekommen; die Jungen tragen Blau. Sie sind zwischen 17 und 18 Jahre alt. Josephine Belasco ist 98.

Eigentlich hätte sie ihr Zeugnis schon vor 82 Jahren bekommen sollen – damals, als sie noch gut hören konnte, noch keine Falten hatte und ihr Nachname noch Germano war. Im Jahr 1924, als die Galileo High School in der Francisco Street noch so neu war, dass keine Bäume auf dem Gelände wuchsen. Aber damals musste sie die Schule verlassen, wenige Wochen vor dem Abschluss. Und dann gab es nie den richtigen Zeitpunkt, um zurückzukommen.

Die Germanos waren 1909 aus Italien eingewandert, als Josephine noch ein Baby war. Sie erinnert sich nicht mehr an den Bauernhof, den ihr Vater dort hatte, aber er hat ihr davon erzählt. Sie weiß auch nichts mehr von der Schiffsreise nach New York, der Ankunft auf Ellis Island, der Zugfahrt quer durch die Vereinigten Staaten. Nach San Francisco, North Beach, weil ihr Vater gehört hatte, dass dort viele Italiener lebten und man viel Geld verdienen konnte.

Josephine erinnert sich daran, dass in North Beach viele Italiener lebten. Und daran, dass man nicht viel Geld verdienen konnte. Ihr Vater arbeitete als Schuhputzer. Aber zurück in die Alte Welt wollte er nicht, nicht mit dem Gefühl, versagt zu haben.

Die Mutter lernte nie richtig Englisch, und Josephine musste Italienisch mit ihr sprechen. Alle ihre Freunde waren Einwandererkinder, und so blieb ihr ein italienischer Akzent, obwohl sie Europa mit 17 Monaten verlassen hatte.

Die Wohnung der Germanos war klein, nur eine Küche und zwei Zimmer, das eine für die Eltern, das andere für die fünf Kinder. Josephine teilte sich ein Bett mit ihren beiden kleinen Schwestern.

Erst Hausarbeit, dann Hausaufgaben, sagte die Mutter. Eine gute Schülerin war Josephine nicht. Wenn sie geputzt und die Hemden ihrer Brüder gebügelt hatte, war es oft schon elf Uhr abends und Zeit fürs Bett. In die High-School-Clubs durfte sie nicht eintreten, denn der Vater war streng und wollte, dass sie direkt nach der Schule nach Hause kam. Manchmal fuhr er zur High School, um zu kontrollieren, dass sie nicht mit Jungen sprach.

Trotz aller Schwierigkeiten hätte Josephine 1924 den Abschluss geschafft, es fehlte nicht viel, sie war im sechsten Semester, dem letzten. Dann wurde eine der Schwestern krank, bekam eine Streptokokken-Angina. Josephine müsse nun die Familie unterstützen, sagten die Eltern, und Geld für Medikamente verdienen.

Sie würde eine Zeit lang arbeiten und dann ihren Abschluss nachmachen, dachte Josephine und fand einen Job als Sekretärin bei einem Versicherungsmakler. Bald darauf lernte sie ihren Mann Edward kennen, einen Elektriker in sicherer Anstellung bei den Stadtwerken, heiratete und bekam einen Sohn, Edward junior.

Wenn Edward junior aus dem Gröbsten raus ist, gehe ich zurück an die High School, dachte Josephine. Dann kam der Zweite Weltkrieg, die Männer wurden eingezogen, die Firmen suchten weibliche Angestellte. Sie bekam 1942 eine Stelle als Sekretärin bei der Versicherung Transamerica und wurde wenig später zur Buchhalterin befördert. Sie verdiente gut und arbeitete gern mit Zahlen. Und so blieb sie dort, für 36 Jahre.

Nach ihrer Pensionierung, dachte Josephine, würde sie bestimmt den

Abschluss nachmachen. Dann wurde ihr Mann krank, und sie kümmerte sich um ihn, bis er starb. Und plötzlich war sehr viel Zeit vergangen.

Es war Marcello, der Enkel, der sie daran erinnerte. Sie hatte ihm von ihrem Leben erzählt, von der Armut und dass sie nur einmal im Monat weißes Brot kaufen konnten. Dass es wichtig sei, immer weiter zu lernen und seine Ziele nicht aus den Augen zu verlieren. Dass sie ihr Ziel, den Schulabschluss, aber nie erreicht hatte. Kein Problem, sagte die Direktorin der Galileo High School, als Marcello und sein Vater Edward junior sich erkundigten, ob Josephine ihr letztes Semester wiederholen könne. Aber das sei nicht nötig, Josephine Belasco, hieß es, habe in ihrem Leben genug geleistet, um sich ihr Diplom verdient zu haben, ehrenhalber, ohne Prüfungen.

Auf der Tribüne der Festhalle, zwischen den Mädchen in Weiß und den Jungen in Blau, hat Josephine Angst, den Moment zu verpassen, wenn ihr Name aufgerufen wird. Sie hört nicht mehr gut. Die alte Dame sitzt direkt hinter der Direktorin und flüstert ihr zu, sie möge sie doch bitte wissen lassen, wann sie an der Reihe sei. Josephine verpasst den Moment nicht. Alle Studenten stehen auf und klatschen, als sie nach vorn geht, um ihr Diplom entgegenzunehmen. Josephine Belasco glaubt, dass sie nun alles im Leben erreicht hat. Sie ist in Amerika angekommen.

1. Eine Meldung fasst ein Ereignis in sehr wenigen Zeilen zusammen. Formuliere eine Meldung zu dieser Geschichte.
2. Gibt es etwas, was die Leser/-innen deiner Meinung nach aus dem Text lernen können? Notiere eine passende Lehre oder Moral.
3. Denke dir eine ähnliche Geschichte aus, in der sich jemand nach einer langen Zeit einen ersehnten Traum erfüllt. So könntest du beginnen:

Eigentlich hätte er ... schon vor ... Jahren ... – Damals, als er noch gut hören konnte, noch keine Falten hatte und ... – Im Jahr ...

Eine Inhaltsangabe schreiben

1. Schritt: Die Inhaltsangabe planen

Verdeutliche dir zunächst den Handlungsverlauf der Geschichte, zu der du eine Inhaltsangabe schreiben sollst. Nimm hierfür z. B. die vier Handlungsbausteine zu Hilfe.

Ausgangssituation	Problem	Lösungsversuche	Ende
Kind klettert beim Spielen auf einen Kasten und bleibt dort	Kind möchte nicht herunterkommen, verbringt dort seinen gesamten Alltag	Bitten und Drohen der Familie, Besuch eines Pfarrers und eines Psychologen	Klavierstimmer bittet Kind, herunterzukommen; Kind verlässt den Kasten

2. Schritt: Die Inhaltsangabe verfassen

Ziel einer Inhaltsangabe ist es, jemanden, der den Text nicht kennt, über den Inhalt und den Ablauf des Geschehens knapp und sachlich zu informieren, oder zu zeigen, dass man einen Text wirklich verstanden hat.

Aufbau einer Inhaltsangabe	Beispiele
Nenne in der **Einleitung** - die **Textsorte** (z. B. Kurzgeschichte oder Kalendergeschichte), - den **Titel**, - das **Erscheinungsjahr** (sofern bekannt), - den **Namen der Autorin / des Autors** und - das **Thema** in einem Satz. Stelle im **Hauptteil** die wichtigsten Handlungsschritte in der richtigen Reihenfolge dar.	***(Einleitung:)*** *Die Erzählung „Das Kind auf dem Kasten" von Jürg Schubiger aus dem Jahr 2011 handelt von einem Mädchen, das sich eines Tages dazu entschließt, sein Leben auf einem Kasten zu verbringen.* ***(Hauptteil:)*** *Nachdem die kleine Tochter eines Rechtsanwalts beim Versteckspielen auf einen Kasten geklettert ist, weigert sie sich, wieder herunterzukommen. Weder zum Essen noch zum Schlafen will sie den Kasten verlassen. Die Eltern, Geschwister und das Kindermädchen unternehmen zahlreiche Versuche, …*

Sprache	Beispiele
- Gib den Inhalt **sachlich** und möglichst **mit eigenen Worten** wieder. - Vermeide wertende Formulierungen. - Verwende keine direkte Rede. Besonders wichtige Äußerungen werden in **indirekter Rede** (→ S. 230–239) wiedergegeben. - Schreibe im **Präsens.**	*… Als der Klavierstimmer das Kind auf dem Kasten bemerkt, <u>fragt</u> er, was es dort <u>mache</u>. Daraufhin <u>klettert</u> das Mädchen ohne Weiteres herunter und lebt von da an wieder wie zuvor mit seiner Familie.*

6 Dem Leben trotzen

Romane erschließen und Figuren beschreiben

Die bewegende Geschichte des jungen Mik, der von zu Hause fort muss und doch eigentlich nur eines will: ein normales Leben. Als er es endlich findet, legt man ihm wieder Steine in den Weg. Aber dann beginnt auch für Mik das Glück …

„Ihr kriegt mich nicht!" – das ist die Geschichte des 12-jährigen Mik, eine der traurigsten und spannendsten Geschichten, die ich je gelesen habe. *(Bianca)*

Der Roman ist spannend. Obwohl Mik viele Probleme hat, gibt es auch sehr witzige Stellen. *(Alex)*

Ein Buch, das auch Jungs gefällt. *(Hendrik)*

Die Geschichte wird nie langweilig. Man möchte immer wissen, wie es mit Mik weitergeht. Als Leser fiebert man förmlich mit Mik mit. *(Luca)*

1. Kennst du eines der beiden Bücher? Wenn ja, erzähle darüber.
2. Besprecht, was die Titelbilder und die Kurzbeschreibung über den jeweiligen Roman verraten.
3. Lies die Lesermeinungen zu beiden Büchern: Hättest du Lust, sie zu lesen? Was spricht dich an? Was macht dich neugierig?

Branco, der Sohn eines fahrenden Geigers und einer Tabakarbeiterin, verliert seine Mutter. Er hat kein Zuhause mehr. Bald verdächtigt man ihn des Diebstahls und sperrt ihn ein. Doch Zora, das Mädchen mit den roten Haaren, befreit ihn und er wird in die Bande der Uskoken aufgenommen. Die rote Zora und ihre Bande kämpfen ums tägliche Brot. So ernst die Lage der Kinder oft ist, so herrlich sind auch ihre Einfälle, mit denen sie ihren Widersachern begegnen. Und so abenteuerlich sind auch die Verfolgungsjagden, die sich die Bande mit der Polizei liefert. Ihre Kameradschaft kann nichts erschüttern. Doch die Bürger des Städtchens Senj sind fest entschlossen, Zora und ihre Bande hinter Gitter zu bringen …

Mir hat das Buch sehr gut gefallen, weil es spannend ist. *(Laura)*

Dieses Buch ist mit über 500 Seiten ziemlich dick. Trotzdem ist es so spannend, dass man es überhaupt nicht mehr aus der Hand legen möchte. Es geht um fünf Kinder, die als Bande zusammen in einer Burgruine leben und völlig auf sich allein gestellt sind. *(William)*

Besonders gefallen haben mir die Ideen und der Mut Zoras. Mit ihrer Hilfe schaffen es die Kinder, alleine zurechtzukommen, obwohl sie die Ärmsten der Armen sind. *(Johannes)*

In diesem Kapitel …

- lernst du einen modernen Jugendroman und einen „Klassiker" der Jugendliteratur kennen.
- erkennst du, wie ein Roman seine Leser/-innen fesselt.
- lernst du, eine literarische Figur zu charakterisieren.
- übst du, Textbelege richtig zu formulieren, um deine Meinung überzeugend zu begründen.

Einen Roman lesen und verstehen

Ihr kriegt mich nicht! *Mikael Engström*

DER STEIN • Mik putzte die Zähne und sah sich dabei im Badezimmerspiegel an. Der Spiegel hatte einen Sprung, die eine Spiegelhälfte war ein wenig eingesunken. Vielleicht bloß einen Millimeter, verglichen mit der anderen Hälfte. Doch das genügte, um sein Gesicht in zwei verschobene Hälften zu teilen. Das Gesicht passte irgendwie nicht zusammen. Seine Ohren sahen so groß aus. Doch das lag nicht am Spiegel. Seine Ohren *waren* groß. Das war allerdings das Einzige, was an ihm groß war. Er war der Kleinste der Klasse. Vielleicht der kleinste Fünftklässler der ganzen Schule.

„Bei dir wachsen wohl nur die Ohren?", hatte die Schulschwester so laut gesagt, dass alle andern es hörten.

Die ganze Klasse hatte aufgereiht dagestanden, um gewogen und gemessen zu werden, und ein Arzt mit kalten Händen hatte unten in den Unterhosen die Hoden der Jungs betastet.

„Bei dir wachsen wohl nur die Ohren?"

Bis dahin hatte kein Mensch auf seine Ohren geachtet. Danach hieß er nur noch Flatterohr. Das hatte Andreas sich ausgedacht und in Umlauf gebracht. Und wie komisch ist Flatterohr auf einer Skala von eins bis zehn?

Ploppy hatte nur einen Hoden. Das verlieh ihm eine gewisse Berühmtheit. Und Stefan, der im Sportunterricht immer blau wurde, hatte einen Herzfehler. Ein Loch zwischen den Kammern, durch welches das Blut hin und her flutschte. Jetzt brauchte er nie mehr am Sportunterricht teilzunehmen. Und Sara hatte über Nacht einen Riesenbusen bekommen.

„Bei dir wächst wohl bloß der Busen?", sagte die Schulschwester nicht. So was sagte man bloß über Ohren.

Ploppys Pimmel war auch groß geworden. Lächerlich groß. Das sagte man auch nicht. Und Andreas hatte Haare bekommen.

Der Rest der Klasse war völlig gesund.

Mik holte sein Handy heraus. Das Display war gesprungen und die Batterie schon lange tot. Aber das war egal. Er hatte keinen Vertrag und keine SIM-Karte. Aber wer konnte wissen, ob er echt telefonierte oder nur so tat als ob? Mik hatte eine Geheimnummer und lieh sein Handy niemals aus, so war das. Er konnte Dracula anrufen, er konnte Tengil anrufen. Er konnte Gott anrufen. Er konnte anrufen, wen er wollte.

Vielleicht sollte er anrufen und sagen, er sei krank? Die Schule war nicht sein Ding. Die Hausaufgaben waren kein Problem, die machte er nämlich nicht. Das Problem waren die vielen Stunden, die man dort eingesperrt war. Sein Klassenzimmer lag im Erdgeschoss und hatte vergitterte Fenster. Weil schon dreimal die Computer der Schule gestohlen worden waren, darum. Das Klassenzimmer war ein Gefängnis. Im Unterricht zeichnete Mik die meiste Zeit. Ob in Mathe, Geografie oder Englisch, er zeichnete. Kein Wunder, dass seine Lehrerin sich Sorgen machte.

1. Beschreibe deinen ersten Eindruck von Mik.
2. Aus wessen Sicht wird die Geschichte erzählt? Belege deine Aussagen am Text.
   Tipps & Hilfen (→ S. 308)
3. a) Untersuche den Romananfang genauer: Was erfährst du über Mik?
   b) Lege nach folgendem Muster ein mindestens DIN A4 großes Info-Blatt an, auf dem du alles notierst, was du im Laufe dieses Kapitels über die Handlung und die Figuren des Romans erfährst.

Neben Miks Schule in einem Stockholmer Vorort befindet sich ein Lager mit Obdachlosen. In der Pause bewerfen die Schüler die Zelte mit Steinen und beschimpfen die Menschen als „Alkis". Besonders Mik verhält sich sehr aggressiv und trifft einen der Bewohner mit einem Stein an der Stirn.

Nach Schulschluss musste Mik noch bleiben. Er saß in seiner Bank, Frau Lind nahm einen Stuhl und setzte sich ihm gegenüber.

„Die andern haben auch Steine geworfen", sagte Mik mit gesenktem Kopf.

Er zeichnete etwas auf die Bank.

„Hör auf damit", sagte Frau Lind.

Er zeichnete weiter und sagte: „Das war doch bloß so ein Alki."

„Bloß so ein Alki? Wie kannst du so was sagen? Sieh mich an, Mik. Wie geht es dir eigentlich?"

„Gut", antwortete er, den Blick auf die Bank geheftet.

„Ich meine, wirklich. Wie hast du's zu Hause?"

„Gut."

Frau Lind stand auf und ging zu Miks Schublade, in der seine Zeichnungen lagen. Sie nahm ein dickes Bündel heraus. Viel Blut, Sehnen, Arme, Beine, Köpfe. Und vereinzelt Augen, die aus den Höhlen gekullert waren.

„Du zeichnest nur abgehackte Körperteile. Die hast du gut getroffen. Zeichnen und malen, das kannst du. Aber die Motive … die … sind irgendwie krankhaft. Gibt es sonst nichts, was du zeichnen möchtest?"

Mik zuckte mit den Schultern und versuchte zu lächeln, sagte aber nichts. Frau Lind brachte das Bündel Zeichnungen mit, als sie sich wieder zu ihm setzte.

„Diese Zeichnung, was soll die darstellen?" Sie hielt ein blutiges Kunstwerk hoch. Fleisch, Sehnen und Knochen.

„Das ist eine abgehackte Hand."

„Ja, das sehe ich. Aber warum?"

„Die Farben sind schön."

Mik und Frau Lind schwiegen. Sie beugte sich über die Bank, um zu sehen, was er auf die Bank zeichnete. Ein langer, gewundener Bleistiftschnörkel. Striche und Kreise wanden sich ineinander und bildeten ein kompliziertes Muster. Es gab keine losen Enden, alles ringelte sich in endlosen Schleifen.

„Was soll das darstellen? Eine Schlange?"

„Weiß nicht", sagte Mik. „Vielleicht Gedanken."

„Das musst du ausradieren, bevor du gehst. Dann müssen wir überlegen, wie wir diese Sache klären sollen."

Mik radierte, und alles wurde ein einziges schwarzes Geschmiere. Er hatte keine Ahnung, was da überhaupt geklärt werden sollte.

„Dein Vater ist nicht zum Elternabend gekommen."

„Er war erkältet."

4 a) Wie wirkt das Verhalten der Lehrerin auf dich? Begründe deine Einschätzung.
Tipps & Hilfen (→ S. 308)

b) Beschreibe Miks Handlungen und seine Körpersprache während des Gesprächs mit seiner Lehrerin. Was zeigt dieses Verhalten deiner Meinung nach?
Tipps & Hilfen (→ S. 308)

c) Was könnte die Lehrerin einer Freundin über diese Situation erzählen? Schreibe es auf.

5 Ergänze dein Info-Blatt zum Buch (→ S. 115) mit weiteren Informationen über Mik.

Miks Verhalten zieht auch ein Gespräch mit der Schulpsychologin Lisa Nordahl nach sich.

„Wie läuft's denn bei dir zu Hause?"

„Gut."

„Schön. Aber ich frage mich doch ... Dein Vater ist zu keinem einzigen der Elternabende oder Lehrergespräche gekommen. Er hat ..."

„Viel zu tun", sagte Mik.

„Was macht er gleich noch mal?"

„Gabelstapler fahren."

„Da hat man viel zu tun."

„Ja."

Lisa Nordahls Augen flackerten kurz auf, sie schob einen Stift hin und her und berührte dabei die Maus, worauf der Bildschirmschoner erlosch: ein Bild von kleinen Kindern, die auf einer grünen Wiese mit einem Wasserschlauch spielten.

„Noch was zu deinem Vater?"

Mik sah zum Fenster hinaus. Seine Klasse hatte Pause und spielte Hockey. Ploppy stand im Tor. Andreas schrie ihm etwas zu, schlug mit dem Schläger gegen das Tor. Mik fiel ein, dass er seinen Vater nicht kannte.

Wenn er an seinen Vater dachte, konnte er genauso gut an einen ... Spaten denken.

Denk Spaten.

Denk Spaten.

Denk Spaten.

Mik zuckte mit den Schultern. Spaten. Was sollte er ihr sagen? Dass er entweder betrunken oder verkatert war oder beides gleichzeitig. Er schlägt uns nicht, weint aber viel. Genauso oft, wie er betrunken ist, verspricht er, mit dem Trinken aufzuhören.

Das hebt sich gegenseitig auf. Versprechen aufzuhören – sich volllaufen lassen. Er sagt zum Beispiel: Jetzt ist Schluss, ich kann nicht mehr, es hat sich ausgesoffen. Hat wieder mal so viel getrunken, dass er nicht mehr kann. Er hat alles so satt, dass er ... trinken muss. Klirrende Plastiktüten. Flaschen, überall Flaschen, offene Flaschen, umgekippte Flaschen, zerbrochene Flaschen, versteckte Flaschen. Höhnisches Grinsen und Flaschen. Geschrei und Flaschen. Tränen und Flaschen. Und dann die Flaschen im Keller. Die Tage sind zu lang, sagt Papa.

Die Tage sind zu lang. Die Flaschen verkürzen die Tage.

Flaschen. Buddeln. Buddeln.

Buddeln mit dem Spaten.

Spaten.

Tony hasste ihren Papa.

„Ich bring das Schwein noch mal um", sagte er manchmal.

Mik hasste ihn nicht. Einen Spaten kann man nicht hassen. Er spürte bloß die Einsamkeitsschlange mit ihren aufgerichteten Schuppen. Wenn die sich tief drinnen im Körper bewegte, dann tat es weh. Aber solange er „Spaten" dachte, verhielt sie sich ruhig.

Denk Spaten.

6 a) Was erfährst du hier über Miks Familie? Ergänze dein Info-Blatt zum Buch.
Tipps & Hilfen (→ S. 308)

b) Erläutere Miks Strategie, mit seinen Problemen umzugehen.

c) Was würdest du Mik raten? Schreibe es auf.

7 Im Text ist die Rede von der „Einsamkeitsschlange mit ihren aufgerichteten Schuppen" (Z. 131). Findest du dieses sprachliche Bild gelungen? Begründe.

Miks älterer Bruder, Tony, spielt eine besondere Rolle in seinem Leben.

Tony war schon zu Hause, er saß in seinem Zimmer vor dem Computer, in dessen Gehäuse der Name der Schule eingebrannt war. Er besuchte die Kfz-Ausbildung, die es an der Schule gab, war fünf Jahre älter als Mik und würde bald siebzehn werden. Sein Zimmer war ein einziges Durcheinander aus schmutzigen Klamotten und Motorradteilen.

„Ist Papa da?"

„Nein. Hast du Hunger? Soll ich was kochen?"

„Was gibt's?"

„Fleischwurst", sagte Tony und klickte die Seite weg, auf der er gesurft hatte. „Fleischwurst und Makkaroni."

„Was ist das da?" Mik deutete auf einen Stapel flacher Kartons mitten im Zimmer.

Tony lächelte. „DVD-Player mit Festplatte", sagte er. „Hab ich billig bekommen. Einen hab ich dir ins Zimmer gestellt. Er ist schon an den Fernseher angeschlossen. Ich kann dir ein paar neue Filme leihen."

„Horror?"

„Ja, zwei Zombiefilme, die werden dir gefallen."

Tony war in Ordnung. Tony war genau so, wie ein großer Bruder sein sollte. Er hatte lange blonde Haare, blaue Augen und ein geheimes Lächeln nur für Mik. Ein Lächeln, zu dem man heimkommen konnte, wenn die ganze Welt beschissen war. Tony lächelte, und alles war gut. Als wüsste er etwas, was niemand sonst wusste. Mik war davon überzeugt, dass Tony alles wusste. Tony kochte, Tony sorgte für Geld, Tony bezahlte die Rechnungen. Ohne ihn würde alles zum Teufel gehen.

Der Flur war lang und eng. Am einen Ende die Wohnungstür und am anderen die Toilettentür. Tony stellte die Eieruhr auf zehn Minuten und zog die blauen Eishockeyhandschuhe an. Mik nahm seine roten.

„Keine Schläge ins Gesicht", sagte Mik.

„Jedenfalls nicht mit Absicht. Nur Schultern und Bauch."

Die Hockeyhandschuhe schützten die Hände.

Das war gut. So traute man sich, fester zuzuschlagen, so fest es nur ging. Trotzdem fühlte sich jeder Schlag so hart an wie mit nackter Faust. Sie stellten sich mitten im Flur auf, unter der Lampe. Hüpften kurz auf der Stelle, schüttelten die Arme und schlugen die Handschuhe gegeneinander.

„Jetzt", sagte Tony.

Der Kampf begann und Tony landete einen schnellen Treffer auf Miks Brust. Das tat weh. Der nächste Schlag traf die Schulter. Die ersten Schläge waren die bösartigsten. Danach wurden die einmal getroffenen Stellen unempfindlich. Meistens stand Mik die volle Zeit durch. Das Einzige, was ihn umwerfen konnte, war ein Schlag auf den Solarplexus[1]. Oder ein unerlaubter Schlag auf die Nase.

Bereits nach wenigen Sekunden stand Mik gegen die Toilettentür gedrängt. Er steckte einen Schlag nach dem andern ein, versuchte sich aber mit einer wilden Schlagfolge zu befreien. Tony zog sich tänzelnd zurück und lachte. Mik erreichte ihn nicht. Tony war einen Kopf größer und hatte wesentlich längere Arme. Mik wirbelte mit den Fäusten, Tony dagegen brauchte nur die Handschuhe auszustrecken. Dann landete er wieder ein paar harte Treffer. Mik parierte mit den Händen, ging rückwärts, wurde wieder gegen die Toilettentür gepresst und kassierte Treffer um Treffer.

„Ich geb auf."

„Die Uhr hat noch nicht geläutet. Halt durch!"

„Nein."

„Auf geht's!", schrie Tony. „Los, boxen!"

Er federte nach hinten und schüttelte die Arme, gönnte Mik eine Pause und gab ihm die Chance zurückzuschlagen.

„Duck dich nicht wie ein Feigling! Schlag zu, verdammt noch mal!"

1 der Solarplexus: empfindliches Nervengeflecht im Bauch zwischen Brustkorb und Magengrube

Mik wurde es rot vor den Augen. Er stürzte nach vorn und wirbelte wild mit den Fäusten.

„Gut!“, schrie Tony. „Zeig's mir!“

Aber Miks Schläge trafen nicht. Er schlug, bis er rot und schweißnass war, schließlich begann er sogar, mit den Füßen nach Tony zu treten. Der nahm seinen kleinen Bruder einfach in den Schwitzkasten, aus dem Mik sich wimmernd herauszuwinden versuchte.

„Ich geb auf“, sagte Tony und hielt Mik so lange fest, bis er sich beruhigte. „Du darfst nicht wütend werden. Nicht wütend und nicht gereizt. Nichts persönlich nehmen, das ist wichtig. Nichts darf man persönlich nehmen. Sonst ist man geliefert. Und jetzt weiter!“

Sie boxten sich wieder heiß. Im Flur stieg die Temperatur. Der Schweiß floss. Mik wurde vermöbelt, aber er blieb aufrecht, stand gegen die Toilettentür gepresst, den ganzen Kampf hindurch blieb er dort.

Noch nie war es ihm gelungen, Tony zur Wohnungstür am anderen Ende des Flurs zu treiben. Mik steckte ein, wumm, wumm, wumm.

Die Eieruhr rasselte. Es war zu Ende.

Tony hingen nasse Strähnen ins Gesicht. Er lächelte und fuhr Mik mit dem Hockeyhandschuh durchs Haar.

„Du wirst immer besser.“

Mik sah zu ihm hoch, ohne eine Miene zu verziehen, ohne zu zeigen, dass sein ganzer Körper pochte und brannte.

„Ich hab die Zeit durchgehalten.“ [...]

Er hörte Tony draußen in der Küche Geschirr abwaschen. Es war beruhigend, das Geschirr klappern zu hören. Wir haben es gut, dachte er. Wir sind Brüder und haben es gut.

Jetzt verhielt die Schlange sich ruhig.

Mik betastete seine Schultern, sie schmerzten empfindlich. Nach dem Kampf war das immer ein prima Gefühl.

Blaue Flecken vom großen Bruder.

8 a) Welche Beziehung verbindet Mik und seinen Bruder Tony? Suche Textstellen, mit denen du begründen kannst, wie du zu deiner Einschätzung kommst.

b) Ergänze dein Info-Blatt zum Buch (→ S. 115) mit Informationen zur Beziehung der beiden Brüder zueinander.

9 Wähle eine der folgenden beiden Aufgaben aus:

a) Beschreibe, wie sich Mik während des Kampfes verhält, was er beim Kämpfen empfindet und wie er sich nach dem Kampf fühlt. Belege deine Aussagen mit dem Text.

b) Schreibe einen inneren Monolog aus der Sicht von Mik, in dem deutlich wird, was während des Kampfes in Miks Kopf vorgeht.

Eine literarische Figur untersuchen

❶ Lies noch einmal den Textauszug über Miks Bruder Tony (→ S. 119–121):
- Welchen Eindruck hast du von ihm?
- Könntest du dir vorstellen, mit jemandem wie Tony befreundet zu sein?

Begründe.

❷ Was erfährst du in diesem Textausschnitt über Tony?
Übertrage die folgende Mindmap in dein Heft und ergänze sie in Stichpunkten.
Notiere immer auch, auf welche Textstelle du dich beziehst.

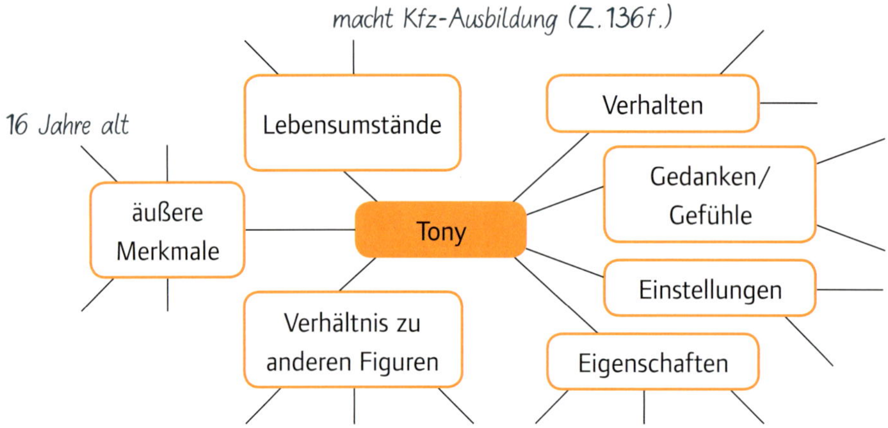

❸ Nicht alle Merkmale und Eigenschaften einer Figur sind im Text direkt zu finden. Manchmal musst du von einem bestimmten Verhalten auch auf die entsprechenden Eigenschaften schließen.
Auf welche Eigenschaften Tonys lassen die folgenden Textstellen schließen? Begründe.

A „Sein Zimmer war ein einziges Durcheinander aus schmutzigen Klamotten und Motorradteilen." (Z. 138 f.)

B „Duck dich nicht wie ein Feigling! Schlag zu, verdammt noch mal!" (Z. 197)

C „Nichts darf man persönlich nehmen, sonst ist man geliefert." (Z. 207 f.)

D „Er lächelte und fuhr Mik mit dem Hockeyhandschuh durchs Haar." (Z. 215 f.)

④ Wähle eine der folgenden Aufgaben aus:

a) Versetze dich in Tony hinein und schreibe seine Gedanken und Gefühle nach dem Kampf der beiden Brüder auf.

b) Versetze dich in die Rolle einer unbeteiligten Beobachterin / eines unbeteiligten Beobachters und beschreibe Tony aus dieser Sicht.

Aussagen mit dem Text belegen

1 a) Beschreibe, wie in den folgenden Beispielen die Aussagen über Tony belegt werden.
b) Aussagen zum Text oder über eine Figur kann man mit direkten und mit indirekten Zitaten belegen. Bei welchem der beiden Beispiele handelt es sich um ein direktes und bei welchem um ein indirektes Zitat? Begründe.

A Die Aussage „Tony (...) saß in seinem Zimmer vor dem Computer, in dessen Gehäuse der Name der Schule eingebrannt war" (Z. 135 f.), deutet darauf hin, dass Tony den Computer aus der Schule mitgenommen oder möglicherweise sogar gestohlen hat.

B Dass Tony die Seite auf seinem Computer wegklickt, als Mik ins Zimmer kommt (vgl. Z. 143 f.), lässt vermuten, dass Tony sich mit Dingen beschäftigt, die Mik nicht wissen soll. Vielleicht tut er etwas Verbotenes, vielleicht will er seinen jüngeren Bruder aber auch nur davor bewahren, etwas Unpassendes zu sehen.

2 Belege die folgenden Aussagen über Tony jeweils mit einem direkten oder einem indirekten Zitat aus dem Text. Schreibe in dein Heft.

A Tony kümmert sich sehr gewissenhaft um Mik.
B Tony scheint verbotene Dinge zu tun.
C Tony wirkt geheimnisvoll.

3 a) Erläutere, was folgende Textstellen über die Beziehung zwischen Mik und Tony aussagen.
b) Verbinde in deinem Heft das Zitat mit deiner Erklärung auf unterschiedliche Art und Weise:
- Beginne mit deiner Erklärung, schließe dann den Beleg als indirektes Zitat an.
- Verfahre umgekehrt: Zitiere, schließe dann deine Erläuterung (Deutung) an.

zu A – Dass Mik seinen großen Bruder bewundert, erkennt man daran, dass ...
– Die Textstelle „Tony war in Ordnung ..." zeigt, dass ...

A „Tony war in Ordnung. Tony war genau so, wie ein großer Bruder sein sollte." (Z. 152 f.)
B „Mik sah zu ihm hoch, ohne eine Miene zu verziehen, ohne zu zeigen, dass sein ganzer Körper pochte und brannte." (Z. 218 f.)
C „Nach dem Kampf war das immer ein prima Gefühl. Blaue Flecken vom großen Bruder." (Z. 225–227)

Eine Charakterisierung verfassen

1 Stell dir vor, du sollst die Figur des Tony in einem kurzen Text deiner Klasse vorstellen. Untersuche die folgende Einleitung zu einem solchen Text. Welche Informationen erhältst du hier?

Charakterisierung Tonys

In dem Jugendbuch „Ihr kriegt mich nicht" des schwedischen Autors Mikael Engström hat die Hauptfigur, der zwölfjährige Mik, einen fünf Jahre älteren Bruder namens Tony. Mik und Tony leben zusammen mit ihrem alkoholabhängigen Vater. Ihre Mutter ist gestorben.

2 Übertrage die Einleitung in dein Heft und ergänze den Hauptteil der Charakterisierung. Nutze deine Arbeitsergebnisse von den Seiten 122 und 123 und gehe beim Schreiben so vor:
- Beschreibe zunächst die äußeren Merkmale von Tony.
- Erläutere dann, wie sich Tony in der dargestellten Situation verhält und auf welche Eigenschaften seine Verhaltensweisen schließen lassen.
- Stelle am Ende die Beziehung zwischen Tony und Mik dar.

Schreibe im Präsens und belege alle Aussagen mit direkten oder indirekten Zitaten aus dem Text. Die Formulierungen im Wortspeicher helfen dir.
Tipps & Hilfen (→ S.309)

besitzt · erscheint als · das zeigt, dass · wirkt · dieses macht den Eindruck, dass · macht einen … Eindruck · verfügt über · es fällt auf, dass · wird als … dargestellt

3 Schließe deine Charakterisierung mit einem zusammenfassenden Schlusssatz oder einem kurzen persönlichen Kommentar ab.
Tipps & Hilfen (→ S. 309)

4 Überprüfe deine Charakterisierung mit folgender Checkliste und überarbeite sie bei Bedarf.

Checkliste ✓ Eine Charakterisierung überprüfen

- ✓ Kann man sich nach dem Lesen deiner Charakterisierung die Figur gut vorstellen?
- ✓ Hast du deine Aussagen mit Textbelegen (direkten oder indirekten Zitaten) gestützt?
- ✓ Ist dein Text sinnvoll und leserfreundlich, z. B. nach Aspekten (Aussehen, Verhalten etc.) geordnet, aufgebaut?
- ✓ Hast du die Charakterisierung im Präsens geschrieben?

Die Handlung weiterverfolgen

Miks familiäre Situation spitzt sich weiter zu, sodass er schließlich von Mitarbeitern des Jugendamtes zu seiner Tante Lena in ein kleines Dorf nach Nordschweden gebracht wird.

Der Schnee leuchtete blau und funkelte schwach im Mondschein. Lenas Haus lag auf einer Anhöhe. In der Ferne erhoben sich bewaldete Berge. Das Dorf lag in einem Tal, wo der Fluss einen See bildete, einen „sel", daher der Name: Selet. So hießen der See und das Dorf. Aus den Schornsteinen stieg Rauch, aber die Fenster waren dunkel. Die Häuser schliefen, atmeten nur vorsichtig. Ein kleines Dorf und danach nur Wald, Wald, Wald. [...]

Der Türgriff wurde nach unten gedrückt, die Tür ging auf und Lena kam herein, ein Tablett mit zwei Käsebroten und einem großen Glas Milch in den Händen.

„Du hast den ganzen Tag nichts gegessen. Bist ja bloß Bus gefahren. Das hab ich ganz vergessen."

Sie stellte das Tablett auf den Schreibtisch und hockte sich neben Mik ans Fenster.

„Ist das nicht schön?", sagte sie leise im Dunkeln, wie um all das Schöne nicht zu stören. „Ich liebe dieses Dorf. Es ist klein, und alle wissen alles über jeden. Zumindest glauben sie das. Ich wohne jetzt seit sieben Jahren hier und werde wahrscheinlich bleiben."

„Im Baum sitzt ein fliegender Troll. Soll das so sein?"

Lena lachte.

„Nein, das ist eine Sperbereule. Die sitzt oft da. Kommt spätabends auf ein Stündchen vorbei und passt auf mich auf. Sie schaut nach, ob alles okay ist, dann fliegt sie weiter. Also, iss."

Mik nahm ein Brot. Er kaute und beobachtete die Eule.

1. Welche Stimmung entsteht hier? Untersuche sowohl den Erzählerbericht (Z. 1–9) als auch den Dialog zwischen Lena und Mik (Z. 10–23).
2. Was könnte Mik in dieser Situation durch den Kopf gehen? Schreibe seine Gedanken und Gefühle in der Form eines inneren Monologs auf.
   Tipps & Hilfen (→ S. 309)
3. Die Mitarbeiter des Jugendamtes halten Lena nicht für eine geeignete Betreuungsperson und bringen Mik gegen seinen Willen zu einer Pflegefamilie. Dort wird er nicht gut behandelt und beschließt zu fliehen.
   Wie könnte die Geschichte ausgehen? Tauscht eure Ideen aus.

Eine Buchbesprechung schreiben

Literaturkritiker/-innen und interessierte Leser/-innen informieren in Zeitungen, Zeitschriften, im Radio, Fernsehen oder im Internet über neu erschienene oder neu entdeckte Bücher. Sie empfehlen das Buch oder raten vom Lesen ab und schreiben auch, warum ihnen das Buch gefallen hat oder nicht. Diese Texte bezeichnet man als Buchbesprechung oder Rezension.

Ein trotziges Buch für alle

„‚Bei dir wachsen wohl nur die Ohren?' Bis dahin hatte kein Mensch auf seine Ohren geachtet. Danach hieß er nur noch Flatterohr." Der 12-jährige Mik hat es nicht leicht und seine anderen Probleme sind noch größer als seine Segelohren: Er wächst in armen Verhältnissen auf und den Erwachsenen ist in seiner Welt nicht zu trauen. So ist er immer wieder auf sich allein gestellt und muss für sich selbst sorgen.

Wir begleiten Mik auf seiner Reise und Suche nach dem, was für viele selbstverständlich, für Mik fast unerreichbar erscheint – einem Zuhause.

Gleichzeitig ist Mik auf der Flucht vor denen, die nur zu wissen glauben, was gut für Kinder ist: „Ihr kriegt mich nicht", der Titel des Buches, wird hier zum Programm und zur Botschaft eines Jungen, der sich trotzig gegen die Willkür der Erwachsenenwelt stellt und seinen eigenen – auch abenteuerlichen – Weg sucht.

Für die Leser/-innen ist die ungeschönte Beschreibung der Welt, wie sie sich Mik entgegenstellt, manchmal eine Herausforderung. Engströms Sprache jedoch bleibt klar und eindeutig, ohne banal[1] zu sein oder den Leser zu unterfordern. So bleiben wir immer ganz nah bei Mik und seiner Sicht auf die Dinge und bei den Menschen, die Mik begleiten. Gerade diese Menschen sind es auch, die das Buch noch lesenswerter machen. Sie sind so skurril[2] und eigenartig, dass es sich lohnen würde, zu jedem Einzelnen eine eigene Geschichte zu schreiben.

Die Stärke dieses Romans ist der Sog, in den die Leser/-innen geraten. Die Handlung ist so straff erzählt, dass man das Buch in einem Rutsch lesen möchte. Langweilig wird es nie, denn wir hoffen und bangen, weinen und lachen mit Mik und fiebern einem hoffentlich guten Ende entgegen.

Bei aller Kritik an der Gesellschaft ist die Geschichte um Mik niemals belehrend, sondern zeigt nur schmerzhaft, aber auch poetisch, wie die Welt ist.

Alles in allem ein Roman für Jugendliche und Erwachsene, das seinen Leser auf eine abenteuerliche Reise in die Extreme des Lebens mitnimmt.

1 banal: oberflächlich, gewöhnlich
2 skurril: seltsam, sonderbar

1 a) Wie bewertet die Autorin des Textes den Roman von Mikael Engström? Belege deine Aussagen mit dem Text.
b) Hältst du diese Buchbesprechung (Rezension) für gelungen? Begründe.
c) Prüfe anhand des Info-Kastens, ob diese Buchbesprechung alle geforderten Teile enthält.

2 Vergleiche den Einstieg (Z. 1–6) der Buchbesprechung „Ein trotziges Buch für alle" mit den folgenden Einstiegen aus anderen Rezensionen zu diesem Buch. Welcher Einstieg weckt deine Neugier am ehesten? Begründe.

Für seine elf Jahre hat Mik schon viel mitgemacht – seine Mutter ist tot, sein Vater ein Alkoholiker und unfähig, für sich, geschweige denn für Mik zu sorgen. Nur sein fünf Jahre älterer Bruder Tony, der durch Diebstähle sein Leben finanziert, zeigt sich Mik gegenüber fürsorglich. [...]

Ein Stein bringt die Geschichte ins Rollen. Er fliegt aus der Hand eines Jungen, der voller Aggression und ohnmächtiger Wut ist, und trifft einen versoffenen Penner am Kopf. Der Junge kommt aus einer ganz und gar nicht funktionierenden Familie: Die Mutter ist tot und der Vater trinkt. Der geliebte große Bruder sorgt zwar für Essen, ein bisschen Erziehung und das Lächeln, das lebensnotwendige, geht aber krumme Wege. Als er von der Polizei abgeholt wird, bleibt ein Junge zurück, dem das Wasser bis an seine zu großen Ohren steht – und er kann nicht schwimmen. [...]

3 Entscheide dich für ein Buch, das du deinen Mitschülerinnen und Mitschülern empfehlen willst.
Verfasse anhand der Angaben im Info-Kasten eine Buchbesprechung zu diesem Buch.

Info: Eine Buchbesprechung (Rezension) schreiben

Eine **Buchbesprechung (Rezension)** soll die Leser/-innen gleichermaßen informieren und unterhalten. Wichtig ist, dass du daran denkst, wer die Leser/-innen deiner Buchbesprechung sein sollen.
Eine Buchbesprechung (Rezension) enthält in der Regel folgende Teile:
- einen **interessanten Einstieg,** der zum Weiterlesen anregt,
- einen **informierenden Teil** über das Thema und die Grundzüge der Handlung, gegebenenfalls einen vertiefenden Teil, der Hintergrundinformationen zum Buch oder zur Entstehung des Buches liefert,
- eine begründete, gut nachvollziehbare **Meinungsäußerung** zu dem vorgestellten Buch,
- alle notwendigen Angaben zu **Autor/-in, Titel, Seitenzahl, Verlag, Erscheinungsjahr** und **Preis.**

Zum Schmökern, Schauen, Weiterdenken

Die rote Zora und ihre Bande *Kurt Held*

Die Handlung des Romans spielt in der ersten Hälfte des zwanzigsten Jahrhunderts in Kroatien. Der zwölfjährige Branko lebt in der kleinen Küstenstadt Senj. Sein Vater, der Geiger Milan, lebt nicht bei der Familie. Als seine Mutter stirbt, muss sich Branko alleine durchschlagen. An diesem Morgen ist er auf der Suche nach etwas Essbarem.

Nein, er wollte auch heute nicht stehlen. Er biss die Zähne zusammen, ballte die Fäuste und machte einen Bogen um die Verkaufsstände.

Er ging hinauf zum Park und hockte sich auf eine Bank. Es war schon recht warm geworden, die Fliegen umschwärmten ihn, in den Bäumen summten die Bienen und hoch über ihm kreischten ein paar Möwen.

Der Knabe hielt es aber nicht lange aus. Es zog ihn wie mit Seilen wieder hinunter an den Quai. Er musste ja nicht stehlen. Vielleicht fand er noch eine Möhre, vielleicht fand er einen Fisch, den er sich braten konnte, oder einige Aprikosen, die jemand weggeworfen hatte, weil sie fleckig waren und nicht verkauft werden konnten.

Der Markt war inzwischen voller geworden. Viele Frauen wanderten von Stand zu Stand. Die Fischer ließen sich wieder neue Fische aus den Booten bringen. Der große Knabe mit seinen Eseln hatte seine Waren auch schon verkauft. Er sprach jetzt mit einem hoch aufgeschossenen Mädchen, das mager und knochig neben ihm stand.

Branko beobachtete sie bereits den ganzen Morgen. In dem festen, derben Gesicht saßen kecke, helle Augen. Sommersprossen liefen über die Nase, brandrotes Haar lohte wie Feuer über ihr. Sie war barfuß und barhäuptig wie Branko und sie streifte genauso wie er zwischen den Ständen hin und her. Sie musste den großen Buben kennen, denn sie sprachen noch immer miteinander. Jetzt schenkte er ihr ein paar Tomaten. Sie schob sie unter den grünen Sweater, der mit einem braunen, alten Rock das Einzige war, was sie anhatte.

Branko schlich wieder bei Radic vorbei. Der verkaufte gerade der Magd des Bürgermeisters eine ganze Schüssel seiner Makrelen.

„Sie sind doch frisch?", fragte das Mädchen.

„So frisch wie Sie selber", spaßte Radic und schüttete ihr die Fische in die Markttasche. Dabei fiel ein Fisch in die Gosse.

Das Mädchen, das über die Worte Radics lachte, merkte es gar nicht. Auch Radic hatte es nicht gesehen, nur Branko sah den Fisch zwischen den Beinen des Mädchens in der Gosse liegen.

Er blickte sich um. Sah noch jemand den Fisch? Nein, nur das Mädchen mit dem roten Schopf, das eben bei dem Eseltreiber gestanden hatte. Sie blickte im gleichen Augenblick auf ihn, blinzelte ihm zu, als wollte sie sagen: „Wenn du ihn nicht nimmst, nehme ich ihn."

Branko bückte sich und wollte ihn unter sein Hemd stecken, da spürte er hinten im Genick eine feste Faust.

„Du Spitzbube", schrie zur gleichen Zeit eine harte, böse, gewaltsame Stimme. Branko schnellte herum. Es war der reiche Karaman, der ihn mit seinen groben Fäusten, die schwer und fest wie Schmiedehämmer waren, gepackt hatte und ihn noch immer festhielt.

„Was ist denn?" Radic kam hinter seinem Stand hervor.

Auch die Magd machte runde Augen und sah erst auf Branko und dann auf Karaman.

„Er hat gestohlen, der Kerl!" Karamans aufgedunsenes Gesicht, in dem die kleinen Augen wie schwarze Knöpfe saßen, wurde rot.

„Euch hat er bestohlen!", schrie er weiter, zeigte auf den Fischschwanz, der aus Brankos Hemdschlitz hervorsah, und zog den Fisch heraus.

„Er lag auf dem Boden", stammelte Branko. „Ich habe ihn nur aufgehoben."

Radic, der kein allzu böser Mann war, wollte schon sagen: „Lasst ihm doch den Fisch, er wird Hunger haben, und wenn er einmal im Dreck lag, will ihn doch keiner mehr", aber Karaman schrie schon so laut nach Begovic und immer mehr Leute strömten zusammen, dass Radic wieder hinter seinen Stand trat und erst sehen wollte, was die Leute dazu sagten.

Begovic, seinen Knüppel in der Hand, die Mütze nach hinten geschoben, den Rock aufgeknöpft, denn er hatte gerade in der Kneipe, dem Markt gegenüber, einen Schnaps getrunken, kam angerannt.

Er teilte die Menge mit seinen fleischigen Gurkenfingern. „Ein Spitzbube! Ein Spitzbube! Wo ist er?"

„Hier!" Karaman schob den Buben, den er noch immer fest am Hals hatte, sodass man seine Finger bereits in Brankos Fleisch sah, Begovic zu. „Hier!", er hielt den Fisch hoch. „Und das hat er gestohlen."

Begovic hielt in seinem Eifer inne. Der Bub und der kleine Fisch, verdammt, wenn der Markt zu Ende war, lagen doch ein Dutzend davon auf der Erde. Warum machte der reiche Karaman so ein Geschrei deswegen?

Da mischten sich auch schon die anderen Leute ein.

Susic war da, der kleine Lumpenhändler, ein alter Mann mit einem roten Käppchen und einem weißen Bart, der weit über seinen Kaftan hing. Ein paar alte Frauen. Ein Matrose, zwei Holzarbeiter und außer der Magd des Bürgermeisters noch drei andere Mägde.

„Seht ihr nicht, dass es der Kleine nur aus Hunger getan hat?", schimpfte eine der alten Frauen.

Susic nahm sein Käppchen ab. „Wegen eines Fisches so ein Geschrei zu machen. Im Wasser gibt es Tausende."

Der Matrose knurrte. „Na, und seht nur, wie dieser Bauer den Buben gewürgt hat, als wenn er ihm ein Halseisen umgelegt hätte."

„Lass ihn laufen, Begovic!", schrien zur gleichen Zeit die Holzarbeiter.

Begovic hatte große Lust dazu, aber da wandte sich Karaman wieder an ihn. „Nichts da", sagte er. „Ich habe es gesehen. Der Bub hat vorsätzlich gestohlen und muss bestraft werden. Wisst Ihr übrigens, wer ich bin?" Er drehte sich jetzt mit seiner ganzen Breite zu Begovic. „Ich bin Karaman, Bauer und Stadtverordneter, und wenn Ihr den Spitzbuben nicht gleich festnehmt, werde ich mit dem Bürgermeister sprechen."

Die Leute murrten noch mehr. „Der reiche Karaman!" – „Der Geizhals!" – „Der Leuteschinder!" – „Den sollte man einsperren!"

Karaman wandte sich noch einmal an Begovic. „Nehmt Ihr ihn jetzt fest oder soll ich ihn selber auf die Wache bringen?"

Begovic packte Branko schon an der Schulter. „Ihr habt es also gesehen, dass der Bub gestohlen hat, Herr Karaman?", fragte er.

„Mit meinen beiden Augen und hier ist ja auch die Beute!" Er hob den Fisch nochmals hoch.

„Hat es sonst noch jemand gesehen?" Begovic drehte sich um und sah auf die anderen.

„Ich!", rief eine helle Stimme. Das Mädchen mit dem roten Haar stand neben Begovic und sah mit zornig blitzenden Augen auf Karaman und Begovic. „Ich habe es gesehen", wiederholte sie.

„Der Fisch lag bereits eine ganze Weile auf der Erde. Ein Hund hat schon daran gerochen, eine Frau ist daraufgetreten. Da kam der Junge", sie zeigte auf Branko und blitzte ihn dabei an, „und hob ihn auf."

„So, so", meinte Begovic und sah Karaman wieder an, um zu erfahren, ob der Bauer nach diesem Zeugnis von seiner Klage Abstand nahm.

Aber Karaman – seine große, massige Gestalt wurde noch größer – starrte nur auf das Mädchen. „Habe ich dich nicht schon einmal gesehen?", fragte er.

„Mich?" Sie schüttelte ihren Kopf, dass die Haare nach allen Seiten flatterten. „Sicher nicht."

„Natürlich." Seine Stimme wurde laut und dröhnte wie eine Trompete über den Platz. „Dein Haar vergisst man doch nicht wieder, wenn man es einmal gesehen hat. Vorgestern warst du in meinen Aprikosen, vor einer Woche in meinen Erdbeeren, vor ..."

Da war das Mädchen plötzlich verschwunden. Als wäre sie untergetaucht, war sie durch die Menge davongeschlüpft.

Branko wird tatsächlich von dem Polizisten Begovic verhaftet und ins Gefängnis gebracht. Allein in der Zelle, überfallen ihn Angst und Verzweiflung.

Er wusste nicht, wie lange er so geweint hatte, als er ein Kratzen unter seinem Fenster hörte. Kam da jemand? Er sah hinauf. Er sah nichts, aber das Kratzen wurde deutlicher. Er wollte schon aufstehen und etwas sagen, da sah er eine Hand, die sich oben um das Fensterkreuz krallte, einen Augenblick später tauchte etwas Grünes auf und, bevor er noch sein Erstaunen meistern konnte, das rote Haar und der Kopf des Mädchens, das er vor einigen Minuten gesehen hatte.

Sie zog sich ganz hoch und starrte zu ihm hinein. Sie konnte aber wohl nichts sehen, weil sie vom Licht in die Dunkelheit blickte.

„Bist du da?", flüsterte sie leise.

„Ja", sagte Branko aufgeregt.

Sie hielt einen Finger über den Mund.

„Pst", machte sie, „nicht so laut, damit uns niemand hört."

Branko schwieg.

Das Mädchen setzte sich breit auf das Fenstersims und jetzt konnte sie ihn auch sehen.

„Ist es hoch bis zu mir herauf?", fragte sie.

„Zwei Meter. Es können auch mehr sein."

„Kannst du heraufkommen?"

Branko schüttelte den Kopf. „Es geht nicht."

„Hier draußen ging es. Es sind lauter Risse in der Mauer."

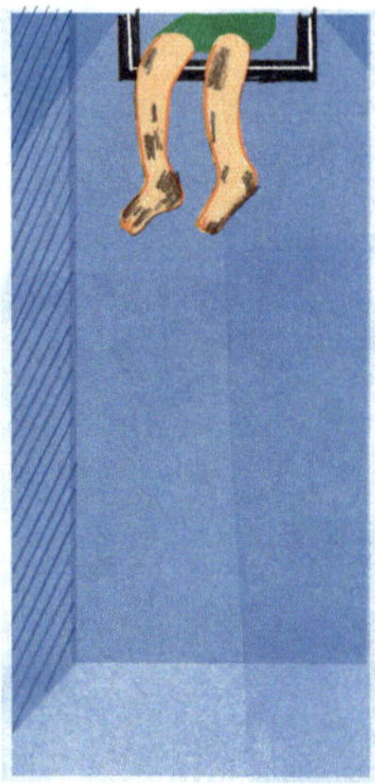

„Hier ist alles glatt", antwortete Branko traurig.

„Ist da nicht ein Kübel?", fragte das Mädchen weiter, das noch immer in den Raum starrte.

„Damit geht es auch nicht. Ich habe es schon probiert."

„Bring ihn doch einmal her. Ich reiche dir meine Hand, oder nein, warte, vielleicht noch besser meinen Fuß." Das Mädchen streckte ihre Beine durch die Gitterstäbe.

Branko brachte den Kübel und stieg hinauf. Er konnte die Beine, die braun, etwas dreckig und fest waren, gerade mit seinen Fingern erreichen. Er konnte sie aber weder umschließen noch sich daran in die Höhe ziehen.

„Es geht nicht", sagte er noch einmal und stieg wieder von dem Kübel hinunter.

„Hm", machte das Mädchen, steckte ihren Kopf, den sie weit nach außen gebogen hatte, damit ihre Beine recht tief nach unten reichten, erneut in die Zelle. „Hm", und nach einer Pause fuhr sie fort:

„Warte eine Weile. Ich werde mir etwas Besseres ausdenken."

Branko sah, wie sie langsam verschwand, erst ihre Beine, dann ihr Kopf und später die Hände.

Er war ganz aufgeregt. Wer war das Mädchen? Und wie kam sie dazu, sich seiner anzunehmen, nachdem ihn alle, auch seine Freunde, verlassen hatten? Er hatte sie früher kaum gesehen.

Höchstens einmal unten am Wasser, und was hatte der reiche Karaman gesagt? Sie hätte bei ihm Aprikosen gestohlen. Das war ja gleich, wenn sie ihm nur hier heraushalf. Er ging eilig hin und her.

Sechs Schritte bis zur Tür und sechs Schritte zurück. Hoffentlich kam sie wieder. Hoffentlich hatte sie auch niemand gesehen und hoffentlich kamen Begovic oder Dordevic nicht zurück, bevor er aus der Zelle heraus war.

Es musste schon eine halbe Stunde verstrichen sein, seit sie fortgegangen war. Branko hörte es halb zwölf schlagen und eine Weile später drei Viertel. Jetzt musste sie wirklich bald kommen, sonst kam Begovic früher als sie.

Da hörte er das Kratzen am Fenster wieder. Aber es war nicht das Mädchen, das auftauchte, sondern eine Stange. Jemand schob sie durch das Kreuz herein, bis sie zwischen Kreuz und Decke festsaß.

Eine Minute später saß auch das Mädchen auf dem Fenstersims.

„Da bin ich wieder", sagte sie, zeigte ihre Zähne und lachte. „Ich habe eine Stange mitgebracht. Pass auf. Ich schiebe sie zu dir hinein."

Sie hob sie etwas und die Stange senkte sich nach unten.

„Geh auf die Seite“, zischte sie noch. Branko sprang eilig an die Wand, da stieß sie bereits unten auf.

„Nun musst du sie an das Fenster stellen“, unterwies ihn das Mädchen weiter. „Ich halte sie und dann kletterst du an ihr herauf.“

Branko packte das dicke Holz fest zwischen Arme und Beine und zog sich daran in die Höhe. „Pass auf!“ Sie reichte ihm eine Hand.

Ihre Finger schlossen sich um die seinen. Noch einen Ruck und er war oben.

Sie saßen nun dicht nebeneinander. Branko sah, dass das Mädchen einen schmalen Mund, kleine Ohren und helle, gelbe Augen hatte.

Wie Bernstein glänzten sie und die Sommersprossen saßen tatsächlich überall, sogar auf der spitzen, kühnen Nase.

„Wer bist du eigentlich?“, fragte er.

„Das erzähle ich dir später“, antwortete das Mädchen. „Jetzt musst du erst noch durch das Gitter kommen.“

Das hatte er ganz vergessen. Das Gitter war ja noch zwischen ihnen.

Er packte es an. Es war kalt und saß fest. Er versuchte, daran zu rütteln. „Ich glaube, das bringen wir nicht heraus.“

Sie lachte. „Schafskopf“, tadelte sie ihn. „Das glaube ich auch. Du musst durchkriechen.“

„Meinst du, dass ich durchkomme?“ Er steckte seinen Kopf in das oberste Viereck.

„Du musst es wenigstens versuchen, und wenn es nicht geht, musst du eben so lange darin bleiben, bis dich Begovic wieder hinauslässt.“

Branko schob den Kopf weiter vor, aber er blieb mit den Schultern stecken. „Ich bin zu dick“, seufzte er und wollte sich schon wieder nach unten fallen lassen.

„Nimm den Kopf wieder hinein“, kommandierte sie, „und versuch es zuerst mit der linken Hand. So“, sie half ihm. „Nun den Kopf. Dann die Schulter.“ Sie versuchte, ihn herauszuziehen.

„Ich bin wirklich zu dick.“

„Du bist ja schon halb draußen. Komm, probier es noch einmal.“

Er schob und stieß sich weiter und wollte schon wieder sagen, es gehe nicht, da hörte er, wie es von allen Kirchen zwölf schlug, und gleichzeitig auch, dass jemand den Gang entlangkam.

„Oh“, jammerte er, „ich glaube, Begovic kommt“, und stemmte und presste sich noch fester durch das Gitter.

„Lass ihn nur kommen“, tröstete ihn das Mädchen. „Jetzt musst du nur noch etwas den Bauch einziehen, und bis er die Tür aufgesperrt hat, bist du draußen.“

Er hing tatsächlich schon halb aus dem Fenster, aber er hatte keinen Halt mehr.

„Lass dich einfach fallen", sagte sie. „Ich halte dich."

Branko rutschte weiter.

Im Gang versuchte Begovic – ja, es war Begovic, der Branko das Essen bringen wollte – vergeblich, die Tür aufzuschließen. Er war noch einmal in der Stadt gewesen und hatte überall, nachdem er ein oder zwei Schnäpse bekommen hatte, die Geschichte von dem gefangenen Knaben und dem gestohlenen Fisch erzählen müssen.

Nun war er noch unsicherer auf den Beinen und auch in den Händen als vorher.

Branko, der sich an das Mädchen geklammert hatte, konnte nun auch seine Beine herausziehen. Er sah nach unten. Das Fenster lag gar nicht so hoch wie von der Zelle aus.

„Spring jetzt", sagte das Mädchen, „sonst erwischen sie dich doch noch."

Branko sprang. In dem Augenblick hatte Begovic die Tür geöffnet und trat in die Zelle.

„Hier", sagte er und wollte Branko das Essen reichen. Da sah er den Pfahl und den leeren Raum.

„Verdammt", jammerte er, „der Kerl ist ausgerissen und gleich kommt der Bürgermeister, um sich ihn anzusehen."

Da blickte er nach oben.

Branko war verschwunden, aber Zora saß noch auf dem Fenster.

Sie streckte ihm die Zunge heraus. „Auf Wiedersehen, Begovic!", rief sie.

Begovic ließ entsetzt die Schüssel mit dem Essen fallen, riss die Augen auf und starrte zu dem Mädchen hinauf.

„Bin ich betrunken?", stotterte er. „Ich habe doch einen Jungen eingesperrt und jetzt reißt ein Mädchen aus."

Das Mädchen schüttelte die Haare. „Ich bin auch ein Mädchen", lachte sie, „und damit du weißt, wer ich bin: Ich bin die rote Zora."

Im gleichen Augenblick ließ sie die Stäbe los und war gleichfalls verschwunden.

1. Hättest du Lust, den Roman zu lesen? Begründe.
2. Lege nach dem Muster von Seite 115 ein Info-Blatt zu diesem Roman an. Notiere dort alles, was du in diesem Textausschnitt über die Personen und Ereignisse erfährst, in einer übersichtlichen Form.
3. Wie wird das Mädchen mit den roten Haaren im Text beschrieben? Zeichne ein Bild von ihr.
4. Wärst du gerne mit Zora befreundet? Begründe.

Einen Roman untersuchen

Wenn du einen Roman genau untersuchen willst, können dir folgende Fragen helfen:

Frage	Beispiel
Was wird erzählt? - **Welche Figuren** treten auf? (Haupt- und Nebenfiguren) - **Wann** und **wo** spielt die Handlung? - **Was** geschieht?	- *Mik und Tony, Miks Lehrerin, später Lena, …* - *Handlung spielt in Schweden (bei Stockholm und in Nordschweden), in der Gegenwart* - *Mik lebt zusammen mit seinem Bruder und seinem alkoholkranken Vater …*
Wie wird erzählt? - Ist die Erzählerin / der Erzähler eine Figur der erzählten Welt? - Aus wessen Sicht wird erzählt? - Überwiegen Erzählerberichte oder Figurenrede (direkte Rede, Dialoge)? - Gibt es Auffälligkeiten bei der Sprache des Romans, z. B. Alltagssprache, Umgangssprache, sprachliche Bilder?	- *„‚Nicht sinken!', schrie Bengt, obwohl er wusste, dass Mik nichts hören konnte."* → außenstehender Erzähler - *„Wir haben es gut, dachte er. Wir sind Brüder und haben es gut. Jetzt verhielt die Schlange sich ruhig."* (S. 121) → Figurensicht - *„Er spürte bloß die Einsamkeitsschlange mit ihren aufgerichteten Schuppen."* (S. 118) → sprachliches Bild (Metapher für Einsamkeit)

Eine literarische Figur charakterisieren

1. Schritt: Die Charakterisierung planen

Suche Textstellen, die etwas über deine Figur aussagen. Manchmal musst du aus dem Genannten auch selbstständig Rückschlüsse ziehen, z. B. auf die Eigenschaften einer Figur. Notiere deine Untersuchungsergebnisse z. B. nach folgenden Aspekten:
- äußere Merkmale, z. B.: *ist 16 Jahre alt, hat lange blonde Haare*
- Verhalten und Eigenschaften, z. B.: *liebevoll, unordentlich, undurchschaubar*
- Lebensumstände, z. B.: *lebt mit seinem Bruder und seinem alkoholkranken Vater …*
- Beziehung zu anderen Figuren, z. B.: *Tony wird von seinem kleinen Bruder bewundert.*

2. Schritt: Die Charakterisierung schreiben

- **Einleitung:** Gib allgemeine Informationen zur Figur, z. B. zu ihrer Rolle im Buch oder Text, zu ihrem Alter und zu ihren Lebensumständen.
- **Hauptteil:** Beschreibe die einzelnen Merkmale der Figur, z. B. ihr Aussehen, ihr Verhalten, ihre Eigenschaften und ihre Beziehung zu anderen Figuren. Belege deine Aussagen mit dem Text.
- **Schluss:** Fasse deine Untersuchungsergebnisse kurz zusammen oder formuliere eine persönliche Einschätzung der Figur.

Schreibe im **Präsens**.

7 Alles Theater?

Dramatische Texte untersuchen und spielen

William Shakespeare: Ein Sommernachtstraum. Neues Ohnsorg-Theater im Bieberhaus, Hamburg 2011

Interview mit dem Schauspieler Lars Eidinger (Auszüge)

[...] **ZEIT Campus:** Als Schüler wussten Sie nicht, dass man Schauspiel überhaupt studieren kann. [...] Kann man Schauspiel denn lernen?

Eidinger: Absolut. Am Anfang hatte ich Angst, dass einem an der Schule nur so Eso-Kram beigebracht wird. Schauspiel war für mich so was Unbenennbares und Intuitives[1]. Aber stattdessen habe ich dann das Handwerk des Berufs gelernt. [...] Ich hatte auch Sprecherziehung und Bewegungsunterricht. Da lernt man hinzufallen, ohne sich wehzutun. Darin bin ich übrigens absoluter Spezialist. Ich bin Deutschlands bester Faller.

ZEIT Campus: [...] Hat man als Schauspieler immer ein paar Rollen, die man besonders gut kann?

Eidinger: Natürlich gibt es Figuren, die einem eher liegen. Aber besonders reizen mich expressive[2], extreme Charaktere und Psychopathen. Das finde ich interessanter, als immer nur den Alltag nachzuspielen.

1 das Intuitive: das Gefühlsmäßige
2 expressiv: ausdrucksvoll

ZEIT Campus: Neulich waren Sie der Mörder im Kieler Tatort. Was machen Sie als Schauspieler lieber: Film und Fernsehen oder Theater?
Eidinger: Beim Film bin ich davon abhängig, was im Schnitt mit den Szenen passiert. Im Theater habe ich mehr Einfluss auf die Veranstaltung, das genieße ich sehr.

1. Die Fotos stammen aus Inszenierungen von zwei unterschiedlichen Theaterstücken. Beschreibt die Bilder und sammelt Ideen, worum es in dem jeweiligen Stück gehen könnte.
2. Berichtet von eigenen Erlebnissen mit dem Theater.
3. Was erfahrt ihr aus dem Interview über die Ausbildung und Arbeit einer Schauspielerin / eines Schauspielers? Tauscht euch darüber aus.

In diesem Kapitel …

- lernst du Merkmale und Besonderheiten eines Theaterstücks kennen.
- setzt du dich mit den Figuren eines Theaterstücks, ihren Beziehungen und ihren Konflikten auseinander und verfasst Rollenbiografien.
- erprobst du Möglichkeiten des szenischen Spiels.

Den Anfang eines Theaterstücks untersuchen

Lutz Hübner: Creeps. Theater der Jugend, Wien 2010

Creeps *Lutz Hübner*

Darsteller

Petra Kowalski, 16 Jahre alt, Outfit gemäß modisch (H&M) mit einem leichten Schlag ins Prollige, (Flokatijacke), Rucksack. Kein Dialekt, aber eine sächsische Sprachmelodie.

Maren Terbuyken, 17 Jahre alt, kurze Haare, modisch eher in Richtung Kelly Family, Naturstoffe, nicht figurbetont, ungeschminkt, vollgepackte Sporttasche (Tigerente?).

Lilly Marie Teetz, 17 Jahre alt, schwarzes Kostüm, sehr schick, aber trendy, hohe Schuhe (Plateau), dezent geschminkt, Latextasche mit Noppen, Handytasche im Riemen eingearbeitet, MP3-Player.

Offvoice (OV), die fröhlich intime „Guten Morgen Wecker"-Stimme. Dreißig aufwärts, Typus Berufsjugendlicher/Medienversion.

1. Wer ist wer? Ordnet die beschriebenen Darsteller den Figuren auf dem Szenenfoto zu.
2. An welche Teile der Beschreibung hat sich der Regisseur dieser Aufführung gehalten und an welche nicht? Stellt Vermutungen über seine Gründe an.
3. Suche in Zeitschriften Bilder von Mädchen, die den im Text beschriebenen Darstellerinnen entsprechen. Begründe deine Auswahl.

Bühne

Die Studiodekoration einer Musiksendung. Auf der hinteren Wand eine Videoleinwand, ein Graffiti „Creeps" (evtl. als Projektion). Ein altes Sofa, Stehlampe Siebziger, ein Couchtisch, auf dem ein Funkmikro liegt, ein rotes Signallicht (Baustellenlampe). Zwei Sessel, ein Sideboard mit Früchten, Kaffeekanne, Wasserflaschen etc. Diverser Nippes. Wohnzimmerclubatmosphäre.
Die Bühne ist dunkel. Musik: Radiohead: Creep/acoustic.
Auf der Videoleinwand evtl. Text:
„Du siehst verdammt gut aus, du bist cool, ohne dich kommt keine Party auf Touren, deine freche Schnauze ist Kult. Warum eigentlich hast du dich nicht schon längst bei uns beworben?! Wir suchen genau solche Moderatoren wie dich! Power, Präsenz und Personality, um ‚Creeps', eine neue Trendfashionmusicshow, zu moderieren. Wenn du zwischen 16 und 18 bist und der Steckbrief auf dich zutrifft, bist du die Richtige!
Wie das geht? Ganz einfach: Demoband schicken, warten, bis wir anrufen, und los geht's nach Hamburg. Kennwort Creeps!
Wo immer du gerade bist: Wir holen dich da raus!
And don't forget: the world is waiting for you!"
Danach sieht man Schlusssequenzen von Bewerbungsvideos:

Petra *in einer Disco, sie hat gerade eine Tanznummer beendet.*
Petra: Okay Leute, bis bald in Hamburg. *Sie lacht, macht das Victoryzeichen.*
Petra: *leise* Geht das so, Konrad?
Eine Stimme, *offensichtlich Konrad, der die Kamera führt.* Einwandfrei, Petra. *Petra lacht. Black.*

Maren *in einem Klassenraum/Aufenthaltsraum. Sie sitzt an einem Tisch, vor sich ein paar Blätter, sie lächelt, winkt kurz, steht dann auf und geht Richtung Kamera, streckt ihre Hand aus, um die Kamera auszuschalten, Black.*

Lilly *auf einem schwarzen Ledersofa, im Hintergrund Musik.*
Lilly: Das muss reichen, Leute, den Rest gibt's nur live im Studio.
Die Kamera fährt Close up auf ihr Gesicht, verharrt kurz auf ihrem knallrot geschminkten Mund, Küsschen und Black.

4 a) Fertige auf der Grundlage der Bühnenbeschreibung oben eine Skizze der Bühne an.
b) Vergleiche deine Skizze mit den Bühnenbildern auf den Seiten 137 und 138. Wie erklärst du dir die Unterschiede?

5 Lege zu jeder Figur eine Rollenkarte an und notiere dort alles, was du bisher über die Figuren weißt.

6 Sammelt auf der Basis der bisherigen Informationen Ideen, worum es in dem Theaterstück „Creeps" gehen könnte.

Die Figuren und ihre Beziehungen untersuchen

Lutz Hübner: Creeps. Theater der Jugend, Wien 2010

OV: Mach doch mal ein kleines Intro.

Maren: Also wer ich bin, nur sagen jetzt mal oder ...

OV: Up to you, schmeiß dich rein und wichtig: Locker bleiben!

Maren: Also so über mich?

OV: Okay, MAZ ab.

Das rote Licht beginnt zu leuchten. Maren geht einen Schritt nach vorne, weiß offensichtlich nicht, wie sie beginnen soll.

Maren: Ja, also, ich bin Maren Terbuyken, ich wohne in Hamm, das ist bei Dortmund, ich bin am 29. Juli 89 geboren, also Löwe, meine Hobbys sind Theaterspielen, Lesen, ich find Umweltschutz sehr wichtig ...

OV: Okay Maren, alles prima. Aber denk mal weniger Bravo Kontaktbörse, sondern Intro, präsentier dich, bring dich rüber. Du machst die Sendung, wegen dir sitzen die Leute vor dem Teevee, es ist deins, mach's uns, verrückt, abgefahren, was du willst, okay?

Maren: Okay.

OV: Wir hauen einen kurzen Jingle rein, dann legst du los.

Maren will erneut anfangen, ein Jingle. Sie setzt erneut an.

Maren: Hallo Leute, ich bin Maren, hallo und willkommen, ich find's klasse, dass ihr dabei seid ... willkommen bei Creeps, der neuen Sendung, ich bin aus Hamm, ich bin siebzehn und Löwe ... *Sie stockt.* [...]

Petra: Leute, das ist der Supersound, den ihr ab jetzt immer hier hören könnt, wir haben die Topcharts, die heißesten Abtanznummern und alle News, die euch wirklich interessieren.

Ich bin Petra aus Chemnitz oder, wie die richtigen Insider sagen, KMStadt[1], kultig und modern, die heißeste Stadt im wilden Osten.
Ich grüße alle Clubbers da draußen! Hier ist die Miss Big Apple, jetzt für ganz Deutschland, ich und die Jungs hier präsentieren euch die neuesten Megatrends, alles, was läuft, hier ist immer was los bei Creeps, und ich sag euch, bleibt dran, wir liefern euch die Stars, die Bands und jede Menge Musik und los! [...]

Lilly: He du, ja du, ich rede mit dir. Leg die Fernbedienung weg.
Du bist genau da, wo du hinwolltest. Du bist bei Creeps!
Du wolltest doch in die high energy zone, wo du dir die Charts und die wirklich wichtigen News runterladen kannst. Dazu jede Menge Tipps, Tratsch und die Trends fürs aktuelle Millennium. Update for your brain. Creeps – denn ein einziger Wirkstoff genügt! Hör genau zu, wir sagen dir, wo's langgeht. Ich bin Lilly, merk dir mein Gesicht, und wenn du morgen in einen Club gehst und ich bin nicht da, dann weißt du, dass der Laden out ist. Lilly, merk dir den Namen.
Wir sortieren alles aus, was du nicht wissen musst. Wir zeigen dir die street und club wear, mit der du am schärfsten aussiehst, Lillys choice, darauf könnt ihr euch verlassen.
Wenn du heute wissen willst, worüber die Szene morgen spricht, hör einfach zu. Wir haben die Stars, die News, die Zauberwörter, die du brauchst für den urban jungle, live aus Hamburg City.
Creeps, wir sind die Guten und jetzt leg die Ohren an, schieb den Couchtisch weg, du brauchst Platz zum Tanzen, hier kommt der Sound von morgen, einer der Tracks, für die man die Repeattaste erfunden hat! [...]

1 KMStadt: Gemeint ist Karl-Marx-Stadt, wie Chemnitz zwischen 1953 und 1990 hieß.

1 a) Vergleiche die Selbstvorstellungen (Intros) der drei Mädchen. Welche gefällt dir am besten? Begründe deine Entscheidung.
b) Welche wird den Produzenten der Sendung vermutlich am besten gefallen? Begründe.

2 Bereitet in Kleingruppen eine szenische Lesung der Intros vor:
- Notiert auf Klebezetteln Regieanweisungen (→ S. 163) zum Verhalten der Figuren, z. B. zu Mimik, Gestik, Sprechweise, und klebt sie zu den entsprechenden Textstellen. Bringt mit euren Regieanweisungen den jeweiligen Typ der drei Mädchen zum Ausdruck. Tipps & Hilfen (→ S. 310)
- Übt das Lesen der Intros mit verteilten Rollen. Beachtet eure Regieanweisungen.

3 Stellt die Intros der drei Mädchen pantomimisch dar. Die Zuschauer/-innen müssen raten, um welche Figur es sich jeweils handelt.

Creeps. Theater der Jugend, Wien 2010

Lilly: Ja, hallo Maren, live bei uns im Studio. Wir haben ja vorhin im Porträt gehört, dass du dich für Umweltschutz engagierst, dich mit Esoterik beschäftigst, Theater ... ich habe so den Eindruck, dass du versuchst, den Dingen auf den Grund zu gehen.

Maren: Ja, ich finde es wichtig, dass man nicht nur auf die Oberfläche achtet, in der Gesellschaft und auch bei Menschen, mit denen man es zu tun hat, sondern dass man rauskriegt, was das für ein Mensch ist, dass man sich respektiert, sich von Ängsten befreit und versucht, hinter die Maske zu sehen. Das ist extrem wichtig.

Lilly: Also weg von den Lügen, der Verstellung, den Trends ...

Maren: Genau.

Lilly: Wo ist denn da die Gefahr für dich?

Maren: Dass man sich irgendwann mit diesem Modezeug verwechselt und nicht mehr weiß, was man wirklich will.

Lilly: Und warum bewirbst du dich dann bei einer Show, die Mode, Musik und Trends vermitteln will?

Maren schweigt, sieht irritiert in Richtung Kamera.

Lilly: Weißt du es nicht?

Maren: Ich will etwas bewegen, ich habe gerne mit Menschen zu tun, dass man über Sachen reden kann.

Lilly: Was sagt denn deine Familie dazu?

Maren: Meine Mutter ... die ... ja ... ja, mal sehen. Ist das wichtig?

Lilly: Und in der Schule drücken alle kräftig die Daumen?

Maren schüttelt den Kopf, sie beginnt zu zittern.

Maren: Doch. Schon. Ich weiß nicht.

Lilly: Aber dein Freund, oder?

Maren: Hab ich nicht.

Lilly: Ist okay. Ich finde es echt mutig, dass du so ganz ohne Unterstützung dein Ding durchziehst.

Letzte Frage: Sag doch mal, warum glaubst du, dass du für diesen Job richtig bist.

Maren: *zur Kamera* Ich will diese Frage nicht.

OV: Das ist doch eine gute Frage, oder?

Stille.

Maren: Weil ich ...

Sie bricht ab, Stille.

Lilly: Okay, und jetzt Musik. Danke, Maren.

Maren steht auf, geht zurück zum Sofa, Petra steht auf.

OV: Okay, Petra, interviewst du Lilly?

Petra setzt sich, Jingle.

Petra: Unterstützen das deine Eltern, dass du dich beworben hast?

Creeps. Theater der Jugend, Wien 2010

Lilly: Vielleicht stell ich mich erst mal kurz vor. Ich bin Lilly Marie Teetz hier aus Hamburg, aber nenn mich einfach Lilly. Hallo Petra.

Petra: Hallo Lilly.

Lilly: Ich hab schon immer mit Medien zu tun gehabt, mein Vater ist art director bei … 'ner ziemlich guten Adresse. Ich interessiere mich für Mode, ich mag Musik, das passt alles wunderbar zusammen, also, warum nicht.

Petra: Hast du einen Freund?

Lilly: Ich will mal in den Staaten Journalismus studieren. Da lohnt es sich nicht, hier noch ein Herz zu brechen, Long-Distance-Beziehungen, da hat keiner was von, höchstens die Telekom.

Petra: Und was für Musik hörst du gerne?

Lilly: *zur Kamera* Das ist doch ein bisschen öde, oder? Wollen wir nicht was Verrücktes machen, Petra?

Petra: Ja, klar.

Lilly: Machen wir es auf Englisch?

Petra überlegt.

Petra: What music are you hearing?

Lilly: At the moment I don't hear any music at all. But I like Triphop. Next question.

Petra: Why do you think you do the job here good?

Lilly: Because my English is good enough for outstanding interviews with international superstars. Thank you.

OV: Und gleich weiter in die nächste Runde. Maren, machst du das Interview mit Petra?

Maren schüttelt den Kopf.

OV: Kein Problem, wir machen das später. Wir haben da auch schon mal eine Menge Material, wir haben viel über euch erfahren. Jetzt mal ein Päuschen. Wenn ihr in die Kantine wollt, zweite Tür links und dann den Pfeilen nach, oder rechts runter, hinter der ersten Tür rechts haben wir ein bisschen frische Luft für euch besorgt. Hängt einfach mal ein bisschen ab, das ist ja alles auch irgendwie anstrengend, oder? Auch wenn es einen Riesenspaß macht, unter uns, mein Nikotinpegel hängt im Keller. Baut euch auf, ihr seid super. Ich drück euch, bis gleich.

Stille.

Petra: Warum hast du das gemacht?

Lilly: Was denn? Das englische Interview? Ganz einfach. Copy kills. Nur meine Fragen nachplappern ist ein bisschen arm.

Petra: Warum lässt du es mich nicht auf meine Art machen? Es war meine Runde.

Lilly: Musik, was? Was wäre denn dann gekommen? Lieblingsfarbe? Schönstes Ferienerlebnis? Dann mach lieber „Einsame Herzen".

Petra: Du wolltest mich doch nur …

Lilly: Jetzt lass mal die gequälte Ossiseele stecken. Wenn du dir das Interview aus der Hand nehmen lässt, bist du falsch für den Job, alte Journalistenregel. Dranbleiben, es ist deine Nummer.

Maren: Jetzt tu doch nicht so!

Lilly: Mit dir rede ich gerade nicht.

Maren: So eine Arroganz hab ich noch nie erlebt, so eine Gemeinheit, du eitle Schnepfe, Hauptsache du, egal, was andere Leute machen …

Lilly: *laut* Das ist ein Casting! Hier geht es um einen Job! Kriegt ihr das nicht in die Birne? Das ist keine Klassenfahrt mit Schnitzeljagd, das ist ein Job beim TV für Acht im Monat, Markenklamotten frei Haus, Home storys, Vip lounge, Trips zu allen Events, das ist ein knallhartes Ding. Was wollt ihr denn in der Sendung machen? Sackhüpfen? Ihr müsst mal checken, dass ihr was bringen müsst!

Maren: Darum geht es doch nicht, du verlogenes Miststück, das weißt du genau!

Lilly: Worum geht es denn? Worum?

Maren: Diese Scheißfragen nach meiner Mutter, nach der Schule, du hast mich reingeritten, mit voller Absicht.

Lilly: *schreit* Du stehst doch auf Theater, dann mach doch einen auf Kelly Family, dann lüg doch. Das ist denen doch scheißegal, ob deine Eltern geschieden sind oder nicht, lass doch die Psychokacke. Wo ist denn das Problem, wenn du ein Loser in der Schule bist, ist das meine Schuld? Soll ich dich aufbauen? Ich? Nachdem du mich so übel angeschissen hast? Ich? Du blöde Fotze, ist das mein Problem, wenn du kaputt bist?

Maren geht auf Lilly los, ohrfeigt sie, Lilly schreit. Petra geht dazwischen. Maren will wieder zuschlagen.

Petra: Aufhören, sofort! *Petra trennt die beiden, Maren bricht zusammen, beginnt hysterisch zu heulen.*

Lilly: Bist du verrückt? Du bist ja total verrückt!! Du gehörst doch in die Klapse!!

Petra: Halt die Schnauze! Hau ab! Lass sie doch in Ruhe!

Lilly: Die soll mich in Ruhe lassen!

Lilly schnappt ihre Tasche, setzt sich in die Ecke, wühlt in ihrer Tasche, holt den Player heraus, die Zigaretten, sucht das Feuerzeug u. Ä. Petra geht zu Maren.

Petra: Das kannst du doch nicht machen.

Maren: Hau ab, lass mich in Frieden, das kapierst du nicht.

Petra: Ich will ja nur ...

Maren: Das kapierst du nicht!

Petra: Das ist doch nur ... ich meine ... klar, ich hab auch gedacht, dass ich es bin ... aber so voll ernst darf man das doch nicht nehmen, oder?

Maren: Das geht schief, das weiß ich. Aus. Vorbei. Gelaufen. Kaputt ... weg ... fertig ... erledigt ... jetzt ist es passiert. Oh Scheiße, und ich hab gedacht, ich schaff das noch. Jetzt ist es schlimmer, es ist noch schlimmer ...

Sie beginnt zu hyperventilieren, ein Würgereiz.

Petra: Ruhig, Mensch Maren, du musst ins Bett, leg dich hin oder so.

Maren beginnt, auf und ab zu laufen.

Maren: Mein Kopf, jetzt geht das wieder los.

Petra geht zu Maren.

Petra: Komm, leg dich hier auf das Sofa, oder geh ein bisschen was raus an die frische Luft. Ich sag denen, dass du krank bist und dass du andermal kommst, oder so.

Maren: Nein! Nein! Alles, bloß das nicht. Ich kann nicht noch mal ... ich muss das heute. Unbedingt, sonst ist alles gelaufen. Ich kann nicht zurück, wenn das heute nicht ... ich zieh das durch und dann ist alles egal ...

Maren setzt sich aufs Sofa, schlägt sich mit beiden Händen auf den Kopf, immer stärker.

Petra: Hör sofort auf damit!

Maren: Ich muss mal aufs Klo ... muss mal gucken, wo das ist, muss hier ja eins sein ... ich guck mal, wo das ist.

4 Besprecht, welche Stimmung in dieser Szene (S. 142–145) entsteht und wie sie zustande kommt.
Tipps & Hilfen (→ S. 310)

5 Unterteilt die Szene in inhaltlich sinnvolle Abschnitte. Verteilt diese Abschnitte auf Gruppen und übt sie ein. Beachtet dabei auch die Regieanweisungen.
Tipps & Hilfen (→ S. 310)

6 Diese Szene bildet den Höhepunkt und damit auch den Wendepunkt der Handlung. Wie könnte sich die Handlung weiterentwickeln? Sammelt Vorschläge und begründet diese.

7 Petra und Lilly bleiben auf der Bühne zurück. Verfasse einen Dialog der beiden Mädchen, in dem sie über Marens und ihr eigenes Verhalten sprechen.

Die Sprache der Figuren untersuchen

Lilly: Hallo Chicks, wir sind drin, hier ist wieder Lilly für euch, und ganz ehrlich, ich weiß nicht, wer mir da draußen eigentlich noch zuhört, ich glaube, so ziemlich alles zwischen Laufstall und Rollstuhl ist heute auf den Beinen.
Das ist die größte Party aller Zeiten, future 2000 ist hier und nur hier! Das ist der Flash des Jahres. Einschalten, abschalten, ausschalten und hochschalten!
Planet Rave, West und Ost auf 180 bpm.
Hier bei mir ist Petra, and I tell you, it's a Zoni, und sie hat den Groove, seht es euch an. You're not in the fight club, you're in the right club, hier ist PePePetra, K-M-techno!
Bis gleich aus der Tanzzone, wir lieben euch, see you!

1 Untersuche Lillys Sprache in diesem Textausschnitt:
- Wie wirkt ihre Sprache auf dich?
- Welche Absicht könnte sich hinter Lillys Sprechweise verbergen?
- Passt diese Sprache zu deinem Eindruck, den du bisher von Lilly bekommen hast?

2 a) Formuliere Lillys Text in Standardsprache um. Du kannst folgendermaßen beginnen:

Liebe Zuschauerinnen, wir sind wieder auf Sendung, und am Mikrofon hört ihr Lilly Marie Teetz! Ehrlich gesagt, weiß ich nicht, ...

b) Wie verändert sich deine Vorstellung von Lilly, wenn du ihr deinen umformulierten Text in den Mund legst? Nenne Beispiele.

3 Untersuche die Sprache in Lillys Moderationsbeitrag genauer. Welche der folgenden sprachlichen Mittel kannst du erkennen? Begründe deine Aussagen.
Tipps & Hilfen (→ S. 311)

Anglizismen[1] • Wortspiele • sprachliche Bilder • Lautmalerei • Aufzählung • Reime

4 Lies die Selbstvorstellungen (Intros) der drei Mädchen zu Beginn des Theaterstücks (→ S. 140 f.) noch einmal. Untersuche den Sprachgebrauch der drei Figuren:
- Welche sprachlichen Mittel verwenden sie?
- Welche Aussagen über Charakter, Auftreten und Wirkung lassen sich aus der jeweiligen Sprache der Mädchen ableiten?

1 der Anglizismus / die Anglizismen: ein Wort, das aus dem Englischen ins Deutsche übernommen wird

Eine Rollenbiografie verfassen

1 Welche Informationen über Maren erhältst du in folgendem Textausschnitt und in den Auszügen aus „Creeps" auf den Seiten 138–145?
Notiere in deinem Heft Antworten auf die Leitfragen im Info-Kasten.
Tipps & Hilfen (→ S. 311)
1. Maren Terbuyken, 17 Jahre alt, ...
2. kurze Haare, ...

Maren: Weißt du, was passiert, wenn ich nach Hause komme? Mit meiner Mutter, die allen erzählt hat, dass ich beim Fernsehen bin? Allen? Meine Maren ist doch nicht die blöde Nuss, die in der Schule durchrasselt und die man zum Schulpsychologen schicken muss. Nein, die ist beim Fernsehen, die haben angerufen, sie hat es geschafft! Dabei weiß sie noch nicht mal, dass ich wieder hängen bleibe. Die dreht durch, verstehst du? Die dreht original durch, ich kann nicht mehr zurück. Da ist alles auf dem Tisch, alles! So sieht es aus. Die hat alles aufgegeben, damit sie mich durchkriegt, was hätte die denn machen sollen, allein, die hat alles getan und dann bringe ich's nicht. Das war meine letzte Chance, kapierst du?

2 Verfasse auf der Grundlage deiner Stichpunkte und anhand der Leitfragen im Info-Kasten eine Rollenbiografie für Maren. Achte darauf, dass du die Sprache der Figur triffst.
Tipps & Hilfen (→ S. 311)
Mein Name ist Maren Terbuyken. Ich wohne noch zu Hause bei meiner Mutter. Ich ...

3 a) Entscheide dich für Lilly oder Petra und verfasse auch für sie eine Rollenbiografie.
b) Stellt euch eure Rollenbiografien vor und prüft, ob sie zur Textgrundlage passen.

Info: Leitfragen zur Rollenbiografie

In einer Rollenbiografie lässt du eine Figur sich selbst vorstellen. Du formulierst also in der **Ich-Form aus der Sicht dieser Figur**. Damit die Rollenbiografie überzeugend ist, muss sie zu dem passen, was du aus dem Theaterstück über die Figur erfährst.
1. Welche allgemeinen Kennzeichen kann die Figur nennen (z. B.: Name, Alter, Wohnort)?
2. Was kann sie über ihr äußeres Erscheinungsbild sagen (z. B.: Kleidung, Größe, Figur)?
3. Was kann die Figur zu ihren Lebensumständen sagen? Wie lebt sie (z. B.: Familienverhältnisse, Schule/Beruf, gesellschaftliche Stellung)?
4. Wie beschreibt sie ihren Charakter (z. B.: Eigenschaften, Verhaltensweisen)?
5. Welche Einstellungen besitzt sie (z. B.: Vorlieben, Ängste, Wünsche, Ziele)?
6. In welcher Beziehung steht sie zu anderen Figuren?

Den Schluss des Dramas untersuchen

Die Mädchen haben inzwischen unabsichtlich mitgehört, wie Arno (OV) sich über sie lustig gemacht hat.

Lilly: Hey Arno! Drei Mädchen warten sehnsüchtig auf dich, lass uns mal deine Superstimme hören!

OV: Ich bin ganz Ohr.

Lilly: Das Casting ist gelaufen, klar?

OV: Klar ist es das.

Lilly: Du checkst ja richtig was.

OV: Klar doch.

Lilly: Genug gezaubert.

OV: Klar.

Petra: Wir wollen den Job nicht.

OV: Ihr wart super, wirklich.

Maren: Wir machen es nicht.

OV: Ihr habt es doch gemacht.

Petra: Was?

OV: Ihr seid es.

Lilly: Lass stecken, ja? Die Nummer ist durch, bye-bye.

OV: Ihr seid Creeps. Ist ein Kompliment.

1 Stellt Vermutungen an, warum Arno auf die Absage der Mädchen gelassen reagiert.

[...] Es folgt ein Trailer aus Zitaten des Castings, auch aus den Offzeiten, kurze Clips der Moderationen, Tanznummern. Die Ohrfeige von Maren, ihr Zusammenbruch, unterlegt von Petras wütender Hassrede, alles sehr schnell geschnitten [...], dazwischen Schnipsel aus Dialogen, Lillys Arno!-Rufe. Eine perfekte kurze Nummer über drei sehr coole Frauen. Liebe, Hass, Statements, Texteinblendungen etc. [...] Gegen Ende des Clips wird der Schriftzug Creeps! eingeblendet, dann ein Mädchen [...].

Ansage: Hallo Leute, hier ist Kathleen, willkommen bei Creeps, dem neuen Lifestylemagazin mit den etwas anderen Tipps. *Black.*

OV: Kommt gut, oder? Wartet mal ab, bis wir das richtig hochgetunt haben.

Mädchen: *off voice* Hallo Mädels, ich bin Kathleen, hi. Ich hab gerade hier oben in der Regie den Rough cut angeschaut, den die gezaubert haben, und ich muss sagen, ich bin total begeistert. Ihr seid so was von authentisch. Das wird ein super Trailer für meine Sendung.

OV: Okay, danke Kathleen. Ich sag euch, Mädels: Der Clip läuft vor jeder Sendung und in jedem Werbeblock. Mit so 'nem Trailer und Kathleen als Moderatorin: Das zieht, das knallt, das toppt die Quote! Ich meine: Klar, wenn ihr mal ein richtiges Casting machen wollt, solltet ihr vielleicht 'ne andere Schiene fahren, aber in Sachen Creeps, da war das voll auf dem Punkt. In zwei Monaten geht das übern Sender. Macht euch aufn ziemlichen Hype gefasst: Das wird konkret Kult.
Maren, sag deiner Mutter, you're on TV, so fuck the rest. Und Lilly: Nimms uns nicht krumm, du bist schwer zu knacken, danach warst du echt touchy, du weißt, was ich meine, oder? Küsschen für Daddy. Übrigens, Petra: Die Jungs von der daily soap sind ziemlich auf dich abgefahren. Wenn du Interesse hast, einfach rüber zu Studio drei, „Hafenklinik", anklopfen, die wissen Bescheid, denk drüber nach.
Wir hätten ja gerne noch 'ne Cola mit euch Superchicks getrunken, aber, no chance, in einer halben Stunde geht's schon weiter. Kommt gut nach Hause, ich hoffe, es hat euch ein bisschen Spaß gemacht. Das macht zweifünf bar Kralle für jeden, könnt ihr euch in der Verwaltung abholen.
MFG, wir lieben euch, see you on TV. *Stille.*

2 Erkläre, worin die überraschende Wendung in der Handlung besteht.

Lilly: Klingt vielleicht blöd, aber ich will jetzt fett einkaufen gehen.
Petra: Ich komm noch kurz mit.
Maren: Ich auch.
Lilly: Wir haben ja jetzt Kohle.
Petra: Zweifünf, oh Mann, das ist verdammt viel.
Lilly: Beim TV ist das ein Hungerlohn, die sollen ruhig mehr abdrücken, wollen wir mal sehen. Und dann renovieren wir uns die Nerven.
Maren: Zwei T-Shirts, was?
Lilly: Hundert Veleda Hornhautraspeln, was?
Petra: Los, wir gehen.
Keine rührt sich. Langsame Musikeinblendung: Radiohead: Creep/electric. Das Licht wird langsam dunkler. Black.

3 Dem Theaterstück „Creeps" ist die Aussage „Moments can change your life" (Priscilla Presley) vorangestellt. Inwiefern passt dieser Satz zum gesamten Stück? Begründe.

4 Stell dir vor, eines der drei Mädchen schreibt einen Brief an seine beste Freundin. Entscheide dich für Lilly, Petra oder Maren und verfasse diesen Brief. Schildere darin auch die Gedanken und Gefühle der Figur während des Castings und danach.

Szenisch spielen

Vorübungen zum szenischen Spielen

Beim Spielen einer Rolle muss man seine alltägliche und gewöhnliche Mimik und Gestik ablegen, um die Figur glaubhaft zu verkörpern. Hierfür gibt es verschiedene Übungen, mit denen man lernt, sein gewohntes Verhalten abzulegen.

❶ Erläutert euch gegenseitig die folgenden Übungen und probiert sie in der Klasse aus.

1. Übung **Neutral stehen**
Alle Spieler stellen sich in zwei gegenüberliegenden Reihen so auf, dass jede/r ein Gegenüber hat, und nehmen folgende Körperhaltung ein:
- Der Blick richtet sich auf einen festen Punkt in Augenhöhe.
- Der Hals und der Oberkörper sind gestreckt. Die Schulterblätter werden nach hinten und unten gezogen. Gleichzeitig wird der Bauch leicht angespannt, aber nicht eingezogen.
- Die Füße stehen parallel und die Knie werden durchgedrückt.

Bei Bedarf korrigieren die Spieler/-innen ihr jeweiliges Gegenüber.
Sobald alle die richtige Haltung gefunden haben, beginnen sie, aus dem Stand heraus zu gehen, ohne die Haltung zu ändern.

2. Übung **Neutral gehen**
Beliebig viele Spieler laufen in gemäßigtem Tempo im neutralen Gang kreuz und quer durch den Raum. Auf ein Signal bleiben alle gleichzeitig stehen und frieren in ihrer jeweiligen Körperhaltung ein. Auch die Blickrichtung darf nicht mehr geändert werden. Auf ein erneutes Signal laufen alle gemeinsam wieder los. Die Übung wird so lange wiederholt, bis alle wirklich einfrieren und gemeinsam wieder loslaufen.
Wenn das gelingt, kann ein Außenstehender die Gehgeschwindigkeit auf einer Skala von 1 bis 10 variieren.

3. Übung **Wahrnehmung der anderen Spieler**
Diese Übung ist eine Steigerung zur letzten Übung. Alle Spieler gehen bei Musik im neutralen Gang kreuz und quer durch den Raum. Sobald die Musik stoppt, müssen alle stehen bleiben und dürfen sich in keiner Weise mehr bewegen. Beim Umhergehen im Raum müssen alle Spieler die anderen mit dem peripheren Blick[1] im Auge behalten, sodass alle Spieler immer gleichmäßig im Raum verteilt sind. Wenn die Musik stoppt, dürfen keine Lücken in der Verteilung erkennbar sein.
Variante: Das Signal zum Loslaufen und Stehenbleiben kommt nicht mehr von außen, sondern alle bleiben regungslos stehen, sobald ein Spieler stehen bleibt. Die Spieler versuchen dann wieder, gleichzeitig loszulaufen.

1 der periphere Blick: gemeint ist der Blick aus dem Augenwinkel

4. Übung Blick ins Publikum

Alle Spieler gehen wie in den vorangegangenen Übungen im Raum umher. Wenn die Musik stoppt, drehen sich alle zu einem festgelegten Punkt und rufen: „Du!" Dabei muss die größtmögliche Körperspannung eingehalten werden. Niemand bewegt sich, solange die Musik nicht spielt.

Ein kurzes Theaterstück einstudieren

Come and Go *Samuel Beckett*

Mitten auf der Bühne sitzen von rechts nach links Lo, Mei und Su mit dem Gesicht nach vorn und im Schoß gefalteten Händen ganz gerade nebeneinander. Schweigen.

Mei: Su.

Su: Ja.

Mei: Lo.

Lo: Ja.

Mei: Wann waren wir drei zuletzt zusammen?

Su: Nicht sprechen.

Schweigen. Mei geht rechts ab. Schweigen.

Lo: Su.

Su: Ja.

Lo: Welchen Eindruck macht unsere Mei auf dich?

Su: Wie gewöhnlich, meine ich. *Lo rückt auf den mittleren Platz und flüstert Su etwas ins Ohr. Erschrocken.* Oh! *Sie sehen einander an. Lo legt ihren Finger an die Lippen.* Weiß sie es nicht?

Lo: Gott bewahre!

Mei kommt wieder. Lo und Su wenden sich wieder nach vorn und nehmen ihre gerade Haltung wieder an. Mei setzt sich nach rechts hin. Schweigen.

❷ Bildet für die Bearbeitung der weiteren Aufgaben Dreiergruppen.

❸ Verteilt in eurer Gruppe die Rollen und spielt diesen ersten Abschnitt eines Theaterstücks in neutraler Haltung. Behaltet eure Körperspannung auch bei, wenn ihr nicht redet.

Lo: Nur so zusammensitzen, wie früher, auf dem Schulhof bei Fräulein Weels.

Su: Auf der Kiste.

Schweigen. Lo geht links ab. Schweigen.

Su: Mei.

Mei: Ja.

Su: Wie findest du Lo?

Mei: Unverändert würde ich sagen. *Su rückt auf den mittleren Platz und flüstert Mei etwas ins Ohr. Erschrocken.* Oh! *Sie sehen einander an. Sie legt ihren Finger an ihre Lippen.* Hat man es ihr erzählt?

Su: Gott behüte!

Lo kommt wieder. Su und Mei wenden sich wieder nach vorn und nehmen ihre gerade Haltung wieder an. Lo setzt sich links hin.

Su: Hand in Hand ... wie damals.

Lo: Träumend ... von Liebe.

Schweigen. Su geht rechts ab. Schweigen.

Mei: Lo.

Lo: Ja.

Mei: Was hältst du von Su?

Lo: Man sieht so wenig in diesem Licht. *Mei rückt auf den mittleren Platz und flüstert Lo etwas ins Ohr. Erschrocken.* Oh! *Sie sehen einander an. Mei legt ihren Finger an die Lippen.* Ahnt sie denn nichts?

Mei: Gott möge es ihr ersparen.

Su kommt wieder. Mei und Lo wenden sich wieder nach vorn und nehmen ihre gerade Haltung wieder an. Su setzt sich nach rechts hin. Schweigen.

Mei: Sollen wir nicht von den alten Zeiten sprechen? *Schweigen.* Von dem, was dann kam? *Schweigen.* Wieder Hand in Hand, wie wir es damals taten? *Nach einer Weile reichen sie einander die Hände: Meis rechte Hand und Sus rechte Hand in Sus Schoß. Meis linke Hand und Los linke Hand in Los Schoß, Los rechte Hand und Sus linke Hand in Meis Schoß, während Meis Arme auf Sus linkem Arm und Lo's rechtem Arm ruhen. Schweigen.*

Su: *Schweigen.* Mei. Ich fühle die Ringe. *Schweigen. Vorhang.*

4 Fertigt nach diesem Muster eine Skizze an, wie die Sitzordnung der Figuren wechselt:

1	Lo	Mei	Su
2	Lo		Su
3		Lo	Su

Samuel Beckett: Come and Go. Barbican Centre, London 2006

5. Wie reichen sich die Figuren am Ende die Hände? Lest noch einmal die Regieanweisungen von Zeile 44 bis Zeile 48 und probiert es aus.
6. Beschäftigt euch in einem weiteren Schritt mit dem Inhalt des Stücks. Beantwortet euch dazu gegenseitig folgende Fragen:
   - Wo treffen sich die drei Figuren?
   - Was verbindet Su, Lo und Mei?
   - Bei welcher Gelegenheit sehen sie sich wieder?
   - In welchem Verhältnis stehen sie zueinander?
7. Um beim szenischen Spielen die Eigenschaften einer Figur zum Ausdruck zu bringen, muss man sich intensiv mit dieser Figur auseinandersetzen. Das gelingt z. B., indem man eine Rollenbiografie zu einer Figur entwirft.
   Schreibt eine Rollenbiografie für die Figur, die ihr spielt. Orientiert euch dabei am Info-Kasten auf Seite 147. Geht auch darauf ein, welches Geheimnis eure Figur hat.
8. Spielt zum Abschluss alle Szenen im Zusammenhang als ein kleines Stück.
9. Wenn ihr text- und bewegungssicher seid, könnt ihr das Stück auch in verschiedenen Varianten spielen, ohne den Text oder die Regieanweisungen zu ändern, z. B.:
   - als vornehme Damen,
   - als kleine Kinder,
   - als Roboter,
   - als Gangster,
   - … .

Zum Schmökern, Schauen, Weiterdenken

Ein Sommernachtstraum – Einführung

„Ein Sommernachtstraum“ („A Midsummer Night's Dream“) ist eine Komödie[1] des weltberühmten Dichters William Shakespeare, der von 1564 bis 1616 in England gelebt hat. Shakespeare lässt in seinem Stück drei Gruppen von Figuren auftreten, deren Handlungen miteinander verbunden werden: Zum einen sind da auf der einen Seite die Personen am Hof des Herzogs Theseus von Athen und auf der anderen Seite einige Handwerker, die das derbe Volk repräsentieren und für die Hochzeitsfeier des Herzogs von Athen, Theseus, ein Theaterstück namens „Pyramus und Thisbe“ inszenieren wollen, dieses proben und tatsächlich auch zur Belustigung der Gäste aufführen. Zum anderen treten auch fantastische Figuren auf: der Elfenkönig Oberon, seine Frau Titania, zahlreiche Elfen und der Kobold Puck.

Das Stück beginnt am Hof in Athen und spielt in den Tagen vor der geplanten Hochzeit zwischen Herzog Theseus und der Amazonenkönigin Hippolyta. Im Mittelpunkt der Handlung stehen die Liebesgeschichten zwischen Hermia, Helena, Demetrius und Lysander: Hermia soll nach dem Wunsch ihres Vaters Egeus den jungen Demetrius heiraten, einen geachteten Athener, der sich diese Hochzeit ebenfalls wünscht, nachdem er sich von Helena – Hermias Freundin – abgewendet hat. Doch wird seine Liebe nicht erwidert: Hermia ist unsterblich in Lysander, einen ebenfalls ehrenwerten Mann, verliebt. Beide wollen fliehen, um einer Zwangsheirat bzw. einer schweren Strafe zu entgehen. Demetrius verfolgt die Liebenden in Begleitung von Helena, die wiederum Demetrius liebt und diesen um seine erneute Gunst anbettelt.

1 die Komödie: Theaterstück mit einem guten Ausgang; während der Handlung werden meistens menschliche Schwächen auf lustige Weise beleuchtet; oft kommt es erst nach komischen Verwirrspielen und auch nur durch komische Zufälle zu einer guten Lösung

1. Verdeutliche dir die Beziehungen der Figuren in Shakespeares Komödie „Ein Sommernachtstraum“, indem du sie in einem Schaubild darstellst:
   - Markiere die Beziehungen der einzelnen Figuren zueinander durch Pfeile.
   - Schreibe auf die Pfeile, welche Art von Beziehung die Figuren verbindet, z. B.: Liebe, Hass oder Freundschaft.
2. Erstelle ein Personenverzeichnis für Shakespeares Drama. Ergänze dieses während der Erarbeitung des Stücks.

Szenenbild: Ein Sommernachtstraum

William Shakespeare: Ein Sommernachtstraum. Deutsches Theater, Berlin 2010

Gundriss-Skizze für die Gestaltung einer Drehbühne

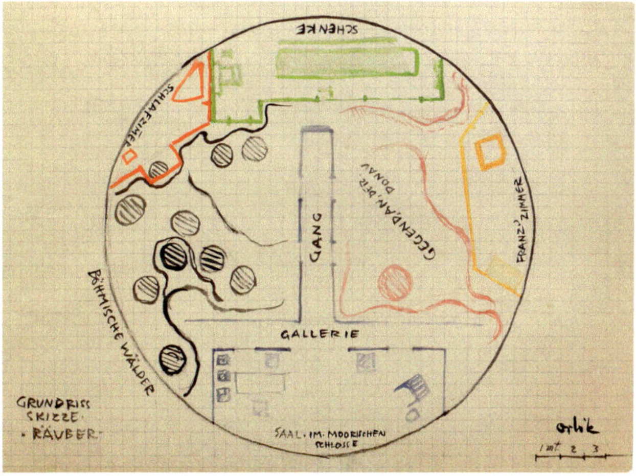

Emil Orlik: Grundriss-Skizze für die Drehbühne zu einer Inszenierung von Friedrich Schillers Drama „Die Räuber". Deutsches Theater, Berlin 1908

1. Wie gefällt dir das Bühnenbild (oben) zu einer Inszenierung von Shakespeares Komödie „Ein Sommernachtstraum"? Begründe deine Meinung.
2. Shakespeares „Sommernachtstraum" spielt in verschiedenen Welten. Entwirf nach dem Muster der abgebildeten Grundriss-Skizze den Grundriss für ein Bühnenbild zum „Sommernachtstraum" auf einer Drehbühne.

Oberons Liebeszauber (Prosafassung[1]) *Barbara Kindermann*

William Shakespeare: Ein Sommernachtstraum. Mohnblüte, Titania und indischer Knabe, Volkstheater Wien 2015

Vor der Stadt Athen befindet sich ein fantastischer Wald voller Feen, Elfen und Naturgeister. Es ist das Reich des mächtigen Elfenkönigs Oberon, der sich im Streit mit seiner strahlenden und temperamentvollen Frau Titania befindet, weil diese einen wunderschönen indischen Knaben aufzieht, den Oberon gern in seinem Gefolge hätte. Immer wieder fordert er Titania auf, den Knaben aufzugeben, doch diese weigert sich trotzig und stolz.

Oberon blieb verärgert zurück. „Geh nur, hochmütige Titania, doch wirst du deinen Starrsinn noch büßen!"

Schnell rief er seinen kleinen Lieblingskobold Puck, der auch sogleich herbeigeflogen kam.

„Hör zu, mein kleiner Puck", sprach Oberon verschwörerisch, „am westlichen Ende der Welt blüht eine purpurne Zauberblume. Hol sie her! Denn auf diese Blume ist einst Amors[2] Pfeil gefallen. Seither bewirkt ihr Saft, wenn er auf die Lider eines Schlafenden geträufelt wird, dass sich derjenige – ob Mann, ob Frau – beim Aufwachen rettungslos in das erste Lebewesen verliebt, das er erblickt. Bring mir diese Blume! Mit ihrer Zauberkraft will ich Titania zum Narren halten, bis sie mir den Knaben gibt!"

„Gut, Meister", lachte Puck vergnügt. „Rund um die Erde fliege ich in viermal zehn Minuten. Ich freu mich schon auf diesen Hokuspokus!"

Plötzlich hörte Oberon nahende Schritte und menschliche Stimmen. Neugierig spähte er durch die Zweige: Es war Demetrius, der auf der Suche

1 die Prosa: der Erzähltext (im Unterschied zum Dramentext)
2 Amor: Gott der Liebe; wer von seinem Pfeil getroffen wird, verfällt der Liebe

nach Hermia die Lichtung betrat. Ihm folgte Helena, laut flehend: „Demetrius, warte auf mich! Du hast mich doch geliebt! Weißt du nicht mehr, was du mir alles versprochen hast, bevor du Hermia trafst?“

„Das ist vorbei, geh fort und verfolge mich nicht länger“, gab Demetrius barsch zurück, „ich kann dich nicht mehr lieben.“ „Doch ich liebe dich umso mehr“, schluchzte Helena. „Behandle mich nur ruhig wie deinen Hund, tritt mich, schlag mich – nur lass mich bei dir sein!“

„Geh endlich fort“, zischte Demetrius zornig, „ich will dich nicht mehr sehen!“ Wütend eilte er davon. Helena folgte ihm so schnell, dass die unsichtbaren Elfen und Feen, die alles belauscht hatten, flink zur Seite huschen mussten, um nicht überrannt zu werden.

Oberon schüttelte mitleidig den Kopf und murmelte: „Geh nur, schöne Athenerin, ich werde dafür sorgen, dass er dich liebt ... – ah, Puck! Mein kleiner Wirbelwind! Hast du die Blume schon?“ Tatsächlich sauste Puck mit verschmitztem Lächeln herbei und hielt triumphierend die purpurne Zauberblume in die Höhe. Ein silberner Mondstrahl streifte sie und ließ sie in der dunklen Nacht aufleuchten.

„Gut gemacht, kleiner Wildfang!“, freute sich Oberon. „Jetzt kann der Spaß also beginnen. Ich kenne den Ort, wo Titania des Nachts im Blumenbett schläft. Dort will ich sie mit diesem Saft verzaubern. Du, Puck, nimm ebenfalls ein paar Blüten. Suche den Athener Jüngling, der das blonde Mädchen eben so herzlos behandelt hat. Behexe ihn mit Zaubersaft!“

Während Puck sich auf die Suche nach Demetrius machte, begab sich Oberon zu Titania. Feenhaft schön lag sie auf dem Blütenbett und schlummerte. Schnell beträufelte er ihre Lider und flüsterte kichernd: „Was du siehst, wenn du erwachst, du dir gleich zum Liebsten machst. Sei es Brummbär, Kater, Luchs – borstiger Eber oder Fuchs.“

Puck hatte unterdessen auf einer Lichtung ein schlafendes Athener Pärchen gefunden. Er konnte nicht ahnen, dass vor ihm nicht der gesuchte Demetrius lag, sondern Lysander, der sich erschöpft neben Hermia ins weiche Moos gebettet hatte. Schnell zerrieb der Kobold einige Zauberblüten über Lysanders Augen und verschwand. Nun wäre alles in

William Shakespeare: Ein Sommernachtstraum. Theater für Kinder, Hamburg 2013

bester Ordnung gewesen, wenn Lysander beim Erwachen als Erstes seine Hermia erblickt hätte. Doch es kam ganz anders.

In der Dunkelheit des Waldes hatte Helena ihren geliebten Demetrius aus den Augen verloren und irrte jetzt allein durch die Nacht. Der Zufall wollte es, dass sie dabei in die Nähe der Lichtung geriet und in der Finsternis über den schlafenden Lysander stolperte. Als dieser erwachte und die erschrockene Helena erblickte, zeigte der Zaubersaft sofort seine Wirkung: Lysander verliebte sich bis über beide Ohren in sie: „Oh schönste Helena", schwärmte er, „für dich geh ich durchs Feuer!"

Helena war verwirrt. „Was redest du, Lysander? Willst du mich verspotten? Du liebst Hermia und sie dich."

„Das ist vorbei, da ich nun dich liebe, Helena!", rief Lysander leidenschaftlich. Die unglückliche Helena glaubte nun vollends, er wolle sich über sie lustig machen. Laut schluchzend stürzte sie in den Wald davon. Lysander, verrückt vor Liebe, folgte ihr. Hermia blieb schlafend ganz allein in der dunklen Nacht zurück. […]

William Shakespeare: Ein Sommernachtstraum. Helena und Lysander. Volkstheater Wien 2015

1. Erkläre, welchen Plan der Elfenkönig Oberon verfolgt und welche Folge seine Intrige hat.
2. Bei diesem Text handelt es sich um eine erzählte Fassung der Komödie. Schreibe das Geschehen in ein Theaterstück um. Denke auch an passende Regieanweisungen.
3. Stell dir vor, du bist Regisseur/-in: Überlege, wie die Szene auf der Bühne dargestellt werden könnte. Skizziere ein passendes Bühnenbild und entwirf Kostüme für die einzelnen Figuren.
4. Wie könnte sich die Handlung weiterentwickeln? Schreibe eine Fortsetzungsszene, in der Hermia erwacht und entdeckt, dass Lysander verschwunden ist.

Mittlerweile haben sich die Handwerker im Wald eingefunden, um innerhalb des Theaterstücks „Ein Sommernachtstraum" ihr eigenes Theaterstück „Pyramus und Thisbe" zu proben. Der Weber Zettel übernimmt die Rolle des Pyramus, der Blasebalgflicker Flaut die der Thisbe. Der Schreiner Schnock spielt die Rolle des Löwen, der Schneider Schlucker den Mond, der Kesselflicker Schnauz die Wand und der Zimmermann Squenz ist der Regisseur.

Die Handwerker im Wald des Elfenkönigs (Szene III,1)

Der Wald. Die Elfenkönigin liegt noch schlafend. Squenz, Zettel, Schnock, Flaut, Schnauz, Schlucker treten auf.

Aufführung „Ein Sommernachtstraum" in Peking 2012

Zettel: Sind wir alle beisammen?

Squenz: Aufs Haar; und hier ist ein prächtig bequemer Platz zu unserer Probe. Dieser grüne Fleck soll unser Theater sein, diese Weißdornhecke unsre Kammer zum Anziehen, und wir wollen's in Aktion vorstellen, wie wir's vor dem Herzoge vorstellen wollen.

Zettel: Peter Squenz –

Squenz: Was sagst du, lieber Sappermentszettel?

Zettel: Es kommen Dinge vor in dieser Komödie von Pyramus und Thisbe, die nimmermehr gefallen werden. Erstens: Pyramus muss ein Schwert ziehen, um sich selbst umzubringen, und das können die Damen nicht vertragen. He! Was wollt Ihr darauf antworten?

Schnauz: Potz Kuckuck, ja! Ein gefährlicher Punkt.

Schlucker: Ich denke, wir müssen am Ende das Totmachen auslassen.

Zettel: Nicht ein Tüttelchen; ich habe einen Einfall, der alles gutmacht.

Schreibt mir einen Prolog[1], und lasst den Prolog verblümt zu verstehen geben, dass wir mit unsern Schwertern keinen Schaden tun wollen; und dass Pyramus nicht wirklich totgemacht wird; und zu mehr besserer Sicherheit sagt ihnen, dass ich, Pyramus, nicht Pyramus bin, sondern Zettel, der Weber. Das wird ihnen schon die Furcht benehmen. [...]

Schnauz: Werden die Damen nicht auch vor dem Löwen erschrecken?

Schlucker: Ich fürcht' es, davor steh ich euch.

Zettel: Meister, Ihr solltet dies bei euch selbst überlegen. Einen Löwen – Gott behüt' uns! – unter Damen zu bringen, ist eine greuliche Geschichte; es gibt kein grausameres Wildbret als so'n Löwe, wenn er lebendig ist; und wir sollten uns vorsehn.

Schnauz: Derhalben muss ein andrer Prologus sagen, dass er kein Löwe ist.

Zettel: Ja, Ihr müsst seinen Namen nennen, und sein Gesicht muss halb durch des Löwen Hals gesehen werden; und er selbst muss durchsprechen und sich so oder ungefähr so applizieren[2]: Gnädige Frauen, oder schöne gnädige Frauen, ich wollte wünschen, oder ich wollte ersuchen, oder ich wollte gebeten haben, fürchten Sie nichts, zittern Sie nicht so; mein Leben für das Ihrige! Wenn Sie dächten, ich käme hierher als ein Löwe, so dauerte[3] mich nur meine Haut. Nein, ich bin nichts dergleichen; ich bin ein Mensch wie andre auch; – und dann lasst ihn nur seinen Namen nennen und ihnen rundheraus sagen, dass er Schnock der Schreiner ist.

Squenz: Gut, so soll's auch sein. Aber da sind noch zwei harte Punkte: nämlich, den Mondschein in die Kammer zu bringen; denn ihr wisst, Pyramus und Thisbe kommen bei Mondschein zusammen.

Schnock: Scheint der Mond in der Nacht, wo wir unser Spiel spielen?

Zettel: Einen Kalender! Einen Kalender! Seht in den Almanach[4]! Suchet Mondschein! Suchet Mondschein!

Squenz: Ja, er scheint die Nacht.

Zettel: Gut, so könnt ihr ja einen Flügel von dem großen Stubenfenster, wo wir spielen, offen lassen, und der Mond kann durch den Flügel hereinscheinen.

Squenz: Ja, oder es könnte auch einer mit einem Dornbusch und einer Laterne herauskommen und sagen, er komme, die Person des Mondscheins zu defigurieren[5] oder zu präsentieren. Aber da ist noch ein Punkt: Wir müssen in der großen Stube eine Wand haben; denn Pyra-

1 der Prolog: die Vorrede oder Einleitung zu einem Theaterstück
2 applizieren: eigentlich verwenden oder anwenden; *hier* im Sinne von verhalten
3 dauern: *hier* leidtun
4 der Almanach: *hier* Kalender
5 defigurieren: verunstalten, hier von Squenz falsch verwendet

mus und Thisbe, sagt die Historie[6], redeten durch die Spalte einer Wand miteinander.

Schnock: Ihr bringt im Leben keine Wand hinein. Was sagst du, Zettel?

Zettel: Einer oder der andre muss Wand vorstellen; und lasst ihn ein bisschen Kalk oder ein bisschen Lehm oder ein bisschen Mörtel an sich haben, um Wand zu bedeuten; und lasst ihn seine Finger so halten, und durch die Klinze[7] sollen Pyramus und Thisbe wispern.

Squenz: Wenn das sein kann, so ist alles gut. Kommt, setzt euch, jeder Mutter Sohn, und probiert eure Parte[8]. Pyramus, Ihr fangt an; wann Ihr Eure Rede ausgeredet habt, so tretet hinter den Zaun; und so jeder nach seinem Stichwort.

1. Welche Probleme sehen die Handwerker bei der Aufführung ihres Theaterstücks „Pyramus und Thisbe"? Nenne Beispiele.
2. Recherchiere die Geschichte von „Pyramus und Thisbe" und stelle die Handlung vor.
3. Schreibe den Prolog, den der Weber Zettel fordert (Z. 15–19), und trage ihn der Klasse vor.

Puck tritt auf.

Puck: Welch hausgebacknes Volk macht hier sich breit,
So nah der Wiege unsrer Königin?
Wie? Gibt's ein Schauspiel? Ich will Hörer sein,
Mitspieler auch vielleicht, nachdem sich's fügt.

Squenz: Sprecht, Pyramus; Thisbe, tretet vor.

Pyramus: „Thisbe, wie eine Blum' von Giften duftet süß –"

Squenz: Düften! Düften!

Pyramus: „– – von Düften duftet süß,
So tut dein Atem auch, o Thisbe, meine Zier.
Doch horch, ich hör ein' Stimm; es ist mein Vater gwiss;
Bleib eine Weile stehn, ich bin gleich wieder hier." *Ab.*

Puck: *beiseite* Ein seltnes Stück von einem Pyramus. *Ab.*

Thisbe: Muss ich jetzt reden?

Squenz: Ja, zum Henker, freilich müsst Ihr; Ihr müsst wissen, er geht nur weg, um ein Geräusch zu sehen, das er gehört hat, und wird gleich wiederkommen.

Thisbe: „Umstrahlter Pyramus, an Farbe lilienweiß
Und rot wie eine Ros auf triumphierndem Strauch;
Du muntrer Juvenil[9], der Männer Zier und Preis,

6 die Historie: die Geschichte
7 die Klinze: die Ritze, der Spalt
8 der Part: *hier* die Rolle
9 der Juwenil: gemeint ist hier Jüngling

Treu wie das treuste Ross, das nie ermüdet auch.
Ich will dich treffen an, glaub mir, bei Nickels Grab."

Squenz: Ninus' Grab, Kerl. Aber das müsst Ihr jetzt noch nicht sagen, das antwortet Ihr dem Pyramus. Ihr sagt Euren ganzen Part auf einmal her, Stichwörter und den ganzen Plunder. – Pyramus, tretet auf, Euer Stichwort ist schon dagewesen; es ist: „ermüdet auch."

Zettel mit einem Eselskopfe und Droll kommen zurück.

Thisbe: Uf – „So treu, wie's treuste Pferd, das nie ermüdet auch".

Pyramus: „Wenn, Thisbe, ich wär schön, so wär ich einzig dein."

Squenz: O greulich! erschrecklich! Es spukt hier. Ich bitt' euch, Meister! lauft, Meister! Hilfe! Sie laufen davon.

Puck: Nun jag ich euch und führ euch kreuz und quer
Durch Dorn, durch Busch, durch Sumpf, durch Wald.
Bald bin ich Pferd, bald Eber, Hund und Bär,
Erschein als Werwolf und als Feuer bald,
Will grunzen, wiehern, bellen, brummen, flammen
Wie Eber, Pferd, Hund, Bär und Feur zusammen. *Ab.*

Zettel: Warum laufen sie weg? Dies ist eine Schelmerei von ihnen, um mich fürchten zu machen. *Schnauz kommt zurück.*

Schnauz: O Zettel! Du bist verwandelt! Was seh ich an dir?

Zettel: Was du siehst? Du siehst deinen eigenen Eselskopf. Nicht?

Schnauz ab. Squenz kommt zurück.

Squenz: Gott behüte dich, Zettel! Gott behüte dich! Du bist transferiert[10]. *Ab. [...]*

In diesem Moment erwacht die Elfenkönigin Titania. Sie erblickt den verwandelten Zettel und verliebt sich – dank Pucks Liebeszauber – auf der Stelle in ihn.

10 transferiert: verwandelt

1 Wodurch wirkt die Theaterprobe der Handwerker komisch? Nenne Beispiele.

2 Übt die Szene ein und spielt sie der Klasse vor. Achtet darauf, dass das Komische der Szene in eurem Spiel deutlich wird.

Ein Theaterstück untersuchen

Ein **Theaterstück (Drama)** ist für das Spiel auf der Bühne gedacht. Im Mittelpunkt der **Handlung** steht immer ein Konflikt zwischen den Figuren. Das Geschehen wird nicht von einer Erzählerin oder einem Erzähler erzählt, sondern den Zuschauerinnen und Zuschauern durch direkte Figurenrede vermittelt. Man unterscheidet zwei Formen der Figurenrede:

Monolog	Im Monolog teilt die Figur ihre Gedanken und Gefühle in Form eines Selbstgesprächs mit.
Dialog	Im Dialog sprechen zwei oder mehrere Figuren miteinander.

Neben der **Figurenrede** enthält ein Theaterstück (Drama) auch sogenannte **Nebentexte**, z. B.:

Personenverzeichnis	Das Personenverzeichnis steht am Anfang eines Theaterstücks und listet alle am Geschehen beteiligten Figuren auf.
Regieanweisungen	Mithilfe von Regieanweisungen macht die Autorin/der Autor Angaben zur Bühnengestaltung, zur Gestik, Mimik oder Sprechweise der Figuren, z. B.: *Lilly schreit.* Meist wird auch das Auf- und Abtreten der Figuren vermerkt, z. B.: *Puck tritt auf.*

Weitere **wichtige Theaterbegriffe** sind:

Szene/Bild	Theaterstücke sind meist in kurze, in sich geschlossene Abschnitte unterteilt. Diese werden als Szene oder Bild bezeichnet. Eine neue Szene beginnt oft, wenn der Handlungsort wechselt oder Figuren auf- oder abtreten.
Akt	Ein Akt besteht aus mehreren Szenen. Am Ende eines Aktes fällt oft der Vorhang.
Exposition	Als Exposition bezeichnet man den Anfang eines Theaterstücks, in dem die Figuren, der Handlungsort und die Ausgangssituation der Handlung dargestellt werden. Oft ahnen die Zuschauer/-innen aufgrund der Figurenkonstellation bereits hier, worin der Konflikt im Drama besteht.
Höhepunkt	Auf dem Höhepunkt eines Theaterstücks (Dramas) eskaliert der Konflikt und das Geschehen wendet sich. Am Ende des Stücks wird der Konflikt entweder gelöst oder die Handlung endet in einer Katastrophe.
Rolle	Unter Rolle versteht man die Figur, die eine Schauspielerin / ein Schauspieler auf der Bühne verkörpert.
Bühne	Die Gestaltung der Bühne ist ein wichtiges Element einer Inszenierung. Man unterscheidet z. B. die „Guckkastenbühne“ und die „Drehbühne“.
Requisiten	Requisiten sind Gegenstände, die bei der Aufführung eines Theaterstücks eine wichtige Rolle spielen.

8 Von Helden und Außenseitern

Balladen untersuchen und gestalten

Die Pakistanerin **Malala Yousafzai** (geb. 1997) wurde 2014 als jüngste Preisträgerin des Friedensnobelpreises weltweit bekannt. Bereits mit elf Jahren machte sie mithilfe eines Internet-Tagebuchs auf die Gewalttaten der pakistanischen Taliban aufmerksam, die sich unter anderem gegen die Schulbildung von Mädchen richteten. Obwohl Malala 2012 fast einem Attentat der Taliban zum Opfer fiel, setzt sie sich weiterhin für die Bildung von Mädchen in ihrem Heimatland ein.

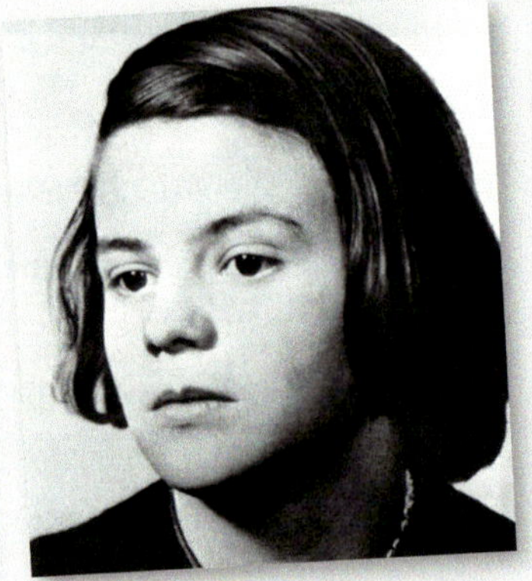

Sophie Scholl (1921–1943) war eine deutsche Widerstandskämpferin gegen das Regime des Nationalsozialismus. Als Mitglied der studentischen Widerstandsgruppe „Weiße Rose" half sie beim Verfassen und bei der Verteilung von Flugblättern, auf denen zum Widerstand gegen die nationalsozialistische Diktatur aufgerufen wurde. 1943 wurde sie bei einer Flugblattaktion festgenommen und im selben Jahr hingerichtet.

Mutter Teresa (eigentlich Anjezë Gonxha Bojaxhiu, 1910–1997) war eine aus Albanien stammende Ordensfrau, die sich in Indien jahrzehntelang um Sterbende, Waisen, Obdachlose und Kranke, besonders um Leprakranke, kümmerte. Für ihr aufopferungsvolles Engagement erhielt sie 1979 den Friedensnobelpreis.

1. Wer ist für dich eine Heldin / ein Held? Begründe.
2. Erkläre, worin das Heldenhafte der hier abgebildeten Personen besteht.
3. Heldinnen und Helden gibt es nicht nur in der Realität, sondern z. B. auch in der Literatur. Nenne Beispiele.

Mario Götze (geb. 1992) schoss im Endspiel der Fußballweltmeisterschaft 2014 das entscheidende Tor, das der deutschen Mannschaft zum Sieg verhalf. Damit schrieb der zu diesem Zeitpunkt erst 22-Jährige als „Held von Rio" Fußballgeschichte.

Martin Luther King (1929–1968) war ein US-amerikanischer Bürgerrechtler, der durch sein Engagement entscheidend zur Abschaffung der Rassentrennung in den USA beitrug. 1964 erhielt er dafür den Friedensnobelpreis. Im Jahr 1968 fiel er einem Attentat zum Opfer.

Chesley B. Sullenberger (geb. 1951) erlangte weltweit Berühmtheit, als dem Piloten 2009 zusammen mit seiner Crew die Notwasserung eines vollbesetzten Airbus A 320 auf dem Hudson River mitten in New York gelang. Damit rettete er nicht nur die 155 Passagiere an Bord, sondern bewahrte auch das dicht bevölkerte Manhattan vor einer Katastrophe.

In diesem Kapitel …

- beschäftigst du dich mit der Frage, was Helden in der Wirklichkeit und in der Literatur ausmacht.
- lernst du Balladen als spannende Erzählgedichte kennen.
- untersuchst du die besonderen Merkmale von Balladen.
- setzt du dich mit Balladen auseinander, indem du sie vorträgst, spielst oder Texte zu ihnen schreibst.

Merkmale einer Ballade kennen lernen

John Maynard *Theodor Fontane (1819–1898)*

John Maynard!

„Wer ist John Maynard?"

„John Maynard war unser Steuermann,
aus hielt er, bis er das Ufer gewann,
er hat uns gerettet, er trägt die Kron',
er starb für uns, unsre Liebe sein Lohn.
John Maynard."

*

Die „Schwalbe" fliegt über den Eriesee,
Gischt schäumt um den Bug wie Flocken von Schnee,
von Detroit fliegt sie nach Buffalo –
die Herzen aber sind frei und froh,
und die Passagiere mit Kindern und Fraun
im Dämmerlicht schon das Ufer schaun,
und plaudernd an John Maynard heran
tritt alles: „Wie weit noch, Steuermann?"
Der schaut nach vorn und schaut in die Rund:
„Noch dreißig Minuten … halbe Stund."

Alle Herzen sind froh, alle Herzen sind frei –
da klingt's aus dem Schiffsraum her wie Schrei,
„Feuer!", war es, was da klang,
ein Qualm aus Kajüt' und Luke drang,
ein Qualm, dann Flammen lichterloh,
und noch zwanzig Minuten bis Buffalo.

Und die Passagiere, bunt gemengt,
am Bugspriet[1] stehn sie zusammengedrängt,
am Bugspriet vorn ist noch Luft und Licht,
am Steuer aber lagert sich's dicht,
und ein Jammern wird laut: „Wo sind wir? Wo?"
Und noch fünfzehn Minuten bis Buffalo. –

1 der Bugspriet: Segelstange, die über den Bug (die Vorderseite) eines Schiffes hinausragt

Der Zugwind wächst, doch die Qualmwolke steht,
der Kapitän nach dem Steuer späht,
er sieht nicht mehr seinen Steuermann,
aber durchs Sprachrohr fragt er an:
„Noch da, John Maynard?“
„Ja, Herr. Ich bin.“
„Auf den Strand! In die Brandung!“
„Ich halte drauf hin.“
Und das Schiffsvolk jubelt: „Halt aus! Hallo!“
Und noch zehn Minuten bis Buffalo. – –

„Noch da, John Maynard?“ Und Antwort schallt's
mit ersterbender Stimme: „Ja, Herr, ich halt's!“
Und in die Brandung, was Klippe, was Stein,
jagt er die „Schwalbe“ mitten hinein.
Soll Rettung kommen, so kommt sie nur so.
Rettung: der Strand von Buffalo!

*

Das Schiff geborsten. Das Feuer verschwelt.
Gerettet alle. Nur einer fehlt!

*

Alle Glocken geh'n; ihre Töne schwell'n
himmelan aus Kirchen und Kapell'n,
ein Klingen und Läuten, sonst schweigt die Stadt,
ein Dienst nur, den sie heute hat:
Zehntausend folgen oder mehr,
und kein Aug' im Zuge, das tränenleer.

Sie lassen den Sarg in Blumen hinab,
mit Blumen schließen sie das Grab,
und mit goldner Schrift in den Marmorstein
schreibt die Stadt ihren Dankspruch ein:
„Hier ruht John Maynard! In Qualm und Brand
hielt er das Steuer fest in der Hand,
er hat uns gerettet, er trägt die Kron',
er starb für uns, unsre Liebe sein Lohn.
John Maynard.“

1 a) Was geht dir nach dem ersten Lesen der Ballade durch den Sinn? Notiere es.
b) Tauscht euch über eure ersten Eindrücke aus.

2 Tragt die Ballade „John Maynard“ mit verteilten Rollen vor. Orientiert euch an folgenden Schritten:

a) Überlegt und entscheidet:
- Welche Rollen gibt es?
- Wer übernimmt welche Rolle?
- Wie sollen die einzelnen Rollen gesprochen werden?
- Welche Stellen könnten im Chor gesprochen werden?

b) Bereitet den Text vor, indem ihr auf einer Kopie die Sprecher/-innen notiert und Betonungen und Pausen markiert.
Tipps & Hilfen (→ S. 312)

Betonungszeichen
Betonung: Unterstreichung
kurze Pause: |
längere Pause: ||

c) Übt euren Vortrag ein.

d) Besprecht im Anschluss an euren Vortrag, welche Wirkung er auf die Zuhörer/-innen hatte.

3 a) An drei Stellen ist die Ballade durch Sternchen unterteilt. Erkläre den möglichen Sinn.

b) Veranschauliche den Aufbau der Ballade in einer Skizze.
Tipps & Hilfen (→ S. 312)

c) Überlege, was die Begriffe „Rahmenhandlung“ und „Binnenhandlung“ bedeuten könnten, und beschreibe den Aufbau der Ballade mit diesen Begriffen.

4 Untersuche den Mittelteil der Ballade genauer: Wodurch entsteht hier die Spannung? Nenne Textstellen.
Tipps & Hilfen (→ S. 313)

5 Lies den folgenden Info-Kasten zur Ballade und belege mit dem Text, dass es sich bei „John Maynard“ um eine Ballade handelt.
Tipps & Hilfen (→ S. 313)

Info: Die Ballade

Balladen sind sogenannte **Erzählgedichte,** in denen meist ein dramatisches Geschehen dargestellt wird. Charakteristisch für eine Ballade ist, dass sie sowohl Merkmale einer **Erzählung** (Epik) als auch eines **Gedichts** (Lyrik) und eines **Theaterstücks** (Drama) in sich vereint.
- **Merkmale einer Erzählung:** Erzähler/-in, abgeschlossene Handlung, Spannung
- **Merkmale eines Gedichts:** Strophen, Verse, Reim, Metrum, bildliche Sprache
- **Merkmale eines Theaterstücks:** Dialoge, Monologe

6 Würdest du John Maynard als Helden bezeichnen? Begründe deine Ansicht.

7 a) Vergleiche die Handlung von „John Maynard“ mit folgenden Informationen zur Entstehungsgeschichte der Ballade.

b) Stelle Vermutungen an, warum Fontane in seiner Ballade Änderungen vorgenommen haben könnte.

Fontanes Ballade liegt vermutlich ein reales Unglück zugrunde: Am Abend des 9. August 1841 kurz nach acht Uhr das Passagierschiff „Erie“ bei der Fahrt über den Eriesee in Brand. Die meisten der über 200 Passagiere kamen bei der Schiffskatastrophe ums Leben. Luther Fuller, der Steuermann der „Erie“, hatte seinen Platz bis zuletzt nicht verlassen. Er überlebte schwer verletzt, erholte sich aber seelisch von dem furchtbaren Unglück nicht mehr. Er verfiel dem Alkohol und starb einsam in einem Armenhaus.

8 Lies folgenden Zeitungsbericht über die Notwasserung eines Passagierflugzeugs auf dem Hudson River in New York.
Vergleiche das Verhalten des Piloten Chesley Sullenberger mit dem Verhalten John Maynards in Fontanes Ballade.

9 Verfasse eine Ballade über Sullenbergers Tat.

Notwasserung auf dem Hudson River

Flugkapitän Sullenberger wusste, dass er ein Problem hatte, als er kurz nach dem Start seines Airbus A 320 am 15. Januar 2009 plötzlich Vögel vor der Scheibe seiner Pilotenkanzel herumflattern sah. Als Nächstes hörte er, wie sie in die Turbinen flatterten. Es knallte und das Flugzeug verlor sofort an Geschwindigkeit. Sullenberger fühlte sich, sagt er, als habe sich unter ihm eine Falltür geöffnet. „Ich dachte: Das glaub ich einfach nicht.“ An diesem Tag wurde Chesley Sullenberger zum Helden: Es gelang ihm und seiner Crew, das Flugzeug innerhalb von nicht einmal vier Minuten sicher auf dem Hudson zu landen, sodass alle fünf Crewmitglieder und alle 150 Passagiere überlebten. Sullenberger spielt seine Tat herunter. „Wir haben unseren Job gemacht“, sagt er. „Wir haben das getan, wofür wir ausgebildet waren.“ Chesley Sullenberger war selbstverständlich der Letzte, der von Bord ging – zuvor schritt er noch zweimal die Sitzreihen ab, um sicherzustellen, dass niemand zurückgeblieben war.

Eine Ballade untersuchen

Nis Randers *Otto Ernst (1862–1926)*

Krachen und Heulen und berstende Nacht,
Dunkel und Flammen in rasender Jagd –
Ein Schrei durch die Brandung!

Und brennt der Himmel, so sieht man's gut.
Ein Wrack auf der Sandbank! Noch wiegt es die Flut;
Gleich holt sich's der Abgrund.

Nis Randers lugt – und ohne Hast
Spricht er: „Da hängt noch ein Mann im Mast;
Wir müssen ihn holen."

Da fasst ihn die Mutter: „Du steigst mir nicht ein:
Dich will ich behalten, du bliebst mir allein,
Ich will's, deine Mutter!

Dein Vater ging unter und Momme, mein Sohn;
Drei Jahre verschollen ist Uwe schon,
Mein Uwe, mein Uwe!"

Nis tritt auf die Brücke[1]. Die Mutter ihm nach!
Er weist nach dem Wrack und spricht gemach[2]:
„Und seine Mutter?"

Nun springt er ins Boot und mit ihm noch sechs:
Hohes, hartes Friesengewächs;
Schon sausen die Ruder.

Boot oben, Boot unten, ein Höllentanz!
Nun muss es zerschmettern ...! Nein, es blieb ganz ...!
Wie lange? Wie lange?

1 die Brücke: *hier* Kommandozentrale auf einem Schiff
2 gemach: langsam

Mit feurigen Geißeln[3] peitscht das Meer
Die menschenfressenden Rosse daher;
Sie schnauben und schäumen.

Wie hechelnde Hast sie zusammenzwingt!
Eins auf den Nacken des andern springt
Mit stampfenden Hufen!

Drei Wetter zusammen! Nun brennt die Welt!
Was da? – Ein Boot, das landwärts hält –
Sie sind es! Sie kommen! – –

Und Auge und Ohr ins Dunkel gespannt ...
Still – ruft da nicht einer? – Er schreit's durch die Hand:
„Sagt Mutter, 's ist Uwe!“

3 die Geißel: Stab, an dessen Ende Schnüre befestigt sind und der als Peitsche dient

1 Welche der folgenden Aussagen treffen auf die Handlung der Ballade „Nis Randers“ zu? Begründe deine Antworten mit dem Text.

A Nis' Vater lebt nicht mehr.
B Nis' Mutter hat zwei Söhne.
C Nis' Boot geht unter.
D Nis gelingt es, den Mann aus dem Mast zu retten.
E Nis' Mutter wird am Ende belehrt.

2 Zeichne eine Spannungskurve zu „Nis Randers“. Notiere in Stichpunkten an der Kurve, was an zentralen Stellen der Handlung passiert.
Tipps & Hilfen (→ S. 313)

3 Handelt es sich bei „Nis Randers“ um eine Ballade? Begründe deine Einschätzung mithilfe des Info-Kastens auf Seite 168.

4 a) Untersuche die ersten beiden Verse genauer, indem du sie sprichst und dabei leise klatschst oder klopfst:
- Welche Silben sind betont, welche sind unbetont?
- Welches Muster lässt sich ablesen?
- Findest du dieses Muster auch in anderen Versen? Nenne Beispiele.

b) Informiere dich im Merkwissen (→ S. 185), wie dieses Muster (Metrum) heißt.

5 a) Welcher der folgenden Aussagen zum Rhythmus des Gedichts stimmst du zu? Begründe mit Beispielen aus dem Text.

A Der Rhythmus wirkt traurig.
B Der Rhythmus wirkt lebendig.
C Der Rhythmus wirkt treibend.

b) Passt der Rhythmus deiner Ansicht nach zum Inhalt der Ballade? Begründe.

6 Untersuche, wie die einzelnen Strophen der Ballade aufgebaut sind. Achte auch auf das Reimschema.

7 a) Wie wird in der Ballade „Nis Randers" mit sprachlichen Mitteln Spannung erzeugt? Ordne wie im Beispiel zu, durch welche sprachlichen Mitteln die jeweilige Wirkung erzielt wird.
1 D, 2 ...

b) Suche weitere Beispiele für sprachliche Mittel im Balladentext und erkläre ihre Wirkung.
Tipps & Hilfen (→ S. 313)

Wirkung		Beispiele für sprachliche Mittel
1 Die Gewalt der Natur und die Bedrohung der Menschenleben werden anschaulich dargestellt.	A	- Verwendung des Präsens - wörtliche Rede
2 Die Leser/-innen haben den Eindruck, Augenzeugen der Rettung zu sein.	B	- Verwendung des Präsens - Zeitadverbien wie „gleich" (V. 6), „nun" (V. 19, V. 23, V. 31) oder „schon" (V. 21) - Verben wie „sausen" (V. 21) - Ausrufe und Fragen wie „Nun muss es zerschmettern...!" (V. 23)
3 Die Dramatik der Rettungsaktion und der Zeitdruck, unter dem die Retter stehen, werden deutlich.	C	- wörtliche Rede in Form von Ausrufen (V. 10–15) - wiederholte direkte Anrede des Sohnes „Du steigst mir nicht ein: Dich will ich behalten ..." (V. 10 f.) - mehrfache Wiederholung des Namens „Uwe" (V. 14 und 15) - Fragen, z. B.: „Wie lange? Wie lange?" (V. 24) oder „Was da?" (V. 32)
4 Man erlebt mit, wie die Mutter am Ufer zwischen Angst und Hoffnung schwankt.	D	- Metapher „Höllentanz" für die Bootsfahrt (V. 22) - Wörter wie „Krachen" und „Heulen" (V. 1) - „feurige Geißeln" als Metapher für die Wellen (V. 25) - Personifikation der Wellen als „menschenfressende Rosse" (V. 26)

8 Überprüfe die folgende Aussage am Text und nenne Textstellen als Beleg.
„Nis stellt mit seinem Verhalten einen Gegenpol zu der angespannten und bedrohlichen Situation dar."

9 Stell dir vor, in der Lokalzeitung erscheint ein Bericht über das Ereignis in dieser Sturmnacht. Verfasse diesen Zeitungsbericht (→ S. 85).

Eine Ballade beschreiben

Beschreibung der Ballade „Nis Randers" von Otto Ernst

In der Ballade „Nis Randers" geht es um die Heldentat eines Einzelnen, der unter Einsatz seines eigenen Lebens das Leben anderer rettet.

In den ersten beiden Strophen wird eine Sturmnacht beschrieben. Menschen am Ufer hören Hilferufe aus einem Schiffswrack, das auf eine Sandbank gelaufen ist. Daraufhin beschließt Nis Randers, aufs Meer hinauszufahren und die Schiffbrüchigen zu retten (3. Strophe). Seine Mutter versucht verzweifelt, ihn davon abzuhalten, weil sie bereits ihren Mann und einen Sohn auf dem Meer verloren hat und ein weiterer Sohn – Uwe – vermisst ist (4. und 5. Strophe). Nis widersetzt sich dem Willen seiner Mutter und bricht zur Rettung der Gestrandeten auf.

Durch die Form und die sprachliche Gestaltung haben die Leser/-innen der Ballade den Eindruck, Augenzeugen der Rettung zu sein und das dramatische Geschehen mitzuerleben. Dazu trägt z. B. das Metrum bei. Dieses ist unregelmäßig, aber in zahlreichen Versen findet sich der Daktylus, der treibend wirkt und damit den Eindruck der Eile des Geschehens unterstreicht.

Auch die Verwendung des Präsens und die wörtliche Rede (z. B.: V. 8 f., V. 10–15) unterstützen diesen Eindruck. Die Bedrohung der Menschen durch die Gewalt der Natur kommt z. B. durch die Metapher „Höllentanz" (V. 22) zum Ausdruck.

1 Untersuche, wie die Balladenbeschreibung aufgebaut ist. Ordne dafür den einzelnen Absätzen der Beschreibung die folgenden Begriffe zu.

Untersuchung der Form
Beschreibung von Aufbau und Inhalt der Ballade
kurze Darstellung, worum es in der Ballade geht
Untersuchung der Sprache

2 a) Fasse in deinem Heft den Inhalt der sechsten bis zwölften Strophe zusammen.
b) Führe die Untersuchung der sprachlichen Gestaltung der Ballade fort, indem du deine Arbeitsergebnisse aus Aufgabe 7 (→ S. 172) in ganzen Sätzen ausformulierst. Du kannst folgende Formulierungshilfen nutzen.

… vermitteln den Eindruck • … unterstreichen • … betonen • … bewirken • … weisen darauf hin • … rufen … hervor • … verdeutlichen

Zum Schmökern, Schauen, Weiterdenken

Der Handschuh *Friedrich Schiller (1759–1805)*

Vor seinem Löwengarten,
Das Kampfspiel zu erwarten,
Saß König Franz,
Und um ihn die Großen der Krone,
Und rings auf hohem Balkone
Die Damen in schönem Kranz.

Und wie er winkt mit dem Finger,
Auf tut sich der weite Zwinger,
Und hinein mit bedächtigem Schritt
Ein Löwe tritt,
Und sieht sich stumm
Rings um,
Mit langem Gähnen,
Und schüttelt die Mähnen,
Und streckt die Glieder,
Und legt sich nieder.

Und der König winkt wieder,
Da öffnet sich behänd[1],
Ein zweites Tor,
Daraus rennt
Mit wildem Sprunge
Ein Tiger hervor,
Wie der den Löwen erschaut,
Brüllt er laut,
Schlägt mit dem Schweif
Einen furchtbaren Reif,
Und recket die Zunge,
Und im Kreise scheu
Umgeht er den Leu[2]
Grimmig schnurrend,
Drauf streckt er sich murrend
Zur Seite nieder.

Und der König winkt wieder,
Da speit das doppelt geöffnete Haus
Zwei Leoparden auf einmal aus,
Die stürzen mit mutiger Kampfbegier
Auf das Tigertier,
Das packt sie mit seinen grimmigen Tatzen,
Und der Leu mit Gebrüll
Richtet sich auf, da wird's still,
Und herum im Kreis,
Von Mordsucht heiß,
Lagern sich die gräulichen Katzen.

Da fällt von des Altans[3] Rand
Ein Handschuh von schöner Hand
Zwischen den Tiger und den Leu'n
Mitten hinein.

Und zu Ritter Delorges spottenderweis'
Wendet sich Fräulein Kunigund:
„Herr Ritter, ist eure Lieb' so heiß,
Wie Ihr mir's schwört zu jeder Stund,
Ei, so hebt mir den Handschuh auf."

1 behänd: schnell, rasch
2 der Leu: der Löwe
3 Altan: balkonartiger Anbau

Und der Ritter in schnellem Lauf
Steigt hinab in den furchtbar'n Zwinger
Mit festem Schritte,
Und aus der Ungeheuer Mitte
Nimmt er den Handschuh mit keckem Finger.

Und mit Erstaunen und mit Grauen
Sehen's die Ritter und Edelfrauen,
Und gelassen bringt er den Handschuh zurück,
Da schallt ihm sein Lob aus jedem Munde,
Aber mit zärtlichem Liebesblick –
Er verheißt ihm sein nahes Glück –
Empfängt ihn Fräulein Kunigunde.
Und er wirft ihr den Handschuh ins Gesicht:
„Den Dank, Dame, begehr' ich nicht",
Und verlässt sie zur selben Stunde.

1. Gliedere die Ballade in Sinnabschnitte und fasse für jeden Sinnabschnitt den Inhalt zusammen.
2. Versetze dich in die Hauptfiguren der Ballade:
   Was geht in Fräulein Kunigunde vor, als sie den Handschuh fallen lässt (V. 44 – 47)? Was denkt Ritter Delorges, als er Fräulein Kunigunde den Handschuh ins Gesicht wirft (V. 65)? Schreibe die Gedanken und Gefühle der beiden Hauptfiguren auf.
3. Setzt die „Handschuhszene" (ab Vers 44) szenisch um. Verdeutlicht in eurer Inszenierung durch Mimik, Gestik und Bewegung, wie die Figuren zueinander stehen und was in ihnen vorgeht.
4. Bewerte vor dem Hintergrund der folgenden Informationen das Verhalten von Ritter Delorges.

der Ritter: Im Mittelalter wurden von einem Ritter Eigenschaften wie Mut, Disziplin, Großzügigkeit und Mäßigung sowie ein entsprechendes ritterliches Verhalten erwartet. So musste er zum Beispiel um eine höher gestellte Frau werben und – durch Bewährung in verschiedenen Aufgaben – sein Ansehen und seine Ehre unter Beweis stellen. Um eine echte Liebesbeziehung ging es dabei nicht.

Bettlerballade *Conrad Ferdinand Meyer (1825–1898)*

Prinz Bertarit bewirtet Veronas Bettlerschaft
Mit Weizenbrot und Kuchen und edlem Traubensaft.
Gebeten ist ein jeder, der sich mit Lumpen deckt,
Der heischend[1] auf den Brücken der Etsch[2], die Rechte reckt.

Auf edlen Marmorsesseln im Saale thronen sie,
Durch Riss' und Löcher gucken Ellbogen, Zeh und Knie.
Nicht nach Geburt und Würden, sie sitzen grell gemischt,
Jetzt werden noch die Hasen und Hühner aufgetischt.

Der tastet nach dem Becher. Er durstet und ist blind.
Den Krüppel ohne Arme bedient ein frommes Kind.
Ein reizend stumpfes Näschen guckt unter struppschem Schopf,
Mit wildem Mosesbarte[3] prahlt ein Charakterkopf.

Die Herzen sind gesättigt. Beginne, Musica!
Ein Dudelsack, ein Hackbrett[4] und Geig und Harf ist da –
Der Prinz, noch schier ein Knabe, wie Gottes Engel schön,
Erhebt den vollen Becher und singt durch das Getön:

1 heischend die Rechte recken: betteln
2 die Etsch: Fluss in Norditalien
3 der Mosesbart: *hier* langer Bart eines alten Mannes
4 das Hackbrett: Musikinstrument

„Mit frisch gepflückten Rosen bekrön ich mir das Haupt,
Des Reiches ehrne[5] Krone hat mir der Ohm[6] geraubt.
Er ließ mir Tag und Sonne! Mein übrig Gut ist klein!
So will ich mit den Armen als Armer fröhlich sein!"

Ein Bettler stürzt ins Zimmer. „Grumell, wo kommst du her?"
Der Schreckensbleiche stammelt: „Ich lauscht' von ungefähr,
Gebettet an der Hofburg – Dein Ohm schickt Mörder aus,
Nimm meinen braunen Mantel!" Erzschritt[7] umdröhnt das Haus.

„Drück in die Stirn den Hut dir! Er schattet tief! Geschwind!
Da hast du meinen Stecken! Entspring, geliebtes Kind!"
Die Mörder nahen klirrend. Ein Bettler schleicht davon.
„Wer bist du? Zeig das Antlitz!" Gehobne Dolche drohn.

„Lass ihn! Es ist Grumello! Ich kenn das Loch im Hut!
Ich kenn den Riss im Ärmel! Wir opfern edler Blut!"
Sie spähen durch die Hallen und suchen Bertarit,
Der unter dunkelm Mantel dem dunkeln Tod entflieht.

Er fuhr in fremde Länder und ward darob zum Mann.
Er kehrte heim gepanzert. Den Ohm erschlug er dann.
Verona nahm er stürmend in rotem Feuerschein.
Am Abend lud der König Veronas Bettler ein.

5 ehern: eisern
6 der Ohm: der Onkel
7 der Erzschritt: die Schritte von Menschen in Eisenrüstungen

1 Wovon handelt diese Ballade? Zeichne einen Zeitstrahl, auf dem du die Ereignisse in ihrer zeitlichen Reihenfolge stichpunktartig einträgst.

2 a) Prüfe kritisch, ob folgende Definition deinem Verständnis von Heldentum entspricht. Ergänze bei Bedarf Fehlendes.
b) Ist Bertarit ein Held? Begründe.

> **Held**, der; Person, die sich in bewundernswert mutiger Weise persönlich einsetzt

3 Stell dir vor, du bist Geschichtsschreiber/-in der Stadt Verona und erhältst den Auftrag, das Kapitel über König Bertarit zu verfassen. Schreibe diesen Eintrag.

Der Handstand auf der Loreley *Erich Kästner (1899–1974)*

*Die **Loreley** ist ein steil aufragender Felsen, der sich am Ufer einer sehr engen Rheinkurve befindet. Aufgrund des dort sehr stark ausgeprägten Echos und wegen häufiger Schiffsunglücke an dieser Stelle ranken sich zahlreiche Sagen um diesen Ort. Einer Sage nach sitzt oben auf diesem Felsen die singende Loreley und kämmt ihr langes blondes Haar. Mit ihrem Gesang und ihrer Schönheit zieht sie die Schiffer in ihren Bann, woraufhin diese durch die gefährliche Strömung und die Felsenriffe umkommen.*

Nach einer wahren Begebenheit
Die Loreley, bekannt als Fee und Felsen,
ist jener Fleck am Rhein, nicht weit von Bingen,
wo früher Schiffer mit verdrehten Hälsen,
von blonden Haaren schwärmend, untergingen.

Wir wandeln uns. Die Schiffer inbegriffen.
Der Rhein ist reguliert und eingedämmt.
Die Zeit vergeht. Man stirbt nicht mehr beim Schiffen,
bloß weil ein blondes Weib sich dauernd kämmt.

Nichtsdestotrotz geschieht auch heutzutag noch manches,
was der Steinzeit ähnlich sieht.
So alt ist keine deutsche Heldensage,
dass sie nicht doch noch Helden nach sich zieht.

Erst neulich machte auf der Loreley
hoch überm Rhein ein Turner einen Handstand!
Von allen Dampfern tönte Angstgeschrei,
als er kopfüber oben auf der Wand stand.

Er stand, als ob er auf dem Barren stünde.
Mit hohlem Kreuz. Und lustbetonten Zügen.
Man frage nicht: Was hatte er für Gründe?
Er war ein Held. Das dürfte wohl genügen.

Er stand, verkehrt, im Abendsonnenscheine.
Da trübte Wehmut seinen Turnerblick.
Er dachte an die Loreley von Heine.
Und stürzte ab. Und brach sich das Genick.

Er starb als Held. Man muss ihn nicht beweinen.
Sein Handstand war vom Schicksal überstrahlt.
Ein Augenblick mit zwei gehobnen Beinen
ist nicht zu teuer mit dem Tod bezahlt!

P. S. Eins wäre allerdings noch nachzutragen:
Der Turner hinterließ uns Frau und Kind.
Hinwiederum, man soll sie nicht beklagen.
Weil im Bezirk der Helden und der Sagen
die Überlebenden nicht wichtig sind.

1. Ist der Turner deiner Meinung nach ein Held? Begründe.
2. Überprüfe, ob Kästners Gedicht eine Ballade ist. Nutze das Merkwissen auf Seite 185.
3. Welche Haltung nimmt der Erzähler zum Geschehen ein? Wie berichtet er darüber? Erkläre deine Einschätzung anhand geeigneter Textstellen.

Kaspar *Reinhard Mey (*1942)*

Sie sagten, er käme von Nürnberg her und er spräche kein Wort.
Auf dem Marktplatz standen sie um ihn her und begafften ihn dort.
Die einen raunten: „Er ist ein Tier",
Die andern fragten: „Was will der hier?"
Und dass er sich doch zum Teufel scher'. „So jagt ihn doch fort!"

Sein Haar in Strähnen und wirre, sein Gang war gebeugt.
„Kein Zweifel, dieser Irre ward vom Teufel gezeugt."
Der Pfarrer reichte ihm einen Krug
voll Milch, er sog in einem Zug.
„Er trinkt nicht vom Geschirre, den hat die Wölfin gesäugt!"

Mein Vater, der in uns'rem Orte Schulmeister war,
Trat vor ihn hin, trotz böser Worte rings aus der Schar;
Er sprach zu ihm ganz ruhig, und
Der Stumme öffnete den Mund
Und stammelte die Worte: „Heiße Kaspar."

Mein Vater brachte ihn ins Haus, „Heiße Kaspar!"
Meine Mutter wusch seine Kleider aus und schnitt ihm das Haar.
Sprechen lehrte mein Vater ihn,
Lesen und schreiben, und es schien,
Was man ihn lehrte, sog er in sich auf – wie gierig er war!

Zur Schule gehörte derzeit noch das Üttinger Feld.
Kaspar und ich pflügten zu zweit, bald war alles bestellt;
Wir hegten, pflegten jeden Keim,
Brachten im Herbst die Ernte ein,
Von den Leuten vermaledeit[1], von deren Hunden verbellt.

Ein Wintertag, der Schnee lag frisch, es war Januar.
Meine Mutter rief uns: „Kommt zu Tisch, das Essen ist gar!"
Mein Vater sagte: „ … Appetit",
Ich wartete auf Kaspars Schritt,
Mein Vater fragte mürrisch: „Wo bleibt Kaspar?"

1 vermaledeit: verwünscht, verflucht, verdammt

Wir suchten, und wir fanden ihn auf dem Pfad bei dem Feld.
Der Neuschnee wehte über ihn, sein Gesicht war entstellt,
Die Augen angstvoll aufgerissen,
Sein Hemd war blutig und zerrissen.
Erstochen hatten sie ihn, dort am Üttinger Feld!

Der Polizeirat aus der Stadt füllte ein Formular.
„Gott nehm' ihn hin in seiner Gnad", sagte der Herr Vikar[2].
Das Üttinger Feld liegt lang schon brach[3],
Nur manchmal bell'n mir noch die Hunde nach,
Dann streu ich ein paar Blumen auf den Pfad, für Kaspar.

2 der Vikar: angehender Pastor/Pfarrer
3 brach liegen: nicht genutzt werden

1. Welche Geschichte wird hier erzählt und wer erzählt uns diese Geschichte? Belege deine Aussagen am Text.
2. Bei der Ballade „Kaspar" handelt es sich eigentlich um eine gesungene Ballade. Hör dir eine Aufnahme im Internet an und vergleiche die gesungene Fassung mit der hier abgedruckten: Welche Veränderungen stellst du fest? Welche Wirkung haben diese Veränderungen?
3. Verfasse aus der Sicht eines Zeitgenossen einen Zeitungsbericht anlässlich des Mords an Kaspar Hauser. Nutze dafür Informationen aus der Ballade und aus dem folgenden Lexikoneintrag.

Hauser, Kaspar:
geboren (nach eigenen Angaben) 30.04.1812, gestorben in Ansbach 17.12.1833; tauchte 1828 in Nürnberg auf. Angeblich war er allein in einem dunklen Raum aufgewachsen. Des Findlings, dessen geistige Entwicklung begrenzt blieb, nahm sich besonders der Rechtsgelehrte Anselm von Feuerbach an. Früh tauchte die Behauptung auf, er sei ein von der Gräfin von Hochberg beiseitegeschaffter Erbprinz von Baden (1996 durch Genanalyse widerlegt). Hauser starb an den Folgen einer am 14.12.1833 erlittenen Stichwunde.

Nur noch kurz die Welt retten

*(Songtext) Tim Bendzko (*1985)*

Ich wär so gern dabei gewesen,
Doch ich hab viel zu viel zu tun,
Lass uns später weiterreden.

Da draußen brauchen sie mich jetzt,
Die Situation wird unterschätzt,
Und vielleicht hängt unser Leben davon ab.

Ich weiß, es ist dir ernst,
Du kannst mich hier grad nicht entbehrn,
Nur keine Angst, ich bleib nicht allzu lange fern.

Muss nur noch kurz die Welt retten,
Danach flieg ich zu dir.
Noch hundertachtundvierzig Mails checken,
Wer weiß, was mir dann noch passiert,
Denn es passiert so viel.
Muss nur noch kurz die Welt retten
Und gleich danach bin ich wieder bei dir.

Irgendwie bin ich spät dran,
Fang schon mal mit dem Essen an.
Ich stoß dann später dazu.

Du fragst, wieso, weshalb, warum?
Ich sag, wer so was fragt, ist dumm.
Denn du scheinst wohl nicht zu wissen, was ich tu.

'ne ganz besondere Mission,
Lass mich dich mit Details verschon'n
Genug gesagt, genug Informationen.

Muss nur noch kurz die Welt retten,
Danach flieg ich zu dir.
Noch hundertachtundvierzig Mails checken,
Wer weiß, was mir dann noch passiert,
Denn es passiert so viel.
Muss nur noch kurz die Welt retten
Und gleich danach bin ich wieder bei dir.

Die Zeit läuft mir davon,
Zu warten wäre eine Schande für die ganze
Weltbevölkerung.
Ich muss jetzt los, sonst gibt's die große
Katastrophe,
Merkst du nicht, dass wir in Not sind.

Ich muss jetzt echt die Welt retten,
Danach flieg ich zu dir.
Noch hundertachtundvierzigtausend-
siebenhundertdreizehn Mails checken,
Wer weiß, was mir dann noch passiert,
Denn es passiert so viel.
Muss nur noch kurz die Welt retten,
Danach flieg ich zu dir.
Noch 148.713 Mails checken,
Wer weiß, was mir dann noch passiert,
Denn es passiert so viel.
Muss nur noch kurz die Welt retten,
Und gleich danach bin ich wieder bei dir.

1. Ist der Sprecher dieses Textes ein Held? Erkläre, wie du ihn dir vorstellst.
2. Handelt es sich bei dem Text um eine Ballade? Begründe deine Ansicht mithilfe des Info-Kastens auf Seite 168.
3. Suche einen aktuellen Songtext, bei dem du Elemente einer Ballade erkennst. Stelle den Text deiner Klasse vor.

1797 – Das Balladenjahr

Das Jahr 1797 wird oft das „Balladenjahr“ genannt. Dazu kam es so: Drei Jahre nachdem sich die beiden Dichter Johann Wolfgang von Goethe und Friedrich Schiller persönlich kennen gelernt hatten, traten sie in einen Balladenwettstreit. Sie wollten für eine Literaturzeitschrift, die 1798 erscheinen sollte, möglichst viele ihrer gemeinsamen Ideen in die Form von Balladen bringen. Die meisten ihrer Balladen sind deshalb im Jahre 1797, dem sogenannten Balladenjahr, entstanden.

Es ging den beiden Dichtern in ihrem Wettstreit nicht nur darum, wer von ihnen die schönsten Balladen dichten kann. Hauptsächlich wollten sie während der Arbeit gemeinsam lernen, wie man die besten Balladen gestaltet. Also sammelten sie erst miteinander Ideen und Themen und teilten sie dann auf. War eine Ballade fertig, schickten sie sie sofort dem anderen, um dessen Meinung zu hören.

Schiller und Goethe bemühten sich in ihren Balladen darum, ihrer Leserschaft Lehren für ein gutes und moralisches Verhalten zu vermitteln.

In Schillers Texten geschieht dies, indem er einen Helden in einer Konfliktlage zeigt, aus der er durch Mut oder eine andere Tugend[1] einen Ausweg findet. Beispiele hierfür sind „Der Handschuh“, „Der Ring des Polykrates“, „Die Kraniche des Ibykus“. Solche Balladen werden Ideenballaden genannt.

Goethe lässt seine Balladen oft in der Geister- oder Götterwelt spielen, z. B. „Der Zauberlehrling“, „Die Braut von Korinth“, „Der Gott und die Bajadere“. Unter Schillers Einfluss schrieb er jedoch auch Ideenballaden.

Ein Briefwechsel zwischen Goethe und Schiller zeigt, dass die 1797 entstandenen Balladen nur durch den Austausch und die vertrauensvolle Freundschaft der beiden gelingen konnten. Die Briefe drücken eine große Freude an der gemeinsamen Arbeit aus.

1 die Tugend: edle Eigenschaft

1. Überprüfe, welche der folgenden Aussagen korrekt ist. Nenne Textstellen als Beleg.

   A Im Balladenwettstreit ging es darum, wer die besten Balladen schreibt.
   B Im Balladenwettstreit wollten Goethe und Schiller gemeinsam erproben, wie man die besten Balladen gestaltet.

2. Erkläre in eigenen Worten, was eine Ideenballade ist.
3. Prüfe, welche Balladen in diesem Kapitel Ideenballaden sind. Begründe.

Balladen untersuchen

Untersuche eine Ballade anhand folgender Aspekte und Leitfragen. Ziel der Untersuchung ist immer, die Wirkung der Ballade auf die Leser/-innen oder Zuhörer/-innen zu erklären.

Aspekte	Leitfragen	Beispiele
Inhalt	- Wovon handelt die Ballade? - An welchem Ort / welchen Orten und zu welcher Zeit spielt die Handlung? - Welche Figuren treten auf?	*In der Ballade „Nis Randers" geht es um die Heldentat eines Einzelnen, der unter Einsatz des eigenen Lebens andere rettet. […]*
Aufbau	- Was passiert in den einzelnen Strophen? - Gibt es einen Höhe- und Wendepunkt? - Bringt der Schluss eine unerwartete Wendung?	*In den ersten beiden Strophen wird eine Sturmnacht beschrieben. […]* *Erst im letzten Vers zeigt sich, dass der Einsatz von Erfolg gekrönt ist. […]*
Form	- Wie viele Strophen und Verse gibt es? - Gibt es ein Reimschema, z. B.: Paarreim: aa bb, Kreuzreim: ab ab, umarmenden Reim: ab ba? - Ist ein Metrum erkennbar, z. B.: Jambus: x x́ x x́ x x́ Trochäus: x́ x x́ x x́ x Daktylus: x́ x x x́ x x x́ x x	*Die Ballade ist in zwölf Strophen mit je drei Versen unterteilt. Während die ersten beiden Verse jeweils durch einen Paarreim verbunden sind, steht der letzte Vers für sich. […]* x́ x x x́ x x x́ x x x́ *Krachen und Heulen und berstende Nacht (V. 1, Daktylus)*
Sprache	- Treten bestimmte Satzarten, z. B. Fragesätze, gehäuft auf? - Gibt es Auffälligkeiten im Satzbau, z. B. Ellipsen? - Werden bestimmte Wörter häufiger wiederholt? - Treten Wörter aus einem bestimmten Wortfeld gehäuft auf? - Werden Vergleiche, Metaphern oder Personifikationen verwendet?	*„Wie lange? Wie lange?" (V. 24)* *„Ein Schrei durch die Brandung!" (V. 3)* *„Mein Uwe, mein Uwe!" (V. 15)* *„Krachen", „Heulen" (V. 1); Flammen, brennen, feurig* *„ein Höllentanz" (V. 22 Metapher für die Bootsfahrt auf dem stürmischen Meer)*

9 Vom Buchdruck zum E-Book

Sachtexte erschließen und materialgestützt informieren

Wusstest du, dass …

- als älteste Vorläufer des Buches Papyrusrollen der Ägypter angesehen werden, die dort bereits im 3. Jahrtausend vor Christus entstanden sind?
- der Deutsche Johannes Gutenberg häufig als Erfinder des Buchdrucks genannt wird, obwohl diese Erfindung schon ungefähr 200 Jahre zuvor in Korea gemacht wurde?
- eines der kostbarsten Bücher der Welt der „Codex Manesse" ist? Dabei handelt es sich um eine Handschrift aus dem Mittelalter, die für eine Ausstellung für 50 Millionen Euro versichert wurde.
- die Bibel das am weitesten auf der Welt verbreitete Buch ist? Sie wurde in 511 Sprachen übersetzt.
- es in Japan Handyromane gibt, die man nur auf dem Handy lesen kann?
- es laut einer Berechnung von Google ungefähr 130.000.000 verschiedene Buchtitel auf der Welt gibt?
- ein Buch mindestens 48 Seiten haben muss, um als Buch bezeichnet zu werden?
- seit 1995 am 23. April der Welttag des Buches gefeiert wird?

1. a) Formuliere mindestens drei Fragen, die dich zum Thema „Buch" interessieren.
   b) Sammle Ideen, wo du Antworten auf deine Fragen finden könntest.
2. Welche Bedeutung haben Bücher und E-Books für dich? Wann, wo und wie liest du? Tausche dich mit deinen Mitschülerinnen und Mitschülern darüber aus.

In diesem Kapitel ...

- erfährst du etwas über die Geschichte des Buches.
- wiederholst du bekannte Strategien zur Erschließung von Sachtexten und lernst weitere Strategien kennen.
- nutzt du Informationen aus verschiedenen Sachtexten, um materialgestützt über ein Thema zu informieren.

Diagramme und Texte mithilfe bekannter Strategien erschließen

Interessantes und Wissenswertes rund ums Buch

Material 1 Bücher* lesen 2015

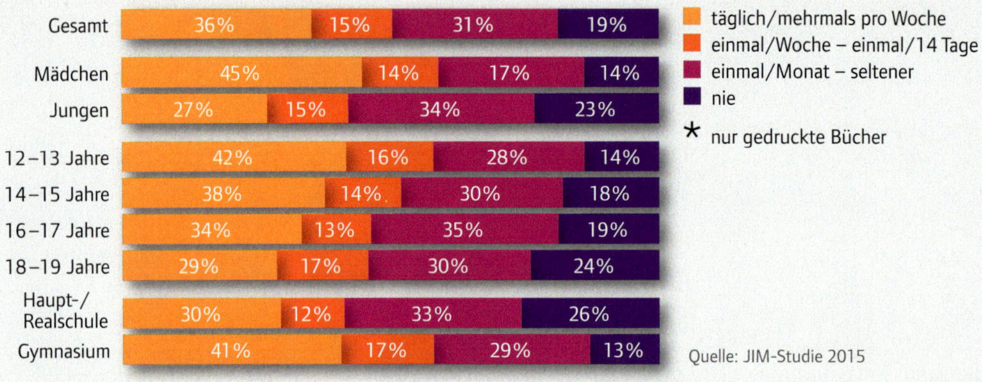

Quelle: JIM-Studie 2015

Material 2 Jeder Vierte liest E-Books

Quelle: Bitkom-Studie

Material 3 Der deutsche Büchermarkt

Umsatzanteile der einzelnen Warengruppen im Buchhandel in Deutschland 2013

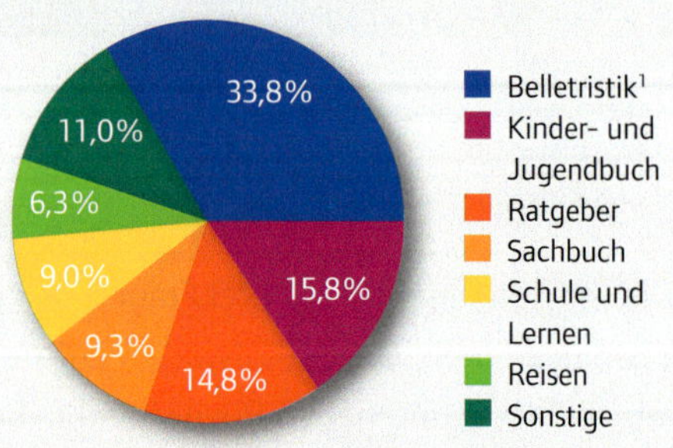

Quelle: Börsenverein des Deutschen Buchhandels

Material 4 Wichtigkeit der Medien 2015

Jugendliche im Alter zwischen 12 und 19 Jahren

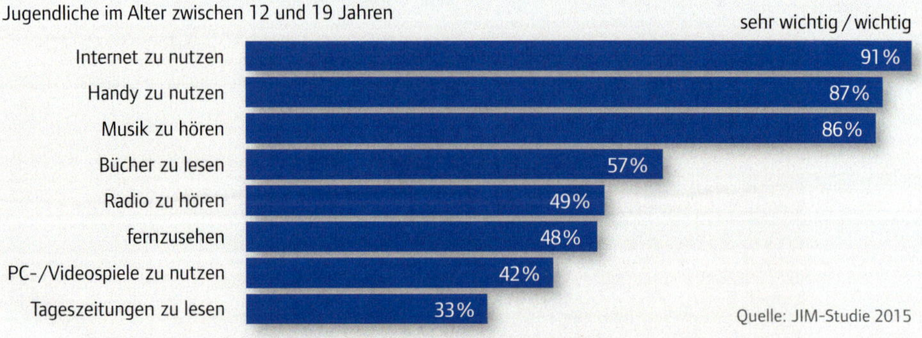

Quelle: JIM-Studie 2015

1 die Belletristik: unterhaltsame und spannende Literatur

Material 5 Massenkommunikation 2015 Nutzungsdauer bei 14- bis 29-Jährigen (Minuten / Tag)

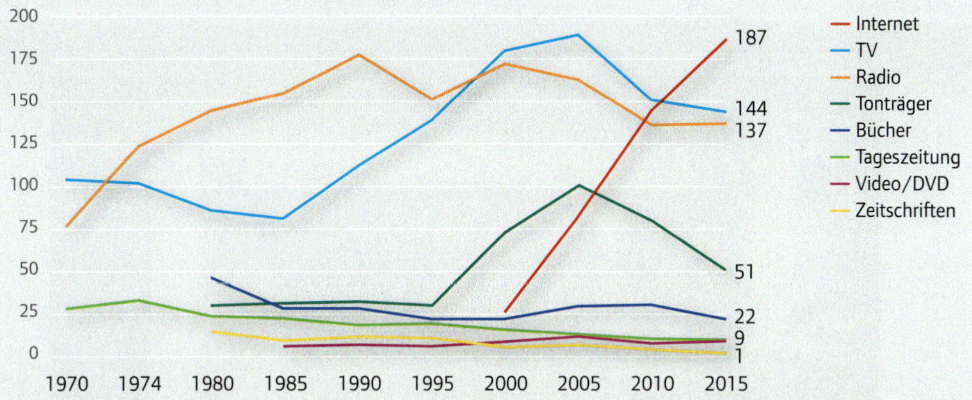

Quelle: ARD/ZDF-Langzeitstudie Massenkommunikation 1970–2015

1 a) Wähle ein Diagramm aus und erläutere es deinen Mitschülerinnen und Mitschülern.
b) Diskutiert: Welche Informationen sind für euch neu? Welche überraschen euch? Welche Ergebnisse hättet ihr erwartet?

2 Verfasse einen kurzen Informationstext, in dem du das von dir ausgewählte Diagramm erläuterst. Orientiere dich an den Schritten im Info-Kasten.
Tipps & Hilfen (→ S. 314)

3 a) E-Book oder gedrucktes Buch? Startet eine Blitzumfrage zu folgenden Fragen:
- Wie viele von euch lesen nur gedruckte Bücher?
- Wie viele lesen ausschließlich E-Books?
- Wie viele lesen sowohl E-Books als auch gedruckte Bücher?
- Wie viele lesen weder E-Books noch gedruckte Bücher?

b) Erstellt mit euren Umfrageergebnissen aus Aufgabe a) ein Säulendiagramm nach dem Muster von Material 2. Verwendet anstelle von Prozentangaben absolute Zahlen.

Info: Diagramme lesen und auswerten

1. **Schritt: Verschaffe dir einen Überblick:** Lies die Überschrift oder Unterschrift und benenne das Thema in eigenen Worten. Kläre, woher die Informationen stammen.
2. **Schritt: Untersuche die Angaben genauer:** Benenne die Art des Diagramms und kläre die Maßeinheiten. Achte auch auf zusätzliche Erklärungen.
3. **Schritt: Beschreibe die einzelnen Angaben und werte sie aus:** Welches ist der höchste / der niedrigste Wert? Was ist besonders auffällig oder überrascht dich? Welche Entwicklung kannst du ablesen?
4. **Schritt: Fasse die Ergebnisse in eigenen Worten zusammen.**
5. **Schritt: Stelle weitere Überlegungen zu deinen Ergebnissen an:** Kannst du Ursachen für die Einzelergebnisse angeben? Gibt es Ergebnisse, die du nicht nachvollziehen kannst? Lassen sich Schlussfolgerungen aus den Ergebnissen ableiten?

Material 6 Dank E-Books lese ich mehr und kaufe weniger *Kathrin Passig*

Im Jahr 2009 las ich 30 Bücher, allesamt auf Papier. Die damals erhältlichen E-Reader wirkten so attraktiv wie Schwarz-Weiß-Fernseher, und ich sehnte mich nicht nach einem weiteren herumzutragenden Gadget[1]. Im Sommer 2010 stellte Amazon die Kindle-Software gratis auch für andere Geräte zur Verfügung, Anfang Oktober kaufte ich mein erstes E-Book. Im darauffolgenden Jahr las ich 40 Bücher, im Jahr 2012 waren es 74, 2013 werden es – extrapoliert[2] aus der Lektüre der ersten vier Monate – etwas über 80 sein. Ich lese also derzeit etwa doppelt so viele Bücher wie vor dem Umstieg. […]

← Entwicklung des Leseverhaltens

Der Autor und Software-Entwickler André Spiegel berichtete 2011 unter dem Titel „Lesen im Dunkeln“ von seinen eigenen Erkenntnissen im Umgang mit dem E-Book: „Was mir nicht auffiel, als ich die Stärken des gedruckten Buchs aufzählte – obwohl es tatsächlich unbestreitbare Stärken sind –, waren die Stärken des elektronischen. Ein gedrucktes Buch darf in den Sand fallen, ein E-Book lieber nicht – geschenkt. Aber ein E-Book kann man im Dunkeln lesen. Vielleicht war es um mich geschehen, als mir das klar wurde.“ Das E-Book leuchtet nicht nur im Dunkeln, es klappt auch nicht von alleine zu, man muss es also nicht mit den Zehen offen halten, wenn man beim Essen lesen möchte. Es fügt sich viel geschmeidiger als das Papierbuch in meinen Alltag ein. […] Alle in der jüngeren Vergangenheit gelesenen Bücher trage ich immer mit mir herum und kann sie bei Bedarf durchsuchen. […]

← ...

1 das Gadget: technisches Gerät, technische Spielerei
2 extrapoliert: hochgerechnet

Das klingt auf den ersten Blick nach guten Nachrichten für die Buchbranche. Auf den zweiten Blick verdient sie heute weniger an mir als selbst in meinen buchlosen Jahren. Ich kaufe nicht mehr auf Vorrat, weil sich die gefürchtete Lücke zwischen dem Ende eines Buchs und dem Beginn des nächsten jederzeit schließen lässt. Wo ich früher aus spontaner Begeisterung für ein Thema oder aus Treue zum Autor Bücher unbesehen kaufte und dann nie über das zweite Kapitel hinauskam, genügt mir heute die kostenlose Leseprobe. Weil ich mich mithilfe der Leseprobe nur auf überdurchschnittlich verheißungsvolle Bücher einlasse, lese ich außerdem fast alles Gekaufte auch zu Ende. Das ist schön für die Autoren, aber weniger erfreulich für Verleger und Händler. Aus deren Sicht war mein früheres Kundenverhalten viel attraktiver: Wer viel kauft und nicht zu Ende liest, kommt schneller zurück, um mehr zu kaufen.

Mein Kauf- und Leseverhalten ist nicht nur für Amazon, sondern auch für mich transparent geworden, und diese Transparenz hat Folgen. Ich weiß jetzt, dass ich geschenkte Bücher so gut wie nie lese – ebenso wenig wie sämtliche E-Books, die ich nur heruntergeladen habe, weil sie kostenlos waren. Weil ich andere Menschen verdächtige, es genauso zu halten, verschenke ich weniger Bücher als früher.

1 Erschließe den Text mithilfe folgender Strategien:
- **Sich einen Überblick verschaffen:** Überfliege den Text und erkläre die Überschrift.
- **Einen Text gliedern:** Formuliere zu jedem Absatz des Textes eine Zwischenüberschrift und notiere sie auf einem Klebezettel. Hefte den Klebezettel an entsprechender Stelle wie im Beispiel neben den Text.
  Tipps & Hilfen (→ S. 314)
- **Informationen markieren:** Markiere mithilfe einer Überdeckfolie die genannten Vorteile eines E-Books.
- **Unbekannte Begriffe klären:** Kläre unbekannte Begriffe aus dem Textzusammenhang. Schlage nach, wenn du unsicher bist.
  Tipps & Hilfen (→ S. 314)

2 a) Übertrage die folgende Tabelle in dein Heft. Notiere in der linken Spalte die im Text genannten Vorteile eines E-Books.
b) Ergänze in der rechten Spalte die Vorteile eines gedruckten Buches aus deiner Sicht.
Tipps & Hilfen (→ S. 314)

Vorteile eines E-Books	Vorteile eines gedruckten Buches
...	...

3 Verfasse einen kurzen Text über die Vorteile eines gedruckten Buches.

Strategie: Textinhalte in anderer Form darstellen

Material 7 Dein Buch liest dich *Lara Fritzsche*

Die Geheimdienste kontrollieren unsere Mails, unsere Telefonate. Und wenn wir ein E-Book lesen, geht die Überwachung weiter – das könnte die Literatur für immer verändern.

Besonders schön ist der Satz nicht und inhaltlich auch eher schwach: „Manchmal passieren den Menschen Dinge, für die sie nicht gewappnet sind." Trotzdem ist das der momentan beliebteste Fetzen Literatur. Fast 30 000 Leser haben ihn sich markiert. Er steht in dem Buch „Die Tribute von Panem". Und noch mehr weiß man über die Leser dieser Romantrilogie: Sobald sie Buch eins zu Ende gelesen haben, besorgen sie schon Band zwei. Das dritte und letzte Buch der Reihe lesen sie im Durchschnitt in nur sieben Stunden komplett durch. 57 Seiten schaffen sie dann pro Stunde. Pro Minute macht das 0,95 Seiten.

Für Verlage und Autoren sind das neue Informationen. Bis heute hatten sie keinen Einblick ins Leseverhalten der Käufer. Sie wussten nicht, ob die das Buch gleich nach dem Kauf zu lesen beginnen oder erst mal liegen lassen, ob sie es verschlingen oder womöglich nach der Einleitung schon wieder ins Regal stellen. Seit es E-Books gibt, erhalten sie Einblick ins Leseverhalten der Käufer. Der Leser wird gläsern. Alles was er mit dem digitalen Buch macht, wird gespeichert – und Eigentum von großen E-Book-Verlagen wie Amazon, Google oder Apple. In den Nutzungsbedingungen muss man dem zustimmen, bevor man ein Buch runterladen kann. Auch in Deutschland. So wissen die Verlage etwa, um wie viel Uhr der Leser seinen E-Book-Reader in die Hand nimmt und zu lesen beginnt. Wie lange er im Durchschnitt liest. An welchen Stellen er verweilt. Wo er aus dem Buch aussteigt. Und auch: Welche Sätze oder Passagen ihm besonders viel bedeuten, also was er in welchem Buch markiert oder gar kommentiert.

Früher war Lesen etwas Intimes[1], was zwischen dem Leser und dem Buch stattfand und wovon es kein Protokoll gab. Was zurückblieb, waren Markierungen im Text, Notizen am Rand, gewelltes Papier an den Stellen, auf die Tränen getropft waren, und eingeknickte Ecken auf den Seiten, an denen man Lesepausen gemacht hatte. Aber diese Zeugnisse verschwanden mit dem Buch im Regal. [...]

1 das Intime: etwas sehr Vertrautes, das für andere oft verborgen bleibt

Über andere Medienkonsumenten weiß man schon lange alles. Über den Fernsehzuschauer, in welcher Sekunde er umschaltet, und vom Radiohörer, wann er zum nächsten Sender wechselt. Bevor ein Film ins Kino kommt, wird er Fokusgruppen gezeigt, also sechs bis acht Menschen, die zur Zielgruppe gehören. Wenn er denen nicht gefällt, kann es sogar vorkommen, dass die Handlung noch mal verändert wird. Zeitschriften erscheinen nur, wenn sie vor solchen Fokusgruppen bestanden haben. Aber Bücher, die werden geschrieben und kommen auf den Markt. Ob sie laufen oder nicht, alles basiert allein auf den Erfahrungswerten von Literaturagenten und Lektoren. Aber die verschätzen sich auch mal. […]

Inzwischen können Verlage den Geschmack ihrer Leser besser vorhersagen […], denn E-Book-Reader […] werden immer beliebter. […] Einige Verlage haben auf der Basis der Nutzerdaten schon Grundsätzliches verändert: Der größte amerikanische Buchhändler Barnes & Noble etwa hat nun, da er weiß, dass Leser von Sachbüchern dazu neigen, nur den Anfang und das Ende jedes Kapitels zu lesen, eine neue digitale Sachbuchreihe aufgelegt: Hier wird nicht mehr ausgiebig ein Thema pro Buch behandelt, sondern mehrere völlig unterschiedliche. […] So langweilt sich der Leser nicht so schnell.

1. Überfliege den Text und erkläre den Titel „Dein Buch liest dich".
2. Arbeite mit einer Überdeckfolie oder einer Kopie:
   a) Markiere alle Informationen, die etwas über die Auswirkungen des „gläsernen Lesers" für die Verlage aussagen.
   b) Markiere in einer anderen Farbe die Informationen, aus denen sich die Auswirkungen auf die Leser/-innen schlussfolgern lassen.
   c) Übertrage die Mindmap in dein Heft und ergänze sie in Stichpunkten mit den Informationen aus den Aufgaben a) und b).
   Tipps & Hilfen (→ S. 314 f.)

3. Diskutiert, inwiefern die „Überwachung" durch E-Books Einfluss auf die Literatur haben könnte.

Strategie: Informationen aus verschiedenen Informationsquellen verknüpfen

Material 8 Die Erfindung des Buchdrucks *Björn Bossmann*

Kinderbücher, Comics, Zeitungen oder Fußball-Sammelbilder – den Grundstein für vieles, was wir heute lesen, legte vor fast 600 Jahren Johannes Gutenberg. Der Mainzer erfand etwas, was das Leben vieler Menschen veränderte.

Johannes Gutenberg (eigentlich Johannes Gensfleisch) wurde um 1400 in Mainz geboren und starb dort am 3. Februar 1468. Er entwickelte um 1450 den Druck mit beweglichen Lettern. Sein Hauptwerk war die sogenannte „Gutenberg-Bibel", die zwischen 1452 und 1454 entstand.

Herstellung von → Druckplatten zur Zeit Gutenbergs

In der Zeit vor Gutenbergs Erfindung war die Herstellung von Büchern eine mühsame Sache. Das ging so: Handwerker nahmen meist Holzblöcke oder Holzplatten als Vorlage für den Druck. Mit ihren Schneidewerkzeugen übertrugen sie einen Text Seite für Seite und Buchstaben für Buchstaben auf die Holzblöcke. Deshalb heißt das Verfahren auch „Holzschnitt". Die Buchdrucker mussten die Buchstaben spiegelverkehrt in die Blöcke schneiden, damit der Text auf dem gedruckten Blatt richtig herum erschien.

Nachdem sie den Text auf die Holzblöcke übertragen hatten, schnitten die Drucker die Flächen um die einzelnen Buchstaben aus dem Holz heraus. Dann tränkten sie faustgroße Lederbälle in Druckerschwärze, mit denen sie die Farbe auftrugen. Pressten sie nun ein Blatt Papier flach auf den Holzblock, gaben nur die hervorstehenden Buchstaben Farbe an das Papier ab, nicht jedoch die tiefer liegenden Zwischenräume. So konnten Einzelseiten gedruckt und Bücher vervielfältigt werden. Die Nachteile: Das Verfahren dauerte lange, die Holzplatten nutzten sich schnell ab und für jede Seite war eine eigene Vorlage erforderlich.

Gutenbergs Druckverfahren funktioniert ähnlich. Doch er hatte die gute Idee, den Text in seine Bestandteile zu zerlegen – in sogenannte Lettern. Gemeint sind damit Groß- und Kleinbuchstaben, Zahlen und Satzzeichen wie Punkte oder Kommas. Der große Vorteil an Gutenbergs Methode: Drucker konnten jetzt die einzelnen Lettern auf einer Art Holztablett zu immer neuen Texten zusammensetzen und die Buchstaben nach dem Druck wiederverwenden. Das sparte viel Zeit, Material und

Platz zur Aufbewahrung. Die Zeichen wurden nach der Häufigkeit ihres Gebrauchs in Kästen sortiert und waren dadurch schneller griffbereit. Auch das zählte zu den klugen Ideen von Johannes Gutenberg.

Wie aber entstand eine Letter? Zuerst gravierten Handwerker den Buchstaben spiegelverkehrt in einen harten Metallstab aus Stahl. Dieser Stempel – die Patrize – konnte dann beliebig oft senkrecht in ein weiches Metall eingeschlagen werden, zum Beispiel in Kupfer. Dabei entstand ein seitenrichtiger vertiefter Abdruck des Buchstabens – die sogenannte Matrize. Sie diente als Vorlage beim Gießen der Lettern. Die einzelnen Zeichen stellte Gutenberg aus einer flüssigen Mischung aus Blei, Zinn und dem Halbmetall Antimon her. Diese Metallverbindung verfestigte sich rasch, wurde sehr hart und konnte großem Druck standhalten. Die Buchstaben nutzten sich deshalb beim Drucken nur sehr langsam ab. [...]

Aus der hölzernen Spindelpresse, die die Bauern schon vor Gutenbergs Zeit zum Herstellen von Öl oder Wein verwendet hatten, entwickelte Gutenberg die Druckerpresse. Beim Drucken arbeiten die Teile der Druckerpresse wie eine Art Schraubstock zusammen: Die Spindel ist eine lange Schraube und wird durch ein Gewinde vom Querbalken der Presse gehalten. Am unteren Ende der Spindel ist der sogenannte Tiegel befestigt. Er sieht aus wie ein großer Stempel, an dem unten eine quadratische Platte befestigt ist. Ein horizontales Rundholz verläuft als Griff durch die Mitte des Tiegels, die Fachleute nennen es Pressbengel. Und so wurde gedruckt: Zuerst befestigten die Drucker die Vorlage auf der unteren Platte der Presse, färbten die Druckvorlage ein und legten ein angefeuchtetes Blatt Papier darauf. Dann drehten sie Spindel und Tiegel mithilfe des Pressbengels so lange, bis sich der Tiegel auf das Papier senkte und gleichmäßigen Druck auf die Platte mit der Vorlage ausübte. Nach kurzer Zeit lockerten die Buchdrucker den Schraubstock wieder, nahmen die gedruckte Seite heraus und hängten sie wie nasse Wäsche auf einer Leine zum Trocknen auf. [...]

Bücher hat es schon lange vor Gutenberg gegeben. Aber nur sehr wenige Leute konnten sie sich damals leisten. Der Grund: Bücher wurden bis ins 12. Jahrhundert von Mönchen mit der Hand geschrieben und waren deshalb wertvolle Einzelstücke. Meist hatten nur reiche Adlige und Priester Zugang zu Bibliotheken. Ab dem 12. Jahrhundert gab es auch in den Städten Schreiber, die zum Beispiel Kochbücher oder medizinische und biologische Handbücher verfassten. Die Nachfrage nach Büchern wuchs ab dem 14. Jahrhundert. Noch konnten aber nur wenige Menschen lesen und schreiben.

Gutenbergs Buchdruckverfahren breitete sich ab 1460 schnell in ganz Europa und den USA aus. Handwerksleute konnten Bücher jetzt recht einfach und preiswert vervielfältigen. Druckerzeugnisse gehörten bald zum Alltag und lösten die Handschriften allmählich ab. Zuvor hatten die Menschen ihr Wissen meist mündlich weitergegeben, nun geschah das immer häufiger schriftlich. Gebildete Menschen konnten ihr Wissen aufschreiben und gedruckt verbreiten. Immer mehr Menschen lernten lesen und schreiben, um ihr Wissen zu vergrößern. So wurden Bücher zum ersten „Massenmedium“.

1. Überfliege Material 8 und erkläre, warum das gedruckte Buch das erste sogenannte „Massenmedium" ist.
2. Erschließe den Text mithilfe folgender Strategien:
   - **Einen Text gliedern:** Notiere zu jedem Absatz eine Zwischenüberschrift auf einem Klebezettel und hefte ihn an entsprechender Stelle neben den Text. Tipps & Hilfen (→ S. 315)
   - **Informationen markieren:** Markiere mithilfe einer Überdeckfolie in jedem Absatz die Informationen, die deine Zwischenüberschrift näher erläutern.
   - **Unbekannte Begriffe klären:** Erläutere die folgenden Begriffe:

   Letter   Patrize   Matrize   Spindel   Tiegel   Pressbengel

3. Wähle eine der folgenden Aufgaben a), b) oder c) aus und bearbeite sie.
   a) Erläutere mithilfe der Abbildung auf Seite 195 und den Informationen in den Zeilen 22–33 das Drucken mit beweglichen Lettern.
   b) Erläutere die Herstellung der Lettern (Z. 36–48) und fertige eine erklärende Skizze an.
   c) Erläutere anhand der Abbildung auf Seite 196 und mithilfe der Informationen in den Zeilen 49–64, wie Gutenbergs Druckerpresse funktionierte.
4. a) Welche Zusatzinformationen liefert Material 9? Notiere sie.
   b) Erstelle mithilfe der Materialien 8 und 9 eine Zeitleiste zur Geschichte des Buchdrucks.

Material 9 Geschichte und Entstehung des Buchdrucks

[...] Der Buchdruck mit beweglichen Lettern war in China und Ostasien bereits seit dem 11. Jahrhundert verbreitet. Den Durchbruch für den Buchdruck in Europa erzielte Johannes Gutenberg, der die Technik um 1450 im Abendland einführte. Gutenberg schuf die Grundlagen zur massenhaften identischen Herstellung von Büchern und damit zur Verbreitung bezahlbarer Informationen. [...] Der Buchdruck in der Form, wie Gutenberg ihn verbreitet hat, bestand bis etwa 1830 in fast unveränderter Form fort. [...] Im 19. Jahrhundert wurde die Arbeit des Setzers mechanisiert. Automatische Schriftgießmaschinen veränderten den Ablauf, nicht jedoch das Prinzip des Satzes mit Bleilettern. Erst im 20. Jahrhundert wurde mit fotomechanischen und digitalen Verfahren die Drucktechnik auf eine völlig neue Grundlage gestellt.

5. Du sollst für ein Buch mit dem Titel „Die zehn bedeutendsten Erfinder der Welt" Johannes Gutenberg als einen dieser Erfinder vorschlagen.
   Formuliere eine kurze schriftliche Begründung, warum du ihn unbedingt in dieses Buch aufnehmen würdest.

Material 10 Das Buch als „Gefahr" – Was bedeutet Zensur? *Helma Hörath*

Das Wort *Zensur* leitet sich aus dem lateinischen *censura* ab und bedeutet ursprünglich *Prüfung* oder *Beurteilung*. Geprüft werden schriftliche und bildliche öffentliche Meinungsäußerungen durch den Staat oder auch durch die Kirche. Zensur ist deshalb eigentlich weniger „Prüfung" als vielmehr Überwachung veröffentlichter Texte und Bilder durch Staat oder Kirche. Erscheinen Bilder und Texte aus ihrer Sicht staats- oder kirchenfeindlich, werden sie verboten. [...] Herrscher können so verhindern, dass unerwünschte Inhalte in Büchern, Zeitungsartikeln, Reden, Radio- und Fernsehsendungen oder Filmen veröffentlicht und von allen gelesen, gehört oder gesehen werden können. Dadurch soll die Bildung einer eigenen Meinung sehr erschwert oder unmöglich gemacht werden. [...]

Die Geschichte der Zensur von Druckwerken wie Flugblättern, Büchern und Zeitschriften beginnt um 1450 mit der Erfindung des Buchdrucks. Diese Technik [...] machte es möglich, Schriftstücke in größerer Stückzahl herzustellen. [...] Dazu kam noch, dass im 15. Jahrhundert die Zahl der Lesekundigen im Volk langsam zunahm. Jetzt konnte ein Flugblatt oder Handzettel, auf dem eine andere Meinung stand als von den Regierenden gewollt, die Macht eines Königs oder auch eines Kirchenfürsten bedrohen. [...] Zum ersten Mal ließ ein deutscher Kaiser 1540 eine Liste mit verbotenen Büchern anfertigen. Diese Bücher wurden eingesammelt und durften nicht mehr gedruckt werden. [...] Auf so einer Liste stand unter anderem auch das Volksbuch „Till Eulenspiegel", dem Helden der Bauern und kleinen Handwerker. Er führte den Oberen die eigenen Schwächen und Fehler vor Augen und das Volk lachte über sie. [...]

Einen Höhepunkt der literarischen Zensur gab es in der Zeit des Nationalsozialismus unter Adolf Hitler zwischen 1933 und 1945. Hitler ließ am 10. Mai 1933 in Berlin und anderen deutschen Universitätsstädten Bücher mit angeblich „undeutschen" Texten öffentlich verbrennen. Für diese Aktion wurden Listen mit Namen von 131 Autoren aufgestellt. Unter den verbrannten Büchern waren z. B. Werke von Waldemar Bonsels (1880–1952), dem „Vater“ der „Biene Maja“ [...], von Erich Kästner (1899–1974), dem Schöpfer des pfiffigen Emils mit seinen Detektiven sowie des fliegenden Klassenzimmers. [...]

In der Bundesrepublik Deutschland ist die Zensur durch den Artikel 5 des Grundgesetzes ausgeschlossen.

Material 11 Gesetz über die Verbreitung jugendgefährdender Schriften und Medieninhalte

Zum Schutze der heranwachsenden Jugend werden die im Grundgesetz Artikel 5 Abs. 1 genannten Grundrechte folgenden Beschränkungen unterworfen:

§ 1

(1) Schriften, die geeignet sind, Kinder oder Jugendliche sittlich zu gefährden, sind in eine Liste aufzunehmen. Dazu zählen vor allem unsittliche, verrohend wirkende, zu Gewalttätigkeit, Verbrechen oder Rassenhass anreizende sowie den Krieg verherrlichende Schriften. [...]

(2) Eine Schrift darf nicht in die Liste aufgenommen werden
1. allein wegen eines politischen, sozialen, religiösen oder weltanschaulichen Inhalts;
2. wenn sie der Kunst oder der Wissenschaft, der Forschung oder der Lehre dient;
3. wenn sie im öffentlichen Interesse liegt, es sei denn, dass die Art der Darstellung zu beanstanden ist. [...]

1. Erschließe Material 10 mit den dir bekannten Strategien (→ Merkwissen, S. 211).
2. Erkläre mithilfe der Informationen aus Material 10, welcher Zusammenhang zwischen der Erfindung des Buchdrucks und der Einführung der Zensur besteht.
3. Verfasse auf der Grundlage der Informationen aus Material 10 einen kurzen Artikel für ein Kinderlexikon zum Thema Zensur. Beantworte darin die Fragen:
   - Was versteht man unter Zensur?
   - Warum fand und findet Zensur statt?

   Tipps & Hilfen (→ S. 315)
4. Im Artikel 5 des Grundgesetzes der Bundesrepublik Deutschland wird eine Zensur ausgeschlossen. Es gibt jedoch ein Gesetz, dass diesen Artikel einschränkt (Material 11). Erläutere den Auszug aus diesem Gesetz mit eigenen Worten und Beispielen.

   Tipps & Hilfen (→ S. 315)
5. Diskutiert, ob das „Gesetz über die Verbreitung jugendgefährdender Schriften und Medieninhalte“ eurer Ansicht nach sinnvoll ist.

Strategie: Texte erweitern

Material 12 **Von Buchdruck bis Browser – eine kleine Geschichte der Massenmedien** *nach Götz Hamann*

Bücher: Nachdem Johannes Gutenberg zwischen 1440 und 1450 den Buchdruck mit beweglichen Lettern und damit eine Technik zur massenhaften Vervielfältigung von Schriften erfunden hatte, wurden sie das erste Massenmedium der Neuzeit. Zunächst für religiöse Werke genutzt, trug die Drucktechnik dreihundert Jahre später entscheidend zur Verbreitung der Ideen der Aufklärung[1] bei. Bücher sind bis heute zentrales Lehrmittel, Grundlage und Speicherplatz für die Wissensgesellschaft.

Zeitungen: Politische Nachrichten wurden zunächst auf einseitigen Flugblättern verbreitet. Im Jahr 1605 begann dann das Zeitalter der modernen Zeitung. Der Straßburger Nachrichtenhändler Johann Carolus fing an, wöchentliche Zusammenfassungen des politischen Geschehens zu drucken. Bald ahmten ihn viele nach. Deren Zeitungen beschränkten sich nicht auf Politik, sondern waren oft eine Mischung aus Nachrichten, Reiseberichten, Literatur und Kolportagen[2]. Im 18. und 19. Jahrhundert erlebte die Zeitung einen großen Aufschwung, weil sie ein wichtiges Medium für gebildete und politisch interessierte Bürger wurde.

Radio: „Hier ist Berlin, Voxhaus." Das waren die ersten Worte, die in Deutschland 1923 über den Äther[3] gingen. Mit dem Radio bekamen Nachrichten eine neue Dimension: Hörer konnten einem Ereignis beiwohnen, obwohl sie weit entfernt waren. […] Die Wirkung des Radios in damaliger Zeit belegt unter anderem ein Hörspiel über eine Invasion vom Mars, das 1938 in den USA ausgestrahlt wurde und eine Massenpanik auslöste, weil viele Zuschauer das Ereignis für real hielten.

1 die Aufklärung: wichtige Strömung im 18. Jahrhundert, in der die Menschen durch Philosophen aufgefordert wurden, sich ihres eigenen Verstandes zu bedienen und sich nicht von den Herrschenden bevormunden zu lassen
2 die Kolportage: Bericht, der auf Gerüchten basiert
3 der Äther: hier im Sinne von „Weltraum" verwendet

Fernsehen: Das Fernsehen ist das erfolgreichste aller Massenmedien. [...] Es wurde immer wieder als „Lagerfeuer der Nation" bezeichnet, weil es über Jahrzehnte gelang, große Teile der Bevölkerung zur selben Zeit für eine Sendung vor dem Bildschirm zu versammeln. Während in den 1960er-Jahren die Krimis von Edgar Wallace, die Abendnachrichten, Shows am Samstagabend und Sportereignisse zu gesellschaftlichen Sammelpunkten wurden, ist das Publikum heute deutlich wählerischer. Es verteilt sich auf inzwischen mehrere hundert Kanäle. [...]

Das **Internet** wurde in seinen technischen Grundlagen in den 1960er-Jahren von Rüstungsunternehmen und dem US-amerikanischen Verteidigungsministerium entwickelt, später von Universitäten verbessert. Mit dem ersten Browser namens Mosaic bekam das Netz Mitte der 1990er-Jahre seine grafische Oberfläche und wurde für das breite Publikum interessant. Heute surft ein Großteil der deutschen Bevölkerung im Internet. Es dient vor allem der Kommunikation, der Informationssuche und der Unterhaltung.

E-Book: Um die Verbreitung von Texten zu erleichtern, arbeiten vor allem US-amerikanische Unternehmen daran, das Papier als Trägermedium zu ersetzen. Inzwischen gibt es verschiedenste elektronische Lesegeräte, in denen Texte digital gespeichert und auf einem Bildschirm in der Größe einer Buchseite angezeigt werden. Inzwischen gibt es mehrere Projekte, die ganze Bestände großer Bibliotheken scannen und im Internet veröffentlichen.

1 Erschließe die Texte zu den einzelnen Stichworten mit den dir bekannten Strategien.

2 a) Erstelle in deinem Heft eine Zeitleiste zur Geschichte der Massenmedien.
Tipps & Hilfen (→ S. 315)
b) Recherchiere die Entstehungszeit des E-Books und des Fernsehens und ergänze die Angaben in deiner Zeitleiste.

3 a) Wähle ein Massenmedium aus, mit dem du dich genauer beschäftigen möchtest.
b) Formuliere Fragen, die dich zu diesem Thema interessieren und die der jeweilige Text nicht beantwortet.
c) Recherchiere im Internet oder in Sachbüchern und beantworte deine Fragen.

4 Stelle das von dir ausgewählte Medium in einem Kurzvortrag der Klasse vor.

Materialgestützt informieren

Stell dir vor, du bekommst folgende Aufgabe:

Verfasse anlässlich des diesjährigen Welttags des Buches einen Beitrag für die Homepage deiner Schule zum Thema „Vom Buchdruck zum E-Book".

1 Kläre die Schreibaufgabe zunächst. Orientiere dich dabei an folgenden Fragen:
- **Was für einen Text** sollst du schreiben?
  einen Beitrag für die Homepage der Schule, Informationstext
- Aus welchem **Grund** oder zu welchem **Anlass** sollst du deinen Text schreiben?
- Für welche Leser/-innen (**Adressatinnen/Adressaten**) schreibst du?
- Welches Thema soll dein Text behandeln?

2 Die Einleitung eines solchen Artikels muss die Leser/-innen neugierig machen und gleichzeitig in Kurzform darstellen, worum es in dem Text geht.
a) Welche der folgenden Vorschläge hältst du als Einleitung für einen solchen Artikel für geeignet und welche nicht? Begründe deine Einschätzung.
b) Wähle eine Einleitung aus, die du für ungeeignet hältst, und überarbeite sie so, wie du sie als Einleitung für deinen Text nutzen würdest.

A *Seit 1995 findet in Deutschland jedes Jahr am 23. April der Welttag des Buches statt. Dies ist eine gute Gelegenheit, sich einmal mit der Geschichte des Buches zu beschäftigen.*

B *Der Welttag des Buches ist ein super Anlass, mal über das Buch an sich nachzudenken.*

C *Spätestens wenn man in der Schule oder im Buchladen das kleine Büchlein „Ich schenk dir eine Geschichte" in die Hand gedrückt bekommt, wissen alle, dass wieder Welttag des Buches ist. Dieser Tag ist aus meiner Sicht ein guter Anlass, sich etwas näher mit der Bedeutung des Buches und seiner Geschichte zu beschäftigen.*

D *Bei dem Begriff „Massenmedium" denkt man nicht als Erstes an das Buch. Und doch gilt dieses als das erste Massenmedium der Geschichte.*

E *Anlässlich des Welttags des Buches am 23. April bin ich aufgefordert worden, einen Artikel zur Geschichte des Buches „Vom Buchdruck zum E-Book" zu schreiben.*

❸ Im Hauptteil deines Artikels sollst du mithilfe der angegebenen Materialien folgende Fragen beantworten:

Fragestellung	Material
- Warum ist das Buch das erste „Massenmedium"?	Material 8 (→ S. 194 ff.)
- Welche Rolle spielt die Erfindung Johannes Gutenbergs für die Geschichte des Buches als Massenmedium?	Material 8 (→ S. 194 ff.)
- Was hat sich durch die Nutzung von E-Books verändert?	Materialien 6 und 7 (→ S. 190 f. und 192 f.)
- Welche Rolle spielt das gedruckte Buch heute?	Materialien 4 und 5 (→ S. 188 f.)

Lies die angegebenen Materialien und deine Aufzeichnungen dazu noch einmal und beantworte anschließend die Fragen in Stichpunkten in deinem Heft.

Frage	Antwort
1. *Warum ist das Buch das erste „Massenmedium"?*	– ...
2. ...	– ...

❹ Entscheide, in welcher der vorgeschlagenen Reihenfolgen du die Fragen in deinem Text beantworten willst. Begründe deine Wahl.

A
- Welche Rolle spielt das gedruckte Buch heute?
- Warum ist das Buch das erste sogenannte „Massenmedium"?
- Welche Rolle spielt die Erfindung Johannes Gutenbergs für die Geschichte des Buches als Massenmedium?
- Was hat sich durch die Nutzung von E-Books verändert?

B
- Warum ist das Buch das erste „Massenmedium"?
- Welche Rolle spielt die Erfindung Johannes Gutenbergs für die Geschichte des Buches als Massenmedium?
- Was hat sich durch die Nutzung von E-Books verändert?
- Welche Rolle spielt das gedruckte Buch heute?

❺ Um zu erklären, warum das Buch das erste Massenmedium ist, ist es wichtig, dass du für deine Leser/-innen den Begriff „Massenmedium" definierst. Das kannst du z. B. mithilfe eines Zitats tun.

a) Entscheide dich, welchen Teil der folgenden Definition du in deinen Artikel als Zitat einbauen möchtest. Begründe deine Entscheidung.

b) Übertrage den folgenden Satzanfang in dein Heft und ergänze das von dir ausgewählte Zitat.

Als Massenmedien versteht man allgemein „ ..." (Bundeszentrale für politische Bildung).

Massenmedien
Sammelbezeichnung für Presse, Rundfunk und Fernsehen, im weiteren Sinne auch für Bücher, CDs, Videos und Internet, also für Mittel (= Medien), mit denen Nachrichten und Unterhaltung in Schrift, Ton und Bild zu einem breiten Publikum kommen.
Bundeszentrale für politische Bildung

❻ Binde folgende Belege aus den Materialien 1 und 5 (→ S. 188 f.) an passender Stelle in deinen Text ein. Nutze die Formulierungshilfen im Wortspeicher.

A 36 % aller 12- bis 19-Jährigen lasen im Jahr 2015 täglich oder mehrmals pro Woche.
B Je älter die Jugendlichen werden, desto seltener lesen sie.
C Die tägliche Nutzungsdauer des Internets betrug im Jahr 2015 bei 14- bis 29-Jährigen durchschnittlich 187 Minuten.
D Die Nutzungsdauer von Büchern belief sich im Schnitt auf 22 Minuten täglich.

Beleg der Quelle: laut einer Befragung von … • nach einer Studie … • das belegt … • das zeigt sich in … • gemäß … • nach Angaben von …
Verknüpfung: daraus folgt • folglich • trotzdem • dennoch • aber • außerdem • dagegen • zudem • anders als •

❼ Wähle für den Schluss deines Textes eine der folgenden Möglichkeiten aus:

- Formuliere eine Bewertung der dargestellten Entwicklung, z. B.:
  Für mich persönlich ...
- Formuliere ein Fazit, mit dem du den Kern deines Textes noch einmal kurz zusammenfasst, z. B.:
  Betrachtet man die Entwicklung des Leseverhaltens, so ...
- Formuliere einen Ausblick, z. B.:
  Die Zukunft des Buches sieht aus meiner Sicht ... aus, denn ...

8 a) Welche der folgenden Überschriften würdest du für deinen Artikel auswählen? Begründe deine Entscheidung.

b) Formuliere selbst eine geeignete Überschrift für deinen Text.

A *Vom Buchdruck zum E-Book*

B *Das Buch – erstes Massenmedium der Welt*

C *Eine kleine Geschichte des Buches*

D *Totgesagte leben länger*

Info: Materialgestützt informieren

1. Schritt: Die Aufgabe/Fragestellung genau lesen

Lies die Aufgabe/Fragestellung genau und beantworte für dich die folgenden Fragen:

- Welche **Art von Text** sollst du schreiben?
- Wie lautet das **Thema?**
- Gibt es einen bestimmten **Grund** oder **Anlass** für deinen Text?
- Wer sind die Leser/-innen **(Adressatinnen/Adressaten)** deines Textes?

2. Schritt: Informationen sammeln

- Formuliere Leitfragen, die du mit deinem Text beantworten willst.
- Wähle geeignete Materialien aus (z. B. Texte, Diagramme oder Bilder), die Antworten auf deine Fragen geben.
- Erschließe die Texte und Diagramme mithilfe bekannter Strategien (→ S. 189 und 211) und notiere die Antworten auf deine Fragen in Stichpunkten.
- Ergänze eigene Beispiele/Erläuterungen.

3. Schritt: Informationen ordnen

- Ordne deine Fragen und die dazugehörigen Antworten so an, wie du sie in deinem Text darstellen willst.

4. Schritt: Den Text formulieren

Achte beim Schreiben immer darauf, für wen und zu welchem Zweck du deinen Text schreibst. Denke daran, dass ein informierender Text sachlich sein muss.

- Beginne mit einer **Einleitung,** die das Interesse der Leser/-innen weckt.
- Gliedere den **Hauptteil** deines Textes anhand deiner Leitfragen.
- Beende deinen Text mit einer persönlichen Bewertung, einem Fazit (Schlussfolgerung) oder einem Ausblick.
- Formuliere eine passende **Überschrift.**

Zum Schmökern, Schauen, Weiterdenken

Wie werde ich Autor/-in? – Interview mit Kari Ehrhardt

Ein eigenes Buch zu schreiben, ist der Traum vieler Menschen. Doch bevor du ein erfolgreicher Autor wirst und deine eigenen Bücher in den Buchhandlungen liegen siehst, gibt es einiges zu beachten. Kari Ehrhardt weiß bestens Bescheid: Sie hat bereits mehrere Bücher im Carlsen Verlag veröffentlicht. […]

Wie kommen Autoren auf gute Ideen?

Kari: Die Frage kann man nicht allgemein beantworten. Jeder Autor hat eine eigene Methode, auf Ideen zu kommen. Vielen hilft es angeblich, sich beim Nachdenken zu bewegen. Manche gehen dafür mit ihren Hunden spazieren. Auch beim Essen kommen gute Ideen. Mir geht es zumindest so. Daher nehme ich auch immer etwas zu, wenn ich gerade ein neues Buch plane. Es gibt noch ein paar Aktivitäten, bei denen man auf gute Ideen kommen kann: musizieren, mit Freunden sprechen, Bus fahren, lesen und auch träumen. Sogar fernsehen kann einen inspirieren. Wichtig: Gute Ideen immer gleich aufschreiben, sonst vergisst man sie bald wieder.

Ich schreibe schon seit einiger Zeit und es macht mir viel Spaß. Allerdings passiert es mir immer nach ein paar Kapiteln, dass ich nicht weiterkomme. Mal fehlt mir die Zeit, mal die Lust. Wie schaffe ich es, aus meinen Ideen ein fertiges Buch zu machen?

Kari: Ein einfaches Rezept gibt es dafür leider nicht. Aber ein paar Durchhaltetipps hätte ich schon:

- Vor dem Schreiben ein Dokument anlegen, in dem du die Hauptfiguren notierst und den Plot[1] deines Buches auf ca. ein bis drei Seiten aufschreibst. Das bringt Struktur in dein zukünftiges Werk.
- Feste Schreibzeiten (z.B. samstagmittags oder jeden Tag nach dem Abendbrot)
- Ein kleines Schreibtagebuch führen (aufschreiben, wie viel du schon geschafft hast, was dir Schwierigkeiten macht, was dir Spaß gemacht hat etc.)

1 der Plot: Handlung in Kurzform; Kern der Handlung

- Austausch mit anderen Schreiberlingen (z. B. im Internet auf der Plattform hierschreibenwir.de)
- Ein Zieldatum festlegen, an dem du dein Manuskript fertig haben willst

Ich fange gerade mit meinem ersten Buch an. Jetzt überlege ich, die Hauptfigur selbst erzählen zu lassen. Ist das gut oder sollte es lieber in der Er-/Sie-Form geschrieben werden?

Kari: Es gibt da keine gute oder schlechte Variante. Es kommt letztlich darauf an, dass es zu dem passt, was du sagen willst. Ich versuche, das mal mit Beispielen zu erklären:

Du möchtest ein Buch schreiben, in dem dir besonders die Gefühle und Gedanken deiner Hauptfigur wichtig sind? Du möchtest emotional[2] nah an der Figur sein und ihre Gedanken zeigen? In diesem Fall wäre die Ich-Form die beste, weil du dem Leser so die Gedanken praktisch „live" vermitteln kannst.

Du willst dem Leser mehr über die Figuren erzählen, als sie selbst wissen? Du willst Spannung erzeugen, indem du Vorausdeutungen machst? Du willst eine Distanz[3] zu der Figur schaffen? Dann solltest du einen allwissenden Erzähler einsetzen. Jemanden, der schon weiß, was passieren wird. Da kannst du dann z. B. Sätze schreiben wie „Lena machte die Tür auf. Sie wusste nicht, dass sie diese Tat später bereuen würde. Ohne zu wissen, welche Gefahr sich hinter der Tür verbarg, drückte sie die Klinke. Im selben Augenblick sprang Toni am anderen Ende des Geländes von dem Holzstapel." Hier weiß der Erzähler mehr als die Figuren und kann von einer Figur zur anderen schwenken wie eine Kamera.

Schreibe doch einfach mal die erste Seite deines Buches in der Ich-Form und dann mit einem außenstehenden Erzähler. Dann merkst du, was dir besser gefällt.

Meine Freundin findet meine Geschichte super, aber sie meint, dass die Hauptfigur etwas langweilig ist. Wie kann ich die Figur verbessern?

Kari: Lege dein Buch mal beiseite und mache ein paar Übungen:
- Steckbrief deiner Figur,
- Tagebucheintrag deiner Figur,
- das geheime Schatzkästchen deiner Figur,
- deine Figur im Stärken-Schwächen-Vergleich.

Dabei kommst du dem Charakter näher. Du musst deine Figuren nämlich richtig gut kennen. Wenn du dir über alle Stärken und Schwächen im

2 emotional: gefühlsmäßig
3 die Distanz: der Abstand

Klaren bist und auch kleine Details aus dem Leben der Figur kennst, kannst du sie auch überzeugend darstellen.

Hast du ein paar Tipps für mich, wie ich besser schreiben kann?

Kari: Es gibt eigentlich immer ein paar Dinge, die man tun kann, um besser zu werden:
- wichtig: viel lesen,
- sich stets Notizen machen,
- üben, üben, üben,
- sich Zeit zum Schreiben nehmen,
- eigene Texte nach ein paar Tagen erneut überarbeiten (ausgedruckt),
- genug Zeit einplanen. [...]

Ich bin noch nicht volljährig, habe aber schon ein Buch geschrieben. Würde ein Verlag das drucken?

Kari: Wenn dein Buch so richtig gut ist und auch noch ins Programm passt, sollte dein Alter kein großes Hindernis sein. Allerdings musst du dich natürlich auch gegen die erwachsene Konkurrenz durchsetzen. Außerdem ist es nicht ganz einfach, ein Buch zu veröffentlichen. Du musst es ja nicht nur schreiben, sondern auch mit dem Lektorat überarbeiten. Dafür brauchst du viel Zeit, und die Terminpläne der Verlage sind sehr streng. Eventuell wird das neben der Schule sehr stressig, da du ja trotzdem weiterhin Tests und Arbeiten schreiben musst und Hausaufgaben bekommst. [...]

1. Erläutere, welche Tipps die Autorin Kari Ehrhardt für die Erzählweise und die Gestaltung der Figuren eines Buches gibt.
2. Probiere einige Tipps von Kari Ehrhardt selbst aus:
   - Sammle Ideen für eine eigene Geschichte.
   - Notiere den Plot auf maximal einer halben Seite.
   - Entwirf die Hauptfigur deiner Geschichte genauer.
   - Schreibe den Anfang der Geschichte. Probiere verschiedene Erzählweisen (Z. 29–52) aus.
3. Diskutiert: Worüber würdet ihr selbst gerne Bücher schreiben? Begründet eure Ansichten.

Jeder kann Autor/-in sein – Self-Publishing

Manche Bestsellerautorinnen und -autoren tauchen auf keiner Bestsellerliste auf, denn ihre Bücher erscheinen nicht bei großen oder kleinen Verlagen in gedruckter Form, sondern sie werden von den Autorinnen und Autoren mithilfe von Online-Plattformen digital produziert und dann direkt als E-Book an die Kundinnen und Kunden verkauft. Aber: Anders als bei der Veröffentlichung eines Buches mithilfe eines Verlags musst du vieles selbst machen, was sonst eine Lektorin / ein Lektor oder andere Abteilungen des Verlags für dich übernehmen.

Self-Publishing – Der Weg zum eigenen E-Book

1 Suche ein Thema.

Beantworte für dich folgende Fragen:
- Sachbuch oder Roman?
- beliebtes und bereits häufig verwendetes oder eher ungewöhnliches Thema (vgl. Bestsellerlisten)?

2 Schreibe dein Buch.

- Setze dir klare Ziele und orientiere dich beim Schreiben an deinem Zeitplan.
- Überarbeite dein Manuskript gründlich. Hole bei Bedarf Hilfe von jemandem, der sich mit dem Schreiben von Büchern auskennt.

3 Gestalte dein Buch ansprechend.

- Nutze geeignete Programme auf Self-Publishing-Plattformen.
- Achte auf eine gut lesbare Seitengestaltung.
- Entwirf ein ansprechendes Cover.

4 Lege einen Preis fest.

Orientiere dich an vergleichbaren selbst publizierten E-Books.

Durchschnittliche Preise für selbst publizierte E-Books

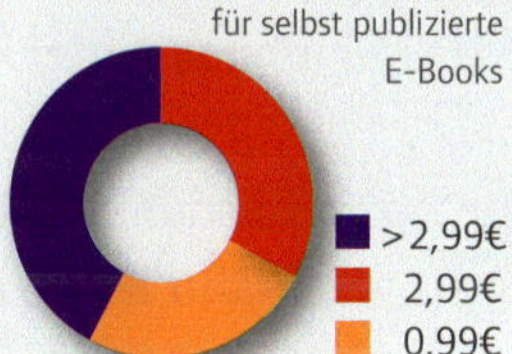

5 Informiere dich über die Vertragsbedingungen der E-Publishing-Plattformen.

6 Lade dein Buch auf einer E-Publishing-Plattform hoch.

7 Mach Werbung für dein Buch.

Stell dein Buch Leserinnen und Lesern vor, z. B. in sozialen Netzwerken.

Spiegel- Bestseller im Bereich „Jugendbuch" (2016)	
1	**Jeff Kinney:** Gregs Tagebuch 10 – So ein Mist!
2	**Lea Schmidbauer, Kristina M. Henn:** Ostwind. Aufbruch nach Ora
3	**Erin Hunter:** Warrior Cats. Der Ursprung der Clans – Der erste Kampf
4	**Tanya Stewner:** Alea Aquarius. Die Farben des Meeres
5	**Nele Neuhaus:** Elena. Ein Leben für Pferde – ihr größter Sieg
6	**Rick Riordan:** Percy Jackson erzählt: Griechische Göttersagen
7	**Kerstin Gier:** Silber. Das dritte Buch der Träume
8	**Jennifer L. Armentrout:** Origin. Schattenfunke
9	**Ursula Poznanski:** Layers
10	**Die Lochis:** Bruder von Luder

1. Erläutere den Begriff „Self-Publishing" und die Info-Grafik zu diesem Thema.
2. Informiere dich im Internet über die einzelnen Schritte und über die Software, die du für das Self-Publishing benötigst.
3. Schreibe mithilfe der Info-Grafik einen Artikel für die Schülerzeitung zum Thema „Self-Publishing".

Wie funktioniert Fan-Fiction? *Philipp Brandstädter*

Hobbit Frodo kämpft an der Seite von Zauberer Harry Potter. Klingt, als wären hier zwei Geschichten durcheinandergeraten. Doch die Handlung könnte es geben ...

Manche benutzen die Figuren bekannter Romane, Comics oder Fernsehserien und denken ihre Geschichten weiter. Solche Werke werden Fan-Fiction genannt. Dana-Jane Kruse kennt sich gut mit Fan-Fiction aus. Die Studentin schreibt schon seit vielen Jahren ihre eigenen Geschichten. Meist handeln sie von Helden aus japanischen Comics und Zeichentrickserien. „Wenn ich mit meinem Hund Gassi gehe, fallen mir manchmal ganz verrückte Ideen ein", erzählt die 18-Jährige. Und sollten diese dann gut zu einem bekannten Helden oder auch zu einem Buch passen, schreibt Dana-Jane eine neue Geschichte.

Ihre Ideen notiert Dana-Jane erst auf Papier und postet sie dann im Internet. In Internet-Foren tummeln sich eine Menge Leute, die Spaß an Fan-Fiction haben. „Beliebt sind etwa solche, in denen sich zwei Figuren ineinander verlieben", sagt Dana-Jane. „Gern auch mal Figuren, die in ihrer ursprünglichen Welt gar nicht so viel miteinander zu tun haben." Wie wär's zum Beispiel mit Katniss aus „Die Tribute von Panem" und Luke Skywalker aus „Star Wars"? Wenn ein Autor auf diese Weise zwei Helden zusammenbringt, nennt man das Shipping. Unter den Fans gibt es etliche solcher Fachbegriffe.

Wenn Dana-Jane eine neue Episode fertig hat, lädt sie sie im Internet hoch. „Die Gemeinde kann das dann lesen, bewerten und einen kleinen Beitrag dazu schreiben", erklärt die Autorin. „So beeinflussen sich die Schreiber und deren Erzählungen gegenseitig."

Dana-Jane mag es, solche Geschichten zu schreiben. „Ich kann mir Superkräfte ausdenken, eigene Welten entstehen lassen", sagt Dana-Jane. Es fühle sich toll an, wenn aus einer Idee eine richtige Geschichte wird. „Und natürlich ist es auch schön, wenn man später dafür Lob erntet. Ist doch klar." Dana-Jane hat sich schon ungefähr 40 Geschichten ausgedacht.

1 Erkläre, worum es sich bei Fan-Fiction handelt.

2 a) Zu welchen Romanfiguren würdest du gerne eine Fan-Fiction schreiben? Sammle Ideen in einem Cluster.

b) Formuliere eine kurze Episode deiner Fan-Fiction und lies sie im Anschluss deinen Mitschülerinnen und Mitschülern vor.

Sachtexte erschließen

Strategie: Forscherfragen stellen
- Überlege vor dem Lesen, welche Ziele du mit der Lektüre verfolgst. Formuliere Leitfragen für deine Lektüre.

Strategie: Sich einen Überblick verschaffen
- Lies die Überschrift und betrachte die Abbildungen, falls vorhanden. Was erfährst du bereits hier über das Thema des Textes?
- Lies den gesamten Text einmal zügig durch: Zu welchen Themen liefert er Fakten? Welche deiner Fragen beantwortet er?

Strategie: Informationen in Texten markieren
- Markiere wichtige Begriffe oder Textteile farbig. Nutze verschiedene Farben für unterschiedliche Informationen, z. B. für Vor- und Nachteile, Pro und Kontra.

Strategie: Einen Text gliedern
- Kläre, ob der Text bereits gegliedert ist, z. B. in Absätze oder durch Zwischenüberschriften. Unterteile ihn bei Bedarf in Sinnabschnitte.
- Formuliere zu jedem Absatz/Abschnitt eine Frage oder eine Zwischenüberschrift.

Strategie: Schwierige und unbekannte Begriffe klären
- Versuche, schwierige und unbekannte Begriffe aus dem Zusammenhang zu erschließen. Informiere dich in einem Lexikon oder Wörterbuch, wenn du unsicher bist.

Strategie: Informationen aus verschiedenen Informationsquellen verknüpfen
- Kläre, welche deiner Fragen der Text nicht beantwortet. Hast du andere Texte oder Bilder zur Verfügung, die dir bei der Beantwortung dieser Fragen helfen?
- Trage die Informationen aus allen vorliegenden Materialien zusammen.

Strategie: Texte erweitern
- Ergänze Anmerkungen oder zusätzliche Erläuterungen, wenn die Informationen im Text schwer verständlich oder zu ungenau sind.

Strategie: Textinhalte in einer anderen Form wiedergeben
- Übertrage die Informationen aus dem Text in eine andere Form, z. B. in eine Liste, eine Tabelle, eine Mindmap oder in eine Zeichnung. Wähle abhängig vom Text eine geeignete Form aus.

10 Wenn es doch jeden Tag ein Festmahl gäbe

Sprache untersuchen

1 Wer gehört zu wem? Ordne die folgenden Wörter ihrer Wortart zu, z. B.:
Nomen: das Haus, ... *Adjektiv: ...*

Wortarten: Nomen · Adjektiv · Personalpronomen · Possessivpronomen · Relativpronomen · Demonstrativpronomen · Verb · Adverb · Konjunktion · Präposition · Artikel

Wörter: wir · neulich · alt · und · Reise · weil · dieser · vor · dort · unter · stets · obwohl · unser · der (3 Möglichkeiten) · Haus · laufen · rot · jene · trotz · während (2 Möglichkeiten) · welche · schön · schlafen · die (3 Möglichkeiten) · aufmerksam · ein · es · sein

2 a) Was war, was ist, was wird sein? Übertrage folgenden Text in dein Heft und ergänze das Verb *feiern* in der jeweils passenden Zeitform.

Eigentlich ___ ich meinen Geburtstag immer. Letztes Jahr ___ ich ausnahmsweise nicht mit Freundinnen und Freunden ___, nachdem ich im Jahr zuvor ganz groß ___ ___. In diesem und im nächsten Jahr ___ ich aber in jedem Fall wieder mit allen zusammen ___.

b) Konjugiere die Verben *laufen* und *lesen* in der vorgegebenen Personalform durch alle Zeitformen.
laufen: ich war gelaufen, ...
lesen: du hattest gelesen, ...

3 a) Bestimme, ob die folgenden Sätze im Aktiv oder im Passiv stehen.
b) Wandle die Aktivsätze ins Passiv um und setze die Passivsätze ins Aktiv.

A Die Deutschen essen zu Weihnachten oft Karpfen.
B Muslimische Kinder werden zum Zuckerfest mit Süßigkeiten beschenkt.
C Die Kurden bereiten für das Nouruz-Fest traditionell sieben Speisen zu.

4 a) Untersuche den Aufbau der Sätze aus Aufgabe 3. Übernimm dazu die Übersicht über die Satzfelder in dein Heft und trage die Sätze ein.
b) Bestimme alle Satzglieder. Nutze die Frageprobe.

Vorfeld	Linke Satzklammer: finiter Prädikatsteil	Mittelfeld	Rechte Satzklammer: 2. Teil des Prädikats
Die Deutschen (Subjekt)	*essen (Prädikat)*	...	

5 Kontrolliere deine Ergebnisse mit den Lösungen auf Seite 316.

In diesem Kapitel …

- wiederholst du, was du bisher über Wortarten und Sätze gelernt hast.
- erweiterst du deine Kenntnisse über Bildung und Gebrauch des Aktivs und Passivs.
- übst du, den Konjunktiv I und II zu bilden und zu verwenden.
- lernst du weitere Nebensatzarten kennen.
- erfährst du Interessantes über die Geschichte der deutschen Sprache.

Wortarten wiederholen

Wortarten unterscheiden

Julfest – Weihnachten – Wintersonnenwende

nach Sabine Stampfel und Yvonne Unger

Der 21. Dezember ist der kürzeste Tag des Jahres, gefolgt von der längsten Nacht. Dieser Tag wird auch als Wintersonnenwende bezeichnet, an dem die Germanen das Julfest gefeiert haben. Es kann als Vorläufer unseres heutigen Weihnachtsfestes bezeichnet werden. Das Julfest, das als Geburtsfest der Sonne galt, war damals wahrscheinlich das wichtigste Fest im Jahr. Das Christentum machte aus dem „Geburtstag der Sonne“ den „Geburtstag des Christkinds.“

Die Zeit zwischen den Jahren ist die Zeit des Neubeginns. Nach den langen Nächten und den dunklen Tagen beginnt nun wieder die Zeit des Lichts. An die ursprüngliche Bedeutung des Lichterfests erinnern heute noch die Kerzen am Weihnachtsbaum oder am Adventskranz.

Jul wurde zwölf Nächte lang gefeiert bis zum 6. Januar. In vielen Gegenden war es Brauch, in diesen sogenannten Rauhnächten oder Rauchnächten die Häuser auszuräuchern, um sie von Ungeziefer zu befreien.

Einigen Erzählungen zufolge sind in diesen zwölf Nächten stets seltsame Gestalten unterwegs, so z. B. Frau Perchta. Sie kommt, um nachzuschauen, wer das Jahr über fleißig oder faul war. Frau Perchta ist auch unter dem Namen Frau Holle bekannt und durch das Märchen der Brüder Grimm berühmt geworden.

In den skandinavischen Ländern gibt es bis heute Hinweise auf die keltischen Wurzeln des Weihnachtsfests: Weihnachten heißt immer noch Jul und auf vielen Plätzen wird der Julbock aufgestellt.

1 a) Bestimme die Wortarten der markierten Wörter.
b) Suche für jede Wortart mindestens zwei weitere Beispiele im Text.

2 Übertrage folgende Übersicht in dein Heft und sortiere die Wörter aus Aufgabe 1 danach, ob sie flektierbar (veränderlich) oder unflektierbar (unveränderlich) sind. Ergänze in Klammern die unflektierte Form wie im Beispiel.

alle Wörter

flektierbar	nicht flektierbar
Wortarten und Beispiele: – *Artikel: des (der), ...* – ...	**Wortarten und Beispiele:** – *Präposition: von, ...* – ...

3 Bestimme, zu welchen Wortarten die Wörter im Wortspeicher gehören, und ordne sie in deine Übersicht aus Aufgabe 2 ein.

der · vor · viele · Jahr · oft · Weihnachten · Gott · nie · feiern · weiß · kalt · schneien · schenken · Familie · weil · vor · er · damals · Fest · religiös · Tannenbaum

4 Ordne in deinem Heft den flektierbaren Wortarten die passenden Eigenschaften wie im Beispiel zu. Achtung: Einige Eigenschaften treffen auf verschiedene Wortarten zu.
Nomen/Substantiv: nach dem Kasus flektierbar, ...

Flektierbare Wortarten: Nomen/Substantiv · Adjektiv · Artikel · Pronomen · Verb

Eigenschaften von Wortarten: nach dem Kasus flektierbar · nach dem Genus flektierbar · nach der Person flektierbar · nach dem Numerus flektierbar · nach dem Tempus flektierbar · steigerbar

Merke **Flexionsformen unterscheiden**

Als Flexion bezeichnet man die Bildung einzelner Wortformen eines Wortes, z. B. durch:
- **den Kasus:** *der grüne Baum* (Nominativ) → *des grünen Baumes* (Genitiv) → *dem grünen Baum* (Dativ) → *den grünen Baum* (Akkusativ)
- **den Numerus:** *der* grün*e* Baum (Singular) → *die grünen Bäume* (Plural)
- **das Genus:** *ein grüner Baum* (Maskulinum), *eine grüne Kerze* (Femininum), *ein grünes Geschenk* (Neutrum)
- **die Steigerungsformen (Komparationsformen):** *schön* (Positiv), *schöner* (Komparativ), *am schönsten* (Superlativ)
- **die Personalformen:** *(ich) feiere, (du) feierst, (er) feiert, (wir) feiern, (ihr) feiert, (sie) feiern*
- **die Tempusformen:** *(ich) feiere, (ich) feierte, (ich) habe gefeiert, (ich) werde feiern*

Mit Pronomen Bezüge im Text herstellen

Weihnachten unterm Weihnachtsbaum

Seit wann unsere Tradition besteht, zu Weihnachten einen Baum aufzustellen und zu schmücken, wissen wir nicht genau. Schon in der römischen Antike gab es Kulte wie den Mithras-Kult, dem das Schmücken eines Baumes zur Wintersonnenwende bekannt war. Dieser Brauch drückte die Hoffnung auf den kommenden Frühling aus. Die erste schriftliche Erwähnung eines geschmückten Tannenbaums, der zu einem Weihnachtsfest aufgestellt wurde, stammt aus dem 16. Jahrhundert. Zu jener Zeit stand er jedoch meist an öffentlichen Orten, wie z.B. vor Kirchen oder in Rathäusern. Erst im 18. und 19. Jahrhundert wurde es üblich, dass man zur Weihnachtszeit einen Tannenbaum in sein Wohnzimmer holte. Zunächst wurde er mit Papierblüten und Süßigkeiten behängt. Später schmückten ihn auch Kerzen, Kugeln und Lametta.

1. Bestimme, um welche Arten von Pronomen es sich bei den markierten Wörtern handelt.

Personalpronomen · Possessivpronomen · Demonstrativpronomen · Relativpronomen

2. Prüfe, auf welche Arten von Pronomen folgende Aussagen zutreffen.
Begründe mit Beispielen aus dem Text.
Achtung: Einzelne Aussagen gelten für verschiedene Pronomen.

A Es ist flektierbar.
B Es begleitet ein Nomen.
C Es nimmt Bezug auf ein bereits genanntes Nomen.
D Es ersetzt ein bereits genanntes Nomen.

3. Schreibe folgenden Text ab und ergänze passende Pronomen.

Dass es zu Weihnachten Geschenke gibt, ist Martin Luther zu verdanken. ___ verlegte die Bescherung für die Kinder auf den 24. Dezember. Bis Mitte des 16. Jahrhunderts war es in der Regel der Nikolaus, ___ die Geschenke brachte. ___ kam meist in Begleitung von Knecht Ruprecht, ___ die unartigen Kinder mit ___ Rute bestrafte. Der Weihnachtsmann mit ___ Sack voller Geschenke und ___ Rute vereint heute beide Figuren in einer.

Mit Adverbien genaue Angaben machen

Das Zuckerfest

Für Muslime ist das Zuckerfest ebenso wichtig wie für Christen das Weihnachtsfest. Überall auf der Welt feiern die Muslime damit das Fastenbrechen nach einem äußerst strengen Fastenmonat – dem Ramadan. Anders als beim Weihnachtsfest verschiebt sich der Termin für den Ramadan jedes Jahr. Gläubige Muslime dürfen während des Ramadan nur nachts, nach Einbruch der Dunkelheit, etwas essen. Tags – von Sonnenaufgang bis Sonnenuntergang – darf dagegen weder gegessen noch getrunken oder geraucht werden. Deshalb spielt Essen beim Zuckerfest eine große Rolle. Es gibt dabei meist Süßigkeiten für die Kinder und nicht selten biegen sich die Tische unter den ganzen Köstlichkeiten. Meistens gehört auch der Gang in die Moschee zur Feier des Zuckerfests.

1 Übertrage die folgende Tabelle in dein Heft und ordne alle Adverbien aus dem Text ein.

Adverbien der Zeit (Temporaladverbien)	Adverbien des Ortes (Lokaladverbien)	Adverbien des Grundes / der Folge (Kausaladverbien)	Adverbien der Art und Weise (Modaladverbien)
Wann? Wie lange? Seit wann?	*Wo? Wohin?*	*Warum? Weshalb?*	*Wie?*
...	...	...	...

2 Du weißt, dass sich Adverbien – anders als Adjektive – im Satz nicht verändern. Überprüfe bei den Wörtern im Wortspeicher, ob es sich um Adjektive oder um Adverbien handelt, indem du Sätze bildest, z. B.:

neulich: *Ich habe erst neulich etwas über das Zuckerfest erfahren.*
Das Fest neulich war schön. (richtig)
Das neuliche Fest war schön. (falsch) → *unveränderlich*
selten: *Man erfährt selten Genaueres über andere Kulturen.*
Die seltenen Gelegenheiten sollte man jedoch nutzen. (richtig) → *veränderlich*

neulich · selten · schön · dennoch · groß · überall · derzeit · einfach · hinten · rechts · umsonst · winzig · nachher

Mit Verben Personal- und Zeitformen bilden

1 Übertrage die folgenden Regeln zur Tempusbildung in dein Heft und fülle die Lücken mithilfe der Begriffe im Wortspeicher.

A Das Plusquamperfekt wird gebildet aus dem ___ von ___ oder *sein* und dem ___ des Verbs, z. B.: ___.
B Das Perfekt wird gebildet aus dem ___ von *haben* oder ___ und dem ___ des Verbs, z. B.: ___.
C Bei schwachen Verben wird im Präteritum ein ___ zwischen ___ und Endung eingefügt, z. B.: ___. Bei den meisten starken Verben ändert sich im Präteritum ___, z. B.: ___.
D Das Futur I wird gebildet aus dem ___ von *werden* und dem ___ des Verbs z. B.: ___.
E Das Futur II wird gebildet mit dem Präsens von *werden* + Partizip II des Verbs + Infinitiv von *haben/sein*, z. B.: ___.

Präteritum · sprechen → ich sprach · haben · ich sagte · Partizip II (2 x) · er hatte gesessen · Präsens (2 x) · sein · -t- · ihr habt gegessen · sie werden spielen · der Stammvokal · Infinitiv · sein · Wortstamm · wir werden geschlafen haben

2 Verändere jeweils nur das angegebene Merkmal (Person, Numerus oder Tempus) und schreibe die entsprechenden Verbformen in dein Heft.

Infinitiv *laufen*	1. Pers. Sing. Präsens *ich laufe*	Präteritum *ich lief*	3. Pers. Sing. *er ...*	3. Pers. Pl. ...
Plusquamperfekt ...	2. Pers. Pl. ...	Perfekt ...	Singular ...	1. Pers. Sing. ...
Futur ...	Neues Verb ...	1. Pers. Pl. ...	3. Pers. Pl. ...	Futur II ...
Präteritum ...	2. Pers. Sing. ...	Plusquamperfekt ...	Perfekt ...	3. Pers. Pl. ...

3 Prüfe, ob es sich bei den Wörtern im Wortspeicher um starke oder schwache Verben handelt, indem du die 1. Person Singular Präteritum bildest, z. B.:
essen: ich aß → *starkes Verb*
feiern: ich feierte → *schwaches Verb*

essen · feiern · singen · freuen · schneiden · ziehen · trinken · gehen · frieren · fallen · tragen · sprechen · schmücken · träumen

④ Von den folgenden Verben gibt es sowohl starke als auch schwache Formen. Diese haben in der Regel jedoch unterschiedliche Bedeutungen.
Formuliere zu jeder Form einen Beispielsatz, aus dem die jeweilige Bedeutung hervorgeht.

hängen
- hing: *Die Kugeln hingen am Weihnachtsbaum.*
- hängte: *Jan hängte die Kugeln an den Weihnachtsbaum.*

erschrecken
- erschrak
- erschreckte

schleifen
- schliff
- schleifte

bewegen
- bewog
- bewegte

⑤ a) Schreibe den Text ab und setze dabei die Infinitive in Klammern in der richtigen Personalform und in der passenden Tempusform ein.
b) Untersuche, welche Aussage die verwendeten Tempusformen über die Zeit machen, in der sich das Ereignis abspielt.

Das Chanukka-Fest

Ebenfalls im Winter ___ (feiern) die Menschen jüdischen Glaubens das Chanukka-Fest. Dieses Fest ___ (erinnern) an die Wiedereinweihung des jüdischen Tempels in Jerusalem im Jahr 164 v. Chr. Nachdem die Griechen zuvor die Region ___ (erobern) und den Tempel aus jüdischer Sicht mit einem Zeus-Altar ___ (entweihen), ___ (einführen) die Juden in diesem Jahr wieder den traditionellen Tempeldienst ___.

Das Fest ___ (dauern) acht Tage. Jede Familie ___ (entzünden) jeden dieser Abende nach Einbruch der Dunkelheit eine weitere Kerze auf einem achtarmigen Leuchter, es ___ (geben) Süßigkeiten für die Kinder und süßes Gebäck für alle. Dazu ___ (singen) die ganze Familie Chanukka-Lieder. Ursprünglich ___ (geben) es am achten Abend allerdings keine Geschenke. Dieser Brauch ___ (entstehen) in Anlehnung an das Weihnachtsfest, das sich im Lauf der Zeit immer mehr zu einem Fest der Geschenke ___ (entwickeln).

Das Passiv wiederholen

Der Start ins neue Jahr

Das Neujahrsfest wird in fast allen Kulturen gefeiert.
Da in den verschiedenen Religionen und Kulturen unterschiedliche Kalender verwendet werden, fällt der Neujahrstag auf unterschiedliche Termine. Im westlichen Kulturraum wird der Jahresbeginn am 1. Januar gefeiert. Seit dem Mittelalter ist das Fest bei uns auf diesen Tag gelegt.

1 a) Notiere in deinem Heft alle Passivformen, die im Text vorkommen.
b) Erkläre mithilfe des Merkkastens auf Seite 222 den Unterschied zwischen Vorgangs- und Zustandspassiv und suche für beide Formen ein Beispiel aus dem Text.
c) Wie werden diese beiden Passivformen gebildet? Übertrage die folgenden Merksätze in dein Heft und fülle die Lücken.

Merksätze:
Das ___ wird mit den konjugierten Formen des Hilfsverbs *werden* und dem ___ des Verbs gebildet.
Das ___ wird mit den konjugierten Formen des Hilfsverbs *sein* und dem ___ des Verbs gebildet.

2 Bei der Umformulierung vom Aktiv ins Passiv wird das Akkusativobjekt des Satzes zum Subjekt.
Bestimme in den folgenden Sätzen die Akkusativobjekte und formuliere die Sätze um.

A In Mitteleuropa verschenken viele zu Neujahr kleine Marzipanschweinchen oder Glücksklee als Glücksbringer.
B In Israel schenken sich die Feiernden in Honig getränkte Äpfel, verbunden mit dem Wunsch, dass das neue Jahr süß werden möge.
C Die Griechen backen das sogenannte Basiliusbrot mit darin versteckten Münzen.

3 Erkläre, warum du die folgenden Sätze nicht ins Passiv umformen kannst.

A Zu Silvester reise ich am liebsten in die Berge.
B Meine Freundin springt zu Neujahr mit anderen zusammen in die eiskalte Ostsee.

Das chinesische Neujahrsfest

Die Chinesen feiern Neujahr zwischen dem 21. Januar und dem 21. Februar. Um Mitternacht feuert man ein großes Feuerwerk ab, um das Jahresmonster zu vertreiben. Zu diesem Zweck machen die Menschen auch viel Lärm und färben alles rot. Die Chinesen führen zudem farbenprächtige Drachen- und Löwentänze auf. Ein Laternenfest bildet den Abschluss der mehrtägigen Neujahrsfeier. Die oft riesengroßen Laternen für dieses Fest fertigen die Chinesen jedes Jahr neu an. Auf die Laternen malen die Besitzer Rätsel, welche die anderen Feiernden erraten müssen.

4 Übertrage den Text ins Passiv. Entscheide dabei, in welchen Fällen du den/die Handelnden nennen willst und in welchen dies überflüssig ist.

5 In welchem der folgenden Fälle würdest du deinen Text eher im Aktiv formulieren und in welchem eher im Passiv? Begründe.

A Du verfasst einen Artikel für eine Kinderzeitschrift, in der du darstellst, wie das muslimische Zuckerfest im Allgemeinen gefeiert wird.

B Du beschreibst einer Freundin / einem Freund, wie ihr in eurer Familie Silvester feiert.

6 Neben dem gewöhnlichen Passiv gibt es auch sogenannte Ersatzformen für das Passiv. Erläutere, wie sich die Bedeutung des folgenden Passivsatzes durch die Verwendung der einzelnen Ersatzformen verschiebt.

Passiv: *Das Feuerwerk wird abgefeuert.*

Ersatzformen für das Passiv		Beispiel
- *man*-Form:	→	- *Man feuert ein Feuerwerk ab.*
- Verbform von *sich lassen* + Infinitiv:	→	- *Ein Feuerwerk lässt sich abfeuern.*
- Verbform von *sein* + Infinitiv mit *zu*:	→	- *Ein Feuerwerk ist abzufeuern.*
- Verbform von *sein* + Adjektiv mit der Endung *-bar, -lich, -fähig*:	→	- *Ein Feuerwerk ist abfeuerbar.*

7 Formuliere den folgenden Passivsatz mithilfe der Ersatzformen für das Passiv um und erkläre, wie sich die Bedeutung ändert.

Die bösen Geister werden vertrieben.

„Nouruz“ bedeutet „Neuer Tag“

(1) Dieses sehr traditionelle Neujahrsfest feiert man vor allem im Iran und bei den Kurden am Frühlingsanfang, also am 20. oder 21. März. (2) Sein Ursprung lässt sich 3000 Jahre zurückverfolgen. (3) Zur Vorbereitung auf das neue Jahr sind traditionsgemäß Lagerfeuer anzuzünden, über welche die Feiernden dann springen. (4) Musikkapellen lassen sich engagieren, von denen traditionelle Lieder zu spielen sind. (5) Traditionell ist auch ein aus sieben Früchten bestehendes Neujahrsgetränk zuzubereiten. (6) Außerdem bereitet man sieben Speisen zu, die nach Möglichkeit mit dem Buchstaben „S“ beginnen. (7) Der Zahl Sieben lässt man also eine wichtige Bedeutung in diesem Brauch zukommen.

8 a) Notiere in deinem Heft, welche Ersatzformen für das Passiv in den einzelnen Sätzen des Textes verwendet werden.
(1): man-Form, (2): ...

b) In welchen Sätzen würdest du die Ersatzform stehen lassen und in welchen nicht? Begründe.

c) Formuliere die Sätze, die du verändern würdest, ins Passiv um.

Merke **Aktiv und Passiv**

In einem **Aktivsatz** liegt die Betonung auf der/dem Handelnden. In einem **Passivsatz** wird dagegen das ursprüngliche Objekt betont, mit dem etwas geschieht oder getan wird.
Formt man einen Aktivsatz in einen Passivsatz um, so wird das **Akkusativobjekt des Aktivsatzes** zum **Subjekt des Passivsatzes**:

Aktiv: *Fast alle Kulturen (Subjekt) feiern Neujahr (Akkusativobjekt).*

Passiv: *Neujahr (Subjekt) wird von fast allen Kulturen gefeiert.*

Oft wird die/der Handelnde (das ehemalige Subjekt) ganz weggelassen. Dann spricht man vom **täterlosen Passiv,** z. B.:
Das Feuerwerk wurde (von einem Pyrotechniker) gezündet.

Die Passivform, die den Vorgang einer Handlung oder eines Ereignisses beschreibt, heißt **Vorgangspassiv,** z. B.: *Die Feste werden gefeiert.*
Die Passivform, die beschreibt, in welchem Zustand etwas am Ende eines Vorgangs ist, nennt man **Zustandspassiv,** z. B.: *Das Fest ist beendet.*

Das Passiv in verschiedenen Zeitformen (Tempusformen) bilden

Warum wir Neujahr am 1. Januar feiern

A Die Vorstellung, dass Neujahr auch in der Zukunft an keinem anderen Tag als dem 1. Januar gefeiert werden wird, teilen die meisten Europäer. Auch Feuerwerke werden wohl immer abgefeuert werden.

B 1844 Jahre zuvor, also 153 vor Christus, war der Jahresanfang von den Römern vom 1. März auf den 1. Januar verlegt worden. Die Namen der Monate behielten die Römer jedoch bei. Dadurch waren die Zählmonate durcheinandergebracht worden (September heißt eigentlich siebter, Oktober achter, November neunter und Dezember zehnter Monat).

C Der Neujahrstag wurde 1691 von Papst Innozenz XII. auf den 1. Januar festgelegt. Bis dahin wurden in den unterschiedlichen Teilen Europas verschiedene Jahresanfänge gefeiert. Und auch nach 1691 leitete man in unterschiedlichen Ländern das neue Jahr an unterschiedlichen Terminen ein.

D Einige Feste werden bis heute an wechselnden Jahrestagen begangen, z. B. Ostern oder Pfingsten. Neujahr wird hingegen bei uns ganz selbstverständlich immer am 1. Januar gefeiert. Verschiedene geschichtliche Ereignisse haben dieses Datum festgelegt.

E So ist das Fest in England bis 1752 am 25. März (Mariä Verkündigung) gefeiert worden. In Frankreich sind die Neujahrstage zwischen 1793 und 1805 nach dem Kalender der Französischen Revolution jedes Jahr am 22. September gefeiert worden, denn am 22. September 1792 hatten die Franzosen dic Monarchie abgeschafft.

1. Bringe die vier Abschnitte des Textes in die zeitlich korrekte Reihenfolge, indem du die Großbuchstaben entsprechend in dein Heft schreibst.
2. Stelle eine vorläufige Regel für die Bildung des Passivs in den verschiedenen Zeitformen auf.

3 Übertrage die Tabelle in dein Heft und ordne die Passivformen aus dem Text von Seite 223 nach den unterschiedlichen Tempusformen und nach Singular und Plural ein.

Tempus	Beispiele im Singular	Beispiele im Plural
Präsens	*wird gefeiert (Z. 17 ff.), ...*	...
Futur I	...	...
Präteritum	...	...
Perfekt	...	...
Plusquamperfekt	...	...

4 In jedem Abschnitt des Textes auf Seite 223 findest du einen Satz, der im Aktiv steht. Übertrage ihn ins Passiv. Verwende das Tempus des jeweilgen Abschnitts.

5 Prüfe, in welchen der folgenden Sätze eine Angabe des/der Handelnden erfolgen sollte und in welchen das nicht nötig ist. Verwende bei Bedarf das Material im Wortspeicher.

A Zu Neujahr wird in vielen Ländern ein Feuerwerk abgefeuert.
B Die Namen der Monate wurden durcheinandergebracht.
C Das Feuer zu Silvester wurde verursacht.
D Das Fahrzeug wurde angehalten.
E Die Kerzen am Weihnachtsbaum wurden angezündet.

von der Polizei • von der Mutter • durch eine Rakete •
von den Menschen • von den Römern

6 Verfasse für ein Buch mit Lügengeschichten einen Text über ein Fantasiefest. Stelle in diesem Text die Geschichte des Festes und typische Bräuche dar.
Verwende dabei das Passiv in den unterschiedlichen Zeitformen.

Merke **Passivformen in verschiedenen Zeitformen (Tempusformen)**

Das Passiv wird mit den konjugierten Formen des Hilfsverbs ***werden* in der entsprechenden Zeitform (Tempusform)** und dem **Partizip II des Verbs** gebildet.

Präsens	*(es) wird gefeiert*
Präteritum	*(es) wurde gefeiert*
Perfekt	*(es) ist gefeiert worden*
Plusquamperfekt	*(es) war gefeiert worden*
Futur I	*(es) wird gefeiert werden*
Futur II	*(es) wird gefeiert worden sein*

Aktiv und Passiv richtig verwenden

Die letzte Nacht im Jahr – Silvester feiern

Von jedem Land sind für den Start ins neue Jahr eigene Bräuche entwickelt worden.	besser: Aktiv
In Deutschland werden schon von den Germanen die bösen Geister durch Krach vertrieben. Deshalb wird das neue Jahr auch heute noch mit Raketen und Böllern verjagt.	Tempusfehler
Von den Spaniern wird zu jedem Glockenschlag um Mitternacht eine Weintraube gegessen.	besser: Aktiv
Verzählt man sich dabei, so glauben die Spanier, wurde man im neuen Jahr angeblich von einem Unglück heimgesucht.	Tempusfehler
Die Bulgaren leiten das neue Jahr traditionell mit Schlägen auf den Rücken ein.	besser: Passiv
Durch die Schläge soll man mit Gesundheit und Reichtum gesegnet sein.	Vorgangspassiv!
In Polen wird von Frauen, die einen Mann suchen, zum Jahreswechsel Mohn in die eigenen Schuhe gestreut. Durch die Anzahl der Mohnkörner wird bestimmt, von wie vielen Verehrern man im neuen Jahr umworben wird. Wer große Füße und Schuhe hat, ist also deutlich im Vorteil.	besser: Aktiv

1. Überarbeite den Text in deinem Heft mithilfe der Randanmerkungen.
2. Folgender Text im Passiv klingt eintönig. Entscheide, welche Sätze du besser im Aktiv formulieren kannst, und überarbeite den Text in deinem Heft.

Ganz entspannt wird von unseren Nachbarn, den Polen, der letzte Tag des Jahres begangen: Am 31. Dezember darf nämlich auf keinen Fall die Wohnung geputzt werden. Denn durch Putzen – so glaubt man – wird das Glück aus dem Haus verscheucht. Um Mitternacht wird dann frische Luft ins Haus gelassen. Dann werden alle Türen und Fenster geöffnet, damit die guten Geister ins Haus geholt werden.

Mit dem Konjunktiv II Vorstellungen und Wünsche ausdrücken

Den Konjunktiv II bilden und verwenden

Wenn ich eine Wolke wäre *Mascha Kaléko*

Wenn ich eine Wolke wäre,
Segelt' ich nach Irgendwo
Durch die weiten Himmelsmeere
Von Berlin nach Mexiko.
Blickte in die Vogelnester,
Rief die Katzen auf dem Dach,
Winkte Brüderchen und Schwester
Morgens aus dem Schlafe wach.

Wenn ich eine Wolke wäre,
Zög ich mit dem Wüstenwind
Zu den Inseln, wo die Menschen
Gelb und mandeläugig sind
Oder braun wie Schokolade
Oder mandarinenrot,
Wo die Kokosnüsse wachsen,
Feigen und Johannisbrot. R

1 a) Sprecht darüber, wie das Gedicht auf euch wirkt und was das lyrische Ich hier zum Ausdruck bringen will.
b) Bestimme mithilfe des Merkkastens, in welchem Modus die Verben im Gedicht stehen.

Merke **Die Modi des Verbs – Indikativ und Konjunktiv II**

Durch den **Modus eines Verbs** lässt sich ausdrücken, wie die Sprecherin / der Sprecher bzw. die Verfasserin / der Verfasser eines Textes etwas sieht oder wie eine Aussage aufgefasst werden soll.

Der **Indikativ** stellt eine Aussage als **wirklich** oder **tatsächlich (real)** dar, z. B.:
Die Wolke segelt nach Irgendwo.

Der **Konjunktiv II** stellt eine Aussage als **wünschenswert** oder **unwirklich (irreal)** dar, z. B.:
Das lyrische Ich stellt sich vor / wünscht sich, es wäre eine Wolke und segelte nach Irgendwo.

2 a) Erkläre mithilfe folgender Übersicht, wie der Konjunktiv II gebildet wird.
b) Beschreibe, worin die Besonderheit bei den Verben *sein* und *tragen* liegt.
c) Sammle weitere Beispiele für starke Verben, die diese Besonderheit in der Bildung des Konjunktivs II aufweisen.

Infinitiv	ich (1. Pers. Sg., Indikativ im Präteritum)	ich (1. Pers. Sg. im Konj. II)	du (2. Pers. Sg. im Konj. II)	er/sie/es (3. Pers. Sg. im Konj. II)	wir (1. Pers. Pl. im Konj. II)	ihr (2. Pers. Pl. im Konj. II)	sie (3. Pers. Pl. im Konj. II)
sein	war	wäre	wärest	wäre	wären	wäret	wären
rufen	rief	riefe	riefest	riefe	riefen	riefet	riefen
blicken	blickte	blickte	blicktest	blickte	blickten	blicktet	blickten
schauen	schaute	schaute	schautest	schaute	schauten	schautet	schauten
tragen	trug	trüge	trügest	trüge	trügen	trüget	trügen

3 Konjugiere folgende Verben im Konjunktiv II. Bilde als „Brücke" zum Konjunktiv II immer zuerst die 1. Person Singular im Präteritum.

fliegen · schweben · tanzen · vorhaben · träumen · denken · singen · malen · glauben · schauen · leuchten · aufblitzen · haben · anziehen

4 Wovon träumst du? Verfasse ein Parallelgedicht zu Mascha Kalékos „Wenn ich eine Wolke wäre". Du kannst dazu einen der folgenden Gedichtanfänge fortsetzen.
Wenn ich ein Astronaut wäre, ... *Wenn ich schon erwachsen wäre, ...*

Merke **Den Konjunktiv II bilden**

Die **Formen des Konjunktivs II** werden aus dem **Wortstamm des Präteritums** und der **Personalendung für den Konjunktiv** (-e, -est, -e, -en, -et, -en) gebildet. Dafür baut man eine „Brücke" über die 1. Person Singular Präteritum im Indikativ, z. B.:
schweben → ***ich schwebte*** → *ich schwebte, du schwebtest, er/sie/es schwebte, …*
fliegen → ***ich flog*** → *ich flöge, du flögest, er/sie/es flöge, …*

Steht im Wortstamm der Präteritumform eines starken Verbs ein **a**, **o** oder **u**, so bilden diese im Konjunktiv II einen **Umlaut**, z. B.:
ich bog → *ich b**ö**ge, ich dachte* → *ich d**ä**chte, ich durfte* →*ich d**ü**rfte.*
Achtung: Manche Formen des Konjunktivs II sehen aus wie Präteritumformen im Indikativ.

Wenn ich wollte, wie ich könnte … *Johann König*

Wenn ich wollte, wie ich ____ (können),
wisst ihr, was ich ____ (tun)?
Alle Freunde, die ich habe,
____ (laden) ich zu mir ein,
____ (essen) mit ihnen Knabberkram,
____ (trinken) mit ihnen Wein,
____ (lesen) ihnen Geschichten vor,
oder heißt es ____ (lesen)?
____ (sitzen) mit ihnen vor dem Tisch
bei Rotwein, Bier und Käse.
Gegen Abend wird es doll,
wir ____ (stehen) oder ____ (liegen),
____ (schlagen) uns die Bäuche voll,
____ (stopfen) uns die Mägen.
Später ____ (hängen) wir dann rum,
oder heißt es hüngen?
Meine Freundin ____ (bitten) ich drum,
mir das Hirn zu düngen.
Recht und Wahrheit ____ (biegen) ich,
ohne dass ich ____ (lügen),
auf dass mich der liebe Gott
wohl beschützen ____ (mögen).
All dazu ____ (haben) ich größte Lust,
der Champagner ____ (fließen),
Ohne Rücksicht auf Verlust,
wie ich das ____ (genießen).
Ich denk, ihr wisst, um wen es geht,
jeder, der ihn liebt,
der ist froh, der ist froh,
froh, dass es ihn gibt.
Gelobet sei der Konjunktiv!
Ich frag mich, was wohl ____ (werden),
Wenn dieser schöne Konjunktiv,
Morgen plötzlich ____ (sterben).

5 a) Lies das Gedicht vor und setze dabei die Verben in der jeweils korrekten Konjunktiv-II-Form ein. Achtung: Das letzte Verb wird anders als üblich gebildet.
b) Weshalb wirkt das Gedicht komisch? Begründe.

⑥ a) Von welchen Infinitiven stammen die folgenden Konjunktiv-II-Formen?
Gehe die auf Seite 227 beschriebene „Brücke“ rückwärts und bilde die Infinitive, z. B.:
ich bäte → ich bat → bitten

b) Wähle fünf Verben aus dem Wortspeicher aus und bilde Sätze im Konjunktiv II.

sie stürbe · ich bäte · ich riefe · er bände · wir trügen · du bögest · ich schnitte · wir säßen · er begänne · sie begössen · er tränke · sie schlösse

Ersatzformen für den Konjunktiv II nutzen

❶ Welche Form würdest du jeweils wählen, um etwas Unwirkliches auszudrücken? Begründe.

- Ich stelle mir vor, ich lebte im Schlaraffenland. - Dort wüchsen Tortenberge in den Himmel. - Mir flögen gebratene Hamburger in den Mund. - Dazu tränke ich den ganzen Tag meine Lieblingslimonade.	oder	- Ich stelle mir vor, ich würde im Schlaraffenland leben. - Dort würden Tortenberge in den Himmel wachsen. - Mir würden gebratene Hamburger in den Mund fliegen. - Dazu würde ich den ganzen Tag meine Lieblingslimonade trinken.

❷ Ersetze die Konjunktiv-II-Formen in Johann Königs Gedicht durch Umschreibungen mit *würde*. Wie verändert sich die Wirkung des Textes?
Wenn ich wollen würde, wie ich können würde, wisst ihr, was ich tun würde? ...

③ Ersetze folgende Umschreibungen mit *würde* durch die korrekten Konjunktiv-II-Formen.

Ich würde schreiben. · Du würdest glauben. · Sie würde schwimmen. · Wir würden lesen. · Ihr würdet reiten. · Sie würden fliegen.

Merke **Ersatzformen für den Konjunktiv II**

Ist die Konjunktiv-II-Form identisch mit der Präteritumform, so kann der Konjunktiv II durch eine **Umschreibung mit *würde* + Infinitiv** des Verbs ersetzt werden, z. B.:
Sie gingen jeden Tag ins Kino. → Sie würden jeden Tag ins Kino gehen.

Auch ungebräuchliche oder veraltete Konjunktiv-II-Formen können **im mündlichen Sprachgebrauch** durch eine Umschreibung mit *würde* + Infinitiv des Verbs ersetzt werden, z. B.:
Er stürbe. → Er würde sterben. *Es begänne. → Es würde beginnen.*

Im schriftlichen Ausdruck solltest du im Zweifel immer den korrekten Konjunktiv II verwenden.

Mit dem Konjunktiv I Ansichten und Meinungen anderer wiedergeben

Den Konjunktiv I in der indirekten Rede verwenden

Das Ende der Freundschaft *Lea Wepps und Lisa Thalmann*

Für die Schülerzeitung „Peer", die für diesen Text mit einem Preis ausgezeichnet wurde, haben die Schülerinnen Lea Wepps und Lisa Thalmann ihren Englischlehrer Herrn Flettner interviewt.

Peer: Welche Erfahrungen haben Sie denn schon mit ihrer recht offenen Haltung gegenüber Schülerfreundschaften auf Facebook gemacht?

Herr Flettner: Nun, ich habe eigentlich recht positive Erfahrungen gemacht. Grundsätzlich stelle ich von mir aus keine Freundschaftsanfragen an Schüler. Ich bin allerdings bereit, Anfragen von Schülern anzunehmen. Mir ist dabei wichtig, dass auch außerhalb der Schule die Umgangsformen passen. Ich bestehe auf dem *Sie*, um eine gewisse Distanz zwischen Schüler und Lehrer zu wahren, auch wenn Schüler mich gern mit *Du* anreden möchten. Facebook ist für mich allerdings kein Medium, um dienstliche Sachen (Noten oder Ähnliches) auszutauschen, sondern lediglich, um einen kurzfristigen Kontakt (Termine etc.) aufzubauen. [...]

Peer: Haben Sie denn schon mal einen Fall erlebt, bei dem eine Facebook-Freundschaft für Sie oder einen Schüler bzw. eine Schülerin negativ ausging?

Herr Flettner: Negativ hört sich jetzt sehr dramatisch an. Ich möchte es mal so formulieren: Schüler geben über Facebook sehr viele Informationen preis, zum Teil auch unbewusst, wie „wann war ich zuletzt on". Der Schüler darf sich dann nicht wundern, wenn man diese Infos weiß und auch nutzt. Zum anderen habe ich auch bereits Freundschaften beendet, weil sich der betreffende Schüler im Chat danebenbenommen hat.

Peer: Das hört sich fast so an, als hätten Sie schon einmal etwas in Facebook erfahren, was Sie im Nachhinein gegen den Schüler verwendet haben. Ist dem so?

Herr Flettner: Na ja, keine negativen Infos. Allerdings gaben mir das Nutzungsverhalten und die Nutzungszeiten zu denken. Ich habe ihn auch darauf angesprochen. [...]

Peer: Letzte Frage: In Bayern und Rheinland-Pfalz ist es ja mittlerweile für Lehrer dienstlich verboten, mit Schülern befreundet zu sein. Was halten Sie davon und werden Sie Konsequenzen daraus ziehen?

Herr Flettner: Ich werde mich natürlich daran halten müssen. Es ist ja eine dienstliche Anweisung. [...]

Peer: Vielen Dank, dass Sie sich die Zeit genommen haben, mit uns dieses aufschlussreiche Interview zu führen.

1. Diskutiert, ob Lehrer/-innen in sozialen Netzwerken Kontakte zu ihren Schülerinnen und Schülern haben sollten.
2. Mit den Informationen aus dem Interview hätte man auch folgenden Bericht für die Schülerzeitung schreiben können.
   Untersuche, mit welchen Mitteln das Interview und der Bericht jeweils deutlich machen, dass die Aussagen des Lehrers und nicht die der Autorinnen wiedergegeben werden.

Viele von uns nutzen soziale Netzwerke wie zum Beispiel Facebook. Von Lehrern erwarten nicht nur wir Schüler, dass sie mit der Zeit gehen und moderne Medien in ihrem Unterricht einsetzen. Gehören dazu auch Facebook & Co.? Wie weit sollen, wie weit dürfen Lehrerinnen und Lehrer gehen? Zur Frage, ob Kontakte und Freundschaften zwischen Lehrern und Schülern auf solchen Plattformen in Ordnung sind oder nicht, haben unsere Redakteurinnen den Englischlehrer Herrn Flettner interviewt, der es wissen muss, weil er sich mit digitalen Medien und sozialen Netzwerken auskennt wie kaum ein anderer [...]. Auf die erste Frage unserer Redakteurinnen antwortet der Junglehrer, dass er eigentlich recht positive Erfahrungen mit seiner recht offenen Haltung gegenüber Schülerfreundschaften auf Facebook gemacht habe. Er stelle von sich aus allerdings keine Freundschaftsanfragen an Schüler. Allerdings sei er grundsätzlich bereit gewesen, Anfragen von Schülern anzunehmen. Dabei sei ihm aber wichtig, dass auch außerhalb der Schule die Umgangsformen passten. So bestehe er auf dem *Sie*, um eine gewisse Distanz zwischen Schüler und Lehrer zu wahren. Facebook sei für ihn allerdings kein Medium, um Noten oder andere dienstliche Informationen auszutauschen, sondern lediglich, um einen kurzfristigen Kontakt (Termine etc.) aufzubauen. [...] Allerdings habe er auch schon Schüler mit auffälligem Nutzungsverhalten von Facebook angesprochen. An die dienstliche Anweisung, nicht mehr mit Schülern online befreundet zu sein, werde er sich natürlich halten müssen.

3 a) Übertrage die Tabelle in dein Heft und stelle die in beiden Texten markierten finiten Verben mit den dazugehörigen Pronomen einander gegenüber.
b) Markiere die Veränderungen der Verben und der Pronomen im Bericht.

Interview	Bericht
- ich stelle (keine Freundschaftsanfragen an Schüler) - …	- <u>er</u> stelle (keine Freundschaftsanfragen an Schüler) - …

Merke **Der Konjunktiv I in der indirekten Rede**

Mithilfe der **indirekten Rede** macht man deutlich, dass man nicht die eigene Meinung wiedergibt, sondern die einer/eines anderen. Anders als bei der direkten Rede steht das Verb in der indirekten Rede im **Konjunktiv I**. Außerdem ändern sich gegenüber der direkten Rede die Pronomen, z. B.:

direkte Rede: *<u>Ich bin</u> der Meinung, dass Facebook-Freundschaften zwischen Lehrern und Schülern tabu <u>sind</u>.*
indirekte Rede: *<u>Sie ist</u> der Meinung, dass Facebook-Freundschaften zwischen Lehrern und Schülern tabu <u>seien</u>.*

Der **Konjunktiv I** wird aus dem **Präsensstamm des Verbs** und den **Personalendungen für den Konjunktiv** (-e, -est, -e, -en, -et, -en) gebildet.

Infinitiv		entscheid|en	hab|en	sei|n
Singular	1. Pers.	*ich entscheid|**e***	*ich hab|**e***	*ich sei*
	2. Pers.	*du entscheid|**est***	*du hab|**est***	*du sei|**est***
	3. Pers.	*er/sie/es entscheid|**e***	*er/sie/es habe|**e***	*er/sie/es sei*
Plural	1. Pers.	*wir entscheid|**en***	*wir hab|**en***	*wir sei|**en***
	2. Pers.	*ihr entscheid|**et***	*ihr hab|**et***	*ihr sei|**et***
	3. Pers.	*sie entscheid|**en***	*sie hab|**en***	*sie sei|**en***

Ich denke, es ist gut, wenn auch Lehrer sich mit den sozialen Netzwerken beschäftigen. Und ob ich meinen Lehrer als Facebook-Freund haben will, das kann ich ja immer noch selbst entscheiden!

Peter meint, es ___ gut, wenn auch Lehrer sich mit den sozialen Netzwerken beschäftigen. Und ob er seinen Lehrer als Facebook-Freund haben ___, das ___ er ja selbst entscheiden.

4 Ergänze mithilfe der Informationen im Merkkasten auf Seite 232 die finiten Verbformen im Konjunktiv I in der rechten Sprechblase. Schreibe in dein Heft.

5 Bei der Wiedergabe der direkten Rede in der indirekten Rede verändern sich neben den Verben auch die Pronomen (Personal- und Possessivpronomen).
Ergänze in folgender Umformung in die indirekte Rede die passenden Pronomen und die finiten Verben im Konjunktiv I. Schreibe in dein Heft.

Direkte Rede	Indirekte Rede
- Tom zu Dana: „Meiner Meinung nach musst du deine Ansicht ausführlicher begründen. - Anna zu Leonie: „Kannst du mir bitte noch mal erklären, warum deine Klasse gegen Facebook-Freundschaften zwischen Lehrern und Schülern ist?"	- Tom meint zu Dana, ___ Meinung nach ___ Ansicht ausführlicher begründen. - Leonie: Anna hat mich gefragt, ob ___ nochmal erklären ___, warum ___ Klasse gegen Facebook-Freundschaften zwischen Lehrern und Schülern ___.

6 a) Sammelt Pro- und Kontra-Argumente zum Thema „Sollte man seine Fotos im Internet für alle öffentlich posten?"
b) Notiert eure Ansichten zusammen mit eurem Namen auf einer Karteikarte.
c) Tauscht eure Argumente aus. Gebt das Argument eurer Mitschülerin / eures Mitschülers in der indirekten Rede wieder und schreibt es auf die Rückseite der Karte.
d) Überprüft gemeinsam, ob die Wiedergabe in der indirekten Rede korrekt ist.

Niklas: Ich finde es nicht gut, wenn Schüler und Lehrer über soziale Netzwerke miteinander verbunden sind. Schließlich darf nicht jeder zu Hause jederzeit das Internet oder sein Smartphone nutzen. Wer dadurch wichtige Infos verpasst, ist klar im Nachteil.

Cem: Das sehe ich nicht so. Man kann ja mit dem Lehrer darüber sprechen. Dann weiß er, dass er für wichtige Informationen keine sozialen Netzwerke nutzen kann, und richtet sich darauf ein.

Caro: Leute, das ist doch alles nicht das Entscheidende. Soziale Netzwerke sind für mich etwas für die Freizeit. Da will ich nicht mit meinen Lehrern kommunizieren. Wichtige Schultermine oder Hausaufgaben soll unser Lehrer uns in der Schule mitteilen.

erwidern · widersprechen · einwerfen · entgegnen · behaupten · meinen

7 Gib die Aussagen oben in indirekter Rede wieder. Verwende für die unterstrichenen Verbformen den Konjunktiv I und passende Verben des Sagens aus dem Wortspeicher zur Einleitung der indirekten Rede.
Niklas meint, er finde es nicht gut, wenn ...

8 Erläutere mithilfe der folgenden Übersichten, wie Fragesätze und Befehlssätze in indirekter Rede wiedergegeben werden.

Fragesätze in indirekter Rede wiedergeben:

- Entscheidungsfrage (**direkte Rede**): Caro: „Soll jeder alle eure Fotos sehen?“
- Entscheidungsfrage (**indirekte Rede**): Caro fragt, ob jeder alle ihre Fotos sehen solle.
- Ergänzungsfrage (**direkte Rede**): Niklas: „Wer interessiert sich schon für deine Bilder?“
- Ergänzungsfrage (**indirekte Rede**): Niklas fragt, wer sich schon für ihre Bilder interessiere.

Aufforderungssätze in indirekter Rede wiedergeben:

- Aufforderungssatz (**direkte Rede**): Jan fordert Niklas auf: „Bleib sachlich!“
- Aufforderungssatz (**indirekte Rede**): Jan fordert Niklas auf, er solle sachlich bleiben.

Den Konjunktiv II als Ersatzform für den Konjunktiv I verwenden

Klicksafe.de – Mehr Sicherheit im Netz

Eine Gefahr, die von sozialen Netzwerken wie Facebook und Co. gerade für Kinder und Jugendliche ausgeht, betrifft den Umgang mit persönlichen Daten. Die Europäische Union hat daher die Initiative „klicksafe.de“ ins Leben gerufen. Sie will über Gefahren im Internet informieren und vor allem Kindern und Jugendlichen, aber auch ihren Eltern und Lehrern zeigen, wie man sich vor diesen Gefahren schützen kann.

Um die Funktionen der sozialen Netzwerke nutzen zu können, müssten möglichst viele persönliche Informationen preisgegeben werden. Damit mache man sich nach Auffassung der Initiative „klicksafe.de“ aber auch angreifbar und laufe Gefahr, von Unbekannten angeschrieben oder gemobbt zu werden. Inzwischen gebe es in beinahe allen Social Networks Einstellungsmöglichkeiten, mit deren Hilfe man entscheiden könne, für wen was sichtbar sei.

Problematisch sei, dass entsprechende Sicherheitseinstellungen zum Schutz der Privatsphäre meist aktiv durch den Nutzer vorgenommen werden müssten und nicht vorinstalliert seien. Anders verhalte es sich meist bei den Werbezustimmungen. Diese seien in der Regel voreingestellt (Häkchen gesetzt) und müssten durch den Nutzer erst ungültig gemacht werden. All das zu bedenken und entsprechend einzustellen, sei leider nicht sonderlich nutzerfreundlich, worauf auch Verbraucherschützer immer wieder aufmerksam machten.

Würden die Zugangsmöglichkeiten zum eigenen Profil nicht beschränkt und seien sie öffentlich einsehbar, könne es auch passieren, dass gezielt sämtliche Daten ausgelesen, ausgewertet und beispielsweise für Werbezwecke verwendet würden. Laut den Experten von „klicksafe.de“ lassen sich so schon heute problemlos ganze Persönlichkeitsprofile ausschließlich aus den Web-Informationen zusammenstellen.

1. Erkläre, worin die Gefahren beim Umgang mit persönlichen Daten liegen und wie man mit diesen Problemen umgehen kann.
2. Untersuche die Informationen im Text, die in indirekter Rede wiedergegeben werden. Was fällt dir bei den markierten Stellen auf?
3. Erkläre, warum der Verfasser an den markierten Stellen nicht zum Konjunktiv I, sondern zum Konjunktiv II oder zu anderen Formen der Kennzeichnung der indirekten Rede greift.

4 Entscheide bei den folgenden Aussagen, ob du die Verben in Klammern im Konjunktiv I oder im Konjunktiv II einsetzen musst, um die indirekte Rede zu kennzeichnen.

Viktoria ist der Auffassung, dass alle, die ___ (zulassen), dass jeder ihre geposteten Bilder sehen ___ (kann), einen Fehler ___ (machen), weil sie offenbar nicht ___ (verstehen), dass das Internet nichts vergisst.

Santos ist der Ansicht, dass es sinnvoll ___ (sein), Fotos auch öffentlich zu posten, weil man sich so z.B. als guter Fotograf bekannt machen ___ (kann). Man ___ (müssen) natürlich darauf achten, was auf den Fotos zu sehen ___ (sein). Viele ___ (stellen) einfach zu persönliche Bilder ins Netz.

Nina und Olga meinen, dass viele es für übertrieben ___ (halten), wenn man vor dem öffentlichen Posten von Bildern ___ (warnen). Sie ___ (glauben) allerdings, dass man sehr gut überlegen ___ (müssen), was man ___ (veröffentlichen) und was nicht. Eine süße Katze, die man im Urlaub fotografiert ___ (haben), ___ (sein) – anders als das Bikini-Foto der besten Freundin – natürlich kein Problem.

Merke **Ersatz des Konjunktivs I durch den Konjunktiv II und andere Formen zur Kennzeichnung der indirekten Rede**

Wenn sich der **Konjunktiv I nicht vom Indikativ unterscheidet**, verwendet man in der Regel den **Konjunktiv II** (→ S. 227) zur Kennzeichnung der indirekten Rede, z. B.:

direkte Rede: *Carl sagt: „Alle sollen es so machen, wie sie wollen."*

indirekte Rede mit Gebrauch des Konjunktivs I (nicht eindeutig):
Carl sagt, alle sollen es so machen, wie sie wollen.

indirekte Rede mit Gebrauch des Konjunktivs II (eindeutig):
Carl sagt, alle sollten es so machen, wie sie wollten.

Daneben kann man die indirekte Rede auch durch bestimmte **einleitende Formulierungen** kenntlich machen, die zeigen, dass die Ansicht anderer wiedergegeben wird. In einem solchen Fall setzt man dann anstelle des Konjunktivs den Indikativ, z. B.:

Nach Carls Ansicht sollen es alle so machen, wie sie wollen.

Die indirekte Rede verwenden

Cybermobbing: Die Feinde aus dem Netz *nach Heike Vowinkel*

Fast ein Drittel der deutschen Jugendlichen ist an Cybermobbing beteiligt. Ein Kongress in Berlin sucht jetzt nach Lösungen. Das Abendblatt sprach mit Sozialpsychologin Catarina Katzer.

Hamburger Abendblatt: Wie verbreitet ist Cybermobbing in Deutschland?

Catarina Katzer: Rund 20 Prozent bis ein Drittel der Jugendlichen zwischen zehn und 18 Jahren in Deutschland sind in Cybermobbing involviert[1] – als Täter oder Opfer. Unsere Studie vom Mai dieses Jahres hat zudem gezeigt, dass immer mehr Grundschüler von Cybermobbing betroffen sind. Das bestätigte auch unsere Lehrerbefragung. [...]

Was weiß man über Täter und Opfer?

Katzer: Bei den Tätern handelt es sich oft um Jugendliche, die im normalen Leben unauffällig sind und das Netz als Spielwiese im scheinbaren Schutz der Anonymität nutzen, um zu testen, wie böse sie sein können. Bei den Opfern sind es oft Jugendliche, die aus Neugierde auf Hass- und Prügel-Webseiten landen und durch erste Kommentare dann plötzlich selbst zu Opfern werden. Auch bestimmte Verhaltensweisen unterstützen, dass manche Jugendliche eher zu Opfern werden.

Welche?

Katzer: Zum Beispiel, wenn man allzu freimütig einem großen Freundes- und Bekanntenkreis in sozialen Netzwerken mitteilt, dass man Liebeskummer oder sonstige private Probleme hat. Wir müssen Jugendlichen immer wieder klarmachen, wie wichtig es ist, wem sie was im Internet von sich preisgeben. [...]

Wird in der realen Welt anders gemobbt als in der virtuellen?

Katzer: Im Internet lassen sich Lügen und Gerüchte schneller und gemeiner verbreiten und erreichen eine breitere Masse. [...] Hinzu kommt, dass

1 involviert sein: einbezogen sein, verwickelt sein in ...

mithilfe gefälschter Videos oder von Photoshop schlimmste Verleumdungen mit scheinbaren Beweisbildern oder Videos gestützt werden. Alle, die dann ein Foto von einem Mädchen sehen, das sich nackt zeigt, denken dann: „Warum stellt sie auch so etwas ins Netz?“ Dabei ist es ein gefaktes Foto. [...]

Was kann man tun, um rechtzeitig zu erkennen, in welcher Notlage gemobbte Jugendliche sind?

Katzer: Viele Erwachsene, aber auch Freunde, bekommen oft erst gar nicht mit, was da passiert. Gemobbt werden ist wahnsinnig peinlich, oft haben Jugendliche auch Angst, dass ihnen der Zugang zum Internet verboten werden könnte. Daher ist es zunächst wichtig, dass Eltern, Lehrer und aber auch der Freundeskreis auf Veränderungen achten: Sacken Leistungen plötzlich ab? Ist jemand aus unerfindlichen Gründen plötzlich verschlossen? Verzichtet er auf Essen? All das können Anzeichen für eine Notsituation sein. Dann ist es ganz wichtig zu signalisieren: „Ich bin für dich da und höre zu.“ [...]

Und was kann man dann konkret tun, wenn sich ein Jugendlicher anvertraut und erzählt, ich werde gemobbt?

Katzer: Erst einmal sollte man versuchen, mit dem Jugendlichen herauszufinden, was er möchte. Fragen: „Wie willst du mit der Situation umgehen?“ Ganz wichtig ist auch, die Schule zu informieren. [...] Wenn möglich, ist es ratsam, die Eltern der Täterseite mit ins Boot zu holen. Denn meist wird klar, dass die Opfer die Täter kennen. Dann sollte man nach den Gründen für das Mobbing suchen. Aber vor allem müssen die Taten sanktioniert[2] werden, damit den Jugendlichen klar wird, dass sie Grenzen überschritten haben.

Welche rechtlichen Möglichkeiten gibt es, gegen Cybermobbing vorzugehen?

Katzer: Viele Formen von Mobbing sind faktisch Vergehen nach dem Strafgesetzbuch. Man kann also Strafanzeige stellen. Das wissen viele Täter nicht. [...] Wenn jemand so stark betroffen ist, dass er z. B. nicht mehr in die Schule gehen kann, kann man die Täter auch auf Schadenersatz verklagen. [...]

2 sanktionieren: bestrafen

1. Du sollst in einem Artikel für die Schülerzeitung die Aussagen von Catarina Katzer zum Thema „Cybermobbing“ wiedergeben. Welche Informationen sind aus deiner Sicht für einen solchen Artikel besonders interessant?
2. Der folgende Ausschnitt aus einem Schülerzeitungsartikel zum Thema „Cybermobbing“ ist an den markierten Stellen fehlerhaft. Überarbeite den zweiten Absatz in deinem Heft.

Cybermobbing betrifft uns alle

Cybermobbing ist weit verbreitet und betrifft auch Schülerinnen und Schüler. In einem Interview mit dem Hamburger Abendblatt informiert die Sozialpsychologin Catarina Katzer über dieses Thema und stellt auch dar, was gegen Cybermobbing unternommen werden kann. Auf die Frage, wie verbreitet Cybermobbing in Deutschland ist, bestätigt Sozialpsychologin Catarina Katzer, dass rund 20 Prozent bis ein Drittel der Jugendlichen in Cybermobbing involviert sind. Eine Studie hat gezeigt, dass auch immer mehr Grundschüler betroffen sind. Das wird auch durch Lehrerumfragen bestätigt. Bei den Tätern handelt es sich um Jugendliche, die im normalen Leben unauffällig sind. ...

3 Die im folgenden Textausschnitt markierten Konjunktiv-I-Formen unterscheiden sich nicht vom Indikativ. Überarbeite den Text so, dass die indirekte Rede eindeutig zu erkennen ist.

... Unter den Opfern seien oft Jugendliche, die aus Neugier auf Hass- und Prügel-Webseiten landen und durch ihre Kommentare dann plötzlich selbst zu Opfern werden. Auch bestimmte Verhaltensweisen unterstützen, dass manche Jugendliche eher zu Opfern werden, z.B. wenn sie in sozialen Netzwerken mitteilen, dass sie Liebeskummer oder sonstige private Probleme haben.

4 Setze den Artikel für die Schülerzeitung fort, indem du die Antworten von Catarina Katzer von Zeile 24–34 und Zeile 37–45 in indirekter Rede wiedergibst. Verwende den Konjunktiv I zur Kennzeichnung der indirekten Rede und bei Bedarf den Konjunktiv II.

5 Manchmal kann es bei der Wiedergabe eines Interviews auch sinnvoll sein, die Interviewfragen wiederzugeben.
Formuliere folgende Fragen aus dem Interview in indirekte Rede um.
Die Interviewerin fragt, ...

A Was weiß man über Täter und Opfer?
B Wird in der realen Welt anders gemobbt als in der virtuellen?
C Welche rechtlichen Möglichkeiten gibt es, gegen Cybermobbing vorzugehen?

Den Satzbau wiederholen

Die Gliederung des Satzes

So seltsam isst die Welt *nach Katja Grundmann*

Gegorener Hering in Dosen? Igitt! Doch die Schweden lieben ihr Nationalgericht, das vor dem Essen monatelang vor sich hingammelt. Auch anderswo gibt es kuriose Delikatessen. Wir stellen euch die schrägsten vor.

Madenkäse aus Sardinien

An den steilen Berghängen Sardiniens leben viele Ziegen. Aus ihrer Milch stellen die Inselbewohner Käse her. Dieser Vorgang ist erst einmal nicht ungewöhnlich. Als besondere Spezialität gilt es jedoch, den Käse etwas länger als gewöhnlich reifen zu lassen. Nämlich so lange, bis die Maden der Käsefliege sich darin tummeln. Sie legen ihre Eier ab und sorgen für eine schmierige Konsistenz und einen beißenden Geruch des Käses. Hart gesottene Feinschmecker essen die Maden beim Verzehr natürlich mit.

Gammelrochen aus Island

Eine absolute geschmackliche Katastrophe kommt in Island am 23. Dezember auf den Tisch. Statt Duft von Zimt und Keksen erfüllt dort in der Adventszeit ein beißender Gestank die Luft. Denn unter den Isländern gilt der hochgiftige Rochen, der nur genießbar wird, wenn man ihn lange genug in einem Bottich verwesen lässt, als Weihnachtsdelikatesse. Dem Fisch wird die warzige Haut abgezogen. Anschließend wird das Fleisch in Salzwasser weich gekocht. Mit Schafsfett verrührt, servieren die Isländer die Spezialität dann zu Weihnachten ihren Familien.

Stinkfrucht aus Malaysia

Als absolute Delikatesse gilt in Malaysia die Frucht Durian. Man kann sie bereits aus einer Entfernung von hundert Metern riechen. Deshalb wird sie auch Käse- oder Stinkfrucht genannt. Wegen ihres widerlichen Gestanks ist der Verzehr und der Transport der Frucht in öffentlichen Verkehrsmitteln verboten. Ihr Fruchtfleisch fühlt sich wie Pudding an und schmeckt wie eine Mischung aus Vanille, Walnuss und Zwiebeln.

1. Welche „seltsamen" Essgewohnheiten oder Nahrungsmittel kennt ihr? Tauscht euch darüber aus.
2. Mithilfe des Feldermodells kannst du die Gliederung von Sätzen untersuchen.
   Übertrage die Übersicht ins Heft und trage die blau markierten Sätze ein wie im Beispiel.

Vorfeld	Linke Satzklammer: finiter Prädikatsteil	Mittelfeld	Rechte Satzklammer: 2. Teil des Prädikats
An den steilen Berghängen Sardiniens (Adv. Best. d. Ortes)	*leben*	*viele Ziegen. (Subjekt)*	-
...	...	...	...

3. Bestimme mithilfe der Umstellprobe und der Frageprobe die Satzglieder in allen Sätzen aus Aufgabe 2.

Subjekt (*Wer?/Was?*) · Akkusativobjekt (*Wen?/Was?*) · Dativobjekt (*Wem?*) · Präpositionalobjekt (*Woraus? Worauf? Worum?*) · Adverbiale Bestimmung (*Wann?/ Wo?/Wohin?/ Warum?/ Wie?*)

4. Nach der Stellung des finiten Teils des Prädikats im Satz unterscheidet man z. B. zwischen Verb-Erstsätzen und Verb-Zweitsätzen.
   Entscheide, bei welchen der folgenden Sätze es sich um Verb-Erstsätze und bei welchen um Verb-Zweitsätze handelt.

(1) Kennst du eine mexikanische Delikatesse? (2) Hier gibt es frittierte Heuschrecken zum Knabbern. (3) Sie werden mit Cayenne-Pfeffer, Salz und Zitrone gewürzt. (4) Essbare Insekten sind in vielen Ländern wichtige Eiweißlieferanten. (5) Wer würde gerne frittierte Heuschrecken probieren?

5. Welche der folgenden Aussagen treffen jeweils zu? Begründe mit eigenen Beispielsätzen.

Verb-Erstsätze sind z. B.:
A Entscheidungsfragesätze
B Aufforderungssätze
C Aussagesätze

Verb-Zweitsätze sind z. B.:
A Entscheidungsfragesätze
B Aussagesätze
C Ergänzungsfragesätze

Die Objekte

1 Das Objekt als Satzglied stellt einen wichtigen Teil der Satzaussage dar. Du hast gelernt, dass Anzahl und Art der Objekte im Satz vom Verb abhängen.

a) Formuliere mit den Verben im Wortspeicher Beispielsätze und prüfe, wie viele Objekte das Verb jeweils benötigt, um einen korrekten Satz zu bilden.

Es regnet. (kein Objekt)
Ich sehe ihn. (ein Akkusativobjekt)

b) Übertrage die Tabelle in dein Heft und trage die Verben entsprechend ein.

regnen · sehen · schenken · helfen · warten · denken · leben · essen · öffnen · erlauben · schließen · träumen · hoffen · gefallen · beibringen · schreiben · kochen · kaufen · sammeln · nachdenken

Kein Objekt notwendig	**Ein Objekt notwendig**			**Zwei Objekte notwendig**
	Akkusativobjekt	Dativobjekt	Präpositionalobjekt	(ein Akkusativ- und ein Dativobjekt)
regnen	*sehen*	...	...	*schenken*
...	...	...	...	...

2 Suche im folgenden Text jeweils mindestens ein Akkusativobjekt (*Wen?/Was?*), ein Dativobjekt (*Wem?*) und ein Präpositionalobjekt (*Wovon?/Worum?/Wofür?*).

„Spezialitäten" aus Deutschland

Auch die deutsche Küche bietet gewöhnungsbedürftige „Spezialitäten". Zu diesen gehört z.B. der Pfälzer Saumagen. Dabei handelt es sich um eine Mischung aus Kartoffeln, Schweinefleisch, Speck und Wurstbrät, die in einer Hülle aus Schweinemagen gegart wird. Auch gekochte oder gegrillte Schweinsfüße mag sicherlich nicht jeder. Dasselbe gilt für Blutwurst. Sie wird aus Schweineblut, Speck und Gewürzen hergestellt. Dem sogenannten Labskaus können hauptsächlich die Norddeutschen etwas abgewinnen. Früher wurde diese breiartige Mischung aus Kartoffeln, Zwiebeln, Rote Bete, Rindfleisch und Matjeshering hauptsächlich den Seeleuten serviert. Diese hatten nämlich durch die Krankheit Skorbut häufig ihre Zähne verloren. All dies beweist: Die wenigsten Deutschen ernähren sich ausschließlich von Sauerkraut, wie ein bekanntes Klischee lautet.

Die adverbialen Bestimmungen (Adverbiale)

Burger ohne Heimat *nach Katja Grundmann*

„Na klar, der Hamburger kommt aus Hamburg", werdet ihr sagen. So klar ist das aber gar nicht. In Deutschland und auf dem nordamerikanischen Kontinent streiten sich vier Orte darum, Geburtsort des beliebten Fastfood-Gerichts zu sein. Welcher Geschichte glaubst du?

1. Geschichte: In ganz Amerika ist die Imbissbude „Louis' Lunch" in New Haven bekannt. Der Besitzer Louis Lassen soll dort einem Gast im Jahr 1900 den allerersten Hamburger serviert haben. Wegen akuter Zeitnot bereitete der Wirt einem Reisenden schnell ein Sandwich aus einem Steak, Käse, Zwiebeln und Tomaten zwischen zwei Toastbrotscheiben zu und gab diesen ersten „Hamburger" seinem Gast mit.

2. Geschichte: Im 18. Jahrhundert wanderten viele Deutsche in der Hoffnung auf ein besseres Leben nach Amerika aus. Jeder Auswanderer musste dabei den Hamburger Hafen passieren. Dort wurde auch das Essen für die Überfahrt geladen. Als Verpflegung auf dem Schiff gab es offenbar häufig die Hamburger Spezialität „Rundstück warm" aus einem Stück Schweinebraten mit Soße auf zwei Brötchenhälften. Praktisch zusammengeklappt, wurde daraus der erste Hamburger.

3. Geschichte: Im Jahr 1885 besuchten die Brüder Frank und Charles Menches mit ihrer fahrenden Imbissbude einen Jahrmarkt im amerikanischen Hamburg. Zu ihren Spezialitäten gehörte das „Hot Pork" – heißer Schweinebraten. Eines Tages ging ihnen angeblich das Schweinefleisch aus und sie ersetzten den Braten kurzerhand durch Rindfleisch. Ihrer neuen Kreation gaben sie den Namen „Hamburg".

4. Geschichte: Auch der amerikanische Töpfer Fletcher Davis gilt als Erfinder des Hamburgers. Aus einem kleinen Ort in Texas kam er 1904 zur Weltausstellung nach New York und verkaufte dort in einem Wagen mit der Aufschrift „Old Dave's Hamburger Stand" den ersten Hamburger. Dieser wurde sogar in einem Zeitungsartikel der „New York Tribune" lobend erwähnt.

1 Adverbiale Bestimmungen (Adverbiale) sind Satzglieder, die zusätzliche Informationen liefern. Man kann sie mit passenden W-Fragen (Wann? Wo? Warum? Wie?) erfragen.

a) Bestimme, um welche Art von Adverbiale es sich bei den markierten Textpassagen jeweils handelt. Notiere sie wie im Beispiel in deinem Heft.
Adverbiale Bestimmungen des Ortes (Wo? Wohin? Woher?): aus Hamburg, ...

b) Suche weitere adverbiale Bestimmungen im Text und ergänze sie in deinem Heft.

Das Attribut

A Ein leckerer Burger schmeckt den meisten von uns.

B Einige Menschen, sogenannte Veganer, essen keine tierischen Produkte und stattdessen gesundes Gemüse und frisch geernteten Salat.

C Ein raffiniertes Menü im Sterne-Restaurant ist die Lieblingsspeise vieler Gourmets, aber sicher nichts für jeden.

D Für Leistungssportler oder Astronauten ist praktische Fertignahrung aus der Tüte, Tube oder Dose besser geeignet als selbst gekochtes Essen.

1. Erläutere, welche Funktion die markierten Wörter und Wortgruppen in den Sätzen haben.
2. Ermittle mithilfe der Umstellprobe die Satzglieder in den Sätzen A bis D. Was fällt dir auf?
3. Untersuche, zu welcher Wortart die in den folgenden Sätzen markierten Attribute gehören.

   E Unsere Ernährungsweisen sind also sehr unterschiedlich.

   F Ob man dieses Essen mag oder jenes Getränk verabscheut, hängt auch von unserer Prägung in der Kindheit ab.

4. Übertrage die Tabelle in dein Heft und sortiere die markierten Attribute aus den Aufgaben 1 und 3 mit ihren Bezugswörtern ein. Nutze bei Bedarf den Merkkasten auf Seite 247.

Art des Attributs	**Beispiele**
Adjektivattribut	*leckerer Burger (Satz A), …*
Partizip als Attribut	…
präpositionales Attribut	…
Genitivattribut	…
Apposition	…
Pronominalattribut	…

Merke **Das Pronominalattribut**

Auch **Demonstrativ-** und **Possessivpronomen** können **als Attribute** verwendet werden. Wie Adjektive und Partizipien, die als Attribut verwendet werden, muss das Pronomen mit seinem Bezugswort in Kasus und Genus übereinstimmen, z. B.: *Diese Untersuchung macht deutlich, dass Vitamine gesund sind.* (Demonstrativpronomen) *Was unsere Vorfahren von uns unterscheidet, ist der tägliche Kalorienverbrauch.* (Possessivpronomen)

Stimmt's oder stimmt's nicht?

Der Volksmund weiß: Das Wassertrinken direkt nach dem Kirschenessen verursacht Bauchschmerzen und Spinat macht stark. Aber stimmt das auch? Wissenschaftlerinnen und Wissenschaftler haben es untersucht und so manchen Ernährungsirrtum aufgedeckt.

Spinat ist zwar gesund, aber stark macht er nicht. Der angeblich hohe Eisengehalt im Spinat ist einer der bekanntesten Ernährungsirrtümer der Geschichte. Lange wurde angenommen, in 100 Gramm Spinat seien 40 Gramm Eisen enthalten. Tatsächlich waren aber nur 4 Gramm in dieser Menge des grünen Gemüses. Dieser Irrtum veranlasste Millionen von Eltern, ihren Kindern das ungeliebte Gemüse schmackhaft zu machen. Vitamine, Mineralien und viele Ballaststoffe sprechen aber trotzdem für Spinat auf dem Teller.

Ins Reich der Märchen gehört die Ansicht, dass Wasser auf Kirschen Bauchschmerzen verursacht. Diese Warnung stammt aus früherer Zeit. Damals kam das Trinkwasser aus dem Brunnen und war oft mit vielen Keimen belastet. Heutiges Trinkwasser ist frei von Bakterien und schmeckt deshalb auch zu Kirschen.

5 Anders als adverbiale Bestimmungen können Attribute im Satz nur zusammen mit ihrem Bezugswort umgestellt werden.
Prüfe mithilfe der Umstellprobe, ob es sich bei den markierten Textteilen um Attribute oder um adverbiale Bestimmungen handelt.

6 Formuliere mit jeder Wortgruppe aus dem Wortspeicher jeweils einen Satz,
- in dem diese als Attribut vorkommt, und einen,
- in dem sie als adverbiale Bestimmung auftritt.

auf dem Teller · mit gesundem Appetit · im Restaurant

7 Stelle die markierten Satzteile so um, dass sie nicht mehr missverstanden werden können.

A Eine Frau traf einen Mann mit einem Stock.

B Ein Detektiv entdeckte einen Dieb mit einem Fernglas.

Ernährung im Wandel der Zeiten

Wer im Mittelalter Seuchen und Infektionen überlebte, hatte ein sehr gesundes Leben, berichten Forscher auf BBC-Online. Was unsere Vorfahren deutlich von uns unterscheidet, ist die Menge an Fett und Zucker, die sie zu sich nahmen. Laut Roger Henderson, Mediziner in Shropshire, sei die mittelalterliche Diät sogar gesünder gewesen als die vielgelobte Mittelmeer-Diät der alten Römer.

Im Mittelalter nahmen die Menschen zwar zwischen 3500 und 4000 Kalorien täglich zu sich. „Dadurch, dass die Arbeitszeit fast zwölf Stunden dauerte, verbrannten sie die aufgenommenen Kalorien aber sofort wieder", erklärt der Forscher. „Wenn man die schwere körperliche Arbeit bedenkt, dann versteht man auch diese Ernährung." Auf dem Speisezettel eines Erwachsenen standen pro Tag fast zwei ganze Brotlaibe, rund 220 Gramm Fisch oder Fleisch und 1,5 Liter Bier. Ergänzt wurde die Ernährung durch Gemüse, vorwiegend Bohnen, Rüben und Pastinaken. Was bei dieser Ernährung jedoch fast völlig fehlt, sind die heute üblichen zuckerhaltigen Genussmittel, beispielsweise Kuchen, Kekse, Schokoriegel oder Mehlspeisen.

Heutzutage liegt der Kalorienverbrauch bei rund 2700 Kilokalorien täglich. Allerdings ist der Fett- und Zuckeranteil, gemessen an der Nahrung, extrem hoch. Zudem steigt der Anteil an industriell gefertigten Nahrungsmitteln immer stärker an. Im Durchschnitt treiben viele Menschen zudem weniger als 20 Minuten täglich Sport. Das führe zu den bekannten Herz-Kreislauf-Erkrankungen sowie zu Diabetes. Deswegen ist heute trotz einer geringeren Energieaufnahme ein großer Teil der Menschen in den Industrienationen übergewichtig oder sogar fettleibig. *pte/oc*

8 Erkläre, warum Übergewicht und damit verbundene Krankheiten heute häufiger sind als im Mittelalter.

9 Suche im Text für jede Art des Attributs mindestens zwei Beispiele und notiere sie in deiner Tabelle aus Aufgabe 4 (→ S. 244).

Merke **Der Satz und seine Gliederung**

Sätze kann man in Felder unterteilen: ein **Vorfeld**, ein **Mittelfeld** und ein **Nachfeld**. Das mehrteilige Prädikat bildet die Satzklammer. Ist das Prädikat einteilig, bleibt die rechte Satzklammer leer.

	Satzklammer			
Vorfeld	linke Satzklammer: finiter Prädikatsteil	Mittelfeld	rechte Satzklammer: 2. Teil des Prädikats	Nachfeld
In Schweden	*wird*	*gegorener Hering*	*gegessen.*	–

Nach der **Stellung des finiten Teils des Prädikats im Satz** unterscheidet man z. B. **Verb-Erstsätze** und **Verb-Zweitsätze**.

Verb-Erstsatz: – *Würdest du auch ungewöhnliche Spezialitäten essen?* (Entscheidungsfrage)
– *Nutze doch einfach mal die Gelegenheit.* (Aufforderungssatz)

Verb-Zweitsatz: – *Ich probiere im Urlaub immer die Spezialitäten des Landes.* (Aussagesatz)
– *Wer würde frittierte Heuschrecken essen?* (Ergänzungsfrage)

Satzglieder und Satzgliedteile

Das **Objekt** ist eine Satzergänzung, die sich auf das Prädikat bezieht, und ist ein wichtiger Teil der Satzaussage. Man unterscheidet z. B. **Dativobjekte** (*Wem?*), **Akkusativobjekte** (*Wen?/Was?*) und **Präpositionalobjekte** (*Worauf? Worum? Woran?*).

Adverbiale Bestimmungen sind Satzglieder, die zusätzliche Informationen in einem Satz liefern. Man unterscheidet z. B. zwischen adverbialen Bestimmungen des **Ortes** (*Wo?/Wohin?*), **der Zeit** (*Wann?/Wie lange?*), **des Grundes** (*Warum?/Weshalb?*) und der **Art und Weise** (*Wie?/Womit?*).

Attribute sind keine eigenständigen Satzglieder, sondern **Satzgliedteile**. Sie bestimmen ein Bezugswort (meist ein Nomen) genauer und bleiben bei der Umstellprobe immer bei diesem stehen. Du kannst sie mit der Frage *Was für ein(e)?* erfragen, z. B.: *Was für eine Spezialität?* → *eine ungewöhnliche Spezialität*. Abhängig von der Art des Attributs steht es **vor oder nach seinem Bezugswort** und muss in Kasus und Genus – bis auf das Genitivattribut und das präpositionale Attribut – damit übereinstimmen.

Vor dem Bezugswort

- **Pronominalattribut:**
  dieser Salat, mein Leibgericht
- **Adjektiv als Attribut:**
  ein leckeres Essen
- **Partizip als Attribut:**
  der gedeckte Tisch

In der Regel nach dem Bezugswort

- **Genitivattribut:**
  die Empfehlung des Hauses
- **präpositionales Attribut:**
  sein Interesse für Spezialitäten
- **Apposition:**
  Simon, der neue Koch, …

Satzreihen und Satzgefüge wiederholen

Satzreihen und Satzgefüge unterscheiden

A In den 1950er-Jahren gab es in den meisten Familien dreimal am Tag eine gemeinsame Mahlzeit, denn auch viele Väter kamen extra zum Mittagessen nach Hause.

B Weil heute die Schule oft erst nachmittags endet und die Arbeitsstellen der Eltern weit entfernt sind, essen viele inzwischen in Kantinen oder in der Schulmensa.

C Viele frühstücken nicht einmal mehr zu Hause, sondern holen sich unterwegs einen Kakao, ein belegtes Brötchen oder einen Schokoriegel.

D Bei ungefähr 7 Prozent der Deutschen ersetzt, wenn sie im Stress sind, hin und wieder eine Tüte Chips das Abendessen.

E Dabei ist es erwiesen, dass ein in ruhiger Atmosphäre genossenes frisch gekochtes Essen vor Übergewicht schützt.

F 74 Prozent der Frauen und 54 Prozent der Männer essen allerdings täglich Obst und Gemüse, da sie sich gesund ernähren wollen.

G Wichtig ist auch regelmäßige Bewegung, denn nur so bleibt der Stoffwechsel in Schwung.

1 Welches Satzbaumodell passt jeweils zu den einzelnen Beispielen? Begründe deine Entscheidung.

(1) ______Hauptsatz______, ______Hauptsatz______.
(2) ______Hauptsatz______, Nebensatz.
(3) Nebensatz, ______Hauptsatz______.
(4) ______Hauptsatz (1. Teil)______, Nebensatz, ______ Hauptsatz (2. Teil)______.

2 Übertrage folgende Übersicht über die Satzfelder in dein Heft und ordne jeweils einen Beispielsatz aus Aufgabe 1 zu den Satzbaumodellen (2), (3) und (4) ein.

Vorfeld	Linke Satzklammer	Mittelfeld	Rechte Satzklammer	Nachfeld
...	...	...	...	...

3 Du weißt, dass Hauptsätze und Haupt- und Nebensätze durch Kommas voneinander getrennt werden. Schreibe den folgenden Text ab und setze die fehlenden Kommas.

Zucker – süß, aber ungesund

Viele von uns können nicht auf Gummibärchen oder Softdrinks verzichten weil sie einfach so gut schmecken. Zucker ist aber nicht nur in Süßigkeiten enthalten sondern er steckt auch in vielen anderen Lebensmitteln. Sogar Tütensuppen, Ketchup und Wurst enthalten Zucker denn Zucker ist billig, verbessert den Geschmack und verlängert die Haltbarkeit. Pro Jahr nimmt so jeder Deutsche im Schnitt 32 Kilogramm Zucker zu sich was ungefähr 30 Zuckerwürfeln pro Tag entspricht. Weil Zucker nicht nur in Gestalt der bekannten weißen Kristalle in unseren Körper gelangt sondern sich auf den Zutatenlisten hinter Begriffen wie Glukose, Fructose oder Maltose versteckt muss man genau hinschauen wenn man seinen Zuckerkonsum reduzieren will.

Merke **Satzreihen und Satzgefüge**

Aus mehreren Hauptsätzen zusammengesetzte Sätze nennt man **Satzreihe**. Verknüpft werden die Hauptsätze häufig durch **nebenordnende Konjunktionen** wie *aber, sondern, doch, denn, und, oder,* z. B.: *Viele Lebensmittel enthalten Zucker, denn alle mögen Süßes.*

Ein **Satzgefüge** besteht aus mindestens einem Hauptsatz und mindestens einem Nebensatz. Der **Nebensatz steht im Satzgefüge** meist im **Vorfeld** oder im **Nachfeld**. Adverbialsätze können auch im **Mittelfeld** stehen.
Nebensätze werden oft durch die **unterordnenden Konjunktionen (Subjunktionen)** *weil, da, dass, obwohl, nachdem, bevor, als, wenn* mit dem Hauptsatz verbunden, z. B.:

Vorfeld	Linke Satzklammer	Mittelfeld	Rechte Satzklammer	Nachfeld
In vielen Lebensmitteln	*ist*	*Zucker*	*enthalten,*	*weil alle Süßes mögen.*
Weil alle Süßes mögen,	*ist*	*in vielen Lebensmitteln Zucker*	*enthalten.*	
In vielen Lebensmitteln	*ist,*	*weil alle Süßes mögen, Zucker*	*enthalten.*	

Hauptsätze und **Nebensätze werden durch Kommas voneinander getrennt**. Werden zwei Hauptsätze durch die Konjunktionen *und/oder* verbunden, steht kein Komma.

Vom Attribut zum Attributsatz/Relativsatz

Die tolle Knolle

Knoblauch, die tolle Knolle, gehört zu den ältesten von Menschen angebauten Kulturpflanzen. Im alten Ägypten wurde der Knoblauch sogar als heilige Pflanze angesehen. Als die mit dem Bau der Cheopspyramide beschäftigten Arbeiter den gewohnten Knoblauch nicht mehr bekamen, kam es zum ersten Streik in der Geschichte. Sowohl im antiken Griechenland als auch im Römischen Reich kannte man die Heilwirkung der Knolle. Im Mittelalter wurde die Knolle mit dem starken Geruch sowohl als Gewürz als auch als Arznei eingesetzt. Größter Beliebtheit als Arzneimittel erfreute sich die im Volksmund auch mit dem Namen „russisches Penizillin" bezeichnete Zwiebelpflanze auch im Osten Europas. Dem dortigen Aberglauben zufolge half sie sogar gegen Vampire.

1 Schreibe die blau gedruckten Attribute zusammen mit ihrem Bezugswort heraus und bestimme die jeweilige Art des Attributs, z. B.:

Knoblauch, die tolle Knolle (Apposition)

2 Die Attribute in Zeile 4 f. und 13 f. wirken umständlich formuliert. Mache Vorschläge, wie du sie überarbeiten könntest, ohne den Sinn des Textes zu verändern.

3 Vergleiche die folgenden Formulierungen. Welche würdest du jeweils bevorzugen? Begründe.

A – Die in andere Länder kommenden römischen Ärzte pflanzten oft als Erstes Knoblauch an.
– Die römischen Ärzte, die in andere Länder kamen, pflanzten oft als Erstes Knoblauch an.

B – Am Knoblauch mit seinem starken Geruch scheiden sich heute oft die Geister.
– Am Knoblauch, der einen starken Geruch hat, scheiden sich heute oft die Geister.

C – Allerdings sorgen die Wirkstoffe, die für die gesunde Wirkung des Knoblauchs zuständig sind, auch für dessen strengen Geruch.
– Allerdings sorgen die für die gesunde Wirkung zuständigen Wirkstoffe des Knoblauchs auch für dessen strengen Geruch.

Alte Gemüse- und Obstsorten wiederentdecken

Gemüse und Obstsorten, die in Omas Garten noch existierten, erleben in letzter Zeit eine wahre Wiedergeburt. Das trifft auch auf die Quitte zu, die aus Südwestasien und Südostarabien stammt. Die Frucht, die im Mittelalter nach Europa gelangte, galt in der Antike als Symbol für Glück, Liebe und Fruchtbarkeit. Im 19. Jahrhundert wurde das Obst, das roh ungenießbar ist, durch Apfel und Birne verdrängt. Mittlerweile baut man diese Früchte, welche in der Küche vielfältig verwendet werden können, wieder an.

Ein anderes Beispiel für ein uraltes wiederentdecktes Gemüse ist die Pastinake, die in Mitteleuropa schon von den Germanen angebaut wurde. Die Rüben, welche in ihrer Form der Möhre ähneln, waren im 17. und 18. Jahrhundert bei uns ein Grundnahrungsmittel, welches erst durch die Kartoffel verdrängt wurde. Die Pastinake, die im Jahr 2011/2012 zum Gemüse des Jahres gewählt wurde, wird mittlerweile wieder in fast allen Supermärkten angeboten.

4 a) Schreibe aus dem Text alle Relativsätze zusammen mit den Nomen, auf die sie sich beziehen, heraus.
b) Forme die Relativsätze in andere Attribute um.
c) Diskutiert: Welche Art des Attributs würdet ihr jeweils vorziehen? Begründet eure Ansichten.

Merke **Attributsätze/Relativsätze und Relativpronomen**

Attributsätze/Relativsätze sind Nebensätze, die ein vorangehendes Bezugswort (Nomen oder Pronomen) näher beschreiben oder erklären. Sie nehmen die **Stelle eines Attributs** (→ S. 244 ff.) ein.
Relativsätze werden immer mit einem **Relativpronomen** eingeleitet, z. B.: *der, die, das* oder *welcher, welche, welches*.

Wie andere Nebensätze auch, werden Relativsätze durch **Kommas vom Hauptsatz abgetrennt**. Das gilt auch, wenn sie in einen Hauptsatz eingeschoben sind und dieser mit einem *und* fortgeführt wird, z. B.:
In vielen Feinschmeckerrestaurants gibt es Gemüsesorten, die früher oft verwendet wurden.
Viele Gemüse, die früher verwendet wurden, sind heute wieder modern.
Gemüse, die früher verwendet wurden, und exotische Getreidesorten sind heute sehr beliebt.

Nebensätze als Satzglieder: Adverbialsätze

Essen als Weltkulturerbe

A	– Bestimmte Bräuche werden durch die UNESCO[1] als schützenswert hervorgehoben. – Sie werden als sogenanntes „immaterielles Kulturerbe“ bezeichnet.	indem obwohl
B	– Im Jahr 2010 wurde z. B. die französische Küche zum „immateriellen Weltkulturerbe“ ernannt. – Die große Bedeutung des gepflegten Essens in Frankreich sahen die Juroren als besonders bedeutend an.	weil während
C	Traditionell gibt es in Frankreich jeden Tag ein mehrgängiges Menü mit Vorspeise, Hauptgericht, Nachtisch, Käse und Kaffee. – Von vielen wird inzwischen oft auf Fastfood und Tiefkühlkost zurückgegriffen.	da obwohl
D	– Auch berühmte Köche haben dieses Anliegen unterstützt. – Gutem Essen wird wieder ein größerer Stellenwert eingeräumt.	damit wenn
E	– Es meldeten sich auch einige Kritiker zu Wort. – Die französische Küche wurde durch die UNESCO ausgezeichnet.	da nachdem
F	– Diese hätten den Schutz aller regionalen Küchen besser gefunden. – Sie geraten auch in das Bewusstsein der Öffentlichkeit.	indem damit
G	– Welches Gericht würdest du als Weltkulturerbe vorschlagen? – Du wärest Juror/-in bei der Auswahl.	falls obgleich

1 die UNESCO: Organisation der Vereinten Nationen für Erziehung, Wissenschaft und Kultur

1 a) Verbinde die Hauptsätze in deinem Heft durch die jeweils passende Konjunktion zu einem Satzgefüge. Unterstreiche anschließend die Nebensätze.

b) Welche Art von Zusatzinformationen enthalten die Nebensätze jeweils? Bestimme die Art der Adverbialsätze mithilfe des Merkkastens.

Merke **Adverbiale Gliedsätze (Adverbialsätze)**

Nebensätze, welche die Rolle der **adverbialen Bestimmung** (Adverbiale) im Satzgefüge übernehmen, bezeichnet man als **adverbiale Gliedsätze** oder **Adverbialsätze**. Adverbialsätze liefern **Zusatzinformation**en zum **Ort** (lokal), zur **Zeit** (temporal), zum **Grund** (kausal), zur **Bedingung** (konditional), zur **Folge** (konsekutiv), zur **Absicht** (final), zur **Art und Weise** (modal) oder können eine **Einschränkung** der Aussage ausdrücken (konzessiv).

Flexitarier, Vegetarier, Veganer?

Die einen bestellen im Restaurant auch mal Fisch oder essen ein Grillwürstchen auf der Gartenparty. Weil sie eine lockere Einstellung haben, werden sie „Flexitarier" genannt. Extrem konsequent sind dagegen die „Frutarier": Sie essen nur pflanzliche Produkte, wenn bei deren Gewinnung die Pflanze nicht geschädigt wird. Damit sie diesem Anspruch gerecht werden können, essen sie nur Früchte, die vom Baum gefallen sind, sowie Nüsse und Samen. Am weitesten verbreitet ist die Gruppe der Vegetarier. Obwohl sie kein Fleisch essen, verwenden sie auch Produkte vom lebenden Tier, wie Milch und Eier. Daneben gibt es die Veganer. Nachdem diese Gruppe in den letzten Jahren immer bekannter wurde, erfreut sie sich zunehmender Beliebtheit. Indem sie auf ihre Verantwortung für alle Lebewesen und die Umwelt verweisen, verzichten Veganer auf alle Waren tierischen Ursprungs – angefangen vom Honig über den Wollpullover bis zum Lederschuh –, sodass sie keinem Tier Schaden zufügen.

2 a) Übertrage die Tabelle in dein Heft und ordne die markierten Adverbialsätze ein.
b) Unterstreiche die Konjunktionen in den Beispielsätzen und notiere diese in der entsprechenden Spalte der Tabelle.

3 Formuliere zu jeder Art des Adverbialsatzes ein eigenes Beispiel. Nutze passende Konjunktionen aus der Tabelle.

Adverbialsatz	Frageprobe	Konjunktionen	Beispiel
Temporalsatz (Zeit)	*Wann?/Seit wann?/ Wie lange?*	sobald, bis, während, …	…
Kausalsatz (Grund)	*Warum?/Weshalb?*	da, weil	*weil sie eine lockere Einstellung haben (Z. 2),*
Konditionalsatz (Bedingung)	*Unter welcher Bedingung?*	falls, sofern, …	…
Konsekutivsatz (Folge)	*Mit welcher Folge?*	dass, …	…
Finalsatz (Absicht, Zweck)	*Wozu?/ Zu welchem Zweck?*	…	…
Modalsatz (Art und Weise)	*Wie?*	wie, …	…
Konzessivsatz (Einräumung)	*Trotz welchen Umstands?*	obgleich, obschon, …	…

Fastfood oder Slowfood?

Wegen der schnellen Zubereitung und des schnellen Verzehrs bezeichnet man Speisen aus Imbissen, Straßen- und Schnellrestaurants als Fastfood. Aufgrund der manchmal lieblosen Zubereitung und der teilweise niedrigen Qualität der Produkte wird der Begriff oft abfällig benutzt. Trotz der großen, meist bei Jugendlichen beliebten Fastfood-Ketten wird die aus Italien stammende Slowfood-Bewegung immer beliebter. Aufgrund der Vorliebe für genussvolles, bewusstes und regionales Essen ist Slowfood für viele einer der wichtigsten Trends der letzten Jahre. Seit ihrer Gründung im Jahr 1986 versteht sich die Organisation zunehmend als Gegenbewegung zum weltweiten Fastfood-Trend. Ob Fast oder Slow – letztlich kommt es auf die Qualität der Nahrungsmittel an. Bei Verwendung hochwertiger Zutaten kann Fastfood auch sehr gesund sein. Trotz seines ursprünglich schlechten Rufs wird das „Essen auf die Hand“ in der letzten Zeit unter den Begriffen Fingerfood oder Streetfood immer beliebter. Experimentierfreudige Köche produzieren beispielsweise auf Märkten und Festivals interessante Fastfood-Kreationen unter Verwendung exotischer Zutaten.

4 a) Bestimme die im Text markierten adverbialen Bestimmungen.

b) Formuliere die adverbialen Bestimmungen in deinem Heft in entsprechende Adverbialsätze um. Achte auf passende Konjunktionen und auf die Kommasetzung zwischen Haupt- und Nebensätzen.

Weil sie schnell zubereitet und schnell verzehrt werden, …

5 a) Schreibe die folgenden Satzgefüge ab und unterstreiche die Nebensätze.

b) Überlege, woran du erkennen kannst, ob es sich jeweils um Relativsätze/Attributsätze oder um Adverbialsätze handelt. Markiere sie mit unterschiedlichen Farben.

A Superfoods, die momentan in aller Munde sind, haben angeblich eine besonders positive Wirkung auf unsere Gesundheit und unser Wohlbefinden.

B Weil diese oft weit transportiert werden müssen, gibt es auch Kritik an diesem Trend.

C Obwohl es eine ganze Reihe heimische Superfoods wie Grünkohl oder Himbeeren gibt, greifen viele auf exotische Früchte zurück.

D Zu diesen exotischen Superfoods gehört z. B. die Acai-Beere, die im Amazonasgebiet geerntet wird.

Nebensätze als Satzglieder: Subjekt- und Objektsätze

„Sushi“ oder „gesäuerter Reis“

(1) Wusstest du, dass das Wort *Sushi* vermutlich *gesäuerter Reis* bedeutet? (2) Wer dieses typische japanische Gericht tatsächlich erfunden hat, ist nicht ganz sicher. (3) Man vermutet, dass diese Spezialität über China nach Japan gekommen ist. Ursprünglich war der gesäuerte Reis ein Abfallprodukt. (4) Wer viel Fisch gefangen hatte, legte ihn zur Haltbarmachung in Fässer mit gekochtem Reis ein. Dadurch wurde zwar der Reis sauer, aber der kostbare Fisch blieb genießbar. (5) Dass der saure Reis anschließend weggeworfen wurde, verstand sich damals von selbst. (6) Wer heutzutage Sushi isst, braucht allerdings keine Angst vor vergorenem Reis zu haben. Der Sushi-Reis im Restaurant wird frisch gekocht und mit Reisessig leicht gesäuert. (7) Dass die Sushi-Herstellung mit viel Geschick verbunden ist, kann man häufig in den offenen Küchen der Sushi-Bars beobachten. Geschicklichkeit ist auch beim Verzehr von Sushi mit Stäbchen notwendig. (8) Wer Sushi allerdings auf die traditionelle japanische Art essen will, muss das mit der Hand tun.

1 Schreibe die markierten Satzgefüge in dein Heft und unterstreiche die Haupt- und Nebensätze in unterschiedlichen Farben.

2 Sortiere die Nebensätze danach, ob sie das Subjekt oder das Objekt für den Hauptsatz bilden. Verwende dazu die Satzgliedfragen für das Subjekt (*Wer oder was?*) bzw. für das Akkusativobjekt (*Wen oder was?*), z. B.:
Wen oder was wusstest du? → dass das Wort Sushi gesäuerter Reis bedeutet (Akkusativobjekt)

Subjektsätze Frage: *Wer?/Was?*	Objektsätze Frage: *Wen?/Was?*
(2), ...	*(1), ...*

Einmal trockenen Reis, bitte! *nach Katharina von Ruschkowski*

(1) Dass Reis eins der Hauptnahrungsmittel auf der Welt ist, wissen viele nicht. (2) Ebenfalls unbekannt ist, dass der Reisanbau eine der Haupt-Umweltsünden ist. (3) Wer schon einmal eine Gegend mit Reisfeldern gesehen hat, ahnt, warum. (4) Die meisten von uns werden nicht glauben, dass man für den Ertrag von einem Kilo Reis ungefähr 5000 Liter Wasser benötigt. (5) Es ist sicher jedem klar, dass das nicht sinnvoll ist. (6) Außerdem ist erwiesen, dass die „Reissümpfe" das klimaschädliche Gas Methan ausstoßen. (7) Dass diese umweltschädliche Anbaumethode gar nicht notwendig ist, zeigen Forschungen auf den Philippinen. (8) Wissenschaftler haben dort herausgefunden, dass man Reis wie Getreide auch direkt in den Boden säen kann. (9) Der Vorteil dieser Anbaumethode ist, dass so der Wasserverbrauch und der Methanausstoß verringert werden. (10) Ob sich diese Form des Reisanbaus durchsetzen wird, ist unklar.

3 a) Bestimme in den Satzgefügen im Text die Haupt- und Nebensätze wie im Beispiel.

(1) Nebensatz, Hauptsatz, (2) ...

b) Bei welchen Nebensätzen handelt es sich um Subjektsätze und bei welchen um Objektsätze? Markiere sie in deinem Heft in unterschiedlichen Farben.

4 a) Ordne den folgenden Fragesätzen die korrekten Bezeichnungen aus dem Wortpeicher zu.

b) Bestimme, ob es sich bei den Nebensätzen um Subjekt- oder Objektsätze handelt.

A Wusstest du bereits etwas über den Reisanbau?
B Ich habe ihn gefragt, ob er bereits etwas über den Reisanbau weiß.
C Er wollte wissen, welche Methode des Reisanbaus umweltfreundlicher ist.
D Welche Vorteile hat der trockene Reisanbau?

indirekte Ergänzungsfrage · direkte Entscheidungsfrage · indirekte Entscheidungsfrage · direkte Ergänzungsfrage

5 Forme folgende direkte Fragen in indirekte Fragen um.

A Wie wird Reis angebaut?
B Hast du schon einmal eine Landschaft mit Reisfeldern gesehen?
C Wo wird hauptsächlich Reis angebaut?

So werden wir morgen noch satt *nach Katharina von Ruschkowski*

Dass weltweit mehr als 800 Millionen Menschen hungern, ist bekannt. Jeden Abend geht also einer von acht Erdenbürgern mit knurrendem Magen schlafen. Über 10 000 von ihnen werden die Nacht nicht überleben. Wer das verhindern will, muss für höhere Ernteerträge und eine bessere Verteilung der Lebensmittel sorgen. Der Wissenschaftler Stefan Siebert bemängelt z.B., dass die Abholzung des Regenwalds zur Gewinnung von Ackerflächen bisher keinem der Hungernden genutzt habe. Stattdessen würden dort Ölpalmen für die Kosmetikindustrie oder Zuckerrohr für die Biosprit-Produktion angebaut. Wer mehr Lebensmittel ernten wolle, müsse die zur Verfügung stehenden Anbauflächen besser nutzen. Siebert schlägt vor, dass die örtlichen Bauern mit Wissen über neue Anbaumethoden und mit schlauer Technik ausgestattet werden. Wer als wohlgenährter Europäer oder Nordamerikaner etwas gegen den Hunger tun will, sollte nach Sieberts Ansicht Vegetarier werden. Denn je mehr Fleisch die Menschen konsumieren, desto mehr Getreide landet in den Tiertrögen statt auf den Tellern der Ärmsten. Dass zur Erzeugung eines Kilogramms Rindfleisch 20 Kilo Getreide verfüttert werden müssen, wissen sicher die wenigsten.

6 Ermittle mithilfe der Frageprobe (→ Merke-Kasten) die Subjekt- und die Objektsätze im Text und schreibe sie zusammen mit den dazugehörigen Hauptsätzen geordnet in dein Heft.

Merke **Subjektsätze und Objektsätze**

Nebensätze, welche die **Rolle des Subjekts** oder **des Objekts** im Satzgefüge einnehmen, bezeichnet man als **Subjektsätze** beziehungsweise als **Objektsätze. Subjekt- und Objektsätze** treten meist als **indirekte Fragesätze** oder als **dass-Sätze** auf.
Objektsätze verwendet man häufig bei der indirekten Redewiedergabe:

Satzform	Subjektsätze *(Wer oder was?)*	Objektsätze *(Wen oder was?)*
dass-Satz	*Es ist klar, dass der Regenwald wichtig ist.*	*Ich denke, dass wir alle einen Beitrag leisten müssen.*
indirekter Fragesatz	*Wer das verhindern will, muss aktiv werden.* *Was das für uns alle bedeutet, ist noch nicht klar.* *Wo zuerst geholfen werden muss, muss geklärt werden.*	*Ob ich Vegetarierin werde, weiß ich noch nicht.* *Ich frage mich, wie die Ernährung der Zukunft aussehen muss.* *Ich überlege, was ich tun kann.*

Wörter und ihre Geschichte

Die Entwicklung der deutschen Sprache

Unterrichtsfächer im Mittelalter: Die sieben freien Künste

1 Beschreibe die Seite aus einer mittelalterlichen Handschrift des Schriftstellers Thomasîn von Zerclaere, der um das Jahr 1200 n. Chr. in seinem Gedicht „Der welsche Gast“ die „sieben freien Künste“ beschrieben hat.

2. Versuche, die Schrift zu entziffern und die Bilder zu deuten. Um welche Künste geht es hier?
3. Lies die beiden Sätze zu zweien dieser sieben Künste laut vor.
   Tipp: Vokale mit einem ˆ werden lang gesprochen.

> Grammaticâ lêrt sprechen rehte
> Gêometrie lêrt mezzen wol

4. Die Sprache, in der Thomasîn geschrieben hat, nennt man Mittelhochdeutsch. Übersetze die Sätze in heutiges Deutsch.
5. Recherchiere im Internet, welche die anderen fünf freien Künste waren, und ordne sie den einzelnen Abbildungen auf der linken Seite zu.
6. a) Erläutere anhand des folgenden Auszugs aus einem Herkunftswörterbuch (etymologischen Wörterbuch) die Herkunft des Begriffs *Schule*.
   Tipp: Kläre bei Bedarf die Bedeutung der Abkürzungen mithilfe des Abkürzungsverzeichnisses in einem Herkunftswörterbuch.

> **Schule:** *mhd*, schuol[e], *ahd.* scuola; wurde im Bereich des Klosterwesens aus *lat.* schola „Muße, Ruhe; wissenschaftl. Beschäftigung; Unterrichtsstätte, Unterricht“ entlehnt, das seinerseits Lehnwort ist aus gleichbed. *griech.* scholḗ („Innehalten bei der Arbeit“)

   b) Erläutere mithilfe der Informationen im Merkkasten, zu welcher Zeit welches Wort für *Schule* verwendet wurde.
   c) Informiere dich in einem Herkunftswörterbuch über die Herkunft und Entwicklung der Wörter im Wortspeicher.

Heft · Papier · Stift · Tafel · Zirkel

Merke **Die Entwicklung der deutschen Sprache**

Die **deutsche Sprache** war nicht immer so, wie wir sie heute sprechen. Sie hat sich wie alle anderen Sprachen auf der Welt mit der Zeit entwickelt und sie entwickelt sich auch heute noch. Die Menschen vor 1000 oder 500 Jahren haben also anders gesprochen und geschrieben als wir heute, obwohl auch ihre Sprache Deutsch war.
Man unterteilt die Entwicklung der deutschen Sprache in verschiedene Phasen:
1. **Althochdeutsch** (etwa 800–1100 n. Chr.),
2. **Mittelhochdeutsch** (etwa 1100–1350 n. Chr.),
3. **Frühneuhochdeutsch** (etwa 1350–1600 n. Chr.),
4. **Neuhochdeutsch** (seit etwa 1600 n. Chr.).

Erbwörter

Schwedisch
mjölk • hus • fisk • hand • bröd

Deutsch
Milch • Haus • Fisch • Hand • Brot

Englisch
house • fish • milk • bread • hand

Niederländisch
hand • huis • vis • melk • brood

1 Ordne die Wörter aus den vier Sprachen nach ihrer Bedeutung. Was stellst du fest?
– *mjölk, Milch, milk, melk*

2 Wie erklärst du dir die Ähnlichkeiten der vier Sprachen?

Merke **Erbwörter**

Erbwörter sind Wörter, die sich aus Wörtern entwickelt haben, die es schon in früheren Sprachstufen in unserer Sprache gab. Viele unserer Wörter entstammen der germanischen Zeit, die vor ca. 1500 Jahren endete. Auch andere europäische Sprachen wie Englisch, Niederländisch oder Schwedisch haben germanische Sprachwurzeln. Man zählt sie deshalb mit Deutsch zusammen zur **germanischen Sprachfamilie**.

Lehn- und Fremdwörter

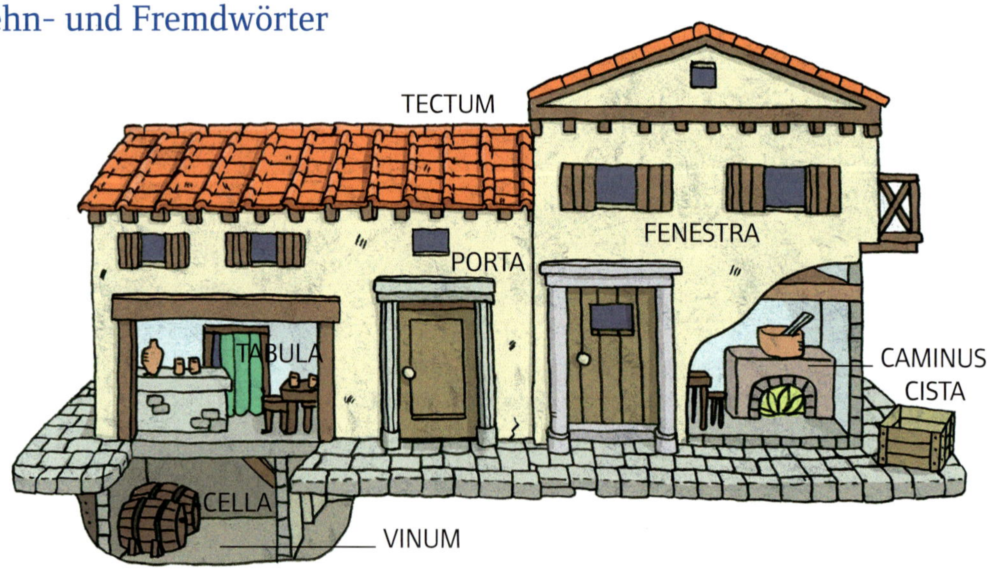

1 Beschreibe die Abbildung. Achte vor allem auf die lateinischen Bezeichnungen. Was stellst du fest?

2 Wie lässt sich die Tatsache erklären, dass manche Wörter, die uns heute als „normale" deutsche Wörter erscheinen, aus anderen Sprachen wie dem Lateinischen stammen?

3 a) In welchen Zusammenhängen nutzt du die Wörter im folgenden Wortspeicher? Erkläre ihre Bedeutung.
b) Erläutere mithilfe der Worterklärungen die ursprüngliche Bedeutung dieser Wörter.
c) Suche weitere Wörter aus dem Englischen, die du im Alltag verwendest, und erkläre ihre Bedeutung.

Computer · Download · Link · Internet

to compute: ausrechnen, errechnen, berechnen, kalkulieren
to load: beladen
Link: Verbindung, Zusammenhang, Bindeglied
Internet: weltumspannendes Netzwerk von Computern

4 a) Informiere dich im Merkkasten über die Eigenschaften von Lehnwörtern und Fremdwörtern.
b) Erkläre anhand der folgenden Sätze, woran du erkennst, dass das Nomen *Internet* bereits ein Lehnwort geworden ist und das Wort *downloaden* schon auf dem Weg ist, vom Fremdwort zum Lehnwort zu werden.

Today I downloaded many great photos from the Internet.
Ich habe mir heute viele tolle Bilder aus dem Internet downgeloadet.

5 Welche der folgenden Wörter sind deiner Einschätzung nach Lehnwörter und welche Fremdwörter? Begründe deine Meinung.

der Hotdog · das Portmonee · der Kaffee · abchecken · der Burger · die Garage · der Zucker · das Training das Gymnasium · das Fairplay · das Mountainbike · der Pfirsich

Merke **Lehn- und Fremdwörter**

Lehnwörter sind Wörter, die aus anderen Sprachen – z. B. dem Lateinischen – ins Deutsche übernommen (entliehen) worden sind. Weil diese Übernahme schon mehr als tausend Jahre zurückliegt, haben sich die Lehnwörter z. B. in ihrer Aussprache oder den grammatischen Formen der deutschen Sprache schon so weit angepasst, dass man ihre Herkunft oft nur noch im Vergleich mit dem Ursprungswort erkennt, z. B.:
Kiste (von lateinisch *cista*), Sack (von lateinisch *saccus*) oder *Pforte* (von lateinisch *porta*).

Fremdwörtern merkt man – im Gegensatz zu Lehnwörtern – ihre Herkunft noch an. Sie haben sich in ihrer Aussprache und Schreibung noch nicht oder nur teilweise dem Deutschen angepasst. Heute stammen viele Fremdwörter aus dem Englischen.

Die sprachliche Vielfalt entdecken

Dialekte (Mundarten)

Nicht nur zu unterschiedlichen Zeiten wurden verschiedene Formen der deutschen Sprache gesprochen, auch heute noch sprechen die Bayern anders als die Norddeutschen, verwenden die Sachsen einen anderen Dialekt als die Thüringer, Hessen, Badener oder Württemberger.

Kartoffelpuffer

Topfkuchen

1 a) Tauscht euch untereinander aus: Sprecht ihr selbst einen Dialekt oder kennt ihr Wörter aus Dialekten? Nennt Beispiele.
b) Diskutiert: In welchen Situationen sprecht ihr Dialekt oder würdet ihr Dialekt sprechen und in welchen eher nicht?

2 Im Wortspeicher findest du unterschiedliche Bezeichnungen für die abgebildeten Gerichte. Übertrage die Tabelle in dein Heft und versuche, die Begriffe zuzuordnen.

Dotsch · Rievkoche · Dibbelabbes · Grommbierkischeljer · Schaales · Reiberdatschi · Knüles · Döppekooche · Erdäpfelpuffer · Panneläppcher · Baggers · Topfkuchen · Kesselknall · Dippedotz · Erbelkrebbel · Rievesplätzjer · Rierschales · Krumbirnpöngeli · Kardoffkiachla

Kartoffelpuffer	Topfkuchen
Dotsch, ...	...

3 Recherchiere, welche Bezeichnungen es in den unterschiedlichen Gegenden Deutschlands für folgende Wörter gibt:

Bonbon · Bratkartoffel · Brötchen · Frikadelle · Johannisbeere

4 Zeichne eine Deutschlandkarte in dein Heft und trage die regionalen Bezeichnungen für ein Wort deiner Wahl aus Aufgabe 3 in die passende Region ein.

Rievkoche (25–30 Stöck) för 25 Lück *Ilse Prass*

Zutaten: 2 kg Ädäppel, 2 Öllich, 2 Eier
Zubereitung: Die Ädäppel schelle, wäsche, jrob rieve, un en nem öntliche Doch jot usdröcke. Dä Öllich fing schnigge. Dä Ädäppelsbrei met däm Öllich un dä Eier vermenge, met Salz un Peffer wöze. Öl en der Pann ärch heiß wäde loße un dann met nem Löffel portijonswies dä Rievkochedeich en de Pann jevve. Die Rievkoche op beide Sigge kross anbrode. Dozo jitt et Appelkompott un Schwatzbrut met jode Botter.

5 a) Lies das Rezept laut vor. Übersetze es anschließend ins Hochdeutsche.
b) Dieses und andere Rezepte aus dem Rheinland finden sich auf einer Internetseite zum Kölner Karneval. Überlegt gemeinsam, warum es nicht auf Hochdeutsch verfasst ist.

6 a) Welche Spezialitäten gibt es in eurer Region? Sammelt Ideen und verfasst ein Rezeptbuch in eurem Dialekt.
b) Besprecht, auf welche Schwierigkeiten ihr beim Verfassen der Rezepte gestoßen seid.

7 a) Erläutere mithilfe des Textes, was man unter der „Zweiten Lautverschiebung" versteht.
b) Ordne zu, welche Begriffe im Wortspeicher unten zur oberdeutschen Regionalsprache und welche zur niederdeutschen Regionalsprache gehören. Begründe.

Die „Zweite Lautverschiebung" *nach Sabine Kaufmann*

Zwischen 600 und 800 kam es zur sogenannten „Zweiten Lautverschiebung". […] Während die Sprache im Süden Deutschlands von der Lautverschiebung beeinflusst wurde, vollzogen die Regionalsprachen im Norden die Lautverschiebung nicht. Von der Lautverschiebung betroffen waren vor allem die Konsonanten *p, t, k*: *p* wurde zu *pf* oder *f*: Das Wort *Appel* veränderte sich z. B. zu *Apfel*. Der Konsonant *t* wandelte sich zu *s* oder *z* und *k* zu *ch*. Die niederdeutschen Sprecher im Norden sagen bis heute weiterhin *dat*, *wat* und *Water*, die oberdeutschen Sprecher im Süden und in der Mitte Deutschlands sagen dagegen *das*, *was* und *Wasser*.

Dorf – Dorp · Pund – Pfund · machen – maken · Pfeffer – Peffer · Pann – Pfanne

Merke **Dialekte (Mundarten)**

Als **Dialekt** oder **Mundart** bezeichnet man die regionale Variante einer Sprache, die vornehmlich im Mündlichen existiert. Da sich Dialekte häufig von Ort zu Ort unterscheiden, ist es schwierig zu sagen, wie viele Dialekte es im Deutschen gibt.

Fachsprache – Standardsprache – Umgangssprache

Printwerbung · Medikament · Adjektiv · schön · Slogan · Verb · Therapie · beliebt · uninteressant · Nomen · geil · Diagnose · wunderbar · Prädikativ · Drama · cool · Chirurgie · Passiv · blöd · Online-Marketing · Subjekt · krass · ansprechend · Anästhesie · super · Newsletter · angesagt · Injektion

1 a) Welche Wörter im Wortspeicher gehören zur Standardsprache, welche zur Umgangssprache und welche zu einer Fachsprache?
Übertrage die Cluster in dein Heft und ordne die Wörter entsprechend zu.

b) Ordne die Wörter aus deinem Cluster zur Fachsprache in deinem Heft den Fachgebieten *Werbung*, *Medizin* und *Deutschunterricht* zu.
Schlage die Wortbedeutungen bei Bedarf im Wörterbuch nach (→ Nachschlagen, S. 298 f.).

2 In welchen Situationen würdest du Standardsprache, Umgangssprache oder eine Fachsprache nutzen? Notiere Beispiele in dein Heft:

- *Situationen, in denen ich Standardsprache nutzen würde: in einem Brief an ...*
- *Situationen, in denen ich Umgangssprache nutzen würde: ...*
- *Situationen, in denen ich eine Fachsprache nutzen würde: ...*

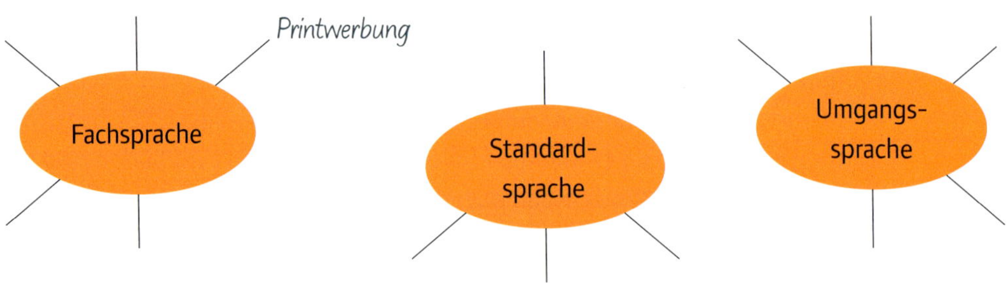

3 *Nice, yolo oder krass?* – Eine besondere Form der Umgangssprache ist die sogenannte Jugendsprache.

a) Welche Wörter kennt ihr, um auszudrücken, dass etwas besonders toll ist? Erstellt ein Wortfeld auf einem DIN-A4-Blatt.

b) Erkundigt euch bei euren Eltern, Großeltern oder älteren Geschwistern, was in ihrer Jugend typische Begriffe für *toll* waren, und erstellt eine Zeitleiste mit diesen Wörtern.

4 a) „Übersetze“ folgende Aussagen ins Hochdeutsche.
b) Im Wortspeicher findest du typische sprachliche Merkmale von Jugendsprache. Suche in den Aussagen A–F Beispiele für diese Merkmale.

A „Ey Alta, hör' ma' auf zu zocken! Wir müssen Bus geh'n!“
B „Ich hab voll Hunger. Lass uns mal 'n fetten Burger snacken und dann im Park abchill'n.“
C „Schule war heute voll ätzend, Alta. Hab echt null Bock.“
D „Den ham wa voll gedisst, ey.“
E „Hab heute auch voll abgeloost. “
F „Kein Plan, was der Vollpfosten von dir will.“

Merkmale von Jugendsprache:

Anglizismen (Wörter aus dem Englischen) · Metaphern · Wortschöpfungen · Abkürzungen · unvollständige Sätze

5 Diskutiert: Welche Funktion hat Jugendsprache? Wer spricht sie? Wer sollte sie nicht sprechen? Begründet eure Ansichten.

6 a) Jedes Jahr wird von einer Kommission aus verschiedenen Verlagen und Organisationen das „Jugendwort des Jahres“ ausgewählt. Recherchiere die Jugendwörter der vergangenen fünf Jahre.
b) Stell dir vor, du bist in der Jury, die das Jugendwort dieses Jahres auswählt. Für welches aktuell gebräuchliche Jugendwort würdest du dich entscheiden?
c) Verfasse ein kurzes Statement (→ S. 40 f.), in dem du darstellst, warum dieses Wort deiner Ansicht nach Jugendwort des aktuellen Jahres werden muss.
d) Erstellt in der Klasse eine Top-10-Liste der wichtigsten Jugendwörter des Jahres.

Merke **Fachsprache – Standardsprache – Umgangssprache**

Fachsprache: Von unterschiedlichen Berufs- oder Interessengruppen werden oft Fachsprachen verwendet, die häufig nur von denjenigen verstanden werden, die sich auf dem jeweiligen Gebiet, z. B. *Medizin, Werbung, Biologie* oder *Informatik,* auskennen.

Standardsprache: Im schriftlichen Ausdruck und in offiziellen Zusammenhängen verwendet man die in ganz Deutschland allgemein akzeptierte und für alle verständliche Standardsprache (Hochdeutsch/Hochsprache). Ihre Schreibung ist durch feste Regeln vereinheitlicht.

Umgangssprache: Im mündlichen Sprachgebrauch verwenden wir meist die sogenannte Umgangsprache. Dazu gehört auch die Jugendsprache. Die Umgangssprache kann sich – abhängig von der Region oder Gruppe, in der sie gesprochen wird – stark unterscheiden.

11 Schneller, höher, weiter …

Rechtschreibregeln und -strategien anwenden

Wunderwelt *nach Katharina von Ruschkowski*

Achtung, Fehler!

Shanghai ist ein Wunderland aus Wolkenkrazern. Hunderte Riesen aus glenzendem Stahl Glas und Beton säumen das Ufer des chinesischen Flußes Huangpu, wo sich noch vor 25 Jahren graue Fabrikhallen duckten.

Doch dann wuchs und wandelte sich die chinesische Metropole so rasand wie keine zweite: Gut 20 Millionen Menschen leben mitlerweile in Shanghai – einer Megastadt wie Metropolen mit mehr als zehn Millionen Einwonern genannt werden.

Und immer mehr Menschen treipt und ziet es weltweit in die Städte: Seit 2008 leben dort erstmals in der Geschichte mehr Menschen als auf dem Land, also jeder Zweite Erdenbürger. Im Jahr 2030 werden sogar knapp zwei drittel Städter sein.

1. Jeder Absatz des Textes enthält vier Fehler (Rechtschreibung und Kommasetzung). Suche sie und schreibe den Text in der richtigen Schreibung in dein Heft.
2. Überprüfe deine Antworten mit den Lösungen auf Seite 317. Hier findest du auch Hinweise, wo du dich noch mal über Regeln und Strategien informieren und wo du weiterüben kannst.

3 a) Ordne die Fehler in deinem Heft nach folgenden Fehlerarten:
- Regeln der Groß- und Kleinschreibung nicht beachtet,
- Schreibung nach kurzen Vokalen nicht beachtet,
- Dehnungs-h falsch gesetzt,
- weiche und harte Konsonanten (p–b, t–d, k–g) verwechselt,
- ä und e verwechselt,
- s-Laute nicht richtig unterschieden,
- Komma nicht oder falsch gesetzt.

b) Nenne Regeln und Strategien zur Vermeidung dieser Fehler.

4 Wie überprüft ihr eure selbstgeschriebenen Texte auf Rechtschreibfehler? Tauscht euch darüber aus.

In diesem Kapitel …

- wiederholst du bekannte Rechtschreibregeln und nutzt Rechtschreibstrategien.
- lernst du, wann Wörter getrennt geschrieben und wann sie zusammengeschrieben werden.
- lernst du typische Fremdwortschreibungen kennen.
- übst du Regeln zur Kommasetzung ein.
- trainierst du die Zeichensetzung bei der wörtlichen Rede.

Regeln und Strategien zur Groß- und Kleinschreibung wiederholen

Was kannst du schon?

Gehasst und geliebt – Die Geschichte des Eiffelturms

nach Verena Linde

Kurz nach der eröffnung wollen die pariser den eiffelturm wieder loswerden, so schnell wie möglich. Dieser „giraffenkäfig“ verschandele ihre stadt, schimpfen manche. Das verschrotten der 18038 teile gäbe eine ordentliche menge metall, aus der man etwas hübscheres bauen könnte. Gebaut wurde der turm für die pariser weltausstellung im jahr 1889. Die französische regierung will bei der ausstellung ein zeichen setzen, etwas großes und besonderes muss her! Da schickt der angesehene ingenieur Gustave Eiffel seinen entwurf ins rennen. Das neuartige ist die konstruktion aus nacktem stahl. Für das errichten des turms bleiben kaum mehr als zwei jahre – wenig zeit für einen 300 meter hohen turm, der alles bisher dagewesene in den schatten stellen soll. Die eröffnung ist eine sensation. Fahrstühle bringen besucher auf aussichtsplattformen, wo gleich vier exquisite restaurants zum schlemmen einladen. Heute redet niemand mehr vom abreißen der touristenattraktion. Über 250 millionen menschen sollen bisher auf dem turm gewesen sein, und täglich werden es mehr.

1 Welche Wörter im Text müssen großgeschrieben werden?
Übertrage die Tabelle in dein Heft und ordne die Wörter mit ihren Begleitwörtern in die entsprechende Spalte und in der richtigen Großschreibung ein.

Nomen/Substantive	nominalisierte Adjektive und Verben
die Eröffnung	*das Verschrotten*
...	...

Die Großschreibung von nominalisierten Adjektiven und Verben

Achtung, Fehler!

All you can eat

Essen und trinken hält leib und seele zusammen, wie ein altes sprichwort sagt. Essen muss jeder, doch manche essen nicht, um zu leben, sondern um rekorde zu brechen, wie der japaner Takeru Kobayashi. Für ihn ist das wettessen eine art sport. Das verspeisen von über 53 hotdogs in einer halben stunde, 69 hamburgern in acht minuten oder 57 kalbshirnen in 15 minuten hat Kobayashi zu einer zweifelhaften berühmtheit verholfen, denn es ist schwierig, diesem rekord etwas gutes abzugewinnen. Anders als in der steinzeit, in der das schnelle herunterschlingen größerer massen von essen etwas überlebenswichtiges war, weil es einem gegenüber seinen mitmenschen einen vorteil verschaffte, ist das kampfessen heute nur dem wunsch nach berühmtheit um jeden preis geschuldet. Viele fragen sich sicher, wie das verspeisen dieser massen von lebensmitteln gelingt. Hier bestehen tatsächlich noch einige unklarheiten. Klar ist: Mit genießen hat das alles nichts zu tun und vom nachmachen wird ausdrücklich abgeraten!

1. Woran erkennst du, welche Wörter in diesem Text großgeschrieben werden müssen? Übertrage die Tabelle in dein Heft und ordne die Wörter nach den Nomensignalen.
2. Bei welchen Wörtern handelt es sich um Nomen und bei welchen um nominalisierte Adjektive oder Verben? Unterstreiche in deiner Tabelle alle Nomen rot, alle nominalisierten Adjektive blau und die nominalisierten Verben grün.

Nomensignale					
ohne Begleitwort, *Artikel kann ergänzt werden*	**Artikel** *der/die/das ein/eine/ein*	**Adjektiv** *schön, selten, groß, riesig, seltsam, …*	**Pronomen** *mein/dein/sein dieser/diese … jener/jene …*	**unbestimmtes Zahlwort** *etwas, viel, nichts, wenig…*	**Präposition** *(oft mit Artikel verschmolzen) im, am, nach …*
(das) Trinken …	…	…	…	…	…

3. Bilde mit jedem Wortpaar im Wortspeicher drei Sätze wie im Beispiel.

~~sehen – bunt~~ · hören – laut · riechen – süß · fühlen – glatt · schmecken – gut

Ich sehe bunte Blumen.
Das Sehen im Dunkeln fällt mir schwer.
Etwas Buntes gefällt mir besser als etwas Einfarbiges.

4 Groß oder klein? Schreibe die entsprechenden Wörter richtig in dein Heft. Ergänze bei Großschreibung auch die Nomensignale.

Mit dem (R/r)ennen über 100 Meter mit Schwimmflossen und dem (Ü/ü)berspringen diverser Hürden in 14,82 Sekunden hat ein Deutscher 2008 einen Rekord aufgestellt. Würdest du auch gerne mit Schwimmflossen (R/r)ennen und dabei noch Hürden (Ü/ü)berspringen?

Morgens nicht (A/a)ufstehen und im Bett (F/f)frühstücken ist der Traum vieler Jugendlicher. Dass man ohne morgendliches (A/a)ufstehen und mit gemeinsamem (F/f)rühstücken im Bett Rekorde brechen kann, zeigt das Foto eines Rekordversuchs aus China.

Eine (B/b)esondere Fähigkeit hat auch ein als „Magnet Man" (B/b)ekannter Mann, der ohne Hilfsmittel 53 Löffel an seinen Körper heften kann. Auch wenn dieses Phänomen für manche etwas (B/b)ekanntes sein mag, ist die Menge an Besteck das (B/b)esondere.

5 a) Für den Superlativ gelten besondere Regeln der Groß- und Kleinschreibung. Erläutere diese Regeln anhand der Superlative in folgendem Text.

b) Bilde Superlative zu den Adjektiven im Wortspeicher und verfasse jeweils zwei Sätze, in denen du den Superlativ einmal klein- und einmal großschreiben musst.

Auch Tiere können Rekorde brechen. So ist von den Landtieren der Gepard am schnellsten. Der Schnellste im Vergleich zu seiner Körpergröße ist jedoch der Sandlaufkäfer, der mit einer Körpergröße von 7 cm 9 km/h schnell laufen kann.

schön · lecker · genau · eklig · bunt · langweilig · teuer

Merke **Nominalisierungen/Substantivierungen erkennen und großschreiben**

Nominalisierung von Verben und Adjektiven erkennt man oft an **Begleitwörtern**, z. B.:
- am bestimmten oder **unbestimmten Artikel**, z. B.: *das Besondere, ein Essen,*
- an vorangestellten **Demonstrativ-** oder **Possessivpronomen**, z. B.: *dieses Außergewöhnliche, dein Verhalten,*
- an vorangestellten **Adjektiven**: *genussvolles Essen,*
- an vorangestellten **Präpositionen** (oft mit einem Artikel verschmolzen): *bei dem* oder *beim Hinunterschlingen, nach Hereinbrechen der Dunkelheit,*
- an einem vorangestellten **unbestimmten Zahlwort**: *etwas Neues, viel Seltsames.*

Fehlt der Begleiter, kann er als Probe ergänzt werden, z. B.: *(Das) Vergleichen macht Spaß.*

Zeitangaben richtig schreiben

Date mit Hindernissen

Paul und Paula hatten sich GESTERNABEND für ÜBERMORGEN, am SAMSTAGNACHMITTAG, zum Eisessen verabredet. Paula legte sich ABENDS ins Bett und träumte die ganze NACHT von riesigen Speiseeisbergen, die sie von FRÜHMORGENS bis MITTAGS verdrücken sollte, um einen Rekord zu brechen. In ihrem Traum begann sie am MORGEN mit dem Eisschlecken und schleckte bis zum MITTAG ununterbrochen weiter. Im Laufe des VORMITTAGS aß sie so 250 Kugeln Eis, aber ihre Konkurrentinnen hatten bis MITTAGS sogar das Doppelte geschafft. Als Paula HEUTEMORGEN schweißgebadet aufwachte, war ihr so schlecht, dass sie gleich MORGENS Paul anrief und die Verabredung auf ÜBERMORGEN, also SONNTAG, verschob und vorschlug, sich lieber VORMITTAGS im Zoo zu treffen als NACHMITTAGS in der Eisdiele.

1 Entscheide über die richtige Groß- und Kleinschreibung der Zeitangaben und trage sie entsprechend in die Tabelle ein. Beachte auch die Getrennt- und Zusammenschreibung.

Zeitangabe als Nomen	Zeitangabe als Adverb	Zeitadverb + Nomen
am Samstagnachmittag, ...	*übermorgen, ...*	*gestern Abend, ...*

2 Verfasse mit folgenden Zeitangaben einen Text über einen traum- oder albtraumhaften Tag.

heute · morgen · gestern · vorgestern · übermorgen · vorgestern Morgen · gestern Abend · heute Nacht · morgen Mittag · Montagabend · Mittwochfrüh

Merke **Zeitangaben richtig schreiben**

Großgeschrieben werden:
- **Wochentage und Tageszeiten als Nomen,** z. B.: *am Samstag, gegen Morgen,*
- **zusammengesetzte Angaben aus Wochentagen und Tageszeiten,** z. B.: *am Sonntagnachmittag, am Freitagabend.*

Kleingeschrieben werden:
- **Zeitadverbien,** z. B.: *gestern, heute, morgen, übermorgen, vorgestern,*
- **Tageszeiten und Wochentage, die als Zeitadverbien verwendet werden,** z. B.: *freitags, nachmittags* oder *abends*.

Achtung: Bei der **Verbindung von Zeitadverb und Tageszeit** bleibt das Zeitadverb klein und die Tageszeit groß, z. B.: *heute Morgen, übermorgen Abend, gestern Vormittag*.

Getrennt- und Zusammenschreibung

Zusammen oder getrennt?

Ein ganz normaler Tag im Schnelldurchlauf

Wennderweckerklingelt,würdeichamliebstenimmernochliegenbleiben.

Beimweckerklingelnwürdeichamliebstenimmernochliegenbleiben.

Ichfragemama,obichheuteschuleschwänzendarfoderdochlieberindieschulegehenunddentestschreibensoll.

Ichfragemama,obichheuteschuleschwänzendarfoderdochlieberzumtestschreibenindieschulegehensoll.

Meinemutterhältdasschuleschwänzenfürabsolutindiskutabel.

Meinemutterfindetesabslolutindiskutabel,dassichdieschuleschwänze.

Nachmittagssollichschonwiederenglischlernen.

Nachmittagsstehtschonwiederenglischlernenan.

Schließlichentspanneichmichnocheinbisschenbeimmusikhören.

Schließlichentspanneichmichnocheinbisschenundhöremusik.

1 a) Wörter werden in der Regel getrennt geschrieben. Schreibe die Sätze richtig in dein Heft. Achtung: In jedem Satzpaar gibt es ein Wort, das zusammengeschrieben wird.

b) Versuche zu erklären, warum diese Wörter hier einmal getrennt geschrieben und einmal zusammengeschrieben werden.

c) Untersuche, zu welchen Wortarten die Wörter gehören, die einmal getrennt geschrieben und einmal zusammengeschrieben werden.

Verbindungen aus Nomen + Verb richtig schreiben

1. Stelle mit den Wörtern aus dem Wortspeicher sinnvolle „Paare" aus Nomen und Verb zusammen. Formuliere jeweils einen Beispielsatz, bei dem du die Verbindung getrennt schreiben musst, und einen, bei dem die Verbindung zusammengeschrieben wird, z. B.:
Bei unserem Umzug am Wochenende muss ich sicher viele Kisten stapeln.
Beim Kistenstapeln komme ich ganz schön ins Schwitzen.

Nomen: Kisten · Schlange · Rad · Fußball · Feuer · Rat · Walzer · Fahrrad · Blumen · Zimmer · Geld

Verben: spielen · stehen · aufräumen · ausgeben · fahren · pflücken · stapeln · fangen · tanzen · schlagen · suchen

2. Verbindungen aus Nomen und Verb werden dann zusammengeschrieben, wenn man das Nomen nicht getrennt vom Verb im Satz umstellen kann.
Überprüfe wie im Beispiel mit der Umstellprobe, ob es sich bei dem Nomen um ein eigenständiges Satzglied handelt. Entscheide dann über die Getrennt- oder Zusammenschreibung.

Klavier + spielen · Maß + regeln · Schlaf + wandeln · Rad + fahren, Weh + klagen · Ski + laufen · Angst + haben, Hand + haben · Schluss + folgern · Lob + preisen

Klavier + spielen:	*richtig: Ich spiele Klavier.*	*→ „Klavier"*	*= umstellbar → Satzglied (Objekt) → Getrenntschreibung*
Maß + regeln:	*falsch: Frau Meier regelt Fritz Maß.* *richtig: Frau Meier maßregelt Fritz.*	*→ „Maß"*	*= nicht umstellbar → kein Satzglied → Zusammenschreibung*

3. Achtung, Ausnahme! Folgende Verbindungen aus Nomen und Verb werden immer zusammengeschrieben, wenn Nomen und Verb im Satz direkt nebeneinanderstehen. Stehen sie im Satz getrennt, schreibt man das Nomen klein.
Präge dir die Schreibungen ein, indem du mit jedem Wort zwei Sätze wie im Beispiel bildest.
Kommst du mit eislaufen? *Ich laufe im Winter sehr gerne eis.*

eislaufen · heimfahren · irreführen · kopfstehen · leidtun · nottun · preisgeben · standhalten · stattfinden · stattgeben · teilhaben · teilnehmen

4. Schlage nach, was das Besondere an den Verbindungen im folgenden Wortspeicher ist.

bauchtanzen · bergsteigen · sonnenbaden · kopfrechnen · segelfliegen

⑤ Achtung, Ausnahme!

a) Die Nomen-Verb-Verbindungen im Wortspeicher können getrennt oder zusammengeschrieben werden. Informiere dich im Rechtschreibwörterbuch, ob hier eine Schreibweise bevorzugt wird oder ob beide Schreibweisen gleichberechtigt nebeneinanderstehen.

b) Bilde mit den Nomen-Verb-Verbindungen je einen Satz, in dem die Verbindung im Infinitiv steht, und einen, in dem sie in gebeugter Form vorkommt, z. B.:
Lara möchte dir für deine Hilfe danksagen / Dank sagen.
Lara sagt dir Dank für deine Hilfe.

danksagen / Dank sagen · haltmachen / Halt machen · achtgeben / Acht geben · staubsaugen / Staub saugen · brustschwimmen / Brust schwimmen · marathonlaufen / Marathon laufen

c) Richtig oder falsch? Schlage in deinem Rechtschreibwörterbuch n
Nomen-Verb-Verbindungen so verwendet werden können.

Achtung, Fehler!

A Flora danksagt ihrer Mutter für die Geburtstagsfeier.
B Simon schwimmt gerne Brust.
C Carla marathonläuft schon seit zwei Jahren.

Merke **Wortgruppen und Verbindungen aus Nomen + Verb richtig schreiben**

Grundregel:
Wortgruppen aus **Nomen + Verb** werden in der Regel **getrennt geschrieben**, z. B.:
Auto fahren, Hausaufgaben machen, Computer spielen.

Bei der Entscheidung, ob du zusammenschreiben musst, helfen dir folgende Proben:
- **Artikelprobe: Verbindungen aus Nomen + Verb** werden **zusammengeschrieben,** wenn die Verbindung **nominalisiert** wird. Hier hilft die **Artikelprobe**, z. B.:
  Das Computerspielen macht mir Spaß.
  Ich hasse (das) Zimmeraufräumen.
- **Umstellprobe (Satzgliedprobe):** Mit der Umstellprobe kannst du prüfen, ob das Nomen ein eigenständiges Satzglied ist. Ist das **Nomen kein Satzglied**, wird die **Verbindung aus Nomen + Verb zusammengeschrieben**, z. B.:
  Schlaf + wandeln: falsch: *Kim wandelt Schlaf.*
  richtig: *Kim schlafwandelt.* → Zusammenschreibung.

Achtung: Im Infinitiv immer zusammengeschrieben werden folgende **Verbindungen aus Nomen + Verb**. Diese musst du dir einprägen: *eislaufen, heimfahren, irreführen, kopfstehen, leidtun, nottun, preisgeben, standhalten, stattfinden, stattgeben, teilhaben, teilnehmen.*

Verbindungen aus Verb + Verb richtig schreiben

1 Schreibe mit den Verb-Verb-Verbindungen aus dem Wortspeicher jeweils zwei Sätze nach folgendem Muster.

Meine kleine Schwester sollte möglichst bald schwimmen lernen.
Das Schwimmenlernen ist lebenswichtig.

schwimmen + lernen · lesen + üben · spazieren + gehen · brennen + lassen

2 Ergänze die folgende Regel. Schreibe in dein Heft.

Merke: Verbindungen aus Verb + Verb werden in der Regel ______. Wird die Verbindung ______, muss man ______.

3 Achtung, Ausnahme!

a) Von den Verb-Verb-Verbindungen im Wortspeicher kann man zwei sowohl zusammen- als auch getrennt schreiben. Um welche beiden handelt es sich? Begründe deine Entscheidung.

b) Verwende diese beiden Verbindungen in jeweils zwei Sätzen, aus denen einmal die wörtliche Bedeutung und einmal die übertragene Bedeutung hervorgeht.

stehen + lassen · kommen + können · sitzen + bleiben · singen + lernen

Merke **Wortgruppen und Verbindungen aus Verb + Verb richtig schreiben**

Grundregel:
Wortgruppen aus **Verb + Verb** werden in der Regel **getrennt geschrieben**, z. B.:
schwimmen lernen, essen gehen, liegen bleiben.

Bei der Entscheidung, ob du zusammenschreiben kannst oder musst, helfen dir folgende Proben:

- **Bedeutungsprobe:** Einige Verbindungen aus einem Verb mit *bleiben* oder *lassen* als zweitem Bestandteil können zusammengeschrieben werden, wenn die Verbindung eine übertragene Bedeutung hat, z. B.:
  Ich würde mich gerne in einen Sessel fallen lassen. (wörtliche Bedeutung)
  Die Idee sollten wir fallenlassen. (übertragene Bedeutung)
- **Artikelprobe:** Verbindungen aus Verb + Verb werden zusammengeschrieben, wenn sie nominalisiert werden. Hier hilft die Artikelprobe, z. B.:
  Das Essengehen im Restaurant ist für mich etwas Besonderes.

Verbindungen aus Präposition + Verb und Adverb + Verb richtig schreiben

Setzen, Stellen, Legen u. a. *Robert Gernhardt*

Was hast du denn da angestellt
mit dem, was ich da aufgestellt?
Du hast dich nicht nur drangestellt
du hast dich auch noch draufgestellt.

Der Deckel war schon draufgemacht
ich dachte, nun sei's eingemacht
du hast es wieder aufgemacht
dich draufgestellt und reingemacht.

Ich hatte alles drangesetzt
ich hatte mich so eingesetzt
doch kaum war alles angesetzt
da hast du dich schon reingesetzt.

Was heißt das, ich sei aufgebracht?
Wer hat das Zeug denn reingebracht?
Ich selber hab es raufgebracht
und was hat mir das eingebracht?

Wie schön war alles eingelegt!
Wie hatte ich mich krummgelegt!
Einmal hast du mich reingelegt.
Noch mal – und du wirst umgelegt!

1 Weshalb wirkt dieses Gedicht komisch? Begründe.

2 a) Untersuche die Wörter an den Vers-Enden, indem du
- zu jedem Wort den Infinitiv bildest und
- es in einem Satz im Präsens verwendest, der mit *Ich* … beginnt.

Was stellst du fest?

angestellt → anstellen → Ich stelle gerne etwas an.

b) Verben können z. B. mit Präpositionen und Adverbien sogenannte „unfeste Verbindungen" eingehen. Erkläre diese Tatsache anhand deiner Beispiele aus Aufgabe a).

3 Bilde mit dem Verb *nehmen* und den angegebenen Präpositionen so viele sinnvolle Verbindungen wie möglich. Notiere sie in deinem Heft wie im Beispiel.

ab- • an- • auf- • aus- • bei- • durch- • ein- • entgegen- • entlang- • gegen- • über- • hinter- • in- • mit- • nach- • um- • vor- • wider- • zu- • zuwider- • zwischen-

Infinitiv	Partizip II	Beispielsatz im Präsens
abnehmen	*abgenommen*	*Sie nimmt ihm die Tasche ab.*

4 a) Untersuche, wie sich Betonung und Bedeutung der unterstrichenen Verben in den Sätzen A und B unterscheiden.
b) Formuliere die Sätze in Aufforderungssätze um. Was stellst du fest?
c) Einige Verben können mit manchen Präpositionen sowohl feste als auch unfeste Verbindungen eingehen. Zeige dies an deinen Sätzen aus Aufgabe b).
d) Füge in deinem Heft die Wörter in Klammern in der richtigen Form in die Sätze C und D ein.
e) Beschreibe die Unterschiede und formuliere eine Regel.

A Wir sollten den Stau umfahren.
B Du sollst die Slalomstäbe nicht umfahren.
C Er hat den Stau ▭ (umfahren).
D Er hat alle Slalomstäbe ▭ (umfahren).

5 Formuliere mit jeder Wortverbindung aus dem Wortspeicher zwei Sätze wie in Aufgabe 4, in denen das Wort einmal als unfeste Verbindung und einmal als feste Verbindung auftritt.

unter + stellen • durch + brechen • um + gehen

Merke **Verbindungen aus Präposition + Verb richtig schreiben**

Grundregel:
Verbindungen aus **Präposition und Verb** werden **grundsätzlich zusammengeschrieben,** z. B.: *aufwachsen, mitkommen, durchsehen, umsetzen.*
Man unterscheidet zwischen **festen** und **unfesten Verbindungen**. Unfeste Verbindungen werden nur **im Infinitiv,** in den **Partizipien** und in der **Stellung am Ende eines Nebensatzes zusammengeschrieben,** z. B.: *aufwachsen* → *aufgewachsen* → *… weil er mit drei Schwestern aufwächst.* Aber: *Er wächst mit drei Schwestern auf.*
Manche Verben können mit *durch, wieder, über, unter, um* **sowohl unfeste als auch feste Verbindungen** eingehen.
Bei der Entscheidung, ob es sich um eine feste oder unfeste Verbindung handelt, hilft dir die **Betonungsprobe:** Bei den **unfesten Verbindungen** liegt die **Betonung** auf dem **ersten Bestandteil** (Bestimmungswort), bei den **festen** auf dem **zweiten** (Grundwort), z. B.: *Er will den Stock durchbrechen. / Er will die Regel durchbrechen.*

6 Einmal getrennt, einmal zusammen. – Auf die Bedeutung kommt es an!

a) Schreibe die Sätze in der richtigen Getrennt- und Zusammenschreibung in dein Heft und erläutere deine Entscheidungen.

b) Lies die Sätze in deinem Heft noch einmal laut und achte auf die Betonung der eingesetzten Wörter. Welche Regel kannst du ableiten?

- Wir könnten doch für unser soziales Projekt in der Schule ___ (zusammen + sammeln) gehen.
- Ich muss nur noch schnell meine Sportsachen ___ (zusammen + sammeln).
- Er will mir das Buch morgen ___ (wieder + geben).
- Ich kann die Geschichte nicht richtig ___ (wieder + geben).
- Die Erkältung kann ___ (davon + kommen), dass du gestern zu dünn angezogen warst.
- Ich hoffe, dass wir noch einmal ohne Schnupfen ___ (davon + kommen).
- Er soll einfach ___ (da + bleiben), wo er ist.
- Ich muss nach dem Unterricht noch kurz ___ (da + bleiben).

Merke **Verbindungen aus Adverb + Verb richtig schreiben**

Grundregel:
Verbindungen aus **Adverb und Verb** werden **abhängig von ihrer Bedeutung zusammen- oder getrennt** geschrieben.

Bei der **Entscheidung**, ob du **zusammenschreiben musst**, hilft dir folgende **Probe**:
- **Betonungsprobe:** Wird nur **das Adverb betont**, muss die **Verbindung zusammengeschrieben werden**, z. B.:
  davonlaufen, voraussetzen, zusammenhalten, wiederkommen.
  Werden dagegen sowohl das **Adverb als auch das Verb** oder **nur das Verb betont**, schreibt man **getrennt**, z. B.:
  Wir werden morgen wiederkommen. (= zurück)
  Sie muss auch morgen wieder (= noch mal) kommen.

Verbindungen aus Adjektiv + Verb richtig schreiben

1 a) Getrennt oder zusammen?
Welche Schreibung ist in dem jeweiligen Zusammenhang die richtige? Begründe.

Nomen und Nominalisierungen muss man im Deutschen ___.	groß schreiben / großschreiben
Meine Lehrerin sagt immer, ich solle nicht so ___.	klein schreiben / kleinschreiben
Sie ist eine absolute Pessimistin und muss immer alles ___.	schwarz malen / schwarzmalen
Auf dieser steilen Treppe kann man ___.	leicht fallen / leichtfallen
Meine Mutter will mir ab sofort das Taschengeld auf meinem Konto ___.	gut schreiben / gutschreiben
In diesem Fall möchte ich einfach ___, dass nichts passiert.	sicher gehen / sichergehen

b) Informiere dich im Merkkasten über die Proben zur Überprüfung der Getrennt- und Zusammenschreibung von Adjektiven und Verben und kontrolliere deine Lösungen aus Aufgabe a).

2 a) Welche Verbindungen mit dem Adjektiv *schön* und den angegebenen Verben haben neben der wörtlichen Bedeutung noch eine übertragene?
Formuliere Sätze, aus denen die jeweilige Bedeutung hervorgeht, und achte auf die richtige Getrennt- und Zusammenschreibung.

b) Überprüfe deine Schreibung mit der Betonungsprobe oder mit der Bedeutungs- und der Steigerungsprobe (→ Merkkasten, S. 280).

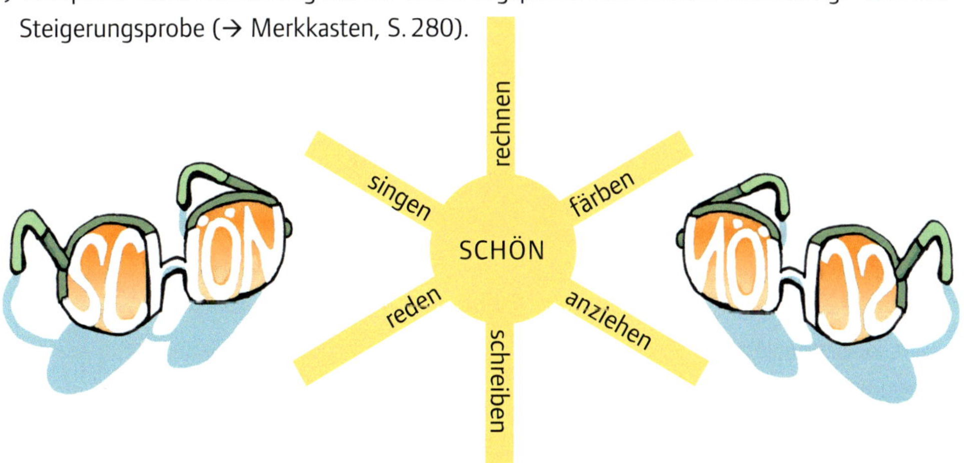

Macht Fernsehen dumm?

Einige Wissenschaftler sind der Ansicht, dass zu viel fern sehen dumm mache. Kinder, die eigentlich leichtlernen, schneiden insbesondere bei Konzentrationstests nach langem fernsehen deutlich schlechter ab als vorher. Daher sind diese Wissenschaftler der Meinung, dass durch lange Fernsehzeiten auch in der Schule viel schief gehen könne. Andere sind allerdings der Überzeugung, dass diese Experten zu sehr schwarz malen.

3 Der Text enthält fünf Fehler. Suche sie und schreibe den Text korrekt in dein Heft. Nutze geeignete Proben (→ Merkwissen) zur Überprüfung deiner Schreibung.

4 Verfasse einen kurzen Text mit den Adjektiv-Verb-Verbindungen im Wortspeicher. Spiele dabei mit der wörtlichen und der übertragenen Bedeutung und achte auf die richtige Schreibung.
Jana und Philipp hatten eigentlich nicht vorgehabt blauzumachen, aber ...

schwarz + fahren · blau + machen · rot + sehen · weiß + waschen

Merke **Verbindungen aus Adjektiv + Verb richtig schreiben**

Grundregel:
Fügungen aus **Adjektiv + Verb** werden in der Regel **getrennt geschrieben**.

Bei der Entscheidung, ob du zusammenschreiben musst, helfen dir folgende Proben:

- **Bedeutungs- und Betonungsprobe:** **Fügungen aus Adjektiv + Verb** werden **zusammengeschrieben**, wenn das Wort eine **neue (übertragene) Gesamtbedeutung** bekommt. Die Anwendung der **Betonungsprobe** kann bei der Entscheidung helfen: Wird nur das **Adjektiv betont, wird zusammengeschrieben**. Bei **zwei Betonungen** muss **getrennt geschrieben** werden, z. B.:
  Der Arzt musste Jan für die Klassenarbeit krankschreiben. → zusammen
  Sonst muss er die Klassenarbeit krank schreiben. → getrennt
- **Steigerungsprobe:** Lässt sich das **Adjektiv** in dem jeweiligen Sinnzusammenhang **nicht steigern, so muss zusammengeschrieben werden**, z. B.:
  Ihre Oma will ihr den Betrag gutschreiben. → falsch: ~~besser schreiben~~ → zusammen
  Er kann schon immer gut schreiben. → richtig: besser schreiben → getrennt
- **Artikelprobe:** Wird die Verbindung aus **Adjektiv + Verb nominalisiert**, wird immer zusammengeschrieben, z. B.:
  Das Schwarzfahren ist verboten.

Fügungen mit *sein* immer getrennt schreiben

1 Wie sollte deine Schule sein?
Nutze die Wörter im Wortspeicher und formuliere ein paar Vorschläge, z. B.:
Die neue Turnhalle sollte nach den Sommerferien unbedingt fertig sein.

fertig · da · attraktiv · lehrreich · möglich · locker · sauber ·
vorhanden · grün · entfernt · weg

2 Nominalisiere die Verbindungen mit *sein* aus dem Wortspeicher und bilde je einen Satz, z. B.:
Unser Dasein hängt nicht nur von uns selbst ab.

da + sein, reich + sein, vollkommen + sein, dabei + sein

Merke **Verbindungen mit *sein* richtig schreiben**

Grundregel:
Verbindungen mit *sein* werden immer **getrennt geschrieben,** z. B.:
beisammen sein, wir sind beisammen, beisammen zu sein; groß sein, groß zu sein.
Achtung: Wird die Verbindung **nominalisiert,** muss man **groß- und zusammenschreiben,** z. B.: *das Beisammensein, (ein) gemütliches Zusammensein.* Hier hilft die **Artikelprobe.**

Regeln und Strategien anwenden

Hallo Oma,
über unser ___ (zusammen + treffen) vorhin habe ich mich sehr gefreut. Ich wollte mich gerade nach Lara ___ (um + schauen), als du mir ___ (entgegen + gekommen) bist. Weil ich so abgelenkt war, wäre ich fast ohne Fahrkarte in den Bus eingestiegen und ___ (schwarz + fahren). Jetzt muss ich aber leider ___ (Schluss + machen), weil ich noch ___ (laufen + gehen) will und morgen ein Referat (vor + tragen) muss. Außerdem müssen wir für Mathe am Donnerstag noch ___ (Kopf + rechnen) und ___ (Schluss + folgern) üben. Da will ich auch noch mal mit meiner Mutter ___ (zusammen + lernen). Also, nicht ___ (traurig + sein), dass wir uns erst am Wochenende ___ (wieder + sehen) können.
Leo 14:00 ✓✓

3 a) Schreibe den Text ab. Setze die Wortverbindungen in der richtigen Schreibung ein.
b) Erläutere für jede Verbindung, welche Regel oder Probe du angewendet hast, um die richtige Schreibung zu finden.

Fremdwörter richtig schreiben

Hi Paps,
hier im Club ist es super, viel besser als auf dem Campingplatz letztes Jahr. Ich jobbe morgens als Animateur und abends als Nachtportier. Cool ist: Ich habe ein super Quartier und viel Zeit zum Chillen am Pool. Das Essen ist leider ziemlich eintönig. Als Mittagsmenü gibt's fast immer Salat, Pasta mit unterschiedlich gefärbter Soße und zum Abschluss ein Dessert, das meist wie Pudding aussieht und undefinierbar schmeckt. Ein Highlight für mich ist es, wenn es mal Lasagne gibt. Mehr dann live zu Hause.
Ciao und bis bald
Ben
23:57 ✓✓

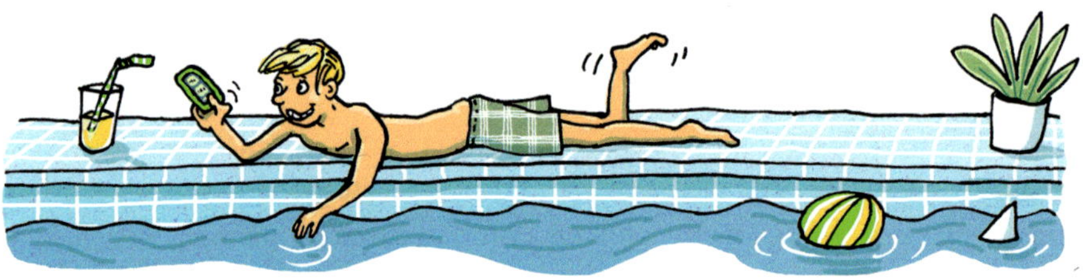

1 a) Obwohl der Text leicht zu lesen ist, steckt er voller Fremdwörter. Welche Wirkung erzeugt der Fremdwortgebrauch hier?

b) Ordne die Fremdwörter aus dem Text in deinem Heft nach ihrer Herkunft in Gruppen.
Tipp: Überprüfe die Herkunft mit dem Rechtschreibwörterbuch, wenn du unsicher bist (→ S. 298 f.).

c) Welche weiteren im alltäglichen Sprachgebrauch verwendeten Fremdwörter aus diesen drei Sprachen kennst du? Ergänze sie in deinem Heft.

Englisch	**Französisch**	**Italienisch**
Hi, ...	*Animateur, ...*	*...*

2 a) Sprich die folgenden lautgetreu geschriebenen Wörter deutlich aus und finde heraus, welche Fremdwörter sich hier verstecken.

b) Schreibe die Wörter richtig in dein Heft und kontrolliere mit dem Rechtschreibwörterbuch.

Achtung, Fehler!

Triko · Äktschn · Peiplein · Interwju · Tiem · Kautsch · Kaos · Scheff · Wirus · Faul · Tschipp · Aktsje · Kompjuter · Lasanje · Schankse · Porzion · Tienäitscher · Pauer · Pommfritt · Contäner · Tüp · Schop · Süstem · Batler · Klicke · Träner · onlein

3 Fremdwörter erkennt man oftmals an bestimmten Buchstaben oder Buchstabenverbindungen. Übertrage die Tabelle in dein Heft und ordne die Wörter aus dem Wortspeicher richtig ein.

der Tourist · die Bibliothek · die Vase · die Physik · die Theorie · die Chance · die Vanille · das Theater · der Champignon · das System · die Journalistin · der Phosphor · die Clique · die Leichtathletik · der Chauffeur · die Kurve · der Charakter · das Mannequin · der Charme · das Thema · das Chaos · der Zylinder · der Parcours · das Verb · die Katastrophe · das Thema · das System · die Phase · die Pyramide · die Tour · das Xylophon · das Chanson · vegetarisch · der Rhythmus

Wörter mit den Buchstabenverbindungen *ou [u], ch [sch], qu [k]*	Wörter mit dem Buchstaben *v [w]*	Wörter mit den Buchstabenverbindungen *th [t], ph [f], y [ü], ch [k]*
der Tourist	*die Vase*	*die Bibliothek*
...	...	...

4 a) Bei welchen Fremdwörtern im Wortspeicher musst du ein h ergänzen? Schreibe sie in der richtigen Schreibung in dein Heft und kontrolliere mit dem Rechtschreibwörterbuch.

Achtung, Fehler!

die Akustik · die Apoteke · das Termometer · die Metode · die Tese · die Tomate · das System · das Resultat · die Sympatie · die Teke · die Terapie · die Termoskanne

b) Welche Fremdwörter verstecken sich hier? Schreibe sie in der richtigen Schreibung in dein Heft.

A?mos?äre · Niv? · Cit? · ?emie · ?ema · Al?abe? · Ma?emat?ik · Ka?as?ro?e · Sc?nner · Mili? · ?irus · ?eriff

c) Verfasse einen (Unsinns-)Text, in dem du mindestens zehn Wörter aus dieser Aufgabe verwendest. Du kannst so beginnen:

Ein katastrophaler Apothekenbesuch

Nachdem ich mir gestern einen fiesen Virus eingefangen hatte, musste ich heute wohl oder übel in die Apotheke gehen. Dieser Gang wurde allerdings zu einer mittleren Katastrophe. Die Apothekerin schien keinerlei Sympathie für mich zu haben, denn ...

5 Auch typische Wortendungen weisen auf Fremdwörter hin. Übertrage die Cluster in dein Heft und suche zu jeder Endung mindestens drei Beispiele.

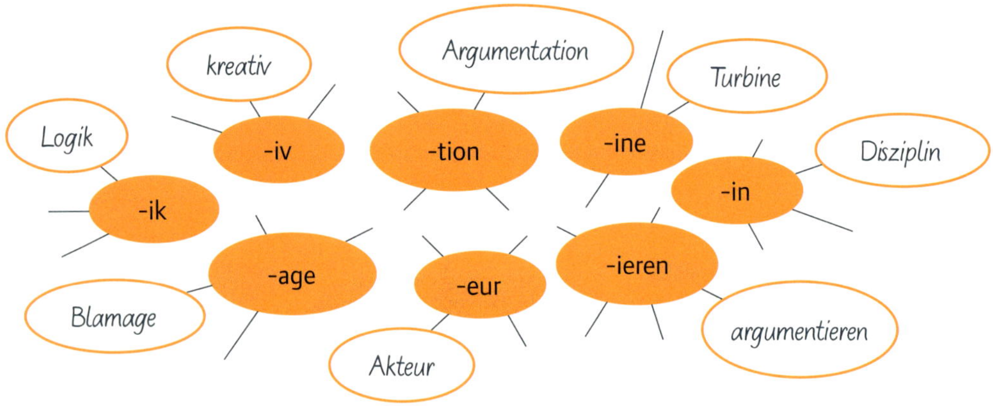

6 a) Welche Fremdwörter verstecken sich in der Wörterschlange?
Ordne sie in deinem Heft nach Nomen, Verben und Adjektiven. Achte dabei auf die korrekte Groß- und Kleinschreibung.
b) Bilde zu jedem Wort die jeweils anderen beiden Wortarten, z. B.:

Nomen	Verb	Adjektiv
die Dekoration	dekorieren	dekorativ

7 Notiere die Wörter im Wortspeicher auf einzelnen Karteikarten. Suche mithilfe eines Wörterbuchs so viele verwandte Wörter wie möglich und notiere sie zusammen mit einem Beispielsatz auf der Karte.

das Symbol · das Experiment ·
der Charakter · die Massage ·
die Sympathie ·
die Theorie · das Interesse

das Symbol

symbolisch, symbolisieren, symbolträchtig,
...

Das Herz ist ein Symbol für die Liebe.

8 a) Überprüfe mithilfe des Rechtschreibwörterbuchs, für welche Fremdwörter im Wortspeicher es eine zweite, eingedeutschte Schreibweise gibt.
b) Welche der beiden Schreibungen wird in deinem Rechtschreibwörterbuch jeweils empfohlen? Schreibe die Wörter in dieser Schreibung in dein Heft.

das Photo · das Telephon · das Theater · die Phantasie · der Delphin · die Graphik · das Saxophon · der Thunfisch · das Thermometer · der Panther · die Spaghetti · das/der Ketchup · der Code · circa · der Charme · die Apotheke · die Therapie · der Friseur · die Mayonnaise · das Portemonnaie

9 Bilde von folgenden Fremdwörtern den Plural und markiere die jeweilige Endung. Kontrolliere deine Lösung mithilfe des Rechtschreibwörterbuchs.
Achtung: Nicht von allen Wörtern existieren Pluralformen.
der Sekretär → die Sekretäre, die Apotheke → ...

der Sekretär · die Apotheke · das Album · der Teenager · der Rhythmus · die Qualität · die Clique · der Notar · das Cello · die Party · die Frequenz · das Restaurant · das Tempus · das Drama · die Harmonie · die Kritik · die Fairness · das Hospital · das Solo · die Hygiene · der Ski · das Interview · der Atlas · das Experiment · der Kardinal · das Studium · das Telefon

Merke **Fremdwörter erkennen und richtig schreiben**

Fremdwörter unterscheiden sich in der Regel in **Aussprache und Schreibung** vom Deutschen. Je gebräuchlicher ein Fremdwort im alltäglichen Sprachgebrauch ist, desto wahrscheinlicher ist es jedoch, dass die Schreibung des Wortes „eingedeutscht" wird. Oft sind dann unterschiedliche Schreibungen erlaubt oder die ursprüngliche Schreibung wird sogar als veraltet angesehen, z. B.:
Delphin und *Delfin*, *Spaghetti* und *Spagetti*, *Friseur* und *Frisör* oder
Photo (veraltet) → *Foto*, *Phantasie* → *Fantasie*.
Man erkennt Fremdwörter oft **an typischen Buchstaben oder Buchstabenverbindungen**, die anders als im Deutschen üblich ausgesprochen werden, z. B.:
y (das/der Pony, die Lyrik), v (die Vase), rh (der Rhythmus), th (die Therapie), ph (die Physik).
Auch bestimmte **Endungen** weisen auf Fremdwörter hin, z. B.:
-age (die Blamage), -tion (die Argumentation), -iv (kreativ), -ieren (blamieren) oder *-ine (die Maschine).*

Die Regeln der Zeichensetzung wiederholen

Was kannst du schon?

Lego – Die Dauerbaustelle *nach Barbara Lich*

Er hat weder das Rad erfunden noch die Dampfmaschine die Glühbirne oder das World Wide Web. Und doch klotzte Ole Kirk Christiansen einst ran wie kein Tüftler vor ihm was in diesem Fall wörtlich gemeint ist. Schließlich ersann der Däne Legosteine jene hohlen Plastik-Klötzchen mit vier sechs acht und noch mehr Nupsis auf der Oberseite die einfach jeden zum Bauherrn machen. Was ist an dieser Erfindung so besonders möchte man fragen. Doch die Frage erübrigt sich denn heutzutage errichten damit Kinder in fast allen Ländern Häuser Schiffe Türme und reißen sie wieder ein. Hätte man Christiansen selbst gefragt so hätte er sicher gesagt Ich möchte Kindern unbegrenzte Spielmöglichkeiten eröffnen. Im Jahr 1932 fertigte der Erfinder zunächst Bauklötzchen aus Holz doch 1949 leistete er sich eine Kunststoff-Spritzgussmaschine mit der er die ersten Plastiksteinchen goss. 1958 meldete er ein Patent auf die bunten Steine an was sehr sinnvoll war denn heute besitzt im Schnitt jeder Mensch der Erde rund 80 Legoklötzchen. Würde man sämtliche Steine die Lego derzeit in einem Jahr fertigt hintereinanderlegen könnte man die Erde damit mehr als 16-mal umrunden.

1. Schreibe den Text ab oder diktiert ihn euch gegenseitig. Ergänze beim Schreiben alle fehlenden Kommas und Satzzeichen zur Kennzeichnung der wörtlichen Rede.
2. Erläutere deine Kommasetzung mithilfe folgender Kommaregeln.
3. Überprüfe mit der Lösung auf Seite 317, ob du alle fehlenden Satzzeichen gesetzt hast.

Regeln zur Kommasetzung:

1. **Das Komma in Aufzählungen:** Bestandteile einer Aufzählung werden durch Komma getrennt, außer wenn die Bestandteile durch *und/oder* verbunden sind.
2. **Das Komma bei Satzunterbrechungen:** Das Komma kennzeichnet Unterbrechungen im Satz, z. B. Anreden oder nachgestellte Erläuterungen wie Datums- und Ortsangaben oder andere Zusatzinformationen.
3. **Das Komma in Satzreihen und Satzgefügen:** Haupt- und Nebensätze werden durch Komma voneinander getrennt, es sei denn, zwei Hauptsätze sind durch *und/oder* verbunden.

Das Komma in Aufzählungen und Satzunterbrechungen

A	Leon ist klein, aber extrem schnell.	Leon ist klein und extrem schnell.
B	Willst du Pizza oder Pommes?	Ich will Pizza, jedoch keine Pommes.
C	Wir machen den Ausflug nicht nur bei gutem, sondern auch bei schlechtem Wetter.	Wir machen den Ausflug sowohl bei gutem als auch bei schlechtem Wetter.

1 Untersuche die Kommasetzung in den Satzpaaren. Welche Regeln lassen sich ableiten?

Der Aufbruch ins Weltall

Vor einem halben Jahrhundert ist ein alter sowohl die Fantasie als auch die Forschung beflügelnder Menschheitstraum vor den Augen Millionen staunender am Fernseher mitfiebernder Zuschauer in Erfüllung gegangen: die Reise zum Mond. Nicht nur die patriotischen fortschrittsgläubigen aber zugleich wegen der vielen Risiken um ihre Astronauten bangenden Amerikaner sondern auch Millionen von Menschen in anderen Ländern auf verschiedenen Kontinenten wurden Zeugen eines technologischen Wunders. Manche kritisierten die gewaltigen jedes Maß überschreitenden Kosten. Hunger Kriege oder andere Probleme ließen die Weltraumfahrer auf unserem Planeten zurück – für ein paar Kilo Mondgestein.

2 Schreibe den Text „Der Aufbruch ins Weltall" ab und setze die fehlenden Kommas.

3 Erkläre alle Kommas im Text unten mit den Regeln auf Seite 286 wie im Beispiel.
(1): Komma in Satzgefügen; (2): ...

(1) 2003 war das Jahr der Marsmissionen, da sowohl die NASA als auch die europäische Weltraumbehörde ESA Sonden zur Erforschung des Mars ins Weltall schickten. (2) Der Grund dafür war, dass der Planet im August 2003 der Erde so nah kam wie selten zuvor. (3) Im Juni des Jahres schickte die ESA den Orbiter, also Planetenumkreiser, „Mars-Express“ und die Landefähre „Beagle 2“ in Richtung Mars. (4) „Beagle 2“ sollte u. a. mit drei Kameras, einem Röntgendetektor, einem Proben sammelndem Roboter und einem mechanischen Greifarm nach organischem Material suchen, „Mars Express“ nach Hinweisen auf Wasser auf der Marsoberfläche.

Der junge Ringelnatz – Schulrüpel und Schiffsjunge

Achtung, Fehler!

Der beliebte Dichter Joachim Ringelnatz, Spross einer Gelehrtenfamilie, wurde 1883 geboren und wuchs in Leipzig der schönen sächsischen Stadt auf. Sein Vater ein Kinderbuchschriftsteller war von früh an ein Vorbild für Ringelnatz vor allem im literarischen Bereich. In der Schule wurde er besonders wegen seiner langen Vogelnase von seinen Mitschülern gehänselt. Von den Lehrern wurde er ein Rüpel ersten Ranges oft bestraft zum Beispiel wegen seiner vielen Streiche. Seine Schulzeit endete jäh und zwar mit einem Paukenschlag: Er flog vom Gymnasium vor allem wegen einer Tätowierung. Bald führte er als Leichtmatrose ein Leben auf den Weltmeeren. In späteren Jahren erfand Ringelnatz als Kabarettist den berühmten knurrigen Seemann Kuddel Daddeldu.

4 a) Recherchiere, was es mit Kuddel Daddeldu auf sich hat.
b) Schreibe den Text ab und unterstreiche alle Appositionen und nachgestellten Erläuterungen. Informiere dich bei Bedarf im Merkkasten.
c) Setze die fehlenden Kommas in deinem Heft.

5 a) Vor einigen Jahren konnte man auf Plakaten und T-Shirts die Aussage lesen: „Komm wir essen Opa! – Satzzeichen können Leben retten!“
Erkläre den Witz.
b) Erläutere anhand folgender Sätze, wie man mithilfe von Satzzeichen Bedeutungen verändern kann.
A Simon mag Jana nicht aber Carl.
B Mein Freund sagt unser Klassenlehrer sei unfreundlich.
C Lina meine Freundin und ich fahren im Sommer zusammen zum Zelten.

Merke **Das Komma in Aufzählungen und Satzunterbrechungen**

Wörter und Wortgruppen in Aufzählungen werden durch Komma abgetrennt. Das gilt auch bei **entgegenstellenden Konjunktionen** wie *aber, sondern, doch* oder *jedoch*, z. B.:
Wir haben gespielt, Lieder gesungen, Marshmallows gegrillt, aber nicht getanzt.
Kein Komma steht vor den **nebenordnenden Konjunktionen** *und, sowie, oder, beziehungsweise, sowohl … als auch*, z. B.: *Wir haben sowohl gespielt als auch gesungen.*

Das Komma kennzeichnet auch **Satzunterbrechungen**, z. B. **Anreden, Appositionen** oder **nachgestellte Erläuterungen**:
Apposition: *Greta, unser Mathe-Ass, hat den Förderpreis gewonnen.*
Nachgestellte Erläuterungen werden oft mit *zum Beispiel, das heißt, also, und zwar* usw. eingeleitet, z. B.: *Hugo spielt alle möglichen Instrumente, zum Beispiel Fagott.*

Das Komma in Satzreihen und Satzgefügen

Wer war das? *nach Dela Kienle*

(1) Wer hat's erfunden? (2) Diese Frage ist oft gar nicht zu beantworten denn manchmal ersinnen zwei Menschen unabhängig voneinander das Gleiche. (3) Oft führt ein Erfinder die Erfindung eines anderen fort weil er diese interessant findet oder sie noch nicht ganz ausgereift ist. (4) Manchmal klauen Tüftler aber auch dreist Ideen sodass es zu bitteren Streitigkeiten kommt. (5) Die Erfindung des Telefons ist so ein Streitfall weil gleich vier Männer behaupten dass sie das Gerät erfunden hätten. (6) Ähnlich sieht es auch bei der Erfindung der Glühbirne aus die zwei Männer erfunden haben wollen: Thomas Alva Edison und Heinrich Göbel. (7) Weil die Versuche von Heinrich Göbel aber zu keinen echten Erfolgen führten gilt nach wie vor Edison als der tatsächliche Erfinder. (8) Dass es nicht nur im 19. Jahrhundert zu Streitigkeiten über die Urheberschaft genialer Erfindungen kam zeigt die Entwicklung von auswechselbaren Schraubstollen für Fußballschuhe im Jahr 1954. (9) Als Erfinder galt lange der Adidas-Gründer Adolf Dassler obwohl im Jahr 2008 ein altes Patent auftauchte das bewies dass ein Bremer Schuhmacher namens Alexander Salot bereits fünf Jahre früher ein Patent dafür angemeldet hatte. (10) Sein Sohn erzählt heute dass 1952 zwei Herren den Vater besuchten und ihn zur Einstellung der Produktion aufforderten.

1. Du weißt, dass in Satzreihen und Satzgefügen Haupt- und Nebensätze durch Kommas voneinander getrennt werden. Wiederhole, woran du Haupt- und Nebensätze erkennst.
2. Schreibe die Sätze (3) bis (8) und (10) in dein Heft, unterstreiche die finiten Verben, kreise die Konjunktionen und Relativpronomen ein und setze die fehlenden Kommas.
   Diese Frage ist oft gar nicht zu beantworten, denn manchmal ersinnen zwei Menschen unabhängig voneinander das Gleiche.
3. a) Welches der folgenden Satzbilder gibt den Bau des Satzgefüges von Satz (9) richtig wieder? Begründe.
   b) Schreibe das Satzgefüge in dein Heft und setze die fehlenden Kommas.

A ______Hauptsatz______, Nebensatz, ______Hauptsatz______, Nebensatz.
B ______Hauptsatz______, Nebensatz, Nebensatz, Nebensatz.
C Nebensatz, ______Hauptsatz______, Nebensatz, Nebensatz.

Die Zukunft der Energie

A Das Erdöl auf der Erde wird bald aufgebraucht sein.
B Jeder weiß um die Endlichkeit fossiler Energiequellen wie Erdöl oder Erdgas.
C Die Forschung hat allerdings schon neue Möglichkeiten der Energiegewinnung aufgetan.
D Bei der Methode des sogenannten „Frackings“ werden Öl und Gas zum Beispiel aus dem Gestein gepresst.
E Das Erdöl und das Erdgas gehen zur Neige.

(1) Viele Menschen lehnen diese neue Technik ab.
(2) Man setzt dafür Chemikalien und hohen Druck ein.
(3) Man muss neue Energiequellen suchen.
(4) Der Ausbau der Methode des „Frackings“ ist wahrscheinlich.
(5) Viele Menschen denken nicht ans Energiesparen.

aber · indem · obwohl · seitdem · und · weil · wobei · sodass · wenn · denn

4 a) Füge die Sätze aus der linken und der rechten Spalte zu sinnvollen Satzpaaren zusammen, z. B.: A + (3), ...
b) Verknüpfe die Satzpaare mithilfe geeigneter Konjunktionen aus dem Wortspeicher zu Satzreihen oder Satzgefügen. Schreibe in dein Heft.

5 a) Stelle die Gliederung der folgenden fünf Satzgefüge in deinem Heft mithilfe von Satzbaumodellen dar.
b) Schreibe die Sätze mit der richtigen Kommasetzung in dein Heft.

Achtung, Fehler!

A Um 1930 erfand die deutsche Firma Pelikan den Tintenkiller indem sie ein Mittel entwickelte das Tinte entfärbt und unsichtbar macht.
B Da der amerikanische Supermarktbesitzer Sylvan Goldman seinen Kunden das Einkaufen erleichtern wollte erfand er den Einkaufswagen den er 1940 zum Patent anmeldete.
C Die Vereinigten Papierwerke Nürnberg erhielten 1929 das Patent auf das Papiertaschentuch obwohl man dieses bereits vor 2000 Jahren in China kannte und verwendete.
D Nachdem die Ungarn Lázlo und György Birό an einer Paste getüftelt hatten die beim Rollen einer Kugel an der Stiftspitze eine gleichmäßige Spur hinterlässt meldeten die beiden Brüder 1938 den ersten Kugelschreiber zum Patent an.
E Der italienische Konditor Pietro Ferrero erfand 1940 eine süße Schokocreme doch erst 20 Jahre später bekam sie den weltberühmten Namen „Nutella“.

Die Erfindung des Segways – Fortschritt oder Rückschritt?

(1) Die *Segway* genannten elektrischen Stadtroller denen man, seit einigen Jahren gelegentlich begegnet sind für viele, befremdliche Fahrzeuge. (2) Während man früher Städte, die man besuchte, zu Fuß „erlief", werden nun ganze Touristenschwärme auf Segways gesichtet, die einem, wenn sie nicht gerade vor einer Sehenswürdigkeit stehen, fast über die Füße rollen. (3) Die Steuerung, ist den Bewegungen welche die Menschen natürlicherweise, ausführen angepasst da der Segway nicht durch Hebel, oder Pedale sondern mithilfe von Gewichtsverlagerung beschleunigt, bremst oder Kurven fährt. (4) Die Funktionsweise dieser Geräte versucht den aufrechten Gang nachzuahmen wobei sich die Frage stellt ob der Segway ein Fortschritt in der menschlichen Fortbewegungsweise ist weil er den *aufrechten Gang zur aufrechten Fahrt* weiterentwickelt und damit, eine neue Stufe in der Evolution erreicht hat. (5) Ob er nicht vielmehr ein Rückschritt und ein peinlicher Irrsinn ist soll jeder selbst beurteilen.

6. Die Kommasetzung in diesem Text ist fehlerhaft. Berichtige die fehlerhaften Sätze in deinem Heft. Begründe die richtige Kommasetzung.
7. Stelle Satz (4) als Satzbaumodell dar.
8. a) Schreibe folgende Sätze ab, unterstreiche die Nebensätze und setze die Kommas.
   b) Wandle jeden Satz so um, dass der Nebensatz alle Positionen (vor dem, im und nach dem Hauptsatz) einnimmt.
   Beachte dabei die Wortstellung im Hauptsatz und die Kommasetzung.

   A Weil Forscher nicht immer das geplante Ergebnis erzielen werden manche genialen Erfindungen auch ganz zufällig gemacht.
   B Obwohl er eigentlich einen Superkleber entwickeln wollte erfand ein amerikanischer Tüftler zum Beispiel ganz nebenbei die berühmten gelben Klebezettel.
   C Mit der Erfolgsgeschichte von Coca Cola als bekanntester Limonade der Welt rechnete ebenfalls niemand da das Getränk ursprünglich als Medikament gegen Magenbeschwerden und Rheuma entwickelt worden war.
   D Sogar der Teebeutel kann als Zufallserfindung gelten weil für den Versand in Seidentütchen verpackte Teeproben von den Empfängern einfach samt Tütchen ins heiße Wasser gehängt wurden.

Los geht's! – Werdet selbst Erfinder!

Für eine erfolgreiche Erfindung braucht man eine gute Idee. Die Erfindung kann eine Lösung für ein Problem sein. Manchmal gibt es vielleicht noch gar kein Problem. Das Problem tritt möglicherweise erst in der Zukunft auf. Vielleicht hat auch schon jemand das Problem mit einer Erfindung gelöst. Täglich gehen Patentanfragen für Erfindungen im Deutschen Patent- und Markenamt ein. Recherchiere einfach mal im Internet. Du hast also eine Idee. Du hast sie im Internet überprüft. Es gibt noch nichts Derartiges. Du musst ein Brainstorming machen. Schreibe Merkmale und Eigenschaften deiner Erfindung auf. Frage Freunde und Verwandte. Sie haben vielleicht wichtige Rückmeldungen oder Ideen zu deiner Erfindung. Entwickle einen Prototyp. Probiere ihn aus. Hat alles geklappt? Sammle Geld für die Umsetzung deiner Erfindung. Heutzutage macht man das über „Crowdfunding-Kampagnen". Du kannst dich im Internet darüber informieren.

9 Der Text enthält ausschließlich Hauptsätze, die zum Teil zusammenhanglos nebeneinanderstehen.
Überarbeite den Text in deinem Heft, indem du die einzelnen Sätze mithilfe von Konjunktionen zu sinnvollen Satzreihen oder Satzgefügen verknüpfst.
Achte auf die korrekte Zeichensetzung.

Merke **Das Komma in Satzreihen und Satzgefügen**

Eine **Satzreihe** besteht aus **mindestens zwei Hauptsätzen.** Diese werden durch **Kommas voneinander getrennt**, es sei denn, sie sind durch *und/oder* verbunden, z. B.:
Einige Dinge werden zufällig erfunden, denn Erfinder machen oft ungeplante Entdeckungen.
aber: *Oft wollen Erfinder ein Problem lösen* **und** *sie machen dann ungeplante Entdeckungen.*
Ein **Satzgefüge** besteht aus **mindestens einem Hauptsatz** und **mindestens einem Nebensatz.** Nebensätze erkennt man daran, dass der **finite (gebeugte) Prädikatsteil** in der **rechten Satzklammer** (→ S. 247) steht. Oft werden sie auch mit **unterordnenden Konjunktionen** (Subjunktionen) wie *weil, da, obwohl, wenn, nachdem, dass, indem* eingeleitet. Haupt- und Nebensätze werden durch **Kommas getrennt,** z. B.:

- *Als Beispiel kann* die *Erfindung von Coca Cola angeführt werden, weil bei der Suche nach einem Medikament eine Limonade entwickelt wurde.*
- *Weil bei der Suche nach einem Medikament eine Limonade entwickelt wurde, kann die Erfindung von Coca Cola als Beispiel angeführt werden.*
- *Als Beispiel kann, weil bei der Suche nach einem Medikament eine Limonade entwickelt wurde, die Erfindung von Coca Cola angeführt werden.*

Die Zeichensetzung bei wörtlicher Rede

Level 4 – Die Stadt der Kinder *nach Andreas Schlüter*

„Die Stadt der Kinder" ist für den dreizehnjährigen Computerfreak Ben das Spiel aller Spiele. Noch nie ist es ihm gelungen, das letzte Level zu erreichen. Bei einem der unzähligen Versuche verschwinden durch einen Fehler im Programm alle Erwachsenen – nicht nur im Spiel, sondern auch in Wirklichkeit.

Jennifer zog Ben zum Telefon. Was hast du vor? fragte Ben. Wenn du recht hast, dann dürfte ja kein Erwachsener mehr da sein antwortete Jennifer. Und deshalb werde ich jetzt alle Erwachsenen anrufen, die ich kenne: meine Großeltern, Tanten und Onkel, bei der Arbeit meiner Eltern und so weiter. Und genau das wirst du auch tun, Ben!

Keine schlechte Idee fand Ben. Und so wählten sie eine Nummer nach der anderen. Aber nirgends nahm jemand ab. Nach dem siebzehnten Versuch legten sie endlich eine Pause ein. Ich fürchte, ich hatte recht sagte Ben. Und nun? Und nun? schrie Jennifer. Das weiß ich doch nicht! Es ist doch *dein* verdammtes Computerspiel! Du meinst, es liegt an meinem Computerspiel, dass plötzlich niemand mehr da ist? Wie kommst du denn darauf? Ich habe nur gesagt, es ist alles wie im Computer; aber das heißt doch nicht, dass mein Spiel daran schuld ist. Wie soll denn das funktionieren? Das ist doch Unsinn! Ich weiß nicht, wie das funktioniert. Ich weiß nur, dass alles in Ordnung war, bevor du angefangen hast, dieses bescheuerte Spiel zu spielen gab Jennifer barsch zurück.

1. Suche alle Textstellen in wörtlicher Rede heraus und schreibe sie mit ihren Begleitsätzen in dein Heft. Setze die korrekten Redezeichen und die fehlenden Kommas.
2. Setze das Gespräch zwischen Ben und Jennifer in deinem Heft fort. Achte auf die korrekte Zeichensetzung.

Merke **Zeichensetzung bei wörtlicher Rede**

Die **wörtliche Rede** wird in **Anführungszeichen** gesetzt.
Steht der **Redebegleitsatz vor der wörtlichen Rede,** folgt ein **Doppelpunkt**, z. B:
Ben sagte: „Ich weiß es nicht."
Steht er **nach der wörtlichen Rede** oder wird in diese **eingeschoben**, wird er **durch Kommas** abgetrennt, z. B.:
„Ich weiß es nicht", sagte Ben. „Oh Mann!", schrie Jennifer, „was sollen wir bloß tun?"

Das Komma vor Infinitivgruppen

Diesen Job bekommt ein Roboter

Anstatt unangenehme Arbeiten von Menschen machen zu lassen, werden zunehmend intelligente Roboter eingesetzt. In der Autoindustrie werden Roboter zum Beispiel verwendet um die Karosserien zusammenzuschrauben. Auch durch viele große Warenlager kann man inzwischen gehen ohne einen Menschen zu sehen. Die Roboter werden hier verwendet um Waren zu transportieren oder einzuordnen. Spezielle Kletterroboter können sogar die riesigen Windräder in Windparks warten ohne schwindelig zu werden oder gar herunterzufallen. Wusstest du, dass auch bei einigen Käseherstellern Roboter eingesetzt werden um die wagenradgroßen Käselaibe regelmäßig aus dem Regal zu heben und abzubürsten? Besonders erstaunlich dürfte es jedoch für die meisten von uns sein, dass um den immer unbeliebteren Beruf des Bäckers zu ersetzen Roboter in vielen Fabriken bereits die komplette Brotherstellung übernehmen. In anderen Bereichen macht es dagegen bisher noch keinen Sinn Roboter einzusetzen.

1. Bei der unterstrichenen Textpassage handelt es sich um eine sogenannte Infinitivgruppe. Erkläre anhand dieses Beispiels, was damit gemeint ist.
2. a) Infinitivgruppen können immer durch Kommas vom Hauptsatz abgetrennt werden. Schreibe den Text ab, unterstreiche die Infinitivgruppen und setze die Kommas.
   b) In einigen Fällen musst du ein Komma vor der Infinitivgruppe setzen. Informiere dich dazu im Merkkasten und kreise die verpflichtenden Kommas in deinem Heft ein.
3. Erkläre, wie die Kommasetzung in folgenden Beispielen die Bedeutung verändern kann.

A Die Mutter empfiehlt ihm beim Essen nichts Unappetitliches zu erzählen.
B Ella verspricht ihrem Vater zu helfen.

Merke **Das Komma vor Infinitivgruppen**

Vor einer **Infinitivgruppe** kannst du **in der Regel ein Komma** setzen, z. B.:
Manche weigern sich(,) zu arbeiten.
Verpflichtend ist das Komma vor einer Infinitivgruppe, wenn sie mit einem Signalwort wie *als, außer, ohne, statt/anstatt* oder *um* eingeleitet wird, z. B.:
Intelligente Roboter sind sinnvoll, um Menschen unbeliebte Arbeiten abzunehmen.
Intelligente Roboter übernehmen, ohne sich zu beklagen, ungeliebte Aufgaben.

das oder *dass*? Auf die Wortart kommt es an

Läuft! – Wie Forscher Robotern das Gehen beibringen *nach Simone Müller*

Vielen ist gar nicht bewusst, ___ wir Menschen ein riesiges Repertoire an Gangarten haben: Angefangen davon, ___ wir in letzter Minute zum Bus spurten, bis dahin, ___ wir im Wald über Stock und Stein kraxeln, ___ wir schlendern und schlurfen, sprinten und stolpern, trippeln und traben. Wer glaubt, ___ ___ keine große Kunst ist, hat sich getäuscht. Die Informatikerin Katja Mombaur von der Universität Heidelberg ist Mitarbeiterin in einem Forschungsprojekt, ___ versucht, Robotern beizubringen, ___ sie wie Menschen gehen. Doch ___ die Versuchsroboter Treppen steigen oder über Geröllfelder gehen, ___ ist bisher Zukunftsmusik. Katja Mombaur ist schon froh, ___ sie sich auf ebenem Boden einigermaßen bewegen können. ___ Laufen müssen sie erst lernen wie Kleinkinder. ___ Problem ist nur, ___ sie nicht von allein lernen und ___ man alles – Schritt für Schritt – programmieren muss. ___ die Roboter keine weichen und biegsamen Füße wie Menschen haben, sondern nur harte Plattfüße aus Metall, auch ___ macht die Sache nicht unbedingt einfacher.

1 a) Schreibe den Text mit jeweils einer Zeile Abstand ab. Setze *das* bzw. *dass* ein.
b) Überprüfe mit den unten genannten Proben, ob du *das/dass* richtig eingesetzt hast.

2 Notiere über jedem eingesetzten *das* oder *dass*, um welche Wortart es sich handelt. Schreibe **K** für Konjunktion, **A** für Artikel, **R** für Relativpronomen und **D** für Demonstrativpronomen.

Merke ***das* oder *dass*?**

Man schreibt nur die **Konjunktion *dass*** mit Doppel-s. Nebensätze, die mit der Konjunktion *dass* eingeleitet werden, stehen häufig nach Verben wie *sagen, meinen, wissen, fürchten, hoffen, sicher sein, bezweifeln, behaupten, hören.*
Ob du ***das* schreiben musst**, kannst du mit folgenden **Ersatzproben** ermitteln:
- Kannst du *ein* einsetzen, handelt es sich um den **bestimmten Artikel *das*.**
- Kannst du *dieses/jenes* einsetzen, handelt es sich um das **Demonstrativpronomen *das*.**
- Kannst du *welches* einsetzen, handelt es sich um das **Relativpronomen *das*.**

Fehler finden und berichtigen

A Wer wissenswertes über Erfindungen im Mittelalter erfahren möchte sollte im Internet nicht chätten, sondern sich informieren.
B „Der neue ist mir echt sympatisch." vertraut Lilli Billi an.
C Peter würde lieber Schlagzeugspielen, als Geige.
D „Kannst du Nachmittags einkaufengehen, ich brauche noch Apfelsaft Pisstazien und Sphaghetti."
E Frau Peters die neue Biolehrerin bespricht mit uns gerade die Inneren Organe der Schnecke.
F Tom zu Tim Ich bin zu spät! Gab es schon irgendetwas wichtiges?
G „Wenn wir am Mittwoch Nachmittag beim Sportunterricht blau machen, kriege ich mächtig Ärger!" Flüstert Luis Jan zu.

1 a) Jeder Satz enthält mehrere Fehler. Suche sie und schreibe die Sätze richtig in dein Heft. Lass immer eine Zeile zwischen den Sätzen frei.
b) Markiere die berichtigten Stellen und notiere mithilfe folgender Übersicht, um welche Fehlerart es sich jeweils handelt, z. B.:

GK
A Wer Wissenswertes über Erfindungen im Mittelalter erfahren möchte, ...

Fehlerart	Abkürzung
- Groß- und Kleinschreibung	GK
- Groß- und Kleinschreibung von Zeitangaben	ZA
- Getrennt- und Zusammenschreibung	GZ
- Fremdwörter	F
- Zeichensetzung: Komma	K
- Zeichensetzung: wörtliche Rede	W

2 Welche Strategien helfen dir, bei den folgenden Sätzen die richtige Schreibung zu finden? Informiere dich bei Bedarf im Merkwissen auf der rechten Seite.

A Mir macht (R/r)adfahren genauso viel Spaß wie (Sch/sch)littschuhlaufen.
B Dem R(eu/äu)ber macht die K(e/ä)lte nichts aus.
C Zum Mitta(g/k)essen gibt es Fel(d/t)sala(d/t) und Kal(b/p)fleisch.
D Dein Anruf hat mich verwi(r/rr)t, weil ich meine Ro(l/ll)e noch nicht gelernt hatte.
E Ich lie(s/ß)e mich dazu überreden, wenn sie mich auf nettere Wei(s/ß)e fragen würde.
F Er hat gestern gefe(h)lt, weil er sich im Sportunterricht den Fuß überde(h)nt hatte.
G Du musst nicht immer gleich (R/r)ot?sehen

3 a) Der folgende Text enthält zahlreiche Fehler, die aber alle nur zwei Fehlerschwerpunkten zugeordnet werden können. Um welche Fehlerschwerpunkte handelt es sich?
b) Schreibe den Text in der richtigen Schreibung in dein Heft.

Achtung, Fehler!

Der Unfall ereignete sich am Frühen Morgen. Der Fahrer des blauen Cabrios fuhr, mit überhöhter Geschwindigkeit, in die Kurve wurde auf die Gegenfahrbahn getragen wobei der entgegenkommende Pkw beim ausweichen in den Straßengraben rutschte. Die Polizei wurde sofort, von schaulustigen, mit einem Handy über das geschehen informiert. Nachdem eine Funkstreife den Unfallort abgesperrt hatte wurden die schaulustigen zum weiterfahren aufgefordert. Allerdings kamen sie, dieser Anweisung, nur zögerlich nach.

④ Erstelle zwei Übungen, mit denen die Verfasserin / der Verfasser des Textes aus Aufgabe 3 gezielt zu ihren/seinen Fehlerschwerpunkten üben kann.

⑤ a) Untersuche deine letzte Klassenarbeit im Hinblick auf Fehlerschwerpunkte. Übertrage dazu die Übersicht über die Fehlerarten aus Aufgabe 1 (→ S. 296) in Form einer Tabelle in dein Heft und führe eine Strichliste.
b) Entwirf Übungen, die dir helfen, deine beiden häufigsten Fehlerarten zu vermeiden.

Merke **Fehler finden und berichtigen**

Gehe bei der **Rechtschreibkontrolle** deiner Texte folgendermaßen vor:
- **Lies den Text langsam Satz für Satz.**
- **Überprüfe die Wörter, bei deren Schreibung du unsicher bist,** z. B. mithilfe folgender Strategien:
  - **Artikelprobe,** um zu prüfen, ob es sich um ein Nomen oder eine Nominalisierung handelt und du großschreiben musst, z. B.: *die Einsamkeit, das Besondere*.
  - **Verlängerungsprobe,** um zu entscheiden, ob du **b** oder **p**, **g** oder **k**, **d** oder **t** am Wortende schreiben musst, z. B.: *gesun? → gesünder → gesund.*
  - **Ableitungsprobe,** um zu entscheiden, ob du **e** oder **ä**, **eu** oder **äu** schreiben musst, z. B.: *l?ten → laut → läuten, der B?cker → backen → Bäcker.*
  - **Silbenprobe,** um zu prüfen, ob du einen Konsonanten verdoppeln musst, z. B.: *Quel-le, Pup-pe, Wan-ne, las-sen, aber: quä-len, Hu-pe, le-sen.*
  - **Betonungsprobe, Bedeutungsprobe, Steigerungsprobe** oder **Umstellprobe**, um zu entscheiden, ob du getrennt oder zusammenschreiben musst (→ S. 338 f.), z. B.: *zusammenkommen* und *zusammen kommen*, *schönschreiben* und *schön schreiben.*
- **Wende Rechtschreibregeln an,** z. B.:
  - Regeln für die Verwendung des **Dehnungs-h** (→ S. 339),
  - Regeln für die **Schreibung mit Wörtern mit lang gesprochenem i** (→ S. 340),
  - Regeln zur **Schreibung des s-Lautes** als **s** oder **ß** (→ S. 340),
  - Regeln für die **Getrennt- und Zusammenschreibung** (→ S. 338 f.).

Nachschlagen im Wörterbuch

De|mo|gra|fie, De|mo|gra|phie, die; -, ... (Bevölkerungsstatistik, -wissenschaft)

Jog|hurt [ˈjo:gʊrt], Jo|gurt, der *u. bes. österr. u. schweiz.,* das; -[s], *Plur.* -[s] < türk. > (durch Zersetzen bestimmter Milchsäurebakterien gewonnene säuerliche Dickmilch

Ni|veau [...ˈvo:], das; -s, -s <franz.> (waagerechte Fläche auf einer gewissen Höhenstufe; Höhenlage; [Bildungs-]Stand, Rang)

❶ Erläutere die Wörterbuchauszüge mithilfe der Begriffe im Wortspeicher.

Pluralbildung · Geschlecht · Herkunft · Aussprache in Lautschrift · Genitivendung · Silbentrennung · Bedeutung(en) · bevorzugte Schreibweise

❷ a) Sortiere folgende Fremdwörter im Wortspeicher nach dem Alphabet.
b) Erläutert euch gegenseitig mithilfe des Rechtschreibwörterbuchs die Bedeutung der unbekannten Wörter.

die Kultur · die Kutsche · die Kuppel · kurieren · das Kuvert · der Kurs · die Kur · kulinarisch · der Kult · die Kumpanei · kultivieren · der Kubikmeter · der Kurier · die Kulisse · kulturell · die Kurve

❸ Entscheide, welche Schreibung jeweils richtig ist, und überprüfe sie mit dem Wörterbuch. Achtung: Manchmal gibt es auch mehrere korrekte Schreibungen.

die Fotografie/Fotographie/Photographie · das Saxophon/Saxofon · potenziell/potentiell · die Reflektion/Reflexion · die Aktion/Axion · das Buffet/Büfett/Büffet · das Dragee/Dragée/Drage · das Frottee/Frottée/Frotté · das Rendezvous/Rendez-vous · das Billard/Billiard · die Facette/Fasette/Fassette · der Nugat/Nougat · der Blackout/Black-Out/Black-out · die Science Fiction/Science-Fiction/Sciencefiction · der Brokkoli/Brockoli/Broccoli

❹ Ermittle mithilfe eines Rechtschreibwörterbuchs, aus welcher Sprache die folgenden Fremdwörter stammen.

das Aroma · das Ballett · der Comic · der Dialekt · die Existenz · der Flirt · die Gymnastik · der Humor · die Ironie · der Jockey · das Konzert · die Logik · die Medien · der Nektar · das Objekt · die Polizei · das Quartier · der Rowdy · der Spion · der Typ · die Universität · die Vase · die Webcam · das Xylophon · die Yacht · die Zelle

5 Schlage im Rechtschreibwörterbuch zusätzliche Angaben zu den folgenden Fremdwörtern nach und trage sie in eine Tabelle ein.

der Autor · die Bravour · der Chip · das Dressing · die Ethik · das Graffito · die Montage · die Ökologie · die Prämie · der Spion

Wort	Aussprache	Geschlecht	Herkunft	Bedeutung
Autor	…	…	…	…

6 Bilde die Pluralformen der folgenden Fremdwörter. Kontrolliere deine Ergebnisse mit dem Rechtschreibwörterbuch.

das Risiko · das Ballett · das Karussell · das Datum · der Artist · der Ballon · das Minimum · das Thema · der Mechanismus · das Konto · der Globus · der Balkon · das Lexikon · der Schock · die Kritik · die Lady · das Komma · der Brokkoli

7 Welche Fremdwörter verbergen sich hier? Schreibe die Wörter ins Heft und überprüfe die Rechtschreibung mit dem Rechtschreibwörterbuch.
Tipp: Die Anzahl der Kästchen entspricht jeweils der Zahl der fehlenden Buchstaben.

J■■■s (strapazierfähige Hose)
C■■■■■■■■n (Speisepilz)
I■■■■■■■r (technischer Beruf)
V■■■■■■■■n (Pflanzenwelt)
C■■■o (Streichinstrument)
Fr■■■■r (Knochenbruch)
P■■■m■■e (ägytisches Grabmal)
P■■■ma (Schlafanzug)
B■t■■■■e (Energiespeicher)

Co■■■■■l (Mixgetränk)
K■■■■■■nt (Erdteil)
T■■■■■■r (Jugendlicher)
L■■■■■e (Nudelgericht)
Pr■■■■■e (Vorhersage)
B■■l■■■■■k (Büchersammlung)
T■■■■■■■■■r (Temperaturmessgerät)

Merke **Nachschlagen von zusätzlichen Angaben im Wörterbuch**

In einem **Rechtschreibwörterbuch** findest du neben der richtigen Schreibung eines Wortes zahlreiche Zusatzinformationen, die insbesondere für die Verwendung von Fremdwörtern wichtig sind. Dazu gehören:
- die **korrekte Aussprache** von Fremdwörtern,
- **grammatische Angaben**, wie z. B. das **grammatische Geschlecht** eines Wortes, die **Genitivendung** oder die **Pluralbildung,**
- **Informationen zur Herkunft und Bedeutung** von Fremdwörtern.

2 Fast Fashion

Eine Stoffsammlung anlegen

zu **1** a) Welche der folgenden Aussagen gibt den Standpunkt der Autorin am besten wieder? Begründe mit dem Text. ← S. 27

A Die Produzentinnen der Haul-Videos machen sich lächerlich.
B Das System „Fast Fashion" ist schädlich, weil es zulasten von Arbeitern, Umwelt, Klima und der eigenen Gesundheit geht.
C Das System „Fast Fashion" führt dazu, dass immer hässlichere und weniger haltbare Kleidung hergestellt wird.

zu **2** Ordne die folgenden Stichpunkte in die passenden Spalten ein und ergänze entsprechende Zeilenangaben.

- *Polyester nicht unbegrenzt verfügbar*
- *Produktion schädlich für Klima und Umwelt*
- *niedrige Preise führen zu Wegwerfen und Neukaufen*
- *Gesundheitsgefahr für Käufer/-innen*
- *Billigproduktion schädlich für Arbeiter/-innen*

zu **3** Ordne diese Stichpunkte in deine Stoffsammlung ein und ergänze selbst weitere Punkte. ← S. 28

- *gesundheitsgefährdende Chemikalien*
- *weniger Umweltschutz in Asien*
- *Gesundheitsrisiken für Arbeiter/-innen vor Ort*

Informationen aus Diagrammen nutzen

zu **1** Ergänze den folgenden Lückentext. ← S. 30

Das Diagramm zeigt, wie sich der Preis eines Fast-Fashion-T-Shirts im Vergleich zu einem T-Shirt im mittleren Preissegment und einem Slow-Fashion-T-Shirt zusammensetzt.
Dargestellt sind ___.
Besonders auffällig ist ___.
Der größte Teil des Verkaufspreises, nämlich ___, kommt ___ zugute. Am wenigsten bekommen dagegen ___, nämlich ___.
Eine besonders wichtige Information ist meiner Meinung nach ___.

Argument-Typen unterscheiden

zu **2** Welche der folgenden Aussagen geben die Argumente von Frau Burckhardt und welche die von Frau Brodde richtig wieder? Ordne sie in deinem Heft zu. ← S. 32

A … da man mit seinem Kauf besser Firmen unterstützen sollte, die ihre Kleidung unter fairen Bedingungen herstellen.
B … denn wenn niemand diese Kleidung kaufen würde, würden die Näherinnen in Asien arbeitslos.
C … weil es sinnvollere Möglichkeiten als einen Boykott der Kleidung aus Asien gibt.
D … da wir durch den niedrigen Preis mehr kaufen, als wir brauchen, und damit die Umwelt belasten.
E … weil teure Markenkleidung nicht bedeutet, dass diese unter besseren Bedingungen hergestellt wurde.
F … da bei der Herstellung giftige Chemikalien zum Einsatz kommen, die Menschen und Umwelt schädigen.
G … denn billig hergestellte Kleidung zu kaufen, geht auf Kosten der Menschen, die diese produzieren.

zu **3** Nutze folgende Stichpunktsammlung für deine Argumente: ← S. 34

- *aus sozialer Sicht: unmenschliche Arbeitsbedingungen, lange Arbeitstage, wenig Freizeit, Beschimpfung durch Aufseher, gesundheitsgefährdende Chemikalien*
- *aus wirtschaftlicher Sicht: Baumwolle wird knapp, andere Ressourcen notwendig*
- *aus Sicht des Umweltschutzes: Einsatz von Chemikalien bei Herstellung, Verschmutzung der Umwelt, Abwässer werden ungeklärt in Flüsse geleitet*

Einen Artikel für die Schülerzeitung verfassen

zu **2** Du kannst die folgenden Textbausteine als Hilfestellung nutzen. ← S. 36

Zunächst lohnt sich ein Blick auf die Produktion der billigen Kleidung, denn ▬.
Hinzu kommt, dass ▬.
Besonders wichtig ist aber, dass ▬.
Schließlich ist es aber auch für uns Käuferinnen und Käufer nicht unwichtig, wie „Fast-Fashion"-Kleidung produziert wird, denn ▬.

3 Die Macht der Bilder

Bilder in der Werbung beschreiben

zu 4 Ordne die folgenden Begriffe passend in deine Tabelle ein. ← S. 51

Organisation · Ziel der Anzeige · genaue Beschreibung der Abbildung · Wirkung der Anzeige · Benennung der Textelemente · erster Eindruck · persönliche Bewertung · Art des Bildes · Bildformat

Bilder beschreiben

zu 1 c) Orientiere dich an folgenden Fragen: ← S. 52

- Welches Bildelement fällt sofort ins Auge und warum ist das so?
- Wie sind die Größenverhältnisse?
- Aus welcher Perspektive sieht man die Banane? Wie wirkt diese Perspektive?
- Was fällt dir beim Himmel auf?

zu 2 Orientiere dich bei der Bearbeitung der Einleitung an den Randanmerkungen.

Bildbeschreibung einer Werbeanzeige

Die Anzeige zeigt eine Banane im Querformat	- Art des Bildes
als Schiff und das Thema der Anzeige sind	- Von wem stammt die Anzeige?
tropische Früchte. Ich finde das Bild komisch,	- Thema genauer benennen!
weil die Banane so riesig ist.	- Ausdruck; genauer!

zu 3 Gehe so vor:

- Entscheide dich bei der Überarbeitung des ersten Auszugs für Vorschlag A oder B (→ S. 302 f.). Begründe deine Wahl. ← S. 53
- Nutze für die Überarbeitung des zweiten Auszugs den Lückentext (→ S. 303).

A

Bei der Betrachtung der Anzeige fällt sofort die als Frachter gestaltete Banane ins Auge. Sie befindet sich überwiegend in der unteren Bildhälfte und ist im Verhältnis zur Umgebung unverhältnismäßig groß. Als Betrachter sieht man die Banane von schräg unten und hat das Gefühl, dass sie auf einen zufährt.

B

Zuerst fällt die Banane auf. Die Banane sieht aus wie ein Frachter, kommt auf die Betrachter/-innen zugefahren und ist ziemlich groß. Sie befindet sich mitten auf dem Bild und man sieht sie von unten.

Nutze für die Bearbeitung des zweiten Auszugs den Lückentext unten und ergänze ihn in deinem Heft.

Im unteren Drittel des Bildes ist ____ zu sehen. ____ sieht man Gischt hochspritzen, was darauf hindeutet, ____. Im Hintergrund ist ____ zu erkennen. Der Himmel erstreckt sich über die beiden oberen Drittel des Bildes. Auffällig ist hier, dass ____. Dadurch wird die Aufmerksamkeit des Betrachters noch stärker auf die Banane gelenkt.
____ steht die Aussage: „Reisende Früchte gefährden das Klima“ und rechts unten ist ____.

Die Sprache der Werbung untersuchen

zu **2** b) Welchen der folgenden Aussagen zur Wirkung stimmst du zu? Begründe. ← S. 54

A Die Sprachspiele bringen die Betrachter/-innen zum Nachdenken.
B Die Sprachspiele bringen die Betrachter/-innen zum Lachen.
C Die Sprachspiele erschrecken die Betrachter/-innen.

zu **3** Stell dir die Anzeigen einmal ohne Text und einmal ohne Bild vor: Wie würde sich die Aussage dadurch verändern?

Werbestrategien kennen lernen

zu **3** Nutze den folgenden Lückentext als Hilfestellung. ← S. 56

Auf der Anzeige sieht man ____.
Der erste Blick des Betrachters der Anzeige fällt auf den Ausdruck „voll behindert“. Das liegt vor allem daran, dass ____. Der zweite Blick fällt auf ____. Anschließend ____.

4 „Wenn einer eine Reise tut …"

Berichte und Schilderungen unterscheiden

zu **1** Entscheide, welche Begriffe zu welchem Text passen. Begründe deine Zuordnung. ← S. 69

- Der **Text** wirkt: sachlich / anschaulich / detailliert / informativ / spannend
- Der **Zweck des Textes ist**: zu unterhalten / zu informieren / die Situation anschaulich darzustellen

zu **2** Notiere in deinem Heft die W-Fragen und überprüfe, welcher Text Antworten auf diese Fragen gibt.

Was? – Ausfall der Klimaanlagen in ICEs
Wer? – zahlreiche Passagiere, …
Wann? – …

Eine Situation schildern

zu **6** Anschaulichkeit erzielst du z. B. durch folgende sprachliche Mittel: ← S. 71

- Schilderung wichtiger Einzelheiten, z. B.: *Der warme Sand rieselt durch meine Zehen.*
- Darstellung von Sinneseindrücken, z. B.: *Ich spüre den warmen Sand unter meinen Fußsohlen.*
- Vergleiche, z. B.: *Der Sand wärmt meine Füße wie eine Wärmflasche.*

zu **7** Du kannst die folgenden Textbausteine für deine Schilderung nutzen.

Durch die halbrunde Öffnung des Zeltes schaue ich nach draußen und beobachte ergriffen ___.
Während die Wellen leise ___, nähert sich die Sonne ___.
Am Horizont zeigt sich ___.
Der Himmel ___.
Alles um mich herum wird ___.
Meine Füße graben sich tiefer und tiefer in den warmen Sand, der wie ___, und es überkommt mich ein ___ Gefühl, ___.

Schilderungen in literarischen Texten entdecken

zu **1** Welche Mittel nutzt der Autor, um die Situation anschaulich zu schildern? ← S. 75
Ordne den einzelnen Textausschnitten (links) die passende Erläuterung (rechts) zu.
Schreibe in dein Heft, z. B.:
1 - D, 2 - ...

1 „Anfangs konnte ich nichts sehen.“ (Z. 1)	A Verwendung eines anschaulichen Adjektivs
2 „... ein feiner Sand voll kleiner Muscheln ...“ (Z. 10 f.)	B Darstellung eines Gefühls
3 „Die Wellen brachen sich daran mit dem lauten Gemurmel, ...“ (Z. 12 f.)	C Verwendung eines Vergleichs
4 „Beim Wehen eines mäßigen Windes flog ein leichter Schaum auf, dessen Flocken mein Gesicht benetzten.“ (Z. 13–15)	D Nennung von Sinneseindrücken
5 „Der Ausdruck ‚Höhle‘ passte offenbar nicht, um diesen unermesslichen Raum zu bezeichnen.“ (Z. 20 f.)	E Darstellung eines besonderen Details
6 „... denn trotz Wind blieben sie unbeweglich wie ein Gebüsch versteinerter Zedern.“ (Z. 38 f.)	F Personifikation
7 „... sodass wir uns dann mit wahrem Wohlbehagen wieder am Meeresufer einfanden.“ (Z. 50 f.)	G Verwendung von ausdrucksstarken Verben

Aus der Sicht einer literarischen Figur schildern

zu **2** b) Gehe vor wie in den folgenden Beispielen, indem du den Text durch die Darstellung von Sinneseindrücken, durch anschauliche Adjektive, aussagekräftige Verben und sprachliche Bilder anschaulicher gestaltest. ← S. 77

Als ich erwachte, war heller Tag. (Z. 1)	→	*Als ich erwachte, blendete mich das gleißende Sonnenlicht und ich blinzelte vorsichtig. (Sinneseindrücke, aussagekräftige Verben und Adjektive/Partizipien)*
Ich versuchte aufzustehen, aber ich konnte mich nicht bewegen. (Z. 1 f.)	→	*Ich versuchte aufzustehen, aber mein Körper war schwer wie Blei, und ich hatte das Gefühl, als hielte mich eine unbekannte Kraft fest. (Vergleiche)*

5 Seltsame Begebenheiten

Den Inhalt einer Erzählung erschließen

zu 1 a) Entscheide, welche der folgenden Überschriften passt, und begründe deine Wahl. ← S. 89

A Die betrügerischen Erben
B Der schlaue Knecht
C Der bescheidene Knecht

zu 2 Orientiere dich bei der Bearbeitung der Aufgabe an folgenden Fragen:
- Welche Begebenheiten könnten sich auch heute noch zutragen und welche nicht? Nenne Textstellen.
- Welche Wörter kommen dir unbekannt vor? Versuche, sie aus dem Zusammenhang zu erklären oder in einen modernen Begriff zu „übersetzen".

zu 3 Lies zu den einzelnen Handlungsbausteinen noch einmal die folgenden Textstellen und notiere das Wichtigste.

- **Ausgangssituation** der Hauptfigur: Zeilen 1–5 (Mitte)
- **Problem** der Hauptfigur: Zeilen 5 (Mitte) –8
- **Lösungsversuche** der Hauptfigur: Zeilen 9–22 (Mitte)
- **Ende**: Zeilen 22 (Mitte)–29

Eine Inhaltsangabe schreiben

zu 1 b) Wähle eine der folgenden Lehren aus und begründe deine Entscheidung. ← S. 90

A Wer nur auf andere hört, weiß am Ende nicht mehr, was das Richtige ist.
B Wenn man es allen recht machen will, nutzt es am Ende niemandem.
C Dies zeigt, dass es keine optimale Lösung im Leben gibt.
D Wer kein Problem hat, soll sich von anderen keines einreden lassen.
E Der Klügere gibt nach.

zu 3 Achte beim Vergleich vor allem auf die Zeitform und auf den Gebrauch der wörtlichen Rede. ← S. 91

zu **4** Nutze den folgenden Lückentext als Hilfestellung für deinen Merke-Text: ← S. 91

Merke: Die Einleitung einer Inhaltsangabe

In der Einleitung wird der Titel der Geschichte genannt, der/die ___ und ___.
Außerdem enthält die Einleitung eine kurze ___.

zu **1** b) Untersuche die Rolle des Erzählers. Orientiere dich dabei an folgenden Fragen: ← S. 93

- Ist der Erzähler Teil der Geschichte oder blickt er von außen auf das Geschehen?
- Wie wird die Geschichte erzählt? Werden die Ereignisse hauptsächlich vom Erzähler dargestellt oder überwiegen Dialoge der beteiligten Figuren?
- Wird deutlich, wie der Erzähler das Geschehen bewertet, oder verhält sich der Erzähler neutral?

Nenne Textstellen als Beleg.

zu **2** a) Untersuche zu den einzelnen Handlungsbausteinen noch einmal folgende Textabschnitte:

- **Ausgangssituation**: Zeilen 1–6
- **Problem**: Zeilen 6–23
- **Lösungsversuche**: Zeilen 23–34
- **Ende**: Zeilen 34–38

c) Du kannst diesen Lückentext als Hilfestellung für deine Inhaltsangabe nutzen. Übertrage ihn dazu in dein Heft und ergänze ihn.

Inhaltsangabe: Der kluge Richter

In der Kalendergeschichte von ___ geht es um ___.
Ein ehrlicher Mann findet eines Tages ___, das ein ___.
Als der ehrliche Finder ___, beschuldigt ihn der reiche Mann ___.
Daraufhin ___.
Schließlich trifft der Richter eine kluge Entscheidung, indem er ___.

6 Dem Leben trotzen

Einen Roman lesen und verstehen

zu **2** Welcher der folgenden Aussagen stimmst du zu? Begründe. ← S. 115

A Die Geschichte wird aus der Sicht von Mik erzählt.
B Die Geschichte wird aus der Sicht einer Erzählerin / eines Erzählers erzählt, die/der ganz nah an Mik dran ist.
C Die Geschichte wird von einer Erzählerin / einem Erzähler erzählt, die/der von außen auf das Geschehen blickt.

zu **4** a) Prüfe, welche der Adjektive im Wortspeicher am besten das Verhalten der Lehrerin benennen. ← S. 117

konzentriert · feindselig · engagiert · interessiert · neugierig · hilflos · schnippisch · ungeduldig · streng · ratlos

zu **4** b) Welche der folgenden Deutungsvorschläge für Miks Verhalten treffen deiner Ansicht nach zu? Begründe mit entsprechenden Textstellen.

A Mik weicht mit seinem Verhalten seiner Lehrerin aus.
B Mik schämt sich.
C Mik sagt nicht die Wahrheit.
D Mik ist traurig.
E Mik fühlt sich müde.

zu **6** a) Ergänze dein Info-Blatt zum Buch z. B. folgendermaßen: ← S. 118

Eine Charakterisierung verfassen

zu **2** Nutze die folgenden Textbausteine für den Hauptteil deiner Charakterisierung. ← S. 124

In dem Textausschnitt wird Tony aus der Sicht von Mik beschrieben. Er empfindet seinen großen Bruder als genau so, wie er sich einen großen Bruder vorstellt. Tony hat lange blonde Haare ... (vgl. Z. 153 f.).
Tony scheint sich gewissenhaft um seinen kleinen Bruder zu kümmern. Das zeigt sich daran, dass ...
Auf der anderen Seite wirkt Tony aber auch geheimnisvoll und nicht so leicht zu durchschauen. So ...
Aussagen im Text, wie „Er (Tony) lächelte und fuhr Mik mit dem Hockeyhandschuh durchs Haar“ (Z. 215 f.) und ..., lassen darauf schließen, dass ...

zu **3** Wähle eine der Starthilfen für den Schlussteil deiner Charakterisierung aus und vervollständige ihn.

A *Auf mich wirkt Tony sympathisch/unsympathisch, weil ...*

B *Insgesamt macht Tony einen ... Eindruck. Das hängt vor allem damit zusammen, dass ...*

C *Zusammenfassend kann man sagen, dass ...*

Die Handlung weiterverfolgen

zu **2** Wie könnte sich die Handlung weiterentwickeln? ← S. 125
Wähle eine der folgenden Starthilfen für einen inneren Monolog aus und setze ihn fort.

A *Träume ich oder bin ich wach? Es ist alles so unwirklich. Ich ...*

B *Ich hätte nie gedacht, dass Lena so nett und freundlich ist. Sie ...*

C *Gott sei Dank hat Lena gemerkt, dass ich einen Riesenhunger habe. Ich ...*

7 Alles Theater?

Die Figuren und ihre Beziehungen untersuchen

zu ❷ Orientiere dich bei deinen Regieanweisungen an folgenden Fragestellungen. Du kannst auch die Begriffe in den Wortspeichern als Anregung nutzen. ← S. 141

- Wie wirken die einzelnen Mädchen auf dich?

schüchtern · selbstbewusst · stark · schwach · eitel · eingebildet · zurückhaltend · ängstlich · gemein

- Welcher Gesichtsausdruck (Mimik) passt jeweils?

lächelnd · verängstigt · ärgerlich · hochnäsig · starr · traurig · zweifelnd

- Welche Gestik/Körpersprache passt zu den einzelnen Figuren?

abwehrende Handhaltung · zeigt auf die Kamera / das Publikum · bewegt während des Redens unablässig die Hände · herunterhängende Schultern · gerader Blick · Blick in die Kamera · Blick auf den Boden · energische Schritte · herumtänzeln · zusammengesunken dasitzen · aufgeregt hin und her laufen

- Welche Sprechweise passt zum Typus des jeweiligen Mädchens?

laut · leise · flüsternd · langsam · schnell · deutlich · nuschelnd · betont

zu ❹ Welche der folgenden Begriffe geben die Stimmung in dieser Szene am besten wieder? Begründe mit Beispielen aus dem Text. ← S. 145

angespannt · fröhlich · ausgelassen · bedrückend · traurig · aggressiv

zu ❺ Begründe, warum folgende Unterteilung der Szene sinnvoll ist:
Teil: Zeilen 1–40
Teil: Zeilen 41–80
Teil: Zeilen 81–149

Die Sprache der Figuren untersuchen

zu 3 Gehe so vor: ← S. 146

- Suche zunächst alle Anglizismen in Lillys Aussagen.
- Untersuche dann die folgenden Textpassagen genauer. Oft sind in einem Textbeispiel auch mehrere verschiedene sprachliche Mittel enthalten.

„[...] ich glaube, so ziemlich alles zwischen Laufstall und Rollstuhl ist heute auf den Beinen." (Z. 3–5)
„Einschalten, abschalten, ausschalten und hochschalten!" (Z. 8–9)
„You're not in the fight club, you're in the right club [...]" (Z. 12–13)
„[...] hier ist PePePetra, K-M-techno!" (Z. 13)

Eine Rollenbiografie verfassen

zu 1 Suche Belege für die folgenden Antworten auf die Leitfragen im Text. Ergänze dann weitere Antworten in Stichpunkten. ← S. 147

1. *Maren Terbuyken, 17 Jahre alt, ...*
2. *kurze Haare, Kleidung aus Naturstoffen, ...*
3. *Mutter ist alleinerziehend, hat wenig Geld, hat eigene Träume aufgegeben, ...*
4. *zurückhaltend, eher schüchtern, verzweifelt, ...*
5. *interessiert an Umweltschutz, will anderen etwas beweisen, ...*
6. *ist den anderen Mädchen unterlegen, ...*

zu 2 Du kannst folgende Textbausteine für die Rollenbiografie von Maren nutzen.

Mein Name ist Maren. Ich wohne noch zu Hause bei meiner Mutter. Ich bin nur hier, weil ich meine Mutter endlich mal nicht enttäuschen will. Sie flippt nämlich jedes Mal aus, wenn ich mal wieder versage. In der Schule zum Beispiel .
Besonders peinlich war es meiner Mutter, als ich zum Schulpsychologen musste, weil .
Irgendwie tut mir meine Mutter auch leid, denn .
Unsere Nachbarn .
Auch den anderen aus meiner Klasse will ich beweisen, dass .
Ich will es allen endlich mal zeigen, meiner Mutter, .
Wenn ich es jetzt nicht schaffe, .

8 Von Helden und Außenseitern

Merkmale einer Ballade kennen lernen

zu **2** b) Markiere den Text wie im folgenden Beispiel. ← S. 168

Erzähler 1 (Angehöriger der Schiffsmannschaft):
John Maynard! ||
Erzähler 2: „Wer ist John Maynard?"|
Erzähler 1: „John Maynard war unser Steuermann,
<u>aus</u> hielt er, bis er das Ufer gewann,
<u>er</u> hat uns gerettet, <u>er</u> trägt die Kron',
er starb für <u>uns</u>, unsre <u>Liebe</u> <u>sein</u> Lohn.
<u>John</u> <u>Maynard</u>." ||

*

Erzähler 1: Die „Schwalbe" <u>fliegt</u> über den Eriesee,
<u>Gischt</u> schäumt um den Bug wie Flocken von Schnee;
von Detroit fliegt sie nach Buffalo –
die Herzen aber sind <u>frei</u> und <u>froh</u>,
und die <u>Passagiere</u> mit Kindern und Fraun
im <u>Dämmerlicht</u> schon das <u>Ufer</u> schaun,
und plaudernd an John Maynard heran
tritt alles: „Wie weit noch,| Steuermann?" *Mannschaft im Chor*
Der schaut nach vorn | und schaut in die Rund:
John Maynard: „Noch dreißig Minuten ...| halbe Stund." ||
[...]

zu **3** b) Welche dieser Skizzen gibt den Aufbau der Ballade „John Maynard" am besten wieder? Begründe deine Entscheidung.

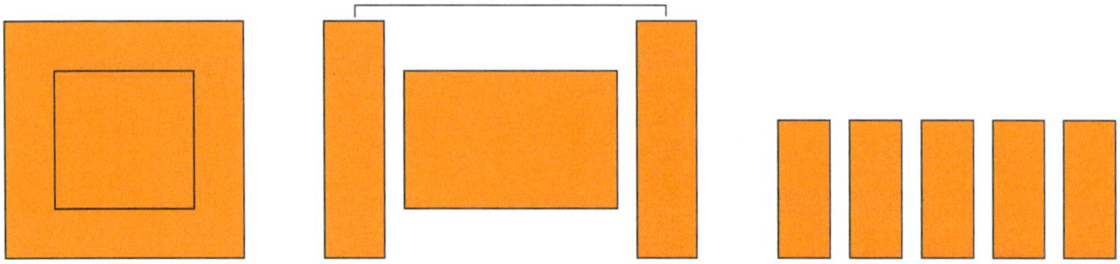

zu **4** Am Ende einiger Strophen steht, wie lange das Schiff noch bis Buffalo braucht. ← S. 168

a) Notiere in einer Tabelle, was zum jeweiligen Zeitpunkt geschieht und wie sich die Passagiere und John Maynard jeweils verhalten.

b) Betrachte noch einmal die Zeitangaben und beantworte dann die Frage, wie in dieser Ballade Spannung entsteht.

Zeitangaben	Geschehen	Verhalten der Passagiere	Verhalten John Maynards
„dreißig Minuten"	*Schiff „fliegt" über den See*	*plaudern*	*plaudert mit Passagieren*
...	...	...	...

zu **5** Lege eine Tabelle an und ordne die Fachbegriffe aus dem Wortspeicher den Gattungen zu.

Merkmale einer Erzählung (Epik)	Merkmale eines Gedichts (Lyrik)	Merkmale eines Theaterstücks (Dramatik)
...	...	...

Reim • Erzähler • Metrum • Dialoge • Verse • Spannungskurve • bildliche Sprache • Strophen • Monolog • Handlung

Eine Ballade untersuchen

zu **2** a) Entscheide, welche der folgenden Spannungskurven die Handlung der Ballade „Nis Randers" am besten wiederspiegelt. ← S. 171

b) Übertrage die Kurve in dein Heft und ergänze an passenden Stellen Stichpunkte zum Handlungsverlauf.

zu **7** b) Auch in den folgenden Textbeispielen werden sprachliche Mittel verwendet. Benenne diese und erläutere ihre Wirkung. ← S. 172

„Und brennt der Himmel" (V. 4)

„Gleich holt sich's der Abgrund." (V. 6)

„Wie lange? Wie lange?" (V. 24)

„Sie schnauben und schäumen […] / Mit stampfenden Hufen!" (V. 27 und 30)

9 Vom Buchdruck zum E-Book

Diagramme und Texte mithilfe bekannter Strategien erschließen

zu **2** Du kannst diese Textbausteine als Hilfestellung nutzen. ← S. 189

Das Thema des Diagramms ist ….
Wiedergegeben werden die Ergebnisse einer Untersuchung von ….
Die Umfrage stammt aus dem Jahr ….
Dargestellt wird ….
Auffallend ist, dass ….
Zusammenfassend lässt sich sagen, dass ….

zu **1** **Einen Text gliedern:** Welche der folgenden Zwischenüberschriften passt zu welchem Absatz? Begründe deine Zuordnung. ← S. 191

A Auswirkungen auf den Buchmarkt
B Folgen für das eigene Verhalten
C Vorteile eines E-Books für die Leser/-innen

Unbekannte Begriffe klären: Kläre folgende Begriffe:

Buchbranche verheißungsvoll Verleger Transparenz

zu **2** b) Welchen der folgenden Aussagen über die Vorteile eines gedruckten Buches würdest du zustimmen? Begründe deine Entscheidungen.

A Man benötigt kein besonderes Lesegerät.
B Ein gedrucktes Buch kann man verleihen.
C Ein gedrucktes Buch sieht schöner aus und fühlt sich schöner an.

Strategie: Textinhalte in anderer Form darstellen

zu **2** c) Ordne die folgenden Stichpunkte an passender Stelle in deine Mindmap ein. ← S. 193
Achtung: Einige Stichpunkte kannst du an mehreren Stellen einordnen. Begründe, warum das so ist.

- Einblick in Leseverhalten
- Überwachung der Leser/-innen
- Einblick in Kaufverhalten

- Lesen wird öffentlich
- Verlage richten sich nach Massengeschmack
- Geschmack der Leser/-innen einschätzen
- Bücher nach Kundenwünschen

Strategie: Informationen aus verschiedenen Informationsquellen verknüpfen

zu **2** Zu welchem Absatz passt welche Zwischenüberschrift? Ordne zu. ← S. 197

A Bücher in der Zeit vor Gutenbergs Erfindungen
B Die Erfindung der Druckerpresse
C Die Erfindung beweglicher Lettern durch Gutenberg
D Das Druckverfahren zur Zeit Gutenbergs
E Die Herstellung von Lettern
F Das Buch als erstes Massenmedium

zu **3** Du kannst folgende Textbausteine für deinen Lexikoneintrag nutzen. ← S. 199

Unter Zensur versteht man ____.
Das Wort leitet sich ab von ____.
Ziel der Zensur ist ____.
In der Geschichte gibt es verschiedene Beispiele für Zensur, z. B. ____.
In der Bundesrepublik Deutschland ____.

zu **4** Gehe in zwei Schritten vor:
- Erkläre zunächst folgende Begriffe in Absatz (1) mit eigenen Worten und mithilfe von Beispielen.

  sittlich gefährden unsittlich verrohend Rassenhass

- Gib Absatz (2) in eigenen Worten wieder.

Strategie: Texte erweitern

zu **2** a) Übertrage die Zeitleiste in dein Heft und ergänze sie. ← S. 201

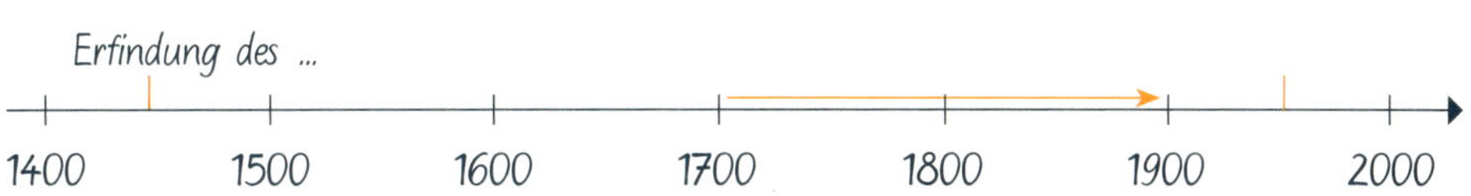

Lösungen: Sprache untersuchen

← S. 212 f.

zu **1** **Nomen**: die Reise, das Haus; **Adjektiv**: alt, rot, schön, aufmerksam; **Personalpronomen**: wir, es; **Possessivpronomen**: unser, sein; **Relativpronomen**: der, welche, die; **Demonstrativpronomen**: dieser, der, jene, die; **Verb**: laufen, schlafen; **Adverb**: neulich, dort, stets; **Konjunktion**: und, weil, obwohl, während; **Präposition**: vor, unter, trotz, während; **Artikel**: der, die, ein

→ Weitere Übungen und Informationen findest du auf den Seiten 214–217 und 328–330.

zu **2** a) Eigentlich **feiere** ich meinen Geburtsgag immer. Letztes Jahr **habe** ich ausnahmsweise nicht mit Freundinnen und Freunden **gefeiert**, nachdem ich im Jahr zuvor ganz groß **gefeiert hatte**. In diesem und im nächsten Jahr **werde** ich aber in jedem Fall wieder mit allen zusammen **feiern**.

b) - **laufen**: ich war gelaufen, ich lief, ich bin gelaufen, ich laufe, ich werde laufen
- **lesen**: du hattest gelesen, du las(es)t, du hast gelesen, du liest, du wirst lesen

→ Weitere Übungen und Informationen findest du auf den Seiten 218 f. und 331.

zu **3** a) **A**: Aktiv, **B**: Passiv, **C**: Aktiv

b) A Zu Weihnachten wird von den Deutschen oft Karpfen gegessen.
B Muslimischen Kindern schenkt man zum Zuckerfest oft Süßigkeiten.
C Für das Nouruz-Fest werden von den Kurden traditionell sieben Speisen zubereitet.

→ Weitere Übungen und Informationen findest du auf den Seiten 220–222 und 332.

zu **4**

Satzklammer

Vorfeld	Linke Satzklammer: finiter Prädikatsteil	Mittelfeld	Rechte Satzklammer: 2. Teil des Prädikats
Die Deutschen (Subjekt)	essen	zu Weihnachten (adv. Best.) oft (adv. Best.) Karpfen (Akk.obj.).	
Muslimische Kinder (Subjekt)	werden	am Zuckerfest (adv. Best.) mit Süßigkeiten (Präp.obj.)	beschenkt.
Die Kurden (Subjekt)	bereiten	für das Nouruz-Fest (Präp.obj.) traditionell (adv. Best.) sieben Speisen (Akk.obj.)	zu.

→ Weitere Übungen und Informationen findest du auf den Seiten 240–247 und 334 f.

Lösungen: Rechtschreibregeln und -strategien anwenden

← S. 266 und 286

zu **1** Folgende Wörter müssen berichtigt werden: ← S. 266

1. Absatz: ~~Wolkenkrazern~~ → Wolkenkratzern; ~~glenzendem~~ → glänzendem; … ~~Stahl Glas und Beton~~ … → … Stahl, Glas und Beton …; ~~Flußes~~ → Flusses
2. Absatz: ~~rasand~~ → rasant; ~~mitlerweile~~ → mittlerweile; ~~… einer Megastadt wie~~ … → einer Megastadt, wie …; ~~Einwonern~~ → Einwohnern
3. Absatz: ~~treipt~~ → treibt; ~~ziet~~ → zieht; ~~jeder Zweite Erdenbürger~~ → jeder zweite Erdenbürger; ~~zwei drittel Städter sein~~ → zwei Drittel Städter sein

→ Weitere Übungen und Informationen findest du auf den Seiten 338 und 340.

zu **1** ← S. 286

Lego – Die Dauerbaustelle *nach Barbara Lich*

Er hat weder das Rad erfunden noch die Dampfmaschine, die Glühbirne oder das World Wide Web. Und doch klotzte Ole Kirk Christiansen einst ran wie kein Tüftler vor ihm, was in diesem Fall wörtlich gemeint ist. Schließlich ersann der Däne Legosteine, jene hohlen Plastik-Klötzchen mit vier, sechs, acht und noch mehr Nupsis auf der Oberseite, die einfach jeden zum Bauherrn machen. „Was ist an dieser Erfindung so besonders?", möchte man fragen. Doch die Frage erübrigt sich, denn heutzutage errichten damit Kinder in fast allen Ländern Häuser, Schiffe, Türme und reißen sie wieder ein. Hätte man Christiansen selbst gefragt, so hätte er sicher gesagt: „Ich möchte Kindern unbegrenzte Spielmöglichkeiten eröffnen." Im Jahr 1932 fertigte der Erfinder zunächst Bauklötzchen aus Holz, doch 1949 leistete er sich eine Kunststoff-Spritzgussmaschine, mit der er die ersten Plastiksteinchen goss. 1958 meldete er ein Patent auf die bunten Steine an, was sehr sinnvoll war, denn heute besitzt im Schnitt jeder Mensch der Erde rund 80 Legoklötzchen. Würde man sämtliche Steine, die Lego derzeit in einem Jahr fertigt, hintereinanderlegen, könnte man die Erde damit mehr als 16-mal umrunden.

→ Weitere Übungen und Informationen findest du auf den Seiten 287–293 und 340.

Orientierungswissen

Sprechen und Zuhören

Ein Statement verfassen → S. 40 f.

Ein Statement ist eine **kurze mündliche Stellungnahme vor Publikum**. Es sollte nicht länger als 30 bis 60 Sekunden dauern und deine Haltung zu einem vorgegebenen Thema oder einer Fragestellung deutlich machen.

Ein Statement besteht aus

- einer **These**, z. B.: *Jeder sollte nur ein Paar Schuhe besitzen, …*
- **ein bis zwei aussagekräftigen Argumenten** zur Begründung dieser These **mit kurzen Beispielen/Erläuterungen** zur Untermauerung der Argumente, z. B.: *… denn bei der Produktion von Billigschuhen werden häufig umweltschädliche Chemikalien eingesetzt, die z. B. zur Imprägnierung dienen und nicht nur die Umwelt schädigen, sondern auch die Arbeiter/-innen, die die Schuhe herstellen, und die Verbraucher/-innen, die die Schuhe am Ende tragen. So können einige dieser Chemikalien schwere Allergien auslösen, und das hochgiftige Chrom, das z. T. zum Färben von Lederschuhen eingesetzt wird, steht sogar im Verdacht, krebserregend zu sein.*
- einer kurzen **Schlussfolgerung** oder einem **Appell**, z. B.:
  Daher appelliere ich an alle: Greift lieber etwas tiefer in die Tasche und kauft euch ein Paar gute, fair und ökologisch produzierte Schuhe, als eure Regale mit Billigschuhen vollzustellen.

Schreiben

Materialgestützt argumentieren → S. 24–47

1. Schritt: Die Argumentation planen

- **Lies die Aufgabe genau** und beantworte für dich folgende Fragen:
  - Wie lautet das **Thema**?
    Beispiel: *Sollte es in der Schulkantine nur noch Fair-Trade-Schokolade zu kaufen geben?*
  - Welches **Ziel** verfolgst du mit deiner Argumentation?
    Beispiel: *Betreiber der Schulkantine in einem Brief zu überzeugen*
  - Wer sind die **Adressatinnen/Adressaten** deiner Argumentation?
    Beispiel: *Betreiber der Schulkantine*
- **Formuliere eine These**, die deine Meinung zu diesem Thema wiedergibt, z. B.:
  In der Schulkantine sollte es zukünftig nur noch Schokolade aus fairem Handel zu kaufen geben.

- **Sammle Informationen zum Thema. Informiere dich** z. B. mithilfe von **Texten und Diagrammen** und erstelle eine Stoffsammlung mit Informationen, die deine These stützen. Als Form für deine **Stoffsammlung und -ordnung** eignet sich z. B. eine **Tabelle** oder eine **Mindmap** (→ S. 342).
- **Markiere** in deiner Stoffsammlung **Informationen,** die du für deine Argumentation nutzen willst.
- **Plane die Anordnung deiner Argumente nach Wichtigkeit,** z. B. indem du die Informationen, die du für deine Argumentation nutzen willst, nummerierst. Besonders **überzeugend/ stichhaltig** sind Argumente,
  - die sich auf **allgemein akzeptierte Werte** beziehen (**normative Argumente**),
  - die mit **überprüfbaren Fakten** (oft Zahlen oder Statistiken) untermauert werden können (**Faktenargumente**),
  - die die **Meinung einer anerkannten Expertin / eines anerkannten Experten** wiedergeben (**Autoritätsargumente**).

2. Schritt: Die Argumentation schreiben
- **Überschrift:** Formuliere eine aussagekräftige Überschrift.
- **Einleitung:** Verfasse eine Einleitung, die deine Leser/-innen neugierig auf deine Argumentation macht, und formuliere deine Meinung zum Thema.
- **Hauptteil:**
  - Formuliere deine Argumente aus und ordne sie sinnvoll an. Stütze deine Argumente mit Beispielen oder näheren Erläuterungen. Achte beim Schreiben darauf, dass du nicht den **Zweck** und die **Adressatinnen/Adressaten** aus dem Auge verlierst.
  - Nutze z. B. folgende **Formulierungshilfen**, um Zusammenhänge in deiner Argumentation deutlich zu machen:
    - Begründung: *weil, denn, da, daher …*
    - Folge: *sodass, folglich, demzufolge, also, darum …*
    - Aufzählung von Argumenten: *hinzu kommt …, außerdem …, darüber hinaus …, des Weiteren …, zudem …, ein weiterer Grund ist …*
    - Hervorhebung besonders wichtiger Argumente: *besonders wichtig ist…, entscheidend ist …, zentral ist …, noch wichtiger ist …*
    - Beispiel/Erläuterung: *Das zeigt sich zum Beispiel …, beispielsweise …, so …*
- **Schluss:** Fasse deine Meinung zusammen oder formuliere einen Wunsch, eine Empfehlung oder einen Appell (Aufruf).

3. Schritt: Die Argumentation überarbeiten

Überprüfe, ob deine Argumentation alle im 2. Schritt geforderten Teile enthält. Achte auch auf eine korrekte und abwechslungsreiche Ausdrucksweise und überprüfe die Rechtschreibung.

Bilder beschreiben → S. 52 f.

1. Schritt: Die Bildbeschreibung planen

Betrachte das Bild genau und notiere Stichpunkte

- zur **Art des Bildes** (z. B.: *Ölgemälde, Foto, Comic*), zum **Format** und zur **Person**, von der das Bild stammt (z. B.: *Maler, Fotograf, Organisation),*
- zu den einzelnen **Bildelementen** und ihrer **Position** im Bild, z. B. im Vordergrund, im Hintergrund oder in der Bildmitte.

2. Schritt: Die Bildbeschreibung verfassen

- **Einleitung:** Nenne die Art des Bildes, das Format, die Person, von der das Bild stammt, sowie das Thema der Abbildung, z. B.: *Bei dem Gemälde mit dem Titel „Die roten Pferde" des Malers Franz Marc aus dem Jahr 1911 handelt es sich um ein großformatiges Ölgemälde auf Leinwand im Querformat.*
- **Hauptteil:** Beschreibe den Aufbau des Bildes. Gehe dabei vom auffälligsten Bildelement aus und beschreibe dann die anderen Teile der Abbildung. Verwende Fachbegriffe, z. B.:
  - *im Vordergrund / im Hintergrund,*
  - *in der Bildmitte / im Zentrum des Bildes,*
  - *am oberen/unteren/rechten/linken Bildrand,*
  - *in der oberen/unteren/linken/rechten Bildhälfte.*
- **Schluss:** Fasse deine Ergebnisse kurz zusammen und gehe noch mal auf die Gesamtwirkung ein. Du kannst auch eine persönliche Bewertung formulieren, z. B.:
  Auf mich wirkt das Gemälde sehr lebendig, weil die Pferde in Bewegung gemalt sind und sich auch die hügelige Landschaft zu bewegen scheint. Es handelt sich meiner Meinung nach um ein sehr ausdrucksstarkes und ansprechendes Bild.

3. Schritt: Die Bildbeschreibung überarbeiten

Überprüfe, ob deine Bildbeschreibung alle im 2. Schritt geforderten Teile enthält.

Eine Werbeanzeige beschreiben → S. 48–65

1. Schritt: Die Werbeanzeige untersuchen und die Beschreibung planen

- Untersuche die **Bildgestaltung** der Anzeige. Orientiere dich dabei an den Schritten zur Bildbeschreibung (→ Bilder beschreiben).
- Untersuche die **Texte** auf der Anzeige: Welche **Art von Texten** enthält die Anzeige, z. B.: *Slogans, Logos, Fließtext (Information, Aufruf, Appell), Zusatzhinweise (Internetadresse der Firma/Organisation, Kontonummer eines Spendenkontos)*?
- Welche **sprachlichen Mittel** werden genutzt, z. B.: *Alliteration, direkte Anrede, Dreierfigur, Reim, Wortspiele*?
- Ist eine Werbestrategie zu erkennen, z. B. das AIDA-Prinzip (→ S. 57)?

2. Schritt: Die Beschreibung verfassen

- **Einleitung:** Formuliere deinen ersten Eindruck von der Werbeanzeige. Nenne die Art des Bildes, formuliere das Bildthema und nenne die Organisation oder Firma, von der die Anzeige stammt.
- **Hauptteil:** Beschreibe im Hauptteil den Aufbau der Anzeige. Nenne dabei immer auch die Wirkung der einzelnen Gestaltungselemente, z. B.:
  - Was ist auf dem Bild dargestellt und wie ist es dargestellt?
  - Wie lautet der Text und wo auf der Anzeige befindet er sich? Um was für Textarten handelt es sich?
  - Welche sprachlichen Mittel werden eingesetzt?
  - Ist eine Werbestrategie erkennbar? Wenn ja, wie wird sie hier eingesetzt?
- **Schluss:** Fasse im Schluss deiner Beschreibung die Ergebnisse zusammen und formuliere eine persönliche Bewertung.

3. Schritt: Die Beschreibung überarbeiten

Überprüfe, ob deine Beschreibung alle im 2. Schritt geforderten Teile enthält. Achte auch auf eine korrekte und abwechslungsreiche Ausdrucksweise und überprüfe die Rechtschreibung.

Über Ereignisse berichten → S. 68 f.

1. Schritt: Den Bericht planen

- Beachte die Aufgabe:
  - **Für wen** und **für welchen Zweck** ist dein Bericht bestimmt?
  - **Was erwarten die Adressatinnen und Adressaten** von diesem Bericht?
  - **Welche Informationen** benötigen sie?
- Notiere Stichpunkte zu folgenden W-Fragen: *Was? Wann? Wo? Wer? Wie? Warum? Mit welchen Folgen/Ergebnissen?*

2. Schritt: Einen Bericht verfassen

- Wähle eine **Überschrift**, die das Ereignis knapp und genau benennt.
- Informiere in der **Einleitung** möglichst knapp und genau, worüber du berichtest. Beantworte dabei die W-Fragen *Was? Wann? Wo? Wer?*
- Stelle im **Hauptteil** das Ereignis Schritt für Schritt in der richtigen Reihenfolge dar. Beantworte dabei die W-Fragen *Wie?* und *Warum?*
- Nenne im **Schlussteil** die Folgen des Ereignisses.
- Formuliere **sachlich** und **vermeide unnötige Bewertungen**.
- Schreibe im **Präteritum**.

3. Schritt: Den Bericht überarbeiten

Überprüfe, ob dein Bericht die im 2. Schritt genannten Anforderungen erfüllt und bearbeite ihn bei Bedarf.

Schildern → S. 66–85

1. Schritt: Die Schilderung planen

Versetze dich in die Situation, die du schildern möchtest, und notiere Stichpunkte zu:

- **Sinneseindrücken:** *Sehen, Hören, Riechen, Schmecken, Spüren/Tasten,*
- **typischen und auffälligen Details** der Situation, z. B.: *rinnender Schweiß, tropft unaufhaltsam auf Zeitschrift auf dem Schoß, …*
- **persönlichen Bewertungen** des Geschehens, z. B.: *Hitze kaum auszuhalten, ausweglos.*

2. Schritt: Den Text schreiben

- Schildere **zu Beginn** einen allgemeinen Eindruck der Situation.
- Stelle **im Mittelteil** die Situation so dar, dass vor den Augen der Leser/-innen ein genaues Bild der Situation entsteht. Dazu tragen beispielsweise die Wiedergabe von Sinneseindrücken, die Beschreibung von Details und die Verwendung sprachlicher Bilder bei, z. B.:

  Der Schweiß rann in kleinen Bächen von meiner Stirn und tropfte auf die Zeitschrift auf meinem Schoß, die sich immer mehr anfühlte wie ein nasser Lappen.
- Füge **gegen Ende** der Schilderung auch persönliche Gedanken, Gefühle und Bewertungen der Situation hinzu, z. B.:

  Die Hitze war so furchtbar, dass ich sie kaum mehr aushalten konnte.
- Schreibe in der **Ich-** oder **Wir-Form** und verwende das **Präsens oder** das **Präteritum**.

3. Schritt: Den Text überarbeiten

Überprüfe deinen Text noch einmal mithilfe der Informationen unter dem 2. Schritt.

Eine Inhaltsangabe schreiben → S. 86–111

1. Schritt: Die Inhaltsangabe planen

- Verdeutliche dir zunächst den **Handlungsverlauf der Geschichte**, zu der du eine Inhaltsangabe schreiben sollst. Nimm hierfür z. B. die **vier Handlungsbausteine** zu Hilfe und notiere Stichpunkte zur Ausgangssituation der Hauptfigur(en), zum Problem der Hauptfigur(en), zu den Lösungsversuchen und zum Ende.

2. Schritt: Die Inhaltsangabe verfassen

- **Einleitung:** Nenne die **Textsorte** (z. B. Kurzgeschichte oder Kalendergeschichte), den **Titel** des Textes, das **Erscheinungsjahr** (sofern bekannt), den **Namen der Autorin / des Autors** und das **Thema in einem Satz.**
- **Hauptteil:** Stelle die **wichtigsten Handlungsschritte in der richtigen Reihenfolge** dar:
  - Gib den Inhalt **sachlich** und möglichst **mit eigenen Worten** wieder.
  - Verwende **keine direkte Rede**; gib besonders wichtige Äußerungen in indirekter Rede (→ S. 230–239) wieder.
- Schreibe im **Präsens.**

3. Schritt: Die Inhaltsangabe überarbeiten

Überprüfe deinen Text noch einmal mithilfe der Informationen im 2. Schritt. Achte auch auf abwechslungsreiche und passende Formulierungen und auf die richtige Schreibung.

Eine Buchbesprechung (Rezension) schreiben → S. 126 f.

Eine Buchbesprechung (Rezension) enthält in der Regel folgende Teile:
- einen **interessanten Einstieg**, der zum Weiterlesen anregt,
- einen **informierenden Teil** über das **Thema** und die **Grundzüge der Handlung**,
- gegebenenfalls einen vertiefenden Teil, der Hintergrundinformationen zum Buch oder zur Entstehung des Buches liefert,
- eine begründete, gut nachvollziehbare **Meinungsäußerung** zu dem vorgestellten Buch,
- alle notwendigen Angaben zu **Autor/-in, Titel, Seitenzahl, Verlag, Erscheinungsjahr** und **Preis**.

Eine literarische Figur charakterisieren → S. 112–135

1. Schritt: Die Charakterisierung planen
- Suche Textstellen, die etwas über die Figur aussagen. Manchmal musst du aus dem Genannten auch selbstständig Rückschlüsse ziehen, z. B. auf die Eigenschaft einer Figur.
- Notiere deine Untersuchungsergebnisse z. B. nach folgenden Aspekten:
  - **äußere Merkmale**, z. B.: *12 Jahre alt, helle Augen, Sommersprossen, brandrotes Haar,*
  - **Verhalten und Eigenschaften**, z. B.: *mutig, frech,*
  - **Lebensumstände**, z. B.: *lebt mit einer Bande von Kindern,*
  - **Beziehung zu anderen Figuren** z. B.: *ist Anführerin der Bande.*

2. Schritt: Die Charakterisierung schreiben
- **Einleitung:** Gib **allgemeine Informationen** zur Figur, z. B. zu ihrer Rolle im Buch oder Text, zu ihrem Alter und zu ihren Lebensumständen.
- **Hauptteil:** Beschreibe die einzelnen Merkmale der Figur, z. B. ihr Aussehen, ihr Verhalten, ihre Eigenschaften und ihre Beziehung zu anderen Figuren. Belege deine Aussagen mit dem Text.
- **Schluss:** Fasse deine Untersuchungsergebnisse kurz zusammen oder formuliere eine persönliche Einschätzung der Figur.

Schreibe im **Präsens.**

3. Schritt: Die Charakterisierung überarbeiten
Überprüfe deine Charakterisierung anhand folgender Fragen:
- ✓ Kann man sich nach dem Lesen deiner Charakterisierung die Figur gut vorstellen?
- ✓ Hast du deine Aussagen mit Textbelegen (direkten oder indirekten Zitaten) gestützt?
- ✓ Ist dein Text sinnvoll und leserfreundlich aufgebaut, z. B. nach Aspekten (Aussehen, Verhalten etc.) geordnet?
- ✓ Hast du die Charakterisierung im Präsens geschrieben?

Eine Rollenbiografie schreiben

→ S. 147

1. Schritt: Eine Rollenbiografie vorbereiten

Notiere, was du im Text des Theaterstücks über die Figur erfährst. Nutze folgende Leitfragen:

- Welche allgemeinen Kennzeichen kann die Figur nennen (z. B. Name, Alter, Wohnort)?
- Was kann sie über ihr äußeres Erscheinungsbild sagen (z. B. Kleidung, Größe, Figur)?
- Was kann die Figur zu ihren Lebensumständen sagen? Wie lebt sie (z. B. Familienverhältnisse, Schule/Beruf, gesellschaftliche Stellung)?
- Wie beschreibt sie ihren Charakter (z. B. Eigenschaften, Verhaltensweisen)?
- Welche Einstellungen besitzt sie (z. B. Vorlieben, Ängste, Wünsche, Ziele)?
- In welcher Beziehung steht sie zu anderen Figuren?

2. Schritt: Eine Rollenbiografie schreiben

- Schreibe auf der Grundlage deiner Notizen eine Rollenbiografie für die Figur. Formuliere dabei in der **Ich-Form aus der Sicht dieser Figur**.
- Achte beim Schreiben darauf, deine Figur auch **sprachlich möglichst gut zu treffen**.

3. Schritt: Die Rollenbiografie überarbeiten

Überprüfe noch einmal, ob deine Rollenbiografie zur Darstellung der Figur im Text passt.

Materialgestützt informieren

→ S. 202–205

Beim **materialgestützten Informieren** trägst du aus verschiedenen Materialien Informationen zu einem Thema zusammen und verfasst auf dieser Grundlage einen informierenden Text.

1. Schritt: Den Text vorbereiten und planen

- Lies die Aufgabe/Fragestellung genau und beantworte für dich die folgenden Fragen:
  - Welche Art von Text sollst du schreiben?
  - Wie lautet das Thema?
  - Gibt es einen bestimmten Grund oder Anlass für deinen Text?
  - Wer sind die Leser/-innen (Adressatinnen/Adressaten) deines Textes?
- Sammle Informationen:
  - Formuliere Leitfragen, die du mit deinem Text beantworten willst.
  - Wähle geeignete Materialien aus, die Antworten auf deine Fragen geben; werte sie aus und notiere Stichpunkte.
  - Ordne deine Stichpunkte so an, wie du sie in deinem Text darstellen willst.

2. Schritt: Den Text formulieren

- **Einleitung**: Wecke mit der Einleitung das Interesse deiner Leser/-innen.
- **Hauptteil**: Gliedere den Hauptteil deines Textes anhand deiner Leitfragen.
- **Schluss**: Beende deinen Text mit einer persönlichen Bewertung, einem Fazit (eine Schlussfolgerung) oder einem Ausblick.
- Formuliere eine **passende Überschrift.**

3. Schritt: Den Text überarbeiten

Überprüfe die Verständlichkeit und die sprachliche Richtigkeit deines Textes.

Mit Texten und Medien umgehen

Erzähltexte untersuchen → S. 86–135

Zu Erzähltexten gehören sowohl **kurze Erzählungen**, wie z. B. Kalendergeschichten oder andere kurze Geschichten (→ S. 86–111), als auch **umfangreiche Romane**, z. B. Kinder- und Jugendromane (→ S. 112–135).

Wichtigstes Merkmal eines Erzähltextes ist, dass er **von einer Erzählerin / einem Erzähler erzählt wird**. Bei der Untersuchung eines Erzähltextes helfen dir folgende Fragen:

1. **Was wird erzählt?**
   - **Welche Figuren** treten auf (Haupt- und Nebenfiguren)?
   - **Wann** und **wo spielt die Handlung**?
   - **Was geschieht**?
2. **Wie wird erzählt?**
   - Aus **wessen Sicht** wird die Geschichte erzählt?
   - Ist die **Erzählerin / der Erzähler eine Figur der erzählten Geschichte** oder steht sie/er **außerhalb**?
   - Überwiegen **Erzählerberichte oder Figurenrede** (direkte Rede, Dialoge)?
   - Gibt es **Auffälligkeiten** in der **sprachlichen Gestaltung** des Erzähltextes, z. B. Alltagssprache, Umgangssprache, unvollständige Sätze oder sprachliche Bilder, wie z. B. Metaphern oder Vergleiche?

Ein Theaterstück untersuchen → S. 136–163

Ein **Theaterstück (Drama)** ist für das Spiel auf der Bühne gedacht. Im Mittelpunkt der Handlung steht immer ein **Konflikt zwischen den Figuren**.

Wichtigstes Merkmal eines Theaterstücks ist, dass es nicht von einer Erzählerin oder einem Erzähler erzählt wird, sondern den Zuschauerinnen und Zuschauern durch direkte **Figurenrede** vermittelt wird. Man unterscheidet hier zwischen **Monolog** und **Dialog**.

Neben der **Figurenrede** – dem Haupttext – enthält ein Theaterstück noch sogenannte **Nebentexte**, z. B. das **Personenverzeichnis**, die **Bezeichnung der Akte und Szenen** und **Regieanweisungen**.

Weitere wichtige Theaterbegriffe sind:

- **Szene/Bild:** kurzer, in sich geschlossener Abschnitt eines Theaterstücks,
- **Akt:** größerer, meist aus mehreren Szenen bestehender Abschnitt,
- **Exposition:** Anfang mit Vorstellung der Figuren, des Ortes und der Ausgangssituation,
- **Höhepunkt:** Höhepunkt des Konflikts und Wendung des Geschehens,
- **Rolle:** Figur, die eine Schauspielerin / ein Schauspieler auf der Bühne verkörpert,
- **Bühne:** Ort der Aufführung, zusammen mit dem Bühnenbild wichtiger Teil einer Inszenierung,
- **Requisiten:** Gegenstände, die bei der Aufführung eine wichtige Rolle spielen.

Balladen untersuchen → S. 164–185

Balladen sind sogenannte **Erzählgedichte,** in denen meist ein **dramatisches Geschehen** dargestellt wird. Charakteristisch für eine Ballade ist, dass sie sowohl **Merkmale einer Erzählung** (Epik) als auch **eines Gedichts** (Lyrik) und **eines Theaterstücks** (Dramatik) in sich vereint:

- **Merkmale einer Erzählung:** Erzähler/-in, abgeschlossene Handlung, Spannungskurve,
- **Merkmale eines Gedichts:** Strophen, Verse, Reim, Metrum, bildhafte Sprache,
- **Merkmale eines Theaterstücks:** Dialoge, Monologe, dramatische Handlung.

Untersuche eine Ballade anhand folgender Aspekte und Leitfragen. Ziel der Untersuchung ist immer, die Wirkung der Ballade auf die Leser/-innen oder Zuhörer/-innen zu erklären:

Inhalt und Aufbau:
- Wovon handelt die Ballade?
- An welchem Ort / welchen Orten und zu welcher Zeit spielt die Handlung?
- Welche Figuren treten auf?
- Wie ist die Ballade aufgebaut?
- Was passiert in den einzelnen Strophen?
- Gibt es einen Höhe- und Wendepunkt?
- Bringt der Schluss eine unerwartete Wendung?

Form:
- Wie viele Strophen und Verse gibt es?
- Gibt es ein Reimschema, z. B.: Paarreim (aa bb), Kreuzreim (ab ab) oder umarmenden Reim (ab ba)?
- Ist ein Metrum erkennbar, z. B.: Jambus (x x́ x x́ x x́), Trochäus (x́ x x́ x x́ x) oder Daktylus (x́ x x x́ x x x́ x x)?

Sprache:
- Treten bestimmte Satzarten gehäuft auf, z. B. Frage- oder Ausrufesätze?
- Entsprechen die Sätze dem normalen Satzbau oder gibt es Auffälligkeiten, z. B. Ellipsen (unvollständige Sätze)?
- Werden bestimmte Wörter häufiger wiederholt oder treten Wörter aus einem bestimmten Wortfeld gehäuft auf?
- Werden die Aussagen durch sprachliche Bilder, wie z. B. Vergleiche, Metaphern oder Personifikationen, veranschaulicht?

Sachtexte erschließen → S. 186–211

Strategie: Forscherfragen stellen
- Überlege, welche Ziele du mit der Lektüre verfolgst. Formuliere Leitfragen.

Strategie: Sich einen Überblick verschaffen
- Lies den Text zügig durch. Zu welchem Themenbereich liefert er Fakten? Welche Fragen beantwortet er? Beachte auch die Überschrift und die Abbildungen im Text.

Strategie: Informationen in Texten markieren
- Markiere entscheidende Begriffe oder Textteile farbig.

Strategie: Einen Text gliedern
- Kläre, ob der Text bereits gegliedert ist. Unterteile ihn in Sinnabschnitte, falls er noch nicht gegliedert ist. Formuliere zu jedem Absatz/Abschnitt eine Frage oder Zwischenüberschrift.

Strategie: Schwierige und unbekannte Begriffe klären
- Versuche, schwierige und unbekannte Begriffe aus dem Zusammenhang zu erschließen. Schlage in einem Lexikon nach oder informiere dich im Internet, wenn du unsicher bist.

Strategie: Informationen aus verschiedenen Texten und Bildern verknüpfen
- Trage die Informationen aus allen vorliegenden Materialien zusammen.

Strategie: Texte erweitern
- Ergänze Anmerkungen oder zusätzliche Erläuterungen, wenn die Informationen im Text schwer verständlich oder zu ungenau sind.

Strategie: Textinhalte in einer anderen Form wiedergeben
- Übertrage die Informationen aus dem Text in eine andere geeignete Form.

Diagramme lesen und auswerten → S. 186–211

Man unterscheidet verschiedene **Arten von Diagrammen**, z. B.:

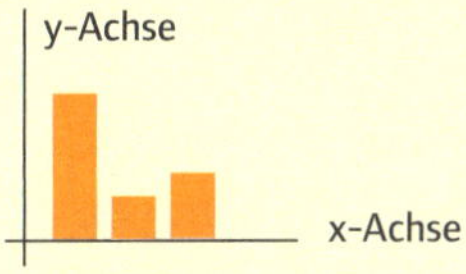

Säulendiagramm

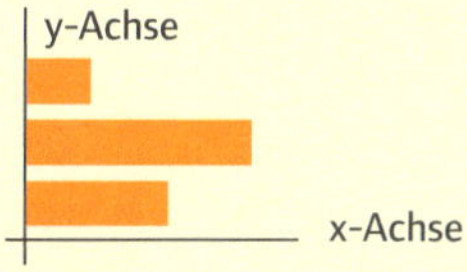

Balkendiagramm

Kreisdiagramm

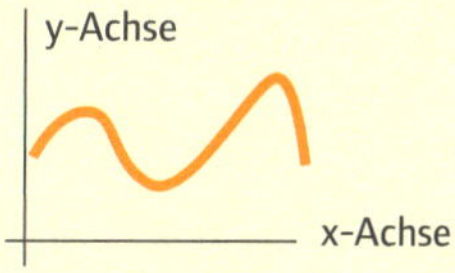

Kurvendiagramm

1. Schritt: Verschaffe dir einen Überblick.
- Lies die Überschrift oder die Unterschrift. Benenne das Thema in eigenen Worten und kläre, woher die Informationen stammen.

2. Schritt: Untersuche die Angaben genauer.
- Kläre die Maßeinheiten in der Tabelle oder im Diagramm und untersuche, was auf der x-Achse und der y-Achse oder in den einzelnen Kreissegmenten des Diagramms dargestellt wird.
- Achte darauf, ob eine Legende mit zusätzlichen Erklärungen (meist klein gedruckt) enthalten ist.

3. Schritt: Beschreibe die einzelnen Angaben und werte sie aus.
- Welches ist der höchste / der niedrigste Wert? Welche Werte sind gleich oder ähnlich groß?
- Welche Entwicklungen kann man ablesen?
- Was ist besonders auffällig? Was überrascht dich?

4. Schritt: Fasse die Ergebnisse in eigenen Worten zusammen.

5. Schritt: Stelle weitere Überlegungen zu deinen Ergebnissen an.
- Kannst du Ursachen für Einzelergebnisse angeben?
- Gibt es Ergebnisse, die du nicht nachvollziehen kannst?
- Lassen sich Schlussfolgerungen aus den Ergebnissen ableiten?

Nachdenken über Sprache

Wortarten

Das Nomen/Substantiv → S. 212–215

Nomen/Substantive bezeichnen z. B. **Lebewesen, Gegenstände, Gedanken** und **Gefühle**.
Eigenschaften des Nomens/Substantivs sind:

- Nomen haben ein **Genus** (grammatisches Geschlecht), das man an seinem Artikel erkennt:
  - **Maskulinum** (männliches Nomen): *der Tisch, der Vogel, der Garten*
  - **Femininum** (weibliches Nomen): *die Schule, die Blume, die Maus*
  - **Neutrum** (sächliches Nomen): *das Haus, das Kaninchen, das Fahrrad*
- Nomen haben einen **Numerus**, d. h., sie verändern sich nach ihrer Anzahl und stehen entweder im **Singular** (Einzahl), z. B. *der Stern*, oder im **Plural** (Mehrzahl), z. B. *die Sterne*.
- Nomen gehören zu den **flektierbaren**, also veränderbaren **Wortarten**. Sie erscheinen im Satz in einem bestimmten **Kasus** (Fall), erkennbar am Artikel. Wenn man ein Nomen in einen anderen Kasus setzt, nennt man dies **Deklinieren** (Beugen).
  Im Deutschen gibt es **vier Fälle**. Folgende W-Fragen helfen dir bei deren Bildung und Bestimmung:

- **Nominativ** (1. Fall):	*Das Kind hilft dem Vater.*	*Wer oder was hilft dem Vater?*
- **Genitiv** (2. Fall):	*Die Hände des Kindes sind klein.*	*Wessen Hände sind klein?*
- **Dativ** (3. Fall):	*Sie läuft dem Kind hinterher.*	*Wem läuft sie hinterher?*
- **Akkusativ** (4. Fall):	*Der Vater ruft das Kind.*	*Wen oder was ruft der Vater?*

Der Artikel → S. 212–215

Der **Artikel** (Plural: die Artikel) **begleitet das Nomen** und zeigt dessen **Genus, Numerus** und **Kasus** an, z. B.:

Das Eis schmeckt mir gut. Der Torwart hält den Schuss.

Zwei Arten von Artikeln können das Nomen begleiten: der **bestimmte Artikel** (*der Hefter, die Tasche, das Buch*) und der **unbestimmte Artikel** (*ein Hefter, eine Tasche, ein Buch*).

Das Adjektiv → S. 212–215

Das **Adjektiv** (Eigenschaftswort; Plural: die Adjektive) gibt **Eigenschaften eines Lebewesens, Gegenstands** oder **Vorgangs** an, z. B.: *Der wilde Löwe, er rennt schnell.*
Adjektive gehören zu den **flektierbaren,** also veränderbaren **Wortarten:**

- Begleitet ein Adjektiv ein Nomen, wird es **dekliniert (gebeugt).** Das Adjektiv stimmt dann in **Genus** (Geschlecht), **Numerus** (Zahl) und **Kasus** (Fall) mit dem rechts von ihm stehenden Nomen überein, z. B.:

  Ich lese ein neues Buch (Neutrum, Akkusativ, Singular) mit spannenden Geschichten (Femininum, Dativ, Plural).

- Adjektive kann man in der Regel in drei Stufen **steigern:**
  - **Grundstufe (Positiv):** *Ein Tiger ist so schnell wie ein Löwe.*
  - **Vergleichsstufe (Komparativ):** *Eine Maus ist schneller als eine Schildkröte.*
  - **Höchststufe (Superlativ):** *Der Gepard ist von allen Tieren am schnellsten.*

  Vergleiche mit dem Positiv werden mit *wie* gebildet, Vergleiche mit dem Komparativ dagegen mit *als*.

Die Pronomen → S. 216

Pronomen gehören zu den **flektierbaren**, also **veränderbaren Wortarten.**
Es gibt unterschiedliche Arten von Pronomen (Fürwörtern):

- Die **Personalpronomen** *er, sie, es* im Singular und *wir, ihr, sie* im Plural können **Nomen ersetzen**, die zuvor genannt wurden, z. B.:

  Morgen gehen Tim und Marie ins Kino. Vorher müssen sie Hausaufgaben machen.

  Die Personalpronomen werden im Satz **wie Nomen dekliniert** (gebeugt).
- Die **Possessivpronomen** *mein, dein, sein/ihr, unser, euer, ihr* zeigen an, zu wem etwas gehört. Sie begleiten meist ein Nomen und stehen im selben Kasus wie dieses, z. B.:

  Euer Klassenraum ist so schön gestaltet wie unser Klassenraum.
- Die **Demonstrativpronomen** *der/die/das, dieser/diese/dieses, jener/jene/jenes, solcher/solche/solches, derselbe/dieselbe/dasselbe* weisen auf etwas vorher oder nachher Genanntes hin. Sie können sowohl als Begleiter als auch als Stellvertreter eines Nomens oder einer Wortgruppe verwendet werden, z. B.:

  Dieses Schulgebäude hier ist viel moderner als jenes, in dem wir Unterricht haben.
- Die **Relativpronomen** *welcher/welche/welches und der/die/das* werden **flektiert**, d. h., **Numerus** und **Genus** des Relativpronomens richten sich nach seinem Bezugswort, z. B.:

  Das Buch, das wir gelesen haben, … / Der Schüler, der eine Eins bekommen hat, …

  Der **Kasus** des Relativpronomens hängt von seiner Rolle im Relativsatz ab, z. B.:

Der Film, den wir gesehen haben, …	***Wen** oder **was** haben wir gesehen?*	Akkusativobjekt
Der Junge, dem ich begegne, …	***Wem** begegne ich?*	Dativobjekt

Die Adverbien → S. 217

Adverbien gehören zu den **unveränderlichen Wortarten.** Mit ihnen kann man genauere Angaben zum Prädikat und zu einzelnen Satzgliedern machen. Sie beantworten z. B. die Fragen:

Wann? →	*Wo?* →	*Wie?* →	*Warum?* →
Temporaladverb (Adverb der Zeit)	**Lokaladverb** (Adverb des Ortes)	**Modaladverb** (Adverb der Art und Weise)	**Kausaladverb** (Adverb des Grundes)

Das Volleyballtraining findet heute statt. Damit er nicht nass wird, trägt er eine Regenjacke.

Achtung: Adverbien können leicht mit Adjektiven verwechselt werden. Im Gegensatz zu diesen lassen sie sich aber nicht deklinieren.

Die Präpositionen

→ S. 212–215

Präpositionen (Verhältniswörter) sind kleine, unveränderbare Wörter. Sie stellen z. B. zeitliche und räumliche Beziehungen zwischen den Wörtern und Wortgruppen im Satz her, z. B.:

Im (= in dem) Sommer sind wir nach dem Unterricht oft in unser Freibad gegangen.

Präpositionen stehen in der Regel **vor dem Nomen oder Pronomen** und **bestimmen dessen Kasus (Fall)**, z. B.:

aus, bei, mit, nach, seit, von, zu ⟶ **verlangen den Dativ**
durch, für, gegen, ohne, um ⟶ **verlangen den Akkusativ**

Hinzu kommen die sogenannten **Wechselpräpositionen**. Dazu gehören: *an, auf, hinter, in, neben, über, unter, vor, zwischen.* Auf diese Präpositionen folgt der **Dativ, wenn auf einen Ort verwiesen wird** (Frage: *Wo?*), und der **Akkusativ, wenn auf eine Richtung verwiesen wird** (Frage: *Wohin?*).

Die Konjunktionen

→ S. 212

Wörter wie *und, oder, denn, aber, obwohl* oder *dass* nennt man **Konjunktionen (Bindewörter)**. Sie verbinden Wörter, Wortgruppen oder Sätze und stellen damit Zusammenhänge in Texten her. Man unterscheidet **nebenordnende Konjunktionen** und **unterordnende Konjunktionen (Subjunktionen)**.

Die **nebenordnenden Konjunktionen**, wie z. B. *und, oder, denn, aber, sondern, doch* und *deshalb*, verbinden gleichartige Wörter, Wortgruppen oder Sätze, z. B. zwei Hauptsätze.

Die **unterordnenden Konjunktionen (Subjunktionen)**, wie z. B. *weil, da, (so)dass, obwohl, nachdem, während, bevor, als* und *wenn*, leiten Nebensätze ein.

Das Verb

→ S. 214 f.

Mit dem **Verb** (Tätigkeitswort; Plural: die Verben) macht man **Aussagen** über jemanden oder etwas. Verben geben meist an, was jemand tut oder was geschieht.

Sie gehören zu den **flektierbaren**, also veränderbaren **Wortarten**. Verben lassen sich **konjugieren**, z. B.:

ich schreibe, du schreibst, er/sie/es schreibt, wir schreiben, ihr schreibt, sie schreiben.

Die nach Person und Numerus konjugierten Verbformen nennt man **finite Verbformen**.

Daneben gibt es **infinite Verbformen**, z. B.:

- der **Infinitiv** (die Grundform): Verben im Infinitiv enden meist auf *-en*, selten auf *-n*, z. B.: *sprechen, laufen, singen, schreiben, klingeln, rudern.*
- die **Partizipien**:
  Das **Partizip I** wird gebildet, indem man ein **-d** an den Infinitiv hängt, z. B.: *spielend, singend.*
  Das **Partizip II** wird meistens mit der Vorsilbe **ge-** gebildet, z. B.: *lachen ⟶ gelacht, lernen ⟶ gelernt.* Manchmal ändert sich dabei der Stammvokal, z. B.: *singen ⟶ gesungen.*
  Hat das Verb bereits eine Vorsilbe (ge-, be-, ver-), dann bekommt das Partizip II keine weitere, z. B.: *gefrieren ⟶ gefroren; beginnen ⟶ begonnen; verlieren ⟶ verloren.*

Die Tempusformen des Verbs

→ S. 218 f.

Das Präsens

Das **Präsens** (Gegenwartsform) verwendet man für Aussagen über etwas,
- das **in der Gegenwart** geschieht, z. B.: *Sie weiß es nicht.*
- das **allgemein und immer gilt**, z. B.: *Frische Luft tut gut.*
- das man **für gewöhnlich so macht**, z. B.: *Beim Fahrradfahren trägt man einen Helm.*
- das in der **Zukunft** geschieht. In diesem Fall verweist man meist mit einer Zeitangabe auf die Zukunft, z. B.: *In drei Wochen fliege ich in die USA.*

Das Perfekt

Das **Perfekt** verwendet man
- als **Vergangenheitsform** zum **Präsens**, z. B.:
  Wenn ich den Führerschein bestanden habe, kaufe ich mir eine Vespa.
- beim **mündlichen** Erzählen oder Berichten über Vergangenes, z. B.:
  „Gestern bin ich im Schwimmbad gewesen. Da habe ich auch Marika getroffen."

Das Perfekt wird **zusammengesetzt** aus dem **Präsens von *haben/sein*** und dem **Partizip II** des Verbs (→ S. 330), z. B.: *Ich habe geweint. Wir sind geschwommen. Es hat gedauert.*

Das Präteritum

Das **Präteritum** wird vor allem beim schriftlichen Erzählen und Berichten verwendet.
- Bei **starken Verben** ändert sich im Präteritum der Vokal im Wortstamm, z. B.:
  ich laufe ⟶ ich lief; ich gehe ⟶ ich ging; ich trinke ⟶ ich trank.
- Bei **schwachen Verben** wird ein *-t-* zwischen Stamm und Endung eingefügt, z. B.:
  ich rechne ⟶ ich rechnete; ich wohne ⟶ ich wohnte; ich kaufe ⟶ ich kaufte.

Das Plusquamperfekt

Mit der Zeitform **Plusquamperfekt** macht man deutlich, dass etwas vor dem passiert ist, wovon im **Präteritum** erzählt wird. Deshalb heißt diese Zeitform auch **Vorvergangenheit**.
Das Plusquamperfekt wird zusammengesetzt aus dem Präteritum von ***haben/sein*** (z. B.: *hatte, war*) und dem **Partizip II** des Verbs (→ S. 330), z. B.:

Er hatte schon zwei Tore geschossen. (Deshalb war er sehr stolz.)

Das Futur I

Mit dem **Futur I (Zukunftsform)** drückt man aus, dass etwas in der Zukunft geschieht.
Es wird gebildet mit dem **Präsens von *werden*** und dem **Infinitiv** (→ S. 330), z. B.:

ich werde schlafen; du wirst lachen; er wird besuchen.

Das Futur II

Mit dem **Futur II** drückt man aus, dass etwas in Zukunft abgeschlossen sein wird, z. B.:

Ich werde nächstes Jahr die siebte Klasse abgeschlossen haben.

Das Futur II wird gebildet mit dem **Präsens von *werden* + Partizip II des Verbs + Infinitiv** von ***haben/sein***.

Aktiv und Passiv → S. 220–225

In einem **Aktivsatz** liegt die Betonung auf der/dem Handelnden, z. B.:

Marie hat die Aufgabe an der Tafel gelöst.

In einem **Passivsatz** wird das Objekt zum Subjekt des Satzes und dadurch betont, z. B.:

Die Aufgabe wurde von Marie an der Tafel gelöst.

In der Regel wird der Handelnde weggelassen, weil er entweder unwichtig oder unbekannt ist. Dann spricht man vom **täterlosen Passiv**, z. B.: *Das Konzert wird im Radio übertragen.*

- Das **Vorgangspassiv** beschreibt einen Vorgang und wird mit den **konjugierten Formen von *werden*** und dem **Partizip II** des Verbs (→ S. 330) gebildet, z. B.: *Das Licht wird angeschaltet.*
- Das **Zustandspassiv** beschreibt, in welchem Zustand etwas am Ende eines Vorgangs ist. Es wird mit den **konjugierten Formen** von ***sein*** und dem **Partizip II** des Verbs gebildet, z. B.: *Das Licht ist angeschaltet.*

Auch das **Passiv kann verschiedene Tempusformen** bilden. Die Bildung erfolgt mit den konjugierten Formen des Hilfsverbs ***werden* in der entsprechenden Tempusform** und dem **Partizip II** des Verbs, z. B.:

- **Präsens** *(es) wird gefeiert*
- **Präteritum** *(es) wurde gefeiert*
- **Perfekt** *(es) ist gefeiert worden*
- **Plusquamperfekt** *(es) war gefeiert wworden*
- **Futur I** *(es) wird gefeiert werden*
- **Futur II** *(es) wird gefeiert worden sein*

Der Konjunktiv II → S. 226–229

Der **Konjunktiv II** ist neben dem **Konjunktiv I, dem Indikativ** (Modus der Wirklichkeit) **und dem Imperativ** (Aufforderung/Bitte/Befehl) ein **Modus** (Aussageweise) des Verbs. Durch den **Modus** lässt sich ausdrücken, wie die Sprecherin / der Sprecher bzw. die Verfasserin / der Verfasser eines Textes etwas sieht oder wie eine Aussage aufgefasst werden soll.

- Der **Indikativ** stellt eine Aussage als wirklich oder tatsächlich (real) dar, z. B.:
  Bis zu den Sommerferien dauert es noch lange.
- Der **Konjunktiv II** stellt eine Aussage als wünschenswert oder unwirklich (irreal) dar, z. B.:
  Ich wünschte, die Sommerferien begännen morgen.

Die **Formen des Konjunktivs II** werden aus dem **Wortstamm des Präteritums** und der **Personalendung für den Konjunktiv** (-e, -est, -e, -en, -et, -en) gebildet. Dafür baut man eine **„Brücke" über die 1. Person Präteritum im Indikativ**, z. B.:

bewegen → ich bewegte, du bewegtest, er bewegte, …

Steht im Wortstamm der Präteritumform eines starken Verbs ein **a, o** oder **u**, so bilden diese im Konjunktiv II einen Umlaut, z. B.:

singen → ich sang → ich sänge, du sängest, sie sänge, …

Der Konjunktiv I in der indirekten Rede

→ S. 230–239

Der **Konjunktiv I** wird hauptsächlich in der **indirekten Rede** verwendet. Mithilfe des Konjunktivs macht man in der indirekten Rede deutlich, dass man nicht die eigene Meinung wiedergibt, sondern die einer/eines anderen. Anders als bei der direkten Rede steht das Verb in der indirekten Rede im Konjunktiv I. Außerdem ändern sich gegenüber der direkten Rede die Pronomen, z. B.:

Direkte Rede	**Indirekte Rede**
Kaya: „Ich will heute ins Kino gehen."	*Kaya sagt, dass sie heute ins Kino gehen wolle.*
Silas: „Kommst du heute Nachmittag mit ins Kino?"	*Silas will wissen, ob sie heute Nachmittag mit ins Kino komme.*
Leila: „Wer kommt sonst noch mit?"	*Leila will wissen, wer sonst noch mitkomme.*
Cosmo: „Komm doch einfach mit!"	*Cosmo fordert Leila auf, sie solle einfach mitkommen.*

Die **Bildung des Konjunktivs I** erfolgt mit dem **Präsensstamm des Verbs** und den **Personalendungen für den Konjunktiv** (-e, -est, -e, -en, -et, -en).

Infinitiv		**besprech|en**	**hab|en**	**sei|n**
Singular	1. Pers.	*ich besprech|e*	*ich hab|e*	*ich sei*
	2. Pers.	*du besprech|est*	*du hab|est*	*du sei|est*
	3. Pers.	*er/sie/es besprech|e*	*er/sie/es hab|e*	*er/sie/es sei*
Plural	1. Pers.	*wir besprech|en*	*wir hab|en*	*wir sei|en*
	2. Pers.	*ihr besprech|et*	*ihr hab|et*	*ihr sei|et*
	3. Pers.	*sie besprech|en*	*sie hab|en*	*sie sei|en*

Wenn sich der **Konjunktiv I nicht vom Indikativ unterscheidet**, wie z. B. in der 1. Person Singular und der 1. und 3. Person Plural, **verwendet man in der Regel den Konjunktiv II** zur Kennzeichnung der indirekten Rede, z. B.:

- **direkte Rede:** *Jana und Charlotte: „Wir gehen heute nicht mit ins Kino."*
- **indirekte Rede mit Gebrauch des Konjunktivs I (nicht eindeutig):** *Jana und Charlotte sagen, sie gehen heute nicht mit ins Kino.*
- **indirekte Rede mit Gebrauch des Konjunktivs II (eindeutig):** *Jana und Charlotte sagen, sie gingen heute nicht mit ins Kino.*

Sätze, Satzglieder und Satzgliedteile

Der Satz und seine Gliederung

→ S. 240 f.

Sätze kann man in **Felder** unterteilen: ein **Vorfeld,** ein **Mittelfeld** und ein **Nachfeld**.
Das **mehrteilige Prädikat** rahmt das Mittelfeld ein und bildet die **Satzklammer**. Ist das Prädikat nur einteilig, bleibt die rechte Satzklammer leer, z. B.:

Satzklammer

Vorfeld	Linke Satzklammer: finiter Prädikatsteil	Mittelfeld	Rechte Satzklammer: 2. Teil des Prädikats	Nachfeld
Sie	*sind*	*heute ins Museum*	*gegangen.*	–
Wir	*gehen*	*morgen ins Museum.*	–	–

Nach der Stellung der finiten Verbform im Satz unterscheidet man z. B. sogenannte **Verb-Erstsätze** und **Verb-Zweitsätze, z. B.**:
Verb-Erstsatz: *Gibst du mir bitte den Stift?*
Verb-Zweitsatz: *Ich berichte dir von dem Wandertag.* *Was möchtest du mir erzählen?*

Satzglieder mit der Umstellprobe erkennen

→ S. 240 f.

Satzglieder nennt man die Wörter oder Wortgruppen, die beim Umstellen des Satzes (**Umstellprobe**) immer zusammenbleiben und **im Vorfeld des Satzes** stehen können. Um welches Satzglied es sich jeweils handelt, kannst du mithilfe der **Frageprobe** bestimmen, z. B.:

Satzklammer

Vorfeld		Mittelfeld	
Wir (*Wer?* Subjekt)	haben	gestern ein Museum	besucht.
Gestern (*Wann?* Adv. Best. d. Zeit)	haben	wir ein Museum	besucht.

Das Subjekt

→ S. 240 f.

Das **Subjekt** ist der wichtigste „Partner" des Prädikats. Es ist der **Satzgegenstand**, über den mit dem Prädikat eine Aussage gemacht wird, z. B.:

Der geschickte Friseur schnitt die Haare.

Das **Subjekt** steht immer im **Nominativ**, z. B.:

Wer schnitt die Haare? – der Friseur

Das **Subjekt** bestimmt die Personalform des Prädikats, z. B.:

Der Friseur schneidet die Haare. *Friseure schneiden täglich Haare.*

Das **Subjekt** besteht oft aus einer **Wortgruppe** *(der geschickte Friseur)* oder einem **Pronomen** *(er, sie ...)*.

Das Objekt

→ S. 242

Ein **Objekt** ist eine Satzergänzung, die sich auf das Prädikat bezieht, und ein wichtiger Teil der Satzaussage ist, z. B.: *Die Tierpflegerin gibt der Robbe einen Fisch.* Man unterscheidet z. B.:

- das **Akkusativobjekt** (Frage: *Wen* oder *was?*), z. B.:
  Wen/was gibt die Tierpflegerin der Robbe? – einen Fisch
- das **Dativobjekt** (Frage *Wem?*), z. B.:
  Wem gibt die Tierpflegerin einen Fisch? – der Robbe
- das **Präpositionalobjekt** (Fragen: *Wor**um**?/**Um** wen oder was?; Wor**an**?/**An** wen oder was?; Wor**auf**?/**Auf** wen oder was?; Wor**über**?/**Über** wen oder was?*), z. B.:
  Wonach fragt sie? – nach dem Weg *Worüber berichtet er? – über den Wandertag*

Das Präpositionalobjekt erkennt man daran, dass das Verb eine bestimmte Präposition erfordert, mit der das Objekt angeschlossen ist, z. B.: *fragen nach …*

Die adverbiale Bestimmung (Adverbiale)

→ S. 243

Adverbiale Bestimmungen sind Satzglieder, die **zusätzliche Informationen** liefern.
Man ermittelt sie mithilfe folgender Fragen:

Fragen	**Adverbiale Bestimmung …**	**Beispiel**
Wo? Woher? Wohin? …	des Ortes	*Oskar ist nach Hause gefahren.* *Wohin ist Oskar gefahren?*
Wann? Wie lange? …	der Zeit	*Oskar fuhr vor einer Stunde los.* *Wann fuhr er los?*
Warum? Weshalb? …	des Grundes	*Oskar fuhr wegen Übelkeit zurück.* *Weshalb fuhr er zurück?*
Wie? Womit? …	der Art und Weise	*Oskar fuhr mit dem Bus nach Hause.* *Womit fuhr er nach Hause?*

Das Attribut

→ S. 244–246

Ein **Attribut** bestimmt sein Bezugswort genauer. Bei der **Umstellprobe** bleibt das **Attribut immer bei seinem Bezugswort.** Daher ist ein **Attribut** auch **kein eigenständiges Satzglied,** sondern immer Teil eines anderen Satzglieds. Man unterscheidet z. B.:

Vor dem Bezugswort stehen

- das **Pronominalattribut**, z. B.:
  diese Muschel, sein Handtuch
- das **Adjektivattribut/**
  das **Partizip als Attribut**, z. B.:
  das sonnige Wetter / die vereinbarte Uhrzeit

In der Regel nach dem Bezugswort stehen

- das **Genitivattribut**, z. B.:
  die Küste der Insel
- das **präpositionales Attribut**, z. B.:
  der Urlaub am Meer
- die **Apposition** (nachgestellte Erläuterung), z. B.:
  dieses Buch, ein Roman, ist spannend

Haupt- und Nebensätze

→ S. 248 f.

Ein **Satz** besteht mindestens aus einem **Prädikat** mit **finitem Prädikatsteil** und den **Satzgliedern**, die das Verb verlangt.
Ein **Hauptsatz** ist ein selbstständiger Satz, der für sich alleine stehen kann. Diesen erkennst du daran, dass die **finite Verbform** (→ S. 330) **an zweiter Satzgliedstelle** (= linke Satzklammer) steht.
Ein **Nebensatz** ist abhängig vom Hauptsatz. In einem Nebensatz steht **in der linken Satzklammer häufig eine unterordnende Konjunktion**, z. B. *weil, dass, damit,* und **alle Verbformen befinden sich in der rechten Satzklammer**. Nebensätze gehören zu den **Verb-Letztsätzen**.

Die Satzreihe: Hauptsatz + Hauptsatz

→ S. 248 f.

Die **Satzreihe** ist ein aus mindestens zwei Hauptsätzen zusammengesetzter Satz. Hier werden die einzelnen Hauptsätze durch **Kommas** voneinander getrennt, z. B.:

Ich stehe auf, ich esse Frühstück, ich gehe zur Schule.

Verknüpft werden die Hauptsätze häufig durch **nebenordnende Konjunktionen** wie *aber, sondern, doch, denn, und, oder,* z. B:

Sie wollte gerade Hausaufgaben machen, doch dann wurde sie abgelenkt.

Ich gehe in die Bibliothek, denn ich benötige Bücher für einen Vortrag.

Wenn die Hauptsätze durch *und/oder* verbunden werden, kann das Komma entfallen, z. B.:

Ich stehe auf, ich esse Frühstück (,) und ich gehe zur Schule.

Das Satzgefüge: Hauptsatz + Nebensatz

→ S. 248 f.

Ein **Satzgefüge** besteht aus **mindestens einem Hauptsatz** und **mindestens einem Nebensatz**. Der **Nebensatz steht** im Satzgefüge **im Vorfeld** oder **im Nachfeld** des Hauptsatzes, **selten** auch **im Mittelfeld**. Er endet mit der **finiten Prädikatsform** und wird durch ein Einleitewort mit dem Hauptsatz verbunden, z. B. durch die **unterordnenden Konjunktionen (Subjunktionen)** *weil, da, dass, obwohl, nachdem, bevor, als, wenn.*

Vorfeld	Linke Satzklammer	Mittelfeld	Rechte Satzklammer	Nachfeld
Das Schulessen	*schmeckt*	*meistens,*	-	*weil es frisch zubereitet wird.*
Weil es frisch zubereitet wird,	*schmeckt*	*das Schulessen meistens.*	-	-
Das Schulessen	*schmeckt,*	*weil es frisch zubereitet wird, meistens.*	-	-

Hauptsätze und Nebensätze werden **durch Kommas** voneinander getrennt.

Attributsätze/Relativsätze und Relativpronomen → S. 250 f.

Attributsätze/Relativsätze sind Nebensätze, die ein vorangehendes Bezugswort (Nomen oder Pronomen) näher beschreiben oder erklären. Sie nehmen die **Stelle eines Attributs** (→ S. 335) ein und werden deshalb auch als Attributsätze bezeichnet.
Relativsätze werden immer mit einem **Relativpronomen** eingeleitet, z. B.: *der, die, das* oder *welcher, welche, welches.*
Relativsätze werden – wie alle Nebensätze – **durch Kommas** vom Hauptsatz abgetrennt. Das gilt auch, wenn der Rahmensatz mit *und* fortgeführt wird, z. B.:
Das Buch, das ich gerade gelesen habe, möchte ich euch vorstellen.
Die Bücher, die heute ausgeteilt wurden, und die Arbeitshefte brauchen wir morgen.

Adverbiale Gliedsätze → S. 252–254

Die **Rolle der adverbialen Bestimmung (Adverbiale)** (→ S. 335) im Satz können nicht nur Wörter oder Wortgruppen übernehmen, sondern auch Nebensätze (Gliedsätze). Man bezeichnet sie als **adverbiale Gliedsätze** oder **Adverbialsätze**.
Wie die anderen adverbialen Bestimmungen auch, liefern sie Zusatzinformationen
- zum **Ort** (lokal), z. B.: …, *wo einer meiner Freund wohnt.*
- zur **Zeit** (temporal), z. B.: …, *als ich in die Schule gekommen bin.*
- zum **Grund** (kausal), z. B.: …, *weil ich gerne schwimme.*
- zur **Bedingung** (konditional), z. B.: …, *wenn ich mein Zimmer aufgeräumt habe.*
- zur **Folge** (konsekutiv), z. B.: …, *dass ich schneller fertig bin.*
- zur **Absicht** (final), z. B.: …, *damit ich morgen nicht so müde bin.*
- zur **Art und Weise** (modal), z. B.: …, *indem ich mich beeile.*
- oder können eine **Einschränkung** ausdrücken (konzessiv), z. B.: …, *obgleich ich sehr schnell war.*

Subjekt- und Objektsätze → S. 255–257

Nebensätze, welche die **Rolle des Subjekts** oder **des Objekts** im Satzgefüge einnehmen, bezeichnet man als **Subjektsätze** beziehungsweise als **Objektsätze**. Subjekt- und Objektsätze treten meist als **indirekte Fragesätze** oder als **dass-Sätze** auf, z. B.:

Satzform	Subjektsätze *(Wer oder was?)*	Objektsätze *(Wen oder was?)*
dass-Satz	*Es ist offensichtlich, dass sie viele Freunde hat.* *(Wer oder was ist offensichtlich?)*	*Ich weiß, dass sie sehr beliebt ist.* *(Wen oder was weiß ich?)*
indirekter Fragesatz	*Wer das leugnet, ist nicht gut informiert.* *(Wer oder was ist nicht gut informiert?)* *Wo wir uns treffen, muss besprochen werden.* *(Wer oder was muss besprochen werden?)*	*Ob sie es wusste, sage ich nicht.* *(Wen oder was sage ich nicht?)* *Ich überlege, was ich ihr schenke.* *(Wen oder was überlege ich?)*

Rechtschreibregeln und -strategien

Groß- und Kleinschreibung → S. 268–271

Groß schreibt man
- **Eigennamen** und **Nomen** (*Merlin, Olga; Fahrrad, Banane*),
- die **Anrede** von Personen, die man siezt (*Lieber Herr Kern, ich bitte Sie …*) und
- **Nominalisierungen/Substantivierungen** (andere Wortarten, z. B. Adjektive und Verben, die an die Stelle eines Nomens treten), z. B.: *etwas Schönes, das Besondere.*

Nomen und nominalisierte Wörter erkennt man z. B. an vorausgehenden **Begleitwörtern,** wie **Artikeln** *(die Schule, das Schreiben),* **Adjektiven** *(kleine Küken, schnelles Laufen),* **Pronomen** *(diese Schuhe, dein Lachen),* **unbestimmten Zahlwörtern** *(etwas Gutes, viel Schönes).*
Achtung: Manchmal ist das Begleitwort versteckt (*beim Zeichnen: bei dem Zeichnen)* oder man kann sich ein Begleitwort dazudenken, z. B.: *mit Mühe ⟶ mit viel Mühe.*

Beachte beim Superlativ (→ S. 329):
- Großgeschrieben wird: *__Das Interessanteste__ habe ich dir erzählt.*
- Kleingeschrieben wird: *Dieses Buch finde ich __am interessantesten__.*
  Das Buch ist dick, aber es ist __das interessanteste__.

Groß- und Kleinschreibung von Zeitangaben:
- **Großgeschrieben werden:**
  - **Wochentage und Tageszeiten als Nomen,** z. B.: *am Montag, jeden Dienstag, der Abend.*
  - **zusammengesetzte Zeitangaben,** z. B.: *Mittwochmorgen.*
- **Kleingeschrieben werden** z. B.:
  - **Zeitadverbien:** *heute, gestern, morgen, übermorgen, vorgestern.*
  - als **Zeitadverbien verwendete Tageszeiten** und **Wochentage** wie *montags* oder *vormittags.*

Getrennt- und Zusammenschreibung → S. 272–281

Grundsätzlich getrennt geschrieben werden
- **Nomen + Verb,** z. B.: *Fahrrad fahren, Hausaufgaben machen,*
- **Verb + Verb,** z. B.: *singen können, essen gehen, stehen lassen,*
- **Verbindungen mit** *sein,* z. B.: *traurig sein, dabei sein, schnell sein.*

Um zu überprüfen, ob du **im Einzelfall zusammenschreiben musst**, helfen dir **Proben**:
- **Artikelprobe:** Fügungen aus **Nomen + Verb** und **Verb + Verb** werden zusammen- und großgeschrieben, wenn sie nominalisiert werden. Hier hilft die **Artikelprobe**, z. B.:
  Das Fahrradfahren macht Spaß. *Das Essengehen ist etwas Besonderes.*
- **Umstellprobe:** Mit der Umstellprobe kannst du prüfen, ob das Nomen in einer Fügung aus Nomen + Verb ein eigenständiges Satzglied ist. **Ist es kein eigenständiges Satzglied, musst du zusammenschreiben**, z. B.: *Jonas maß?regelt seinen kleinen Bruder.*
  → falsch: *Jonas regelt seinen kleinen Bruder Maß.* → Nomen ist kein Satzglied → Zusammenschreibung

- **Bedeutungsprobe: Verbindungen aus einem Verb mit *lassen* oder *bleiben*** als zweitem Bestandteil können auch zusammengeschrieben werden, wenn sie in einer übertragenen Bedeutung verwendet werden, z. B.:

  sitzen bleiben (wörtliche Bedeutung), aber *sitzenbleiben (ein Schuljahr wiederholen).*

Abhängig von ihrer Bedeutung getrennt oder zusammengeschrieben werden auch:

- **Adverb + Verb,** z. B.:

  davonkommen (entkommen, entfliehen), aber *davon kommen (daher kommen, dass …).*

- **Adjektiv + Verb,** z. B.:

  schwarzmalen (etwas negativ sehen), aber *schwarz malen (mit schwarzer Farbe malen).*

Bei der Entscheidung helfen dir folgende Proben:

- **Bedeutungsprobe:** Wird die Verbindung aus Adjektiv + Verb in einer **übertragenen Bedeutung** verwendet, schreibt man **zusammen**. Wird die Fügung dagegen in der **wörtlichen Bedeutung** genutzt, schreibt man **getrennt**.
- **Betonungsprobe**: Wird das **erste Wort** (Bestimmungswort) des zusammengesetzten Wortes betont, wird **zusammengeschrieben**. Liegt die Betonung dagegen auf dem **zweiten Wort** (Grundwort) oder auf **beiden Wörtern**, musst du **getrennt** schreiben.
- **Steigerungsprobe**: Lässt sich das Adjektiv in dem jeweiligen Sinnzusammenhang **nicht steigern, so muss zusammengeschrieben** werden, z. B.:

  Der Arzt will ihn krank?schreiben. → falsch: *kränker schreiben* → Zusammenschreibung

Immer zusammengeschrieben werden

- **Präposition + Verb,** z. B.: *aufnehmen, zulassen, hintergehen, übersehen,*
- **Verbindungen mit** irgend-: *irgendein, irgendjemand, irgendwas,*
- **Verbindungen aus Adjektiv + Adjektiv:** *bitterböse, dunkelgrün, superschnell.*

Schreibung nach kurzen betonten Vokalen

Stammsilben mit kurzem betontem Vokal werden mit einem Konsonanten geschlossen. Bei zweisilbigen Wörtern hörst du meist zu Beginn der neuen Silbe einen weiteren Konsonanten, z. B.:

das Pflas-ter, ler-nen, der Hef-ter, der An-fang.

Hörst du nach einem kurzen betonten Vokal nur einen Konsonanten, dann wird dieser verdoppelt, um die Silbe zu schließen, z. B.: *Son-ne, Tel-ler, schwim-men, es-sen.*

Tipps zum richtigen Schreiben:

- Nutze bei einsilbigen Wörtern die Verlängerungsprobe, z. B.: *Blatt (Blät-ter).*
- Zerlege zusammengesetzte Wörter, z. B.: *Spinnweben (Spin-ne + weben).*
- Suche verwandte Wörter (Ableitungsprobe), z. B.: *Ke(n/nn)tnis?* → *kennen* → *Kenntnis.*

Schreibung von lang gesprochenen Vokalen

Lang gesprochene Vokale mit Dehnungs-h

Von einem Dehnungs-h spricht man, wenn ein **h** die offene Silbe mit lang gesprochenem Vokal anzeigt, z. B.: *deh-nen, leh-nen*. Dieses h steht nur (aber nicht immer!) vor **l, m, n** oder **r.**

Wörter mit lang gesprochenem i

- **Wörter mit ie:** Bei den meisten Wörtern mit lang gesprochenem **i** wird **ie** geschrieben, z. B.: *sie-ben, die Bie-ne, wie-gen, der Rie-gel, fie-len, frie-ren, die Lie-be.*
- **Wörter mit i:** Seltener wird der lange i-Laut durch den Buchstaben **i** wiedergegeben. Das gilt vor allem für Fremdwörter und einige Merkwörter, z. B.: *der Kamin, das Klima, das Kilo, das Risiko, die Lawine; wir, dir, mir; der Igel, das Kaninchen, der Tiger.*
- **Wörter mit ih:** Merke dir als Ausnahmen die Personalpronomen *ihr, ihn, ihm, ihnen, ihre/r.*

Wörter mit Doppelvokal

Nur sehr wenige Wörter werden mit Doppelvokal geschrieben. Diese Merkwörter sind:

- **aa:** *der Aal, das Haar, ein paar …, das Paar, der Saal, die Saat, der Staat, die Waage,*
- **ee:** *die Beere, das Beet, die Fee, das Heer, der Klee, das Meer, der Schnee, der See,*
- **oo:** *das Boot, doof, das Moor, das Moos, der Zoo.*

s-Laute unterscheiden

Endet eine **Silbe offen**, dann wird der folgende s-Laut als **s** oder **ß** geschrieben:

- Ist der **s-Laut** nach der offenen Silbe stimmhaft (weich, summend gesprochen), dann wird er mit **s** geschrieben, z. B.: *der Ha-se, spei-sen.* Das gilt auch für verwandte Wörter.
- Ist der **s-Laut** nach der offenen Silbe stimmlos (hart, zischend gesprochen), dann wird er mit **ß** notiert, z. B.: *sto-ßen, die Stra-ße.* Das gilt auch für verwandte Wörter.

Achtung: Am Wortende ist der s-Laut immer stimmlos. Verlängere daher einsilbige Wörter, z. B.:
Hau? → Häu-ser (stimmhaft) → Haus   Fu? → Fü-ße (stimmlos) → Fuß.
Verändert sich bei verwandten Wörter die Länge des Stammvokals, ändert sich auch die Schreibung des s-Lautes, z. B.: *essen → sie aß, schießen → er schoss.*

das oder dass?

Mit **Doppel-s** schreibst du nur die Konjunktion **dass**, die du nicht durch *welcher/welche/welches* oder *diese/dieser/dieses* ersetzen kannst, z. B.: *Ich weiß, dass sie kommt.*

Grundregeln der Kommasetzung → S. 286–292

- Das Komma kennzeichnet Unterbrechungen im Satz wie **Anreden** oder **nachgestellte Erläuterungen** (→ S. 287 f.), z. B.:
  Wir treffen uns am Samstag, dem 5. Mai, um 8:00 Uhr im Park, lieber Max.
- Das Komma trennt die Bestandteile einer Aufzählung (→ S. 287 f.), z. B.:
  Zum Basteln benötige ich Papier, ein Lineal, eine Schere.
  Achtung: Das Komma entfällt, wenn die Elemente durch *und, oder, entweder – oder, weder – noch* verbunden sind, z. B.: *Zum Basteln benötige ich Papier, ein Lineal und eine Schere.*
- Das Komma trennt Sätze (→ S. 289–292), z. B.:
  Der Frühling kommt, wenn die Schneeglöckchen blühen.

Arbeitstechniken und Methoden

Recherchieren: Informationen in Bibliotheken und im Internet suchen

1. Schritt: Fragen formulieren
- Formuliere eine Frage oder mehrere Fragen, die du beantworten möchtest.

2. Schritt: Geeignete Suchbegriffe sammeln
- Überlege, welche Suchbegriffe für die Beantwortung deiner Fragen sinnvoll sind.
- Gib deine Suchbegriffe in das **Stichwortfeld der Suchmaske** im Bibliothekscomputer oder im Suchfenster der Internet-Suchmaschine ein.
- Kombiniere mehrere Suchbegriffe, um deine Suchergebnisse einzuschränken. Probiere unterschiedliche Begriffe und Kombinationen aus, z. B. *Buchdruck + Gutenberg, Erfindung + Druckerpresse, Gutenberg + Druckerpresse, Erfindung + Buchdruck*.

3. Schritt: Geeignete Bücher/Internetseiten finden und auf ihre Eignung überprüfen

Bibliothek	Internet
- Klicke auf den Titel und prüfe mithilfe der **Kurzbeschreibung**, ob sich der Titel voraussichtlich zur Beantwortung deiner Fragen eignet. - Notiere die **Signatur** des Buches. Sie gibt den **Standort in der Bibliothek** an. - Prüfe mithilfe des **Inhaltsverzeichnisses** und des **Sachwortregisters** am Ende des gefundenen Buches, ob es tatsächlich geeignete Antworten auf deine Fragen enthält.	- Nutze neben den bekannten Suchmaschinen auch **spezielle Suchmaschinen für Kinder und Jugendliche**, da diese bereits eine Vorauswahl treffen. - **Folge den Links**, die dir für die Beantwortung deiner Fragen sinnvoll erscheinen. **Überfliege** den Text zunächst, um zu prüfen, ob er tatsächlich geeignete Informationen enthält. - Hast du eine gute und informative Seite gefunden, so **kopiere die www-Adresse in ein extra Dokument**. Notiere kurz, welche Informationen du unter diesem Link gefunden hast.

Ideen sammeln: Der Cluster

Ein **Cluster** hilft dir, Ideen zu einem bestimmten Thema zu finden. Einen Cluster legst du an, indem du das Thema in die Mitte eines Blattes schreibst und sternförmig davon ausgehend alle Fragen und Begriffe notierst, die dir zu diesem Thema einfallen, z. B.:

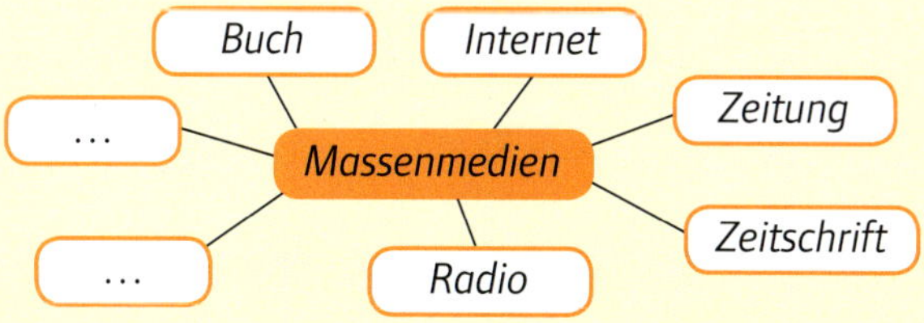

Ideen ordnen: Die Mindmap

Mit einer **Mindmap** stellst du Ideen und Sachverhalte übersichtlich dar, indem du sie nach Ober- und Unterbegriffen ordnest. In die Mitte schreibst du den zentralen Begriff und davon ausgehend die immer weiter verzweigten Unterpunkte.

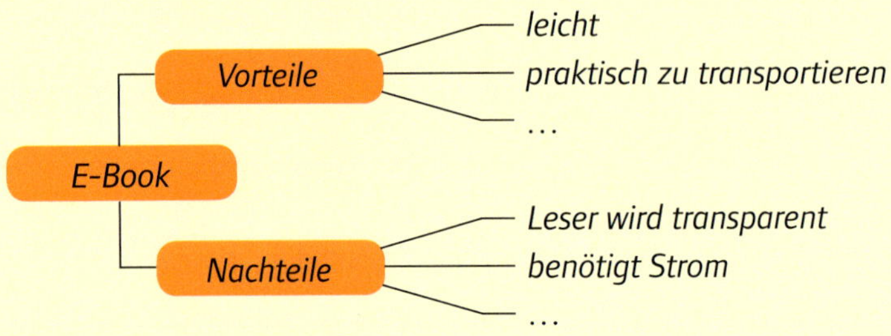

Ideen sammeln und ordnen: Tabelle

Mithilfe einer **Tabelle** kannst du Informationen sammeln und gleichzeitig ordnen. Tabellen eignen sich z. B., um Pro- und Kontra-Argumente zu einem Thema zu sammeln.

Argumente für das E-Book	Argumente gegen das E-Book
- *gut zu transportieren*	- *Abhängigkeit von Strom*
- *praktisch*	- *Leseerlebnis ist nicht mit gedrucktem Buch vergleichbar (Gefühl, Geruch, ...)*
...	...

Arbeitsergebnisse präsentieren: Einen Flyer gestalten → S. 39

Ziel eines Flyers ist es, die Leser/-innen bzw. Betrachter/-innen **kurz und knapp über einen bestimmten Sachverhalt zu informieren** oder sie für ein **Anliegen zu gewinnen**. Da die Aufmerksamkeitsspanne der Betrachter/-innen meist sehr kurz ist, muss auf den ersten Blick erkennbar sein, worum es geht. Daher müssen bei der Gestaltung eines Flyers folgende Punkte beachtet werden:

- **1. Übersichtlichkeit**
- **2. Gestaltung, die Aufmerksamkeit erregt und Interesse weckt,** z. B. gezielt eingesetzte Bilder und Grafiken
- **3. kurze, knackige Texte**, z. B. aussagekräftige **Slogans** oder eine **direkte Anrede** der Betrachter/-innen, z. B.:
  „Fair trade" = „Fair play" (Slogan) oder *Du kannst die Welt verändern!* (direkte Anrede)

Arbeitsergebnisse präsentieren: Einen Kurzvortrag halten

Wähle ein **Thema** aus, über das du informieren willst.

1. Schritt: Fragen stellen und Informationen sammeln
- Sammle Begriffe, Fragen und Informationen zum Thema deines Vortrags. Dazu kannst du eine Stichpunktliste oder einen **Cluster** (→ S. 341) anlegen.
- Beschaffe weitere Informationen: Frage **Eltern und Bekannte**, die Ahnung von deinem Thema haben, oder suche in deiner **Stadt - oder Schulbibliothek** und/oder im **Internet** nach Informationen zu deinem Thema.

2. Schritt: Informationen auswerten und ordnen
- Bei der Auswertung hilft dir z. B. eine **Mindmap** (→ S. 342), ein Zeitstrahl oder eine Grafik.

3. Schritt: Vortragskarten anlegen
- Lege Vortragskarten (z. B. Karteikarten) zu den ausgewählten Unterthemen an. Notiere auf jeder Vortragskarte einen Aspekt, eine Frage oder einen Oberbegriff und dazu wenige Stichpunkte.

4. Schritt: Den Vortrag gliedern
- In der **Einleitung** formulierst du das Vortragsthema und erklärst z. B., warum die Frage interessant für die Zuhörer/-innen ist.
- Im **Hauptteil** präsentierst du die Informationen in einer sinnvollen Reihenfolge.
- Zum **Schluss** fasst du das Wichtigste zusammen und formulierst z. B. deine eigene Meinung.

5. Schritt: Informationen veranschaulichen
- Deine Zuhörer/-innen können dem Vortrag leichter folgen, wenn sie die Gliederung vor Augen haben. Schreibe diese z. B. als **Stichpunktliste** an die Tafel. Hilfreich sind auch Anschauungsmaterial (Bilder) und eine **Übersicht** (Infoplakat, Wandpapier).
- Stelle zu Beginn deines Vortrags Thema und Gliederung vor.

6. Schritt: Den Kurzvortrag üben
- Übe den Vortrag mithilfe deiner vorbereiteten Vortragskarten, z. B. allein vor einem Spiegel.
- Übe auch das Sprechen vor Zuhörern. Ideal ist es, wenn sie sich bei deinem Thema nicht auskennen. So merkst du, was noch nicht verständlich genug ist.

7. Schritt: Den Kurzvortrag halten
- Sprich langsam, deutlich und in einem angemessenen Tempo.
- Halte Blickkontakt zu den Zuhörenden und achte auf deine Körpersprache.
- Sprich möglichst frei und beziehe deine Zuhörer/-innen in den Vortrag mit ein, indem du z. B. Fragen stellst oder beantwortest.

Texte überarbeiten: Eine Schreibkonferenz durchführen

- Setzt euch in kleinen **Gruppen** (höchstens zu viert) zusammen.
- Eine/Einer **liest** den eigenen Text **vor**, die anderen hören gut zu.
- Anschließend geben die Zuhörer/-innen eine **Rückmeldung**, was ihnen besonders gut gefallen hat.
- Dann wird der Text in der Gruppe **Satz für Satz besprochen**. Die **Überarbeitungsvorschläge** werden schriftlich festgehalten. Korrigiert auch die **Rechtschreibung und Zeichensetzung**.
- Zum Schluss **überarbeitet** die Verfasserin / der Verfasser den eigenen Text mithilfe der Tipps und Anmerkungen.

Checkliste ✓ Texte überarbeiten

Inhalt

✓ Passt dein Text zur Aufgabenstellung, z. B.: *eine Inhaltsangabe schreiben, einen argumentativen Artikel für die Schülerzeitung verfassen?*

✓ Erfüllt der Text den Zweck, den er erfüllen soll, z. B.: *zu zeigen, dass du einen Text verstanden hast oder deine Mitschüler/-innen von einem Anliegen zu überzeugen?*

✓ Ist der Text für die Adressatinnen und Adressaten (Zuhörer/-innen, Leser/-innen) geeignet, z. B.: *Mitschüler/-innen, Lehrer/-innen oder Eltern?*

Ausdruck

✓ Passt die Wortwahl zur Aufgabenstellung, zum Zweck und zu den Adressatinnen/Adressaten des Textes?

✓ Sind deine Sätze korrekt und vollständig?

✓ Hast du unnötige Wortwiederholungen vermieden?

✓ Sind die Satzanfänge abwechslungsreich formuliert?

Rechtschreibung und Grammatik

✓ Hast du die Regeln der Groß- und Kleinschreibung (→ S. 338) beachtet?

✓ Sind die Regeln der Getrennt- und Zusammenschreibung (→ S. 338 f.) berücksichtigt?

✓ Sind die lang gesprochenen Vokale (→ S. 339 f.) richtig geschrieben?

✓ Ist die Schreibung nach kurzen betonten Vokalen (→ S. 339) korrekt?

✓ Hast du die s-Laute korrekt geschrieben (→ S. 340)?

✓ Hast du die Kommasetzungsregeln bei Aufzählungen und Satzunterbrechungen (→ S. 340) beachtet?

✓ Ist die Kommasetzung zwischen Haupt- und Nebensätzen (→ S. 340) korrekt?

Äußere Form

✓ Ist deine Schrift gut lesbar?

✓ Ist der Text sinnvoll gegliedert?

✓ Hast du einen ausreichend breiten Rand gelassen?

Textquellen

12 Manz, Hans: Ich. Aus: Gelberg, H.-J. (Hrsg.): Was für ein Glück. Weinheim: Beltz & Gelberg, 1993, S. 216. **13** Ferstl, Ernst: Einzigartig. Unter: *http://www.aphorismen.de/gedicht/59530* [04.04.2016]. **16** Herrndorf, Wolfgang: Tschick. Reinbek bei Hamburg: Rowohlt Verlag, 20. Aufl., 2013, S. 21. **17** Gleitzman, Morris: Quasselstrippe. Aus dem Englischen von Nina Schindler. Weinheim: Beltz Verlag, 1995, S. 7. **19** Gibran, Khalil: Die Wirklichkeit des anderen. In: Havener, Torsten: Ohne Worte. Was andere über dich denken. Reinbek bei Hamburg: Rowohlt Verlag, 2014, S. 33. **20** Rybicki, Marc: Mein Handy, mein Ego und ich. In: Frankfurter Neue Presse vom 12.07.2014. **22** Hanß, Paulina Marie: Meine verrückten Träume – realistisch oder unrealistisch? Beitrag vom 09.08.2015. Unter: *http://allerliebste-lieblinge.blogspot.de/2015/08/meine-verruckten-traume-realistisch.html* [04.07.2016]. **23** Blog. In: Wikipedia. Die freie Enzyklopädie. Bearbeitungsstand: 14. Januar 2016. Unter: *https://de.wikipedia.org/w/index.php?title=Blog&oldid=150187346* [04.07.2016]. **26 f.** Nach: Schäfer, Susanne: Nachhaltige Kleidung – Unsere zweite Haut (gekürzt). In: ZEIT Wissen Nr. 1/2013. Unter: *http://pdf.zeit.de/zeit-wissen/2013/01/Nachhaltige-Kleidung.pdf* [04.07.2016]. **28** Gessat, Rachel: Wenn Mode krank macht (gekürzt). Deutsche Welle Online vom 25.11.2012. Nach: *http://www.dw.com/de/wenn-mode-krank-macht/a-16403641* [04.07.2016]. **29** Mode macht Wirtschaft. Nach: *http://www.fastfashion-dieausstellung.de/de/oekonomie* [04.07.2016]. **31 f.** Darf man Billigmode aus Asien kaufen? Aus: Dein Spiegel 08/2014, S. 33. **42 f.** Holdinghausen, Heike: Deutschlands fairste Maus. Aus: *http://www.taz.de/!5078074/* [04.07.2016]. **44 f.**Tiller, Cornelia: Upcycling. Aus: Magazin Schule Online 06/2015. Unter: *http://www.magazin-schule.de/magazin/upcycling/* [04.07.2016]. **60 f.** Heumann, Karen im Interview mit Neyla und Cyrus: In der Werbung wird geschwindelt (gekürzt). Nach: Dein SPIEGEL 12/2013 S. 28 f. **62 ff.** Strerath, Thomas im Interview mit Nadja Kirsten: „Werbung ist ehrlich" (gekürzt). Nach: ZEIT Campus Nr.5/2012. Unter: *http://www.zeit.de/campus/2012/05/werbebranche-karriere-einstieg* [04.07.2016]. **74 f.** Verne, Jules: Die Reise zum Mittelpunkt der Erde. Aus dem Französischen übertragen und bearbeitet von Hans Eich. 17. Aufl., Würzburg: Arena Verlag, 2006, S. 113–116. **76 f.** Swift, Jonathan: Gullivers Reisen. Neu bearb. von Maria Czedik-Eysenberg. Wien: Carl Ueberreuter Verlag, 1991, S. 6–8. **78 f.** Ebd., S.54–56. **S. 80 f.** Ebd., S. 62 f. **82 f.** Goldman, William: Die Brautprinzessin. S. Morgensterns klassische Erzählung von wahrer Liebe und edlen Abenteuern. Die Ausgabe der „spannenden Teile". Gekürzt und bearbeitet von William Goldman. Und das erste Kapitel der lange verschollenen Fortsetzung Butterblumes Baby. Aus dem Englischen übersetzt von Wolfgang Krege. 4. Aufl. der erweiterten Ausg. Stuttgart: Klett-Cotta 2008, S. 181–183. **84** Verne, Jules: 20 000 Meilen unter dem Meer. Aus dem Französischen von Joachim Fischer. 9. Aufl. Würzburg: Arena Verlag, 2005, S. 75–78. **86** Hebel, Johann Peter: Der Geizige. In: Erzählungen und Aufsätze des Rheinländischen Hausfreunds. Der Gesamtausgabe zweiter Band, hrsg., eingeleitet und erläutert von Wilhelm Zenter. Karlsruhe: C. F. Müller Verlag, 1968, S. 374 f. **88 f.** Gotthelf, Jeremias: Das Testament. Aus: Deutsches Anekdotenbuch. Hrsg. v. H. Reim u. Paul Alverdes. Callwey Verlag, München, 1927. **90** Hebel, Johann Peter: Seltsamer Spazierritt. In: Erzählungen und Aufsätze des Rheinländischen Hausfreunds. Der Gesamtausgabe erster Band, hrsg., eingeleitet und erläutert von Wilhelm Zenter. Karlsruhe: C. F. Müller Verlag, 1968, S. 147. **92 f.** Hebel, Johann Peter: Der kluge Richter. Ebd., S. 99 ff. **98** Danquart, Pepe: Der Monolog der älteren Frau. Aus: Schwarzfahrer (Kurzfilm) 1992. Abdruck mit freundlicher Genehmigung der Trans-Film-Vertriebs-GmbH. **102 f.** Tolstoi, Leo: Der Sprung. In: Das neue Alphabet. Russische Lesebücher. Aus dem Russischen übersetzt von Hermann Asemissen, Günter Dalitz, Herbert Wotte und Georg Schwarz. Hrsg. von Eberhard Dieckmann. Berlin: Rütten & Loening, 1968, S. 295 ff. **104 f.** Schubiger, Jürg : Das Kind auf dem Kasten (gekürzt). In: Als die Welt noch jung war und die anderen Geschichten. Weinheim und Basel: Beltz & Gelberg in der Verlagsgruppe Beltz, 2011, S. 149 ff. **106 f.** Hebel, Johann Peter: Der schlaue Husar. In: Erzählungen und Aufsätze des Rheinländischen Hausfreunds. Der Gesamtausgabe erster Band hrsg., eingeleitet und erläutert von Wilhelm Zenter. Karlsruhe: C. F. Müller Verlag, 1968, S. 120 ff. **108 ff.** Allgöwer, Kristina: Eine Meldung und ihre Geschichte: Schulfrei. DER SPIEGEL 30/2006 Unter: *http://magazin.spiegel.de/EpubDelivery/spiegel/pdf/47822174* [04.07.2016]. **112** Klappentext: Engström, Mikael: Ihr kriegt mich nicht! Aus dem Schwedischen von Birgitta Kicherer. München: dtv Reihe Hanser, 2011. **113** Klappentext: Held, Kurt: Die rote Zora. 5. Sonderausg. mit Filmfotos. Düsseldorf: Sauerländer, 2008. © S. Fischer Verlag, Frankfurt a. M. **114 f.** Engström, Mikael: Ihr kriegt mich nicht! Aus dem Schwedischen von Birgitta Kicherer. München: dtv Reihe Hanser, 2011, S. 7 f. **116 f.** Ebd., S. 14 ff. **117 f.** Ebd., S. 27 ff. **119 ff.** Ebd., S. 18–23. **125** Ebd., S. 80 ff. **127 Mitte oben** Köcher, Teresa u. Diegmann, Benedikt: Jenseits von Nangijala. Rezension zu Mikael Engströms „Ihr kriegt mich nicht". Unter: *http://www.lesebar.uni-koeln.de/index.php?id=16&rec=411* [04.07.2016] **127 Mitte unten** Lettner, Franz: Unter der Eisdecke des Sees. Rezension zu Mikael Engström: „Ihr kriegt mich nicht", DIE ZEIT Nr. 45 vom 29. Oktober 2009 (Luchs Nr. 274). Hamburg: Zeitverlag Gerd Bucerius GmbH & Co. KG **128 ff.** Held, Kurt: Die rote Zora und ihre Bande. 40. Aufl. Aarau: Sauerländer, 2012, S. 43–46, S. 51–55. © S. Fischer Verlag, Frankfurt a. M. **136 f.** Eidinger, Lars im Interview. ZEIT Campus Nr. 02/2013. Unter: *http://pdf.zeit.de/campus/2013/02/lars-eidinger-mensa.pdf* [04.07.2016]. **138** Hübner, Lutz: Creeps. Ein Jugendtheaterstück. Hrsg. von Klaus-Ulrich Pech und Rainer Siegle. Zusammengestellt von Henning Fangauf. 1. Aufl. Stuttgart, Leipzig: Ernst Klett Schulbuchverlage, 2006, S. 5. **139** Ebd. **140 f.** Ebd., S. 13 ff. **142 ff.** Ebd., S. 25–29. **146** Ebd., S. 20 f. **147** Ebd., S. 39 f. **148** Ebd., S. 46. **148 f.** Ebd., S. 47 f. **149** Ebd., S. 49. **151** Beckett, Samuel: Come and Go. Aus dem Englischen von Erika und Elmar Tophoven. In: Theaterstücke. Frankfurt a. M.: Suhrkamp Verlag, 1976, S. 227–232, S. 229. **152** Ebd., S. 229 ff. **156 ff.** Kindermann, Barbara: Oberons Liebeszauber. In: Ein Sommernachtstraum nach William Shakespeare. Neu erzählt von Barbara Kindermann. Berlin: © Kindermann Verlag 2005, 6. Auflage, 2013. **159 ff.** Shakespeare, William: Ein Sommernachtstraum. 3. Akt, 1. Szene. Übersetzt von August Wilhelm Schlegel. Aus: Ein Sommernachtstraum / Der Kaufmann von Venedig / Viel Lärm um nichts. Zürich: Diogenes Verlag,

1979. **161 f.** Shakespeare, William: Ein Sommernachtstraum, Ebd. **166 f.** Fontane, Theodor: John Maynard. In: Ders.: Sämtliche Romane. Erzählungen. Gedichte. Nachgelassenes. Hrsg. v. W. Keitel u. H. Nürnberger. Band 22. Frankfurt a. M.: Wallstein, 1979, S. 255 f. **170 f.** Ernst, Otto: Nis Randers. Mit Bildern von Tobias Krejtschi. In: POESIE FÜR KINDER. Berlin: Kindermann Verlag, 2015. **174 f.** Schiller, Friedrich: Der Handschuh. In: Ders.: Gedichte und Balladen. Berlin: Insel Verlag, 2011, S. 63 ff. **176 f.** Meyer, Conrad Ferdinand: Bettlerballade. In: Sämtliche Gedichte. Mit einem Nachwort von Sjaak Onderdelinden. Stuttgart: Reclam Verlag, 1978, S. 166 f. **177** Definition „Held“. In: Duden. Das Bedeutungswörterbuch. Mannheim, Leipzig, Wien, Zürich: Dudenverlag © Bibliographisches Institut & F. A. Brockhaus AG, Mannheim, 2002, S. 465. **178 f.** Kästner, Erich: Der Handstand auf der Loreley. In: Gesang zwischen den Stühlen. Mit Zeichnungen von Erich Ohser. Neuausg. 1. Aufl. Zürich: Atrium Verlag, 2011, S. 20 f. **180 f.** Mey, Reinhard: Sie sagten, er käme von Nürnberg her. Text: Mey, Reinhard. © EMI Nobile Musikverlag GmbH, Berlin. **182 f.** Bendzko, Tim: Nur noch kurz die Welt retten. Text: Bendzko, Tim / Brandis, Mo / Triebel, Simon © EMI Music Publishing Germany GmbH & Co. KG, Hamburg; Ginger Songs Edition by EMI Music Publishing Germany GmbH & Co. KG; Rückbank Musikverlag Mark Chung E. K. bei Freibank Musikverlag, Hamburg. **190 f.** Nach: Passig, Kathrin: Dank E-Books lese ich mehr und kaufe weniger. In: Zeit online vom 06.05.2013. Unter: *http://www.zeit.de/digital/internet/2013-05/ebook-reader-leseverhalten-passig* [04.07.2016]. **192 f.** Fritzsche, Lara: Dein Buch liest dich. In: SZ-Magazin Literatur. Heft 31/2013. Unter: *http://sz-magazin.sueddeutsche.de/texte/anzeigen/40237/Dein-Buch-liest-dich* [04.07.2016]. **194 ff.** Nach: Bossmann, Björn: Die Erfindung des Buchdrucks. TK logo. Unter: *https://www.tk.de/tk/a-z-navigation/g/buchstaben-in-bewegung-10003878/535716* [04.07.2016]. **197** Nach: Geschichte und Entstehung des Buchdrucks. UB Mannheim. Unter: *https://www.bib.uni-mannheim.de/fileadmin/pdf/aktuelles/veranstaltung/quijote/Erler-Druck.pdf* [04.07.2016]. **198 f.** Das Buch als „Gefahr“ – Was bedeutet Zensur? Nach: Hörath, Helma: Zensur. In: Rossipotti-Literaturlexikon; hrsg. von Annette Kautt. Unter: *http://www.literaturlexikon.de/sachbegriffe/zensur.html* [04.07.2016]. **199** JgefSchrG Vorspruch, § 1. Unter: *http://www.gesetze-im-internet.de/bundesrecht/jgefschrg/gesamt.pdf* [04.07.2016]. **200 f.** Nach: Hamann, Götz: Von Buchdruck bis Browser. Eine kleine Geschichte der Massenmedien in Stichworten. In: Die Zeit Nr. 40 vom 25.09.2008. Unter: *http://www.zeit.de/2008/40/OdE49-Medien-Stichworte* [04.07.2016]. **204** Massenmedien. In: Thurich, Eckart: pocket politik. Demokratie in Deutschland. Überarb. Neuaufl. Bonn: Bundeszentrale für politische Bildung, 2011. Unter: *http://www.bpb.de/nachschlagen/lexika/pocket-politik/16493/massenmedien* [04.07.2016]. **206 ff.** Ehrhardt, Kari im Interview: Wie werde ich Autor/in? Carlsen. Unter: *https://www.carlsen.de/jugendbuecher/specials-und-aktionen/wie-werde-ich-autor* [04.07.2016]. **210** Brandtstätter, Philipp: Wie funktioniert Fan-Fiction? Duda News. Kindernachrichten. Unter: *http://www.duda.news/welt/fan-fiction-wie-geht-das/* [04.07.2016]. **214** Nach: Stampfel, Sabine u. Unger, Yvonne: Julfest – Weihnachten – Wintersonnenwende. In: *http://www.kindernetz.de/infonetz/laenderundkulturen/jahreskreisfeste/julfest/-/id%3D56794/nid%3D56794/did%3D56804/1heam62/index.html* [04.07.2016]. **226** Kaléko, Mascha: Wenn ich eine Wolke wäre. Aus: Die paar leuchtenden Jahre. München: © Deutscher Taschenbuchverlag, 2003. **228** König, Johann: Wenn ich wollte, wie ich könnte … In: Ders.: Gestammelte Werke. Oldenburg: Lappan Verlag, 2006. **230 f.** Wepps, Lea und Thalmann, Lisa: Das Ende der Freundschaft. In: Peer. Schülerzeitung des Egbert-Gymnasiums in Münsterschwarzach, 2014. Nach: *http://www.spiegel.de/schulspiegel/bild-977105-713078.html* [04.07.2016]. **235** Nach: Klicksafe.de – Mehr Sicherheit im Netz. *http://www.klicksafe.de/themen/kommunizieren/soziale-netzwerke/probleme-in-sozialen-netzwerken/* [04.07.2016]. **237 f.** Nach: Vowinkel, Heike: Cybermobbing: Die Feinde aus dem Netz. In: *http://www.abendblatt.de/ratgeber/wissen/article119900333/Cybermobbing-Die-Feinde-aus-dem-Netz.html* [04.07.2016]. **240 f.** Nach: Grundmann, Katja: So seltsam isst die Welt. In: *http://www.geo.de/GEOlino/mensch/sardinien-ekelige-speisen-geschmackssache-so-seltsam-isst-die-welt-70546.html?p=1* [04.07.2016]. **243** Nach: Grundmann, Katja: Burger ohne Heimat. In: *http://www.geo.de/GEOlino/mensch/fastfood-burger-ohne-heimat-70543.html?p=1&eid=70493* [04.07.2016]. **245** Stimmt's oder stimmt's nicht? Nach: *http://www.gesundheitsforschung-bmbf.de/de/ernaehrung.php* [04.07.2016] **246** Nach: Ernährung im Wandel der Zeiten. In: *http://www.welt.de/wissenschaft/article1477191/Ernaehrung-im-Mittelalter-viel-besser-als-heute.html* [04.07.2016] © WeltN24 GmbH 2016. Alle Rechte vorbehalten. **256** Nach: Ruschkowski, Katharina von: Einmal trockenen Reis, bitte! In: Geolino extra Nr. 50: Wie wir die Welt retten. Hamburg: Gruner + Jahr Verlag, S. 38. **257** Nach: Ruschkowski, Katharina von: Ebd., S. 37 f. **259** Schule. Nach: Duden. Etymologie. Herkunftswörterbuch der deutschen Sprache. 2., öllig neu bearbeitete und erweiterte Auflage von Günther Drosdowski, Bd. 7. Mannheim, Leipzig, Wien, München: Duden Verlag, 1989, S. 653 (gekürzt und vereinfacht) **263** Prass, Ilse: Rievkoche. In: *https://www.karneval.de/Rezeptdetails.aspx?rezeptid=45&newsid=6853* [04.07.2016]. **263** Nach: Kaufmann, Sabine: Die „Zweite Lautverschiebung“. In: *http://www.planet-wissen.de/geschichte/deutsche_geschichte/geschichte_der_dialekte/* [04.07.2016]. **266** Nach: Ruschkowski, Katharina von: Wunderwelt. In: Geolino extra Nr. 46, Superbauten und Megastädte. Hamburg: Gruner + Jahr Verlag, S. 7. **268** Nach: Linde, Verena: Gehasst und geliebt – Die Geschichte des Eiffelturms. In: Geolino extra Nr. 46, Superbauten und Megastädte. Hamburg: Gruner + Jahr Verlag, S. 20 ff. **276** Gernhardt, Robert: Setzen, Stellen, Legen u. a. In: Ders.: Wörtersee. 9. Aufl., Frankfurt a. M.: Zweitausendeins, 2006, S. 287. **286** Nach: Lich, Barbara: Lego – Die Dauerbaustelle. In: Geolino extra Nr. 40, Erfindungen. Hamburg: Gruner + Jahr Verlag, S. 36 f. **289** Nach: Kienle, Dela: Wer war das? In: Geolino extra 40, Erfindungen. Hamburg: Gruner + Jahr Verlag, S. 69 ff. **290 u.** Nach: Geolino extra 40, Erfindungen. Hamburg: Gruner + Jahr Verlag, S. 69 ff. **293** Nach: Schlüter, Andreas: Level 4 – Die Stadt der Kinder. Leicht überarbeitete Neuauflage. München: Deutscher Taschenbuchverlag, 15. Auflage, 2008, S. 31. **295** Nach: Müller, Simone: Läuft! – Wie Forscher Robotern das Gehen beibringen. Aus: Geolino extra Nr. 52. Hamburg: Gruner + Jahr Verlag, S. 34 ff. **298** Wörterbucheinträge. Aus: Duden. Die deutsche Rechtschreibung. Mannheim, Zürich: Duden Verlag, 25. Auflage, S. 335 (Demografie), S. 586 (Joghurt), S. 778

(Niveau). **317** Nach: Lich, Barbara: Lego – Die Dauerbaustelle. In: Geolino extra Nr. 40, Erfindungen. Hamburg: Gruner + Jahr Verlag, S. 36 f.

Bildquellen

4 Shutterstock/blurAZ **5** ddp images/Picture Press **8** Fotolia/enterlinedesign **12** Shutterstock / Monkey Business Images **13** Shutterstock / Armin Staudt **18** Fotolia/ Marco Govel **21** Fotolia/Fotolyse (Schiefer Turm von Pisa), Fotolia/xquell (Sandburg), Fotolia/Jag_cz (Pizza), Fotolia/magdal3na (Herz), Fotolia/K. Thalhofer (Hund), Fotolia/DWP (jubelnde Menge), Fotolia/Aliaksei Kaponia (Skateboard), Fotolia/Giorgio Magini (Motorroller) **24** Shutterstock / blurAZ **25** Fotolia/ViewApart **26** Fotolia/Nina Malyna **30** © Museum für Kunst und Gewerbe, Hamburg / Nils Reincke-Dieker, Larissa Starke, Friederike Wolf **38 u.** © Christliche Initiative Romero, *www.ci-romero.de* **44** © Magazin Schule, in Woerterwelt GmbH, München **45** Fotolia/Khvost (Jeans), Colourbox/Ekaterina Paladi (T-Shirt), Fotolia/Tarzhanova (Socken), Fotolia/aleksandar kamasi (Autoreifen), Shutterstock / Antony McAulay (Konservendose), Fotolia/stockphoto-graf (Flasche) **48** ddp images/ Picture Press **49** © bridgemanimages.com **50** © Greenpeace **52** © Bund für Umwelt und Naturschutz Deutschland e.V. (BUND) **54** © Brot für die Welt/Gute Botschafter GmbH; *www.gute-botschafter.de* **56** © Johann Sebastian Hänel/Aktion Mensch e.V. **58** Fotolia/olly **59** © Unicef **66** Fotolia/Taiga **67** Fotolia/steschum **70** Fotolia/maximka87 **96, 97, 99, 100** Filmbilder aus dem Film „Schwarzfahrer" von Pepe Danquart © Trans-Film-Vertriebs-GmbH **108** Josephine Belasco © picture-alliance / AP **112** Cover: Mikael Engström: Ihr kriegt mich nicht! © Deutscher Taschenbuch Verlag, München, 2011 **113** Cover: Kurt Held: Die rote Zora und ihre Bande © KJB in S. Fischer Verlage, Frankfurt a. Main, 2015 **136** William Shakespeare: Ein Sommernachtstraum. Neues Ohnsorg-Theater im Biberhaus, Hamburg, 2011, © imago **137** Lutz Hübner: Creeps. Junges Theater Basel, 2004, Foto: Uwe Heinrich © BlindBild **138, 140, 142, 143** Lutz Hübner: Creeps. Theater der Jugend Wien, 2010, Fotos: Rita Newman **153** Samuel Beckett: Come and Go. Barbican Centre London, 2006, © ddp images **155 o.** William Shakespeare: Ein Sommernachtstraum. Deutsches Theater Berlin, 2010 © imago **155 u.** Emil Orlik, Grundriss-Skizze für die Drehbühne zu einer Inszenierung von Friedrich Schillers Drama „Die Räuber". Deutsches Theater, Berlin 1908. © bpk / Theaterwissenschaftliche Sammlung, Universität zu Köln **156** William Shakespeare: Ein Sommernachtstraum. Volkstheater Wien 2015, © picture-alliance / Alex Halada **157** picture-alliance / dpa **158** William Shakespeare: Ein Sommernachtstraum. Volkstheater Wien, 2015, picture-alliance / Alex Halada **159** William Shakespeare: Ein Sommernachtstraum. Peking, 2012, © imago **164** Malala Yousafzai: picture alliance / dpa; Sophie Scholl: picture-alliance / dpa; Mutter Teresa: ddp images / ddp images **165** Mario Götze: ddp images; Martin Luther King: ddp images/ddp images; Chesley B. Sullenberger: Reuters / Lucas Jackson **186** Fotolia/sebra **187** Fotolia/rasstock **190** Fotolia/enterlinedesign **194** Interfoto / imageBROKER / H.-D. Falkenstein **195** Interfoto/LP **196 ©** bridgemanimages.com **206** Kari Ehrhardt: © privat. Carlsen Verlag, München **258** bpk **262 l.** Fotolia/jeepbabes **r.** Foto „Schales" von Frank C. Müller, Baden-Baden, aus der freien Enzyklopädie Wikipedia, Wikimedia Commons, *https://commons.wikimedia.org/wiki/Category:Schales?uselang=de#/media/File:Schales_im_Braeter_01_fcm.jpg*, lizenziert über Creative Commons CC-BY-S. 3.0

Sachregister

Wichtige Operatoren

Operatoren	Erklärung
begründen	eine Meinung oder eine Ansicht durch Argumente stützen
belegen	Aussagen durch geeignete Textstellen stützen
(be-)nennen	Gegenstände oder Sachverhalte mit genauen Begriffen bezeichnen
beschreiben	Personen, Bilder, Situationen, Vorgänge, Sachverhalte oder Zusammenhänge strukturiert darstellen
bestimmen	etwas prägnant und anhand bestimmter Gesichtspunkte feststellen
charakterisieren	Sachverhalte, Vorgänge, Personen usw. in ihren Besonderheiten darstellen
diskutieren	sich argumentativ mit einem Thema, einer Frage oder einem Problem auseinandersetzen
erklären	einen Sachverhalt für andere verständlich darstellen
erläutern	einen Sachverhalt veranschaulichen und verständlich machen
erschließen	einen Text für die weitere Bearbeitung aufbereiten; neue Informationen, Erkenntnisse und Sichtweisen herleiten
formulieren	ein Ergebnis, einen Standpunkt oder einen Eindruck knapp und präzise ausdrücken
gestalten	etwas mithilfe von kreativen Mitteln eigenständig erarbeiten
gliedern	Inhalte nach bestimmten Gesichtspunkten ordnen
prüfen	Aussagen, Behauptungen usw. auf ihre Schlüssigkeit, Gültigkeit und Berechtigung hin betrachten und bewerten
vergleichen	Gemeinsames und Unterschiedliches herausarbeiten und gegenüberstellen
zusammenfassen	Inhalte oder Zusammenhänge in eigenen Worten knapp wiedergeben

Knifflige Verben im Überblick

Infinitiv	Präsens	Präteritum	Perfekt
befehlen	du befiehlst	er befahl	er hat befohlen
beginnen	du beginnst	sie begann	sie hat begonnen
beißen	du beißt	er biss	er hat gebissen
bieten	du bietest	er bot	er hat geboten
bitten	du bittest	sie bat	sie hat gebeten
blasen	du bläst	er blies	er hat geblasen
bleiben	du bleibst	sie blieb	sie ist geblieben
brechen	du brichst	sie brach	sie hat gebrochen
brennen	du brennst	es brannte	es hat gebrannt
bringen	du bringst	sie brachte	sie hat gebracht
dürfen	du darfst	er durfte	er hat gedurft
einladen	du lädst ein	sie lud ein	sie hat eingeladen
erschrecken	du erschrickst	er erschrak	er ist erschrocken
essen	du isst	er aß	er hat gegessen
fahren	du fährst	sie fuhr	sie ist gefahren
fallen	du fällst	er fiel	er ist gefallen
fangen	du fängst	sie fing	sie hat gefangen
fliehen	du fliehst	er floh	er ist geflohen
fließen	du fließt	es floss	es ist geflossen
frieren	du frierst	er fror	er hat gefroren
gelingen	es gelingt	es gelang	es ist gelungen
genießen	du genießt	sie genoss	sie hat genossen
geschehen	es geschieht	es geschah	es ist geschehen
greifen	du greifst	sie griff	sie hat gegriffen
halten	du hältst	sie hielt	sie hat gehalten
heben	du hebst	er hob	er hat gehoben
heißen	du heißt	sie hieß	sie hat geheißen
helfen	du hilfst	er half	er hat geholfen
kennen	du kennst	sie kannte	sie hat gekannt
können	du kannst	er konnte	er hat gekonnt
kommen	du kommst	sie kam	sie ist gekommen
lassen	du lässt	sie ließ	sie hat gelassen
laufen	du läufst	er lief	er ist gelaufen
leiden	du leidest	sie litt	sie hat gelitten
lesen	du liest	er las	er hat gelesen
liegen	du liegst	er lag	er hat gelegen